Histoire de l'Amérique latine et des Caraïbes

De 1825 à nos jours

DU MÊME AUTEUR

Rebeldes, reformistas y revolucionarios. Una historia oral de la izquierda chilena en la época de la Unidad popular. Ediciones Documentas, Santiago, 1992 (épuisé).

Le Chili de 1970 à 1990. De l'Unité populaire à l'après-Pinochet. VLB, Montréal, 1994 (ouvrage collectif).

La hoja de arce y la flor de lis. Un chileno en el Canadá francés. Ediciones CESOC-Chile América, Santiago, 1996.

Historia del vino chileno. Editorial Universitaria, Santiago, 1998.

Le Chili contemporain: quelle démocratie ? Nota bene, Québec, 2000.

Historia de América latina y del Caribe, de 1825 a 2001. Lom Ediciones, Santiago, 2002.

José del Pozo

HISTOIRE DE L'AMÉRIQUE LATINE ET DES CARAÏBES
de 1825 à nos jours

Traduit de l'espagnol
par Marc Brunelle et Roch Côté

SEPTENTRION

Les éditions du Septentrion remercient le Conseil des Arts du Canada et la Société de développement des entreprises culturelles du Québec (SODEC) pour le soutien accordé à leur programme d'édition, ainsi que le gouvernement du Québec pour son Programme de crédit d'impôt pour l'édition de livres. Nous reconnaissons également l'aide financière du gouvernement du Canada par l'entremise du Programme d'aide au développement de l'industrie de l'édition (PADIÉ) pour nos activités d'édition.

Traduction avec le soutien financier de la SODEC : Marc Brunelle et Roch Côté
Révision : Solange Deschênes et Roch Côté
Mise en pages et maquette de couverture : Gilles Herman
Illustrations de couverture : José Clemente Orozco, *The Epic of American Civilization : Hispano-America (panel 16)*, 1932-1934, Dartmouth College, Hanover, New Hampshire
Photo de l'auteur : Teresa A. Peñafiel

Édition originale : *Historia de América latina y del Caribe, 1825-2001*, LOM Ediciones, Santiago de Chile, 2002.
Note de l'éditeur : nous tenons à remercier LOM Ediciones pour leur précieuse collaboration à la réalisation de cette traduction en français.

Si vous désirez être tenu au courant des publications des
ÉDITIONS DU SEPTENTRION,
vous pouvez nous écrire au
1300, av. Maguire, Sillery (Québec) G1T 1Z3
par télécopieur (418) 527-4978 ou
consulter notre site Internet
www.septentrion.qc.ca

Dépôt légal – 4ᵉ trimestre 2004
Bibliothèque nationale du Québec
ISBN 2-89448-379-1
© Les éditions du Septentrion, 2004
1300, avenue Maguire
Sillery (Québec)
G1T 1Z3

Diffusion au Canada :
Diffusion Dimedia
539, boul. Lebeau
Saint-Laurent (Québec)
H4N 1S2

Ventes en Europe :
Distribution du Nouveau Monde
30, rue Gay-Lussac
75005 Paris
France

Introduction

La présente étude couvre l'histoire de l'Amérique latine depuis le moment où, pour la plupart de ses pays, s'achevait le cycle de l'indépendance, jusqu'à nos jours. Destinée aussi bien aux professeurs qu'aux étudiants universitaires et au public non spécialisé, sa principale vertu est – j'ose l'espérer – d'offrir une synthèse, la plus claire et la plus concise possible, des principaux faits, processus et personnages qui ont été présents dans cette histoire, qui comprend 181 ans.

Du point de vue géographique, en plus d'inclure les régions traditionnelles du Mexique, de l'Amérique centrale et de l'Amérique du Sud, on s'est efforcé d'accorder un certain espace aux territoires d'expressions anglaise, française et hollandaise de la région des Caraïbes, d'Amérique centrale et du nord de l'Amérique du Sud, qu'on laisse généralement de côté dans les histoires de l'Amérique latine. Bien que l'information fournie à cet égard ne touche que les grandes lignes, j'espère que cela permettra d'accéder à la connaissance d'un monde encore peu connu dans le reste de la région.

Quant au contenu, comme aucune histoire ne peut raconter tout ce qui est arrivé, le choix de ce que l'on rapporte dépend de l'auteur et de sa manière de voir l'histoire. Traditionnellement, les historiens ont privilégié l'étude des dirigeants des sociétés, des chefs d'État, des militaires haut gradés et des leaders politiques et intellectuels. Ces personnages et les faits qui s'y rattachent sont présents dans ce volume, mais à côté d'eux apparaissent d'autres figures moins habituelles : des voyageurs, des chefs syndicaux, des caciques indigènes, des femmes anonymes, des curés de village. Cela correspond à une vision de l'histoire qui ne considère pas seulement les leaders, mais aussi l'ensemble des sociétés. Dans cette perspective le livre considère en outre, non seulement les faits ponctuels, qui arrivent à une date déterminée, mais encore les processus, c'est-à-dire les tendances qui n'ont pas de nom reconnu, qui durent des décennies, que ce soit les changements démographiques, la culture, la vie de tous les jours, les investissements ou bien l'inflation.

J'ai essayé d'analyser tous ces sujets, de façon relativement similaire, sauf dans le cas de la culture, qui est traitée d'une manière beaucoup plus synthétique, bien que j'espère en avoir fourni au moins les traits généraux indispensables pour sa compréhension. L'évolution politique, par contre, a reçu un plus grand espace que les autres aspects et donne d'une certaine façon l'orientation générale de cette histoire. Deux raisons ont motivé cette décision. L'une est de nature pédagogique : le souci de trouver un fil conducteur facile à suivre pour les lecteurs, qui en principe ne sont pas des spécialistes de l'histoire de cette région. L'autre correspond à la vérification d'un fait fondamental : si on examine l'évolution de l'ensemble des pays latino-américains, on remarque que ceux-ci présentent plusieurs différences importantes quant à leur niveau de développement, leur composition ethnique et leur culture. Cependant, ils ont tous quelque chose en commun : les énormes difficultés qu'ils ont éprouvées pour forger une société moyennement égalitaire, où les droits humains soient respectés, et construire en même temps un système politique qui fonctionne dans le respect des lois et de l'opinion des citoyens.

En effet, et cela les gens de ma génération l'ont connu de près, l'Amérique latine a continuellement vécu sous l'emprise de gouvernements dictatoriaux, arrivés au pouvoir à travers la révolution, la guerre civile, le coup d'État militaire ou les intrigues de palais. Partout, en outre, a dominé une profonde discrimination de classes de la part des classes élevées envers les secteurs inférieurs, attitude imprégnée aussi d'un racisme à peine dissimulé. Cela s'est produit, dans une mesure plus ou moins grande, aussi bien dans les pays du plus haut niveau de vie que dans ceux où il reste beaucoup à faire pour que leurs habitants disposent des conditions minimales d'existence.

Il ne fait pas de doute, alors, que la fragilité de la démocratie – au sens large, tant politique que social – constitue non seulement un problème central, mais qu'elle permet aussi de suivre les trajectoires diverses, mais en fin de compte parallèles, de tous les pays de la région à travers le temps. En ce sens, j'ai analysé aussi bien l'expérience des pays qui sont traditionnellement les plus connus de la région (l'Argentine, le Brésil, le Mexique…) que celle des États plus petits de l'Amérique centrale et des Caraïbes. Ainsi, ce grand sujet donne son unité au livre.

Dans l'analyse de ce dernier et des autres aspects, on a donné la priorité à l'information. Les éléments d'interprétation dont on dispose, grâce au travail de nombreux spécialistes – non seulement des historiens, mais aussi des sociologues et des politologues, tant de l'Amérique latine que d'autres pays –, ont été évoqués à l'occasion, parfois sous forme de notes en bas de page, dans le but de stimuler de possibles débats. Cela ne signifie pas pourtant que j'aie voulu offrir une histoire « neutre » et dépourvue d'orientation. Le lecteur attentif se rendra compte que la disposition des sujets, l'approche générale et quelques opinions émises dans des moments cruciaux renferment une vision déterminée dont, par ailleurs, les quelques lignes écrites jusqu'à maintenant donnent une idée.

On peut ici développer quelque peu cette vision. L'histoire de l'Amérique latine est remplie de paradoxes. Pour ceux qui la voient du point de vue de l'histoire du monde colonial, ce fut la première région à se libérer du domaine des empires européens, processus qui fut beaucoup plus lent dans le cas de l'Asie et de l'Afrique. À partir de la fin des guerres d'indépendance, les États latino-américains commencèrent à prendre forme. Cela fera donc bientôt deux siècles que ces pays s'administrent eux-mêmes. Cependant, comme on sait, ce processus a été, dans de nombreux cas, bien hasardeux, puisque en différentes occasions certains pays ont souffert d'occupations militaires et de divers types d'interventions externes, qui ont fait de leur souveraineté un élément plutôt théorique.

Si on examine l'évolution politique interne, d'autres paradoxes surgissent. En accédant à la vie indépendante, l'Amérique latine adopta les principes de base de l'organisation politique, juridique et institutionnelle des pays de l'Europe de l'Ouest et de l'Amérique du Nord. En théorie, cela devait amener les nouveaux pays à emprunter une voie qui mènerait à l'organisation d'une vie publique régie elle aussi par certains principes de base ; la participation des électeurs à la formation des gouvernements, l'égalité des citoyens devant la loi et les droits humains. Comme on l'a dit antérieurement, dans la pratique cela ne s'est réalisé que très partiellement.

Du point de vue du développement, les contradictions font aussi surface. Déjà avant l'indépendance, l'Amérique latine s'était familiarisée, au moins en partie, avec les pratiques de l'économie de marché, à un niveau très supérieur à celui de l'Afrique et de l'Asie à la même époque. Avec l'indépendance, cette tendance s'est accentuée et la majorité des leaders ont cherché à adopter le modèle qui avait permis à des pays comme les États-Unis d'atteindre un degré élevé de croissance. Mais, bien que les contacts commerciaux et humains avec les pays qui servaient d'exemple fussent intenses, il s'avéra évident, à mesure que le temps passait, que l'Amérique latine ne parvenait qu'à un développement qui était une pâle copie de ce qu'avaient obtenu les États-Unis, l'Angleterre, le Canada, la France ou l'Allemagne.

Malgré tout, si l'on regarde les choses à l'échelle mondiale, plusieurs pays latino-américains affichent actuellement un meilleur niveau de vie que presque tous les États d'Afrique et d'Asie, et quelques-uns se situent assez près de certains pays d'Europe. Cela ne peut constituer un motif de satisfaction, étant donné qu'il y a de grandes différences entre les pays latino-américains eux-mêmes, de telle sorte que les réussites de quelques-uns d'entre eux ne peuvent être vues comme quelque chose de généralisé pour toute la région. Par contre, dans la partie négative, on ne peut dissimuler le fait que, même dans les pays de plus grande croissance économique, l'instabilité politique et les violations des libertés fondamentales ont été présentes avec trop de fréquence.

L'histoire de l'Amérique latine depuis son accès à l'indépendance serait alors, sur le plan politique et économique, celle d'un demi-échec ou d'un demi-succès, selon la manière dont on veut voir les choses. En tenant compte que l'Amérique latine n'a pas connu les assauts des guerres mondiales et qu'elle n'a pas été accablée par la surpopulation, comme beaucoup de pays d'Asie, le bilan doit être plutôt négatif.

Quelles sont les raisons de cet état de choses ? Selon certains, l'explication de base se trouverait dans la situation continue de dépendance dont l'Amérique latine aurait été victime, non seulement depuis 1825, date du commencement de cette histoire, mais depuis l'arrivée des Européens. Le contrôle de ses richesses, de ses finances et de son commerce par des forces externes depuis l'indépendance aurait empêché un plus grand développement. Les interventions politiques, militaires et même culturelles venues de l'extérieur seraient les responsables de l'extrême fragilité de la démocratie.

Ce type d'analyse contient, sans aucun doute, une partie de l'explication. Cependant il ne peut constituer l'approche unique ni la principale, et cela pour deux raisons. D'un côté, la dépendance a varié beaucoup d'un pays à l'autre et d'une époque à l'autre. Si cette situation est claire dans les pays des Caraïbes et de l'Amérique centrale, elle n'a pas joué avec la même intensité en Amérique du Sud. D'autre part, ce facteur n'est pas synonyme en soi de désastre pour le pays qui la vit. Le Canada a été dépendant, d'abord de la France, ensuite de l'Angleterre, puis l'est actuellement des États-Unis, ce qui ne l'a pas empêché d'atteindre un des niveaux de vie les plus hauts au monde et d'être probablement le pays le plus stable politiquement de l'univers.

L'explication principale des problèmes de l'Amérique latine réside, d'après moi, dans les particularités sociales et culturelles de la région. L'ensemble de la région a souffert, depuis 1492, des conséquences d'avoir été une « société de conquête », où une minorité blanche a établi sa domination sur les indigènes, les Noirs et toutes les personnes de couleur. Les conséquences de ce processus ont été énormes et n'ont changé que partiellement après l'indépendance. L'une d'entre elles a été de créer une société divisée non seulement par des classes, mais aussi par des critères (ou préjugés) ethniques. À cela s'ajoute l'autre grand problème de l'Amérique latine : le contrôle de la terre par une poignée de gens au détriment de la grande majorité. Il en est résulté une société où la distance est grande entre l'élite et les masses.

Les conséquences s'en sont fait sentir autant dans le développement que dans la démocratie. Dans le premier domaine, le bas niveau de vie de la majorité de la population a freiné la formation d'un marché interne et a donné lieu à une main-d'œuvre généralement peu qualifiée. Pour ce qui est du second, la persistance des différences sociales a retardé l'incorporation de vastes secteurs à la vie en société et a généré des affrontements souvent violents. En un mot, l'Amérique latine a mis du temps à adopter – et surtout à respecter – la démocratie de masses, processus attribuable fondamentalement aux tensions internes dans les pays, et qui a été exacerbé par les pressions extérieures. Cette idée constitue la trame centrale de cette étude.

Dans la rédaction de ce livre, on a tenté de rendre son contenu accessible à la majorité des lecteurs. Dans cet esprit, et afin de ne pas trop allonger le texte, le nombre de notes a été réduit au minimum. Ceux qui voudront aller plus loin pourront trouver une orientation bibliographique à la fin du volume. Les cartes historiques, la chronologie et le glossaire sont d'autres sections conçues pour favoriser une plus grande compréhension.

Les divisions chronologiques, qui cherchent à embrasser les tendances générales, ne s'appliquent pas toujours à tous les pays. C'est une tâche toujours difficile que celle de conjuguer les spécificités nationales avec les analyses régionales. J'ai essayé, dans la mesure du possible, de maintenir un équilibre entre les deux, sachant d'avance qu'il y aura toujours des exceptions et des cas particuliers, et que le degré d'information n'est pas le même pour chacun des pays.

Dans chaque chapitre on a procédé à une analyse thématique, qui commence par un examen de l'extérieur et qui présente l'Amérique latine dans ses relations internationales. Ensuite, on étudie la situation de l'économie, où l'on examine les activités productives et l'orientation générale de la politique de développement, et après (sauf dans le premier chapitre) on analyse la société, en passant en revue ses divers protagonistes. Par la suite on considère l'histoire politique, qui est le lieu où apparaît avec la plus grande clarté la question de la démocratie, axe central du livre. Le sujet est envisagé d'abord dans ses traits généraux et ensuite de façon plus détaillée, en regroupant les divers pays en fonction de certaines tendances communes. Cette partie de l'analyse peut prêter flanc à la critique, bien sûr, puisque la décision de mettre un pays dans un groupe déterminé et non dans un autre peut être, parfois, discutable. Finalement, le chapitre se termine par une brève caractérisation des grandes lignes du développement culturel.

Les pages qui suivent reflètent la synthèse de mon expérience d'un quart de siècle d'enseignement et de recherche sur l'histoire latino-américaine à l'Université du Québec à Montréal (UQÀM). Là j'ai pu y poursuivre ma carrière commencée depuis déjà pas mal de temps au Chili, mon pays d'origine, et c'est là que j'ai accumulé la majeure partie des connaissances et des idées que j'offre maintenant aux lecteurs francophones, particulièrement ceux du Québec, ma terre d'accueil. J'espère contribuer ainsi à l'apprentissage de l'histoire de cette partie du monde, toujours ardue à comprendre dans sa plénitude à cause des difficultés de trouver une approche générale qui respecte, au moins dans une certaine mesure, ce que ces pays ont en commun et ce qui les différencie. Aux lecteurs de juger si j'ai atteint mon objectif.

Pour finir, je veux remercier les personnes et les institutions qui d'une manière ou d'une autre m'ont aidé dans la rédaction de ce livre. À Montréal, j'ai bénéficié des commentaires de mes collègues Claude Morin, de l'Université de Montréal, d'André Corten de l'UQÀM, de Catherine Legrand de l'Université McGill et de Jean-François Bélisle, qui ont lu des parties du manuscrit. Au Chili, j'ai reçu de l'aide des professeurs Julio Pinto, de l'Université de Santiago et de Cecilia Sánchez de l'Université de Talca, ainsi que de Mauricio Ahumada, des éditions

Lom. L'année sabbatique que m'a accordée l'UQÀM entre 2001 et 2002 m'a donné le temps et la tranquillité pour compléter une rédaction qui s'est avérée plus longue et plus complexe qu'elle ne paraissait de prime abord. Et j'ai constamment reçu le soutien de ma famille, en particulier de mon épouse Miriam. De plus, je désire dédier ce livre à ma mère, Teresa Artigas, qui a encouragé ma vocation pour l'histoire et pour les livres depuis mon enfance.

La version en français de cette étude reprend presque intégralement le texte de la version publiée au Chili il y a deux ans. Les principales nouveautés se trouvent au chapitre I, avec une brève section sur les causes du retard économique et au chapitre V, où l'on a actualisé l'information jusqu'aux premiers mois de l'année en cours, ce qui paraît aussi dans la chronologie. La bibliographie a été modifiée pour le bénéfice du lecteur francophone, en remplaçant un certain nombre de titres en espagnol par d'autres en français. Enfin, l'autre élément nouveau réside dans l'ajout d'une centaine d'illustrations, lesquelles, du moins je l'espère, rendront l'ouvrage plus vivant et plus agréable à l'œil.

Pour cette édition, je remercie mon ex-collègue Robert Lahaise, qui m'a mis en contact avec les éditions du Septentrion, Marc Brunelle, pour sa rapide traduction en français du texte espagnol, Gilles Herman pour son travail de mise en pages et Denis Vaugeois pour l'intérêt qu'il porta à mon étude.

José del Pozo
Montréal, juin 2004

Conflits et expansions territoriales, Amérique du Sud, 1825-1941

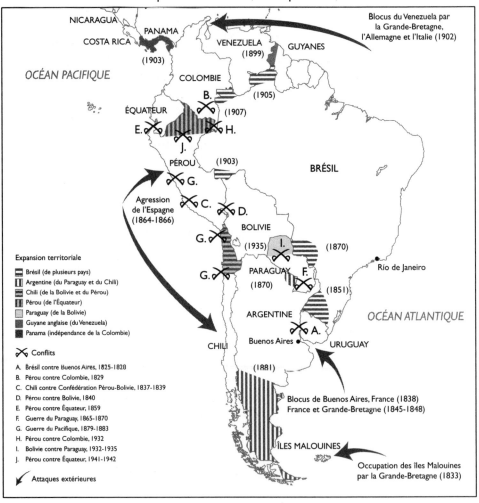

NICARAGUA

PANAMA

COSTA RICA

(1903)

OCÉAN PACIFIQUE

VENEZUELA
(1899)

GUYANES

Blocus du Venezuela par
la Grande-Bretagne,
l'Allemagne et l'Italie (1902)

COLOMBIE

B.

(1907)

(1905)

ÉQUATEUR

E.

H.

J.

PÉROU

(1903)

BRÉSIL

G.

Agression
de l'Espagne
(1864-1866)

C.

D.

BOLIVIE

G.

(1935)

I.

(1870)

Río de Janeiro

G.

PARAGUAY
(1870)

F.

(1851)

ARGENTINE

OCÉAN ATLANTIQUE

A.

CHILI

Buenos Aires

URUGUAY

(1881)

Blocus de Buenos Aires, France (1838)
France et Grande-Bretagne (1845-1848)

ÎLES MALOUINES

Occupation des îles Malouines
par la Grande-Bretagne (1833)

Expansion territoriale

- Brésil (de plusieurs pays)
- Argentine (du Paraguay et du Chili)
- Chili (de la Bolivie et du Pérou)
- Pérou (de l'Équateur)
- Paraguay (de la Bolivie)
- Guyane anglaise (du Venezuela)
- Panama (indépendance de la Colombie)

Conflits

A. Brésil contre Buenos Aires, 1825-1828
B. Pérou contre Colombie, 1829
C. Chili contre Confédération Pérou-Bolivie, 1837-1839
D. Pérou contre Bolivie, 1840
E. Pérou contre Équateur, 1859
F. Guerre du Paraguay, 1865-1870
G. Guerre du Pacifique, 1879-1883
H. Pérou contre Colombie, 1932
I. Bolivie contre Paraguay, 1932-1935
J. Pérou contre Équateur, 1941-1942

Attaques extérieures

CHAPITRE I

L'époque oligarchique
1825-1889

La bataille d'Ayacucho, au Pérou, au cours de laquelle les armées patriotes remportèrent la victoire sur les forces royalistes en décembre 1824, scella le destin de l'Amérique latine. Sauf en quelques endroits où la résistance continua, toutes les anciennes colonies espagnoles, de même que le Brésil, consolidèrent l'indépendance conquise au cours des dernières années. Le cycle, commencé par Haïti et suivi plus tard par le Mexique, l'Amérique centrale et méridionale, se complétait.

À partir de ce moment, les nouveaux pays devaient prendre des décisions clés pour l'orientation de leur vie future. Au niveau politique, il fallait adopter un système de gouvernement, ce qui posait beaucoup d'interrogations : Quel type de gouvernement devait-on adopter ? Comment partager le pouvoir ? En le concentrant dans la capitale ou en le partageant avec les provinces ? Qui devait-on considérer comme citoyens ? Sur le plan social se posait la question de savoir comment organiser une société dans laquelle les habitants avaient une couleur de peau différente et des cultures diverses ? Au niveau de l'économie, il fallait décider si les contacts avec le reste du monde se feraient dans un contexte de libre-échange ou d'un certain protectionnisme.

Les décisions sur ces sujets n'ont pas été prises à la légère. Les pays latino-américains constituaient de nouvelles entités politiques, mais ils héritaient d'une économie, d'une culture et d'une société bien définies, formées durant l'époque coloniale, dont les traits allaient perdurer longtemps après l'indépendance. Sur le plan économique, c'étaient les activités axées sur l'exportation de minerais et de produits agricoles qui fournissaient les principaux revenus des gouvernements, contrastant avec le faible développement des manufactures. Les sociétés avaient été marquées par de profondes différences sociales et raciales et elles étaient dirigées par un nombre restreint de personnes. Bien que l'indépendance apportât un certain changement à ce contexte, la tendance continua à être celle du contrôle de la société par une élite, qui, malgré sa diversification croissante, continuait à vivre éloignée de la majorité de la population. L'héritage ibérique dominait la culture, basée sur la religion catholique, caractérisée par l'intolérance envers les autres croyances et par le faible développement de l'éducation.

De tous ces traits, celui qui semble le plus important pour la caractérisation de l'époque postérieure à l'indépendance, et le plus décisif, c'est l'existence d'une société fortement élitiste, et c'est ce qui orientera l'analyse de l'époque décrite dans le présent chapitre.

Le contexte international
Les nouveaux États et les restes des empires : la carte de l'Amérique en 1825

Après les luttes militaires et les troubles politiques des deux premières décennies du xixᵉ siècle, la majeure partie de l'empire colonial espagnol et portugais en Amérique avait cessé d'exister. Seuls Cuba et Porto Rico demeuraient sous le joug de Madrid. Parmi les colonies des autres pays, par contre, Haïti était la seule à s'être émancipée, en se séparant de la France ; les autres possessions françaises, anglaises et hollandaises devaient demeurer longtemps dépendantes des métropoles européennes, certaines d'entre elles jusqu'à nos jours. Presque toutes ces colonies se trouvaient dans la région des Caraïbes, les plus connues étant la Jamaïque, Trinité-et-Tobago et la Barbade parmi les anglaises, la Martinique et la Guadeloupe pour les françaises et Curaçao pour les hollandaises. Ces trois pays se partagèrent en outre les Guyanes, situées entre le Venezuela et le Brésil. Le Danemark conserva la possession des îles Vierges jusqu'en 1917 et la Suède celle de Saint-Barthélemy jusqu'en 1877, date où elle la céda à la France.

Des anciens territoires coloniaux surgirent de nouvelles constructions, qui parfois se formèrent en continuité directe avec l'époque dominée par les Européens, mais dans d'autres cas il se produisit des changements importants. On tenta quelques expériences d'union entre deux ou plusieurs pays, sans parvenir à aucun résultat durable.

Le Brésil illustre le cas le plus visible de continuité avec le passé. Un fait en facilita le processus : il s'agissait d'une émancipation ayant impliqué moins d'actions armées qu'en Amérique espagnole et qui légua tel quel aux nouvelles autorités l'ancien territoire de la colonie portugaise.

Le Mexique maintint au début le territoire hérité de l'époque coloniale, connu alors comme *vice-royauté* de la Nouvelle-Espagne. La *capitanía general* du Guatemala, qui était subordonnée au Mexique, devint un seul et nouveau pays, la Fédération de l'Amérique centrale, à la suite d'une évolution pacifique ; elle se sépara du Mexique quand ce dernier proclama son indépendance, en 1822. Cette entité devait cependant connaître une brève existence, puisqu'elle se désintégrerait à la fin des années 1830 pour donner naissance à cinq pays : le Guatemala, le Honduras, le Salvador, le Nicaragua et le Costa Rica[1]. Les quatre derniers se sont formés sur la base du territoire qu'ils avaient reçu lors de la création des *intendencias*, à la fin du xviiie siècle.

En Amérique du Sud, les trois vice-royautés de l'époque coloniale se désintégrèrent. Le cas le plus frappant est celui du Río de la Plata, dominé par Buenos Aires, d'où surgirent quatre pays : l'un d'eux était le Paraguay, qui maintint son même territoire d'*intendencia* d'avant l'indépendance. Les trois autres prirent des noms complètement nouveaux. Le plus grand de ces pays s'est appelé pendant plusieurs années les Provinces-Unies du Rio de la Plata, avant de devenir l'Argentine. Les deux autres États furent la Bolivie, nom qu'on donna au territoire connu plus tôt comme le Haut-Pérou, et qui couvrait l'ancienne *audiencia* de Charcas et de l'Uruguay, dénomination adoptée par l'ancien territoire de la Bande orientale (à l'est du fleuve Paraná). Des facteurs extérieurs sont intervenus dans la naissance de ces deux pays. Dans le premier, il s'agit de l'intervention de Sucre qui vint compléter la libération de la région en 1825 et qui accepta la demande de l'élite locale de rejeter la domination de Lima ou de Buenos Aires. Bolívar y accorda son appui, d'où le nom donné au nouveau pays. Dans le cas de l'Uruguay, les circonstances expliquent le résultat : ce pays est né comme État tampon, fruit de la rivalité entre le Brésil et Buenos Aires, qui s'étaient fait la guerre entre 1825 et 1828 pour la domination de ce territoire, sans qu'il y eût de vainqueur. La médiation diplomatique anglaise joua un rôle dans ce dénouement, intéressée qu'elle était à rétablir dans la région la paix nécessaire au commerce.

---

1. Le Panama est demeuré une province de la Colombie durant tout le xixe siècle.

La vice-royauté de la Nouvelle-Grenade, dans le nord de l'Amérique du Sud, s'est aussi désintégrée, mais après avoir essayé de maintenir son unité dans les premières années après l'indépendance. Le territoire s'était appelé la Grande Colombie et comprenait les pays qui sont aujourd'hui la Colombie (avec le Panama à cette époque), le Venezuela et l'Équateur. L'unité se brisa en 1830, donnant lieu aux trois pays mentionnés.

Enfin, la vice-royauté du Pérou engendra deux pays : le Chili et le Pérou. Le premier hérita intégralement de son territoire de *capitanía general*. Le second forma une Confédération avec la Bolivie en 1836, mais elle ne dura que trois ans, disparaissant à la suite de l'intervention militaire du Chili.

Le général San Martín prononce le discours de l'indépendance à Lima en juillet 1821. Les militaires resteront très longtemps les acteurs principaux de la vie politique.

Dans les Caraïbes, seuls deux nouveaux États nationaux émergèrent à cette époque, dans des conditions bien différentes. Le premier, Haïti, se développa à partir de ce qu'était l'ancienne colonie française de Saint-Domingue, dans la partie orientale de l'île appelée Española depuis le temps de Colomb. Ses habitants adoptèrent le nouveau nom d'Haïti au moment de décréter l'indépendance de la France en 1804 ; c'était le deuxième pays de l'hémisphère à devenir indépendant (après les États-Unis). En revanche, sa voisine, la République Dominicaine, connut une naissance beaucoup plus tardive et difficile : en 1821 on proclama une première déclaration d'indépendance, mais presque aussitôt le nouvel État fut dominé par Haïti, qui l'occupa jusqu'en 1844. Ce n'est que cette année-là que le pays récupérerait son indépendance, qui serait fragile, puisque, entre 1861 et 1864, il retomberait sous domination étrangère, de l'Espagne cette fois.

Ainsi le trait le plus visible de la nouvelle situation politique après l'indépendance était la balkanisation de l'espace colonial : des cinq grandes entités antérieures à 1810 (le Brésil et les quatre vice-royautés de l'Amérique espagnole) avaient émergé seize pays indépendants, plus Haïti. L'expérience de l'Amérique du Nord, où les différentes colonies européennes n'avaient formé que deux pays, d'abord les États-Unis et plus tard le Canada, ne put se répéter.

Les relations entre les pays latino-américains

Malgré le processus décrit ci-dessus, il existait l'espoir que les nouveaux États agissent de façon unitaire, en suivant la voie tracée par Bolívar. On convoqua à cette fin le Congrès de Panama, en 1826, pour chercher à asseoir les bases d'une coopération entre les pays nouvellement émancipés. Cependant la conférence s'avéra un échec et ne donna lieu qu'à très peu d'accords. On peut en imputer la cause principale à la décision de plusieurs pays d'agir en fonction des intérêts nationaux naissants : aussi, plusieurs États, comme le Brésil, le Chili et La Plata (l'Argentine) n'assistèrent-ils pas au congrès, estimant qu'il ne répondait pas à leurs objectifs[2]. Haïti ne fut pas invité, parce que c'était

---

2. Il est intéressant de remarquer que les États-Unis avaient aussi été invités à Panama. Leur gouvernement hésita avant d'accepter, craignant de se voir impliqué dans le projet de Bolívar de libérer Cuba et Porto Rico (ce qui ne se réalisa jamais). Quand finalement le gouvernement des États-Unis envoya une délégation, celle-ci arriva une fois le congrès terminé. L'Angleterre et la Hollande y assistèrent comme observateurs.

une république dirigée par des Noirs. De sorte que le Mexique, l'Amérique centrale, le Pérou et la Grande Colombie furent les seuls participants. Après la réunion de Panama, on tint deux conférences internationales, toutes les deux à Lima, la première en 1848 et la deuxième en 1864-1865. C'est la peur d'une attaque espagnole qui déclencha ces réunions, surtout la seconde. Mais peu de pays s'y rendirent et l'on n'obtint aucun résultat concret.

Par contre, des conflits éclatèrent entre les États latino-américains dès le commencement de l'indépendance, avec l'invasion d'abord par Haïti du secteur espagnol de l'île, la future République Dominicaine, en 1822, sous le prétexte de défendre son indépendance d'une éventuelle attaque extérieure. Haïti devait occuper la région jusqu'en 1844. Comme on l'a indiqué plus tôt, Buenos Aires et le Brésil se firent la guerre entre 1825 et 1828 pour la possession de la province orientale, qui deviendrait par la suite l'Uruguay. La médiation de la Grande-Bretagne, intéressée à rétablir la paix dans la région pour développer le commerce, fut un facteur de plus dans la décision des deux rivaux de renoncer à la domination de ce territoire et d'accepter la formation d'un nouveau pays.

Par la suite, les guerres apparurent comme la manifestation de méfiances et de rivalités régionales. Deux conflits armés opposèrent les États membres de la Fédération de l'Amérique centrale, celui de 1826-1829 et celui de 1838-1840 ; ce dernier signifia la fin de cette organisation. Dans les décennies suivantes, malgré des tentatives pour la faire revivre, sous la forme d'une confédération, elle n'arriva jamais à se concrétiser, à cause de la méfiance entre les États voisins, qui provoqua en revanche plusieurs conflits armés, dont les trois guerres entre le Guatemala et le Salvador, en 1863, 1876 et 1885. En Amérique du Sud, le Chili lança une attaque contre la Confédération du Pérou et de la Bolivie en 1837, alléguant qu'il se sentait menacé par l'union des deux pays. Quatre décennies plus tard, en 1879, le même conflit se reproduisit, cette fois pour des raisons économiques : il s'agissait de la possession des richesses minières, du salpêtre en particulier. Dans les deux cas le Chili remporta la victoire, mais avec des conséquences différentes. Dans le premier cas, la guerre n'entraîna pas de changements territoriaux ; dans le second, le Chili s'empara du secteur d'Antofagasta, conquête qui priva la Bolivie de son accès à la mer ainsi que de la province péruvienne de Tarapaca. La guerre de la Triple Alliance, dans laquelle le Brésil, l'Argentine et l'Uruguay vainquirent

le Paraguay, amena aussi des pertes territoriales pour le vaincu, mais surtout une
terrible mortalité pour sa population. Une
politique de mauvais calcul du Paraguay
provoqua ce conflit, entre 1855 et 1870 : il
attaqua son voisin uruguayen pour parer
une éventuelle invasion brésilienne ; à cette
fin ses forces armées traversèrent le territoire
argentin, ce qui entraîna la participation de
ce pays dans la guerre. On livra d'autres
guerres qui eurent moins de conséquences :
celle du Pérou contre la Bolivie, en 1841,
l'attaque du Pérou contre l'Équateur, en
1859, et le conflit entre ce dernier et la
Colombie, en 1863.

L'auteur, José del Pozo, à côté de la statue d'Artigas, héros national de l'Uruguay. De l'ancien vice-royaume de la Plata surgirent de nouveaux États, dans un processus souvent improvisé.

Cette situation représentait un très grand
changement par rapport aux années de lutte
pour l'indépendance, quand les patriotes
s'identifiaient eux-mêmes comme « Américains », sans faire d'allusion particulière au
pays de chacun. Les actions militaires
communes, l'aide apportée par San Martín
à la libération du Chili, l'escouade organisée
par ce dernier et par l'Argentine pour libérer
le Pérou, les actions de Bolívar dans plusieurs pays n'avaient pas permis
la formation d'une véritable conscience continentale. Dès le début,
chaque nouvel État agit en fonction de ses propres intérêts. L'absence
de liens économiques importants ajoute un autre facteur de division.

Les relations avec le reste du monde

Les nouveaux pays firent rapidement leur entrée sur la scène mondiale.
Les États-Unis les reconnurent les premiers, suivis presque immédiatement par l'Angleterre, à partir de 1822. Les deux États avaient
manifesté de l'intérêt pour l'indépendance de l'Amérique latine, mais
ils ne l'avaient appuyée qu'indirectement. Une fois le fait accompli, il
s'agissait d'établir des relations formelles, motivées en partie pour des
raisons économiques : déjà avant les guerres d'indépendance, l'activité
anglaise dans les principaux ports hispano-américains et brésiliens était
intense. Anglais et États-Uniens s'entendaient en outre dans leur désir

Bolívar, principal héros de l'indépendance hispano-américaine, dont le culte ne commença néanmoins que bien après sa mort.

d'empêcher toute tentative de l'Espagne de récupérer ses colonies par la force. Ce fut le motif de la déclaration du président Monroe, en décembre 1823, dans laquelle le gouvernement des États-Unis proclamait son rejet de toute intervention extra-continentale en Amérique, bien qu'il ne mît pas en doute la survivance des colonies qui ne s'étaient pas émancipées et qu'il ne cherchât pas non plus à réaliser des actions communes avec les nouveaux pays[3].

Après le Royaume-Uni et les États-Unis, les autres pays européens commencèrent à reconnaître les nouveaux États. Cette reconnaissance tarda à venir dans les anciennes métropoles. Le Portugal accepta au bout de quelques années l'indépendance du Brésil, mais l'Espagne hésita longtemps à en faire autant avec ses ex-colonies. Le Mexique fut le premier pays reconnu par Madrid, en 1835, mais les autres le furent tardivement, comme dans le cas de l'Argentine, en 1858, du Pérou en 1865 et de la Colombie en 1881. La papauté, qui agissait dans ces temps-là comme une puissance internationale et disposait d'un territoire à elle en Italie, adopta une attitude semblable, quoique moins rigide. Le pape se méfiait des nouveaux gouvernements, puisque pendant les luttes pour l'indépendance plusieurs évêques et membres du haut clergé avaient été expulsés d'Amérique parce qu'ils s'opposaient à l'émancipation (en revanche, beaucoup de prêtres du bas clergé l'avaient appuyée). C'est pour cette raison et par sympathie pour le roi

---

3. Cette déclaration a été qualifiée, de façon erronée, de « doctrine Monroe », comme s'il s'agissait d'une politique définie de la part des États-Unis en vue d'une domination continentale. À cette époque une telle prétention était impossible. C'est l'Angleterre qui détenait la véritable hégémonie, qui appuya tacitement la déclaration de Monroe et qui coupa court aux projets espagnols de reconquérir l'Amérique.

espagnol, Fernando VII, que le pape mit du temps à accorder sa reconnaissance diplomatique. La mort de Fernando VII facilita les choses : en 1835 Rome établit des relations avec la Colombie et ensuite avec d'autres, comme le Mexique, l'Équateur et le Chili.

Haïti représente un cas particulier : en 1825 la France reconnut son indépendance, mais en échange d'une forte somme d'argent comme compensation pour les colons français qui avaient perdu leurs avoirs. Les États-Unis n'établirent de relations avec la république noire qu'en 1862 : ils ne le firent pas plus tôt parce que les États du Sud s'y opposaient.

Malgré l'importance de cette reconnaissance par les grandes puissances, qui consolidait ainsi l'indépendance, quelques-uns des nouveaux pays furent l'objet d'agression de la part de pays plus forts, ce qui constituera un des facteurs d'instabilité caractéristique de cette époque, comme nous le verrons plus loin.

Ces agressions débutèrent avec la guerre lancée par les États-Unis contre le Mexique en 1846 laquelle se termina par l'accaparement de l'immense territoire qui comprenait les États de la Haute-Californie, de l'Arizona et du Nouveau-Mexique ; auparavant, les États-Unis s'étaient rendus maîtres du Texas, bien que de façon indirecte[4]. La France occupa le port mexicain de Veracruz en 1838, sous le prétexte de toucher de l'argent qu'on devait à un pâtissier français, d'où le nom de « guerre des gâteaux » pour baptiser cet épisode. Plus tard la France envoya encore des troupes au Mexique, à la fin de 1862, de nouveau pour une question de dettes. Cette fois les résultats furent plus sérieux, puisque les forces françaises finirent par occuper le Mexique, comptant sur la collaboration des politiciens conservateurs de ce pays, et on imposa au gouvernement l'Autrichien Maximilien, avec le titre d'empereur qu'il conserva jusqu'en 1867.

En 1864, l'Espagne envoya une flotte de guerre au Pérou. Elle occupa les îles Chincha, sous le prétexte de punir les Péruviens pour les mauvais traitements infligés à deux immigrants espagnols. Au fond, c'était une tentative pour récupérer une partie de ses colonies, dont elle n'avait pas reconnu l'existence indépendante. Le conflit s'étendit vers le Chili,

---

4. En 1836 le Texas s'était rendu indépendant du Mexique grâce aux agissements de nombreux émigrants des États-Unis qui s'étaient installés dans ce territoire ; le Texas resta un pays indépendant pendant neuf ans, jusqu'à son annexion par les États-Unis, en 1845.

qui, avec le Pérou, la Bolivie et l'Équateur, forma une alliance contre cette menace. Après deux attaques côtières futiles, en 1866, y compris un bombardement du port chilien de Valparaíso, sans défense, et un combat à Callao, le principal port péruvien, l'escouade espagnole se retira sans avoir obtenu aucun résultat.

Cuba connut une autre dimension de lutte politique, motivée par des facteurs externes : les mouvements d'indépendance contre l'Espagne, toujours maître de l'île. Après plusieurs épisodes ratés, une guerre impliquant des milliers de personnes éclata entre 1868 et 1878 ; elle commença dans la région de l'est, connue sous le nom d'Orient. Dirigés par Manuel de Céspedes, les rebelles, qui s'appelaient eux-mêmes les *mambises*, tinrent les Espagnols en échec pendant des années. Même si leur mouvement ne triompha pas, ils obtinrent des concessions de l'Espagne, comme une plus grande autonomie administrative et l'abolition définitive de l'esclavage. En 1868, Porto Rico aussi se lança dans un mouvement de libération, le « *Grito* (cri) de Lares », qui n'apporta pas grand-chose.

la condamnation à mort de Maximilien (à droite) et de ses principaux généraux marqua la fin de l'intervention européenne au Mexique et la victoire des libéraux sur les conservateurs.

À ces épisodes on peut en ajouter d'autres, qui constituèrent des agressions indirectes, comme les expéditions aventureuses de William Walker au Nicaragua (en 1855) et de Narciso López à Cuba (1851), qui furent appuyées par des groupes du sud des États-Unis, intéressés à étendre l'esclavage sur d'autres terres. Ces faits démontrent la fragilité des États latino-américains de cette époque-là. La faible unité entre les nouveaux pays les laissait sans défense face aux attaques de l'Europe ou des États-Unis. S'il n'y eut pas de conséquences plus graves, ce fut parce que la principale puissance du moment, l'Angleterre, n'était pas intéressée à conquérir des territoires, mais plutôt à dominer le commerce. De plus, la Grande Bretagne et les États-Unis, dont les ambitions coïncidaient parfois, agirent en se neutralisant mutuellement. Cela se produisit en Amérique centrale, où tous les deux projetaient de construire un canal à travers l'isthme, au Nicaragua. En 1850 ils décidèrent de signer un traité (qui porte le nom de Bulwer-Clayton) qui stipulait qu'aucun des deux ne se lancerait dans cette

Le corps de volontaires belges partis au Mexique pour appuyer les forces françaises était formé autant de civils que de militaires, dont plusieurs voyaient dans l'expédition un moyen d'émigrer en Amérique.

Ce tableau de l'Uruguayen Juan Manuel Blanes illustre bien la désolation causée au Paraguay par la guerre de 1865-1870 : un pays vaincu et sa population décimée.

entreprise sans l'accord de l'autre, ce qui d'une certaine manière servit à protéger la souveraineté du Nicaragua pour le reste du siècle.

Les Anglais n'occupèrent qu'un endroit, les îles Malouines, en 1833. Cela mis à part, la Grande Bretagne n'effectua qu'une seule opération militaire, de concert avec la France, quand les deux pays bloquèrent le port de Buenos Aires pour obliger le gouvernement de Rosas à ouvrir l'estuaire de La Plata au commerce international, en 1838 et en 1845. En Amérique centrale, le Bélize fut déclaré colonie britannique en 1862 ; mais cela ne faisait que rendre officielle une occupation qui avait commencé au XVIIe siècle, pour contrôler le commerce des bois. L'Angleterre maintint son protectorat dans la région atlantique du Nicaragua, peuplée par les Indiens Miskitos, dans une sorte de colonie informelle remontant au XVIIIe siècle.

Malgré les situations de conflit qu'on vient de décrire, il ne faut pas garder l'image d'une Amérique latine convertie en champ de bataille par les puissances mondiales. Les agressions et les attaques furent ponctuelles et sans conséquences permanentes sur les territoires, sauf dans le cas du Mexique et de l'Argentine. Pour la plupart du temps, les nouveaux États amorcèrent et développèrent des relations normales avec les divers pays de l'Europe, de l'Asie et de l'Amérique du Nord, créant des liens diplomatiques, commerciaux et culturels, et attirant aussi un certain nombre d'immigrants de différents endroits du monde.

Une société encore divisée du point de vue ethnique

Populations et territoires

Les États latino-américains avaient un poids démographique et des frontières qui ne correspondent pas toujours exactement à ce qu'on connaît d'eux aujourd'hui. Le Mexique et le Brésil représentaient, comme aujourd'hui, les pays les plus peuplés de la région. Par contre, la future Argentine, au début de sa son indépendance, était loin de posséder le poids démographique qu'elle a aujourd'hui, puisque sa population à l'époque était inférieure à celle du Chili et à celle de la Bolivie. Haïti, pour sa part, illustre le cas contraire, avec une population supérieure, à ce moment-là, à celle de sa voisine, la République Dominicaine, pour, peu à peu, s'en rapprocher, comme on peut voir dans le tableau 1 de la page suivante.

Les guerres d'indépendance avaient fortement affecté la démographie. Dans des pays comme le Venezuela ou le Mexique, marqués par la violence des conflits, cela avait entraîné des pertes humaines considérables. Au Venezuela la population passa de 800 000 à 650 000 entre 1810 et 1825. À cause de l'exode des Espagnols, la population de la République Dominicaine fut réduite presque de moitié après l'invasion haïtienne. Plus tard, des conflits comme la guerre de la Triple Alliance entraîneraient de graves conséquences, comme au Paraguay, puisque ce pays perdit alors plus de la moitié de sa population, en particulier des hommes.

La croissance démographique à ce moment se basait fondamentalement sur le développement interne, puisque l'immigration ne jouait pas encore un grand rôle. Du point de vue de la composition ethnique, certaines situations différaient du panorama actuel. Partout (sauf dans les Caraïbes et au Brésil) les indigènes constituaient la base de la population, malgré l'importance atteinte par le métissage durant l'époque coloniale. Jusqu'en 1830 la population d'origine africaine rivalisait d'importance, et se montrait même majoritaire dans certains pays, comme au Brésil et surtout dans les Antilles. À la Barbade, en 1834, les esclaves noirs constituaient 80,6 % de la population totale ; à la Guadeloupe, 75 % et au Surinam, 86,6 %. Ces pourcentages allaient diminuer graduellement au cours du siècle, à mesure qu'on interdit la traite des Noirs et abolit l'esclavage. Les Blancs formaient une minorité, mais les divers plans d'immigration commençaient à donner des

Tableau 1. Population par pays, 1850, 1930 et 2000
(chiffres en millions d'habitants pour chaque année sélectionnée)

Pays	1850	% du total de l'A. latine	1930	% du total de l'A. latine	2000	% du total de l'A. latine
Argentine	1,1	3,5	11,8	11,1	37,0	7,01
Barbade	0,1	0,3	0,15	0,1	0,3	0,06
Bolivie	1,4	4,4	2,1	1,9	8,3	1,57
Brésil	7,2	22,85	33,5	31,6	170,4	32,52
Caraïbes*	0,6	1,9	1,0	0,9	1,8	0,34
Chili	1,3	4,1	4,4	4,1	15,2	2,86
Colombie	2,2	7,0	7,3	6,9	42,1	7,98
Costa Rica	0,1	0,3	0,5	0,5	4,0	0,76
Cuba	1,2	3,8	3,8	3,6	11,2	2,12
Équateur	0,8	2,4	2,1	1,9	12,6	2,39
Salvador	0,4	1,2	1,4	1,3	6,2	1,17
Guatemala	0,85	2,5	1,7	1,6	11,4	2,16
Guyane	0,1	0,3	0,3	0,3	0,8	0,15
Haïti	0,9	2,85	2,4	2,3	8,1	1,53
Honduras	0,35	1,1	0,9	0,85	6,4	1,21
Jamaïque	0,4	1,3	0,9	0,85	2,5	0,47
Mexique	7,6	24,1	16,5	15,5	98,8	18,71
Nicaragua	0,3	0,9	0,7	0,65	5,0	0,94
Panama**	—	—	0,5	0,5	2,8	0,53
Paraguay	0,5	1,5	0,9	0,85	5,5	1,04
Pérou	1,9	6,0	5,6	5,3	25,7	4,87
Porto Rico	0,45	1,2	1,5	1,4	3,9	0,74
Rép.Dominicaine	0,2	0,7	1,4	1,3	8,4	1,59
Surinam	?	?	0,1	0,1	0,4	0,07
Trinité-et-Tobago	?	?	?	?	1,3	0,24
Uruguay	0,1	0,3	1,7	1,6	3,3	0,62
Venezuela	1,5	4,8	2,9	2,7	24,2	4,59
TOTAL	31,6	100	106,4	100	527,6	100

*: Inclut les territoires de langue anglaise dans les Caraïbes (excepté ceux qui sont nommés à part, Barbade, Guyane, Jamaïque), plus le Bélize, et ceux de langue française (excepté Haïti) plus la Guyane. Il n'y a pas de données pour les colonies hollandaises en 1850.

**: En 1850, la population panaméenne était incluse dans celle de la Colombie.

Source : pour 1850 et 1930, chiffres cités par Chevalier, François, *L'Amérique latine de l'indépendance à nos jours,* p. 117 ; pour 1990, chiffres dans *L'État du monde,* plusieurs éditions. Pour les Caraïbes non hispanophones, *International Historic Statistics,* vol. 2 : *The Americas,* 1750-1988, de Brian R. Mitchell, New York, Stockton, 1990.

résultats à la fin de la période, au moins dans quelques pays de l'Atlantique, spécialement dans le sud du Brésil, en Uruguay et en Argentine. La répartition ethnique de la population au commencement de la vie indépendante est démontrée dans le tableau 2 suivant :

Tableau 2. Structure ethnique de la population par régions, 1825
(en millions de personnes)

Région	Indiens	Blancs	Métis-Mulâtres	Noirs	Total
Mexique, Amérique centrale, Caraïbes hisp.	4,5	2,0	2,7	2,0	11,5
Caraïbes angl-franc.	?	0,1	?	2,2	2,3
Am. Sud espagnole	3,2	1,4	2,8	0,3	7,7
Brésil	0,4	0,9	0,7	2,0	4,0
TOTAL	8,1	4,4	6,2	6,5	25,5

Source : pour le Mexique, l'Amérique du Sud et le Brésil, chiffres cités par Richard Konetzke, *Süd- und Mittelamerica 1. Die Indianerkulturen Altamericas und die spanish-portugiesische Kolonialherrschaft*, Franfurt, 1965, p. 103. Pour les Caraïbes non hispaniques (incluant la Guyane), données de Franklin W. Knight, *The Caribbean. The Genesis of a Fragmented Nationalism*, New York, 1990, p. 366-367.

Ces chiffres, bien entendu, sont approximatifs, puisqu'ils proviennent d'une époque de statistiques hasardeuses. Le plus probable, c'est que la population indigène ait été sous-estimée, vu que ces régions non contrôlées par les autorités, là justement où prédominait l'élément autochtone, n'entraient pas dans les calculs démographiques.

La population blanche augmenta grâce à l'immigration, considérée par la majorité des gouvernants comme un levier de développement. Des hommes d'État et des intellectuels croyaient qu'on devait suivre le modèle des États-Unis, dont le progrès résultait, selon leur argumentation, de l'apport humain européen (entendez des pays anglo-saxons et germaniques). Cela revenait à rendre l'Espagne responsable du retard des nouveaux pays, à cause du manque d'éducation et des coutumes, jugées négatives, des travailleurs locaux. Domingo Faustino Sarmiento, éducateur et président de l'Argentine, insista sur la nécessité d'amener des Européens, alléguant que c'était la solution pour peupler un pays où s'étendaient d'énormes espaces vides, une des raisons, selon lui, de la « barbarie » qui caractérisait l'Amérique espagnole. Malgré ces intentions, les plans d'immigration antérieurs à 1880 obtinrent des résultats mitigés, à cause du manque d'information et de l'instabilité politique.

Les frontières et le contrôle effectif du territoire étaient loin d'être définitifs. La Confédération argentine, par exemple, ne contrôlait qu'une petite partie de l'Argentine actuelle, le territoire qui s'étendait du sud de Buenos Aires à celui du Chili central et, au nord, jusqu'à la frontière avec le Paraguay, l'Uruguay et le Brésil. Tout le sud et une partie du centre constituaient une région dominée par les indigènes semi-nomades qui parcouraient la *pampa* à cheval. Au Brésil, des secteurs importants de l'intérieur restaient encore peu connus et on peut en dire autant pour le secteur nord de la Bolivie, dans sa frontière avec le Brésil, qui constitue aujourd'hui le département d'El Beni. Après un essai frustré de colonisation belge dans ce territoire, en 1844, la région demeura longtemps inaccessible, comme un lieu désert où l'on envoyait à l'occasion les exilés politiques. Au Chili, comme à l'époque coloniale, le territoire au sud du pays, situé entre Concepción et Valdivia, demeurait sous le contrôle des Indiens mapuches.

Avant le chemin de fer, les chariots étaient indispensables pour le transport des marchandises. Les grandes roues étaient nécessaires pour avancer dans les routes boueuses, comme dans le nord de l'Argentine.

La lenteur des communications terrestres, avant l'arrivée du chemin de fer, empêchait une meilleure intégration nationale. Même entre deux villes proches comme Santiago et Valparaíso, le voyage en charrette ou en coche durait deux jours. De Veracruz à la ville de Mexico, le trajet en prenait quatre. La situation s'améliorait dans les régions où l'on pouvait compter sur des communications fluviales. Le fleuve Magdalena, en Colombie, offrait une importante voie de pénétration vers l'intérieur, surtout quand on introduisit la navigation à vapeur, dans les années 1840. Et si en général les transports maritimes s'avéraient les plus fréquents et les plus sûrs, durant tout le XIXᵉ siècle les pays du Pacifique se sont trouvés désavantagés quand il s'agissait de communiquer avec l'Europe puisque, jusqu'à l'ouverture du canal de Panama (en 1914), les bateaux en provenance du Vieux Continent devaient effectuer un long trajet, passant de l'océan Atlantique au Pacifique par le cap Horn, pour ensuite se diriger vers le Pérou, la Colombie ou le Mexique. Cette situation défavorisait Valparaíso, le principal port chilien, qui servit pendant une partie du XIXᵉ siècle de centre d'emmagasinage de marchandises et de lieu d'approvisionnement pour ces bateaux qui venaient d'Europe avant de continuer leur route vers le nord.

La société

Durant l'époque coloniale la société avait été organisée en fonction des critères ethniques : les Blancs occupaient le sommet, suivis par les métis, puis les indigènes et en dernier lieu les Noirs, dont la majorité étaient esclaves. L'indépendance apporta un changement notable puisque les habitants, du moins les citoyens libres, étaient, en principe, égaux devant la loi. Dans la pratique, les Blancs continuaient à être la classe dominante, en particulier grâce au contrôle qu'ils exerçaient sur la terre. Il y eut cependant une plus grande mobilité sociale que durant la colonie : beaucoup de métis, en effet, profitant de la conjoncture de la guerre, firent carrière dans l'armée et quelques-uns commencèrent à partager le pouvoir avec les Blancs. La nouvelle époque favorisa aussi les Noirs, qui, dépassant la condition d'esclaves, purent améliorer leur situation. Malgré ces modifications, cette société, basée sur la conquête et imprégnée de préjugés et de violence dans les relations entre les groupes de différentes couleurs de peau, conserva ses caractéristiques.

• Élites [5]

Les grands propriétaires terriens formèrent le noyau de l'élite, grâce au départ massif de la plus grande partie des commerçants d'origine métropolitaine et des hauts fonctionnaires du régime colonial. Leur puissance augmenta de différentes manières, entre autres par l'agrandissement de la surface exploitable pour l'agriculture et l'élevage, comme cela se fit en Argentine. À partir de 1832 on leva des campagnes militaires, dirigées par Rosas et ensuite par d'autres chefs politiques, afin de conquérir de nouvelles terres, jusqu'alors aux mains des Indiens. On incorpora ainsi des milliers d'hectares à la production, sous la forme de grandes propriétés (appelées *estancias* dans la région de La Plata, *haciendas* dans la plupart des autres pays hispano-américains, et *fazendas* au Brésil), vendues par la suite aux enchères. Quelques familles en arrivèrent à contrôler des superficies immenses, comme les Anchorena, qui possédaient presque 3 millions d'hectares, et Rosas lui-même, propriétaire de 1,2 million d'hectares. Au Chili, l'occupation progressive du territoire araucan, au moyen de pressions militaires et parfois d'achat dans des conditions douteuses, augmenta peu à peu la superficie cultivable. La conquête finale de cette région, avec la campagne militaire de 1880, accrut encore davantage le nombre de propriétés. Au Mexique, la vente des terres appartenant autrefois à l'Église renforça aussi le pouvoir des grands propriétaires.

Bien que l'agriculture représentât l'activité prépondérante, il serait simpliste d'imaginer que la classe dominante ne se composait que de propriétaires terriens, ou de penser que ceux-ci ne s'occupaient que d'agriculture. Souvent, des gens exerçaient plusieurs activités en même temps. Au Pérou, Domingo Elías fit d'abord fortune avec la production de *pisco* et de vin sur la côte centrale de son pays, en plus de se livrer à l'élevage. Plus tard il commença à cultiver le coton, finissant par être le principal exportateur de ce produit, puis il exploita des mines d'or et d'argent ; il participa en plus au commerce lucratif de l'exportation du *guano*. Au Chili, José Tomás Urmeneta exploita comme entrepreneur minier d'importants gisements de cuivre ; il devint ensuite industriel (il fut le premier à installer le service d'éclairage au gaz à Santiago) et finalement agriculteur, plus exactement producteur de vin.

---

5. À propos de la terminologie employée pour désigner ce secteur, comme pour les secteurs moyens et « les masses », voir la note explicative sur les classes sociales à la fin de cette étude.

Au Brésil, Irineo Evangelista de Sousa, plus connu par son titre de vicomte de Mauá, se distingua comme créateur d'une fonderie de fer, comme armateur pour la navigation sur l'Amazone, comme banquier, mineur et planteur.

L'élite comprenait surtout des familles déjà puissantes ou au moins connues avant l'indépendance, comme les familles des grands propriétaires terriens d'Argentine, Anchorena, Olivares et Martínez de Hoz. À côté d'eux cependant de nouveaux hommes émergèrent, la plupart d'origine locale, plus une minorité d'étrangers qui commençaient à s'insérer dans les élites, comme la famille Edwards au Chili. Le fondateur, un médecin anglais, arriva au pays en 1820. Ses descendants épousèrent des Chiliennes, firent fortune dans les mines du Nord, puis se consacrèrent aux finances et finirent par être une des familles les plus riches du pays, connue plus tard

José Tomás Urmeneta fait partie de la génération d'entrepreneurs qui renouvela le vignoble au Chili, avec l'introduction des cépages français.

comme propriétaire d'*El Mercurio*, qui allait devenir le principal journal du Chili.

• Secteurs moyens, un protagoniste en gestation

Les secteurs moyens ne sont pas faciles à inventorier à cette époque. Le manque de statistiques précises sur les activités, aussi bien urbaines que rurales, nous empêche, parmi d'autres obstacles, de mieux connaître cette partie de la société. Dans les villes, ils se constituaient des artisans qualifiés, des petits commerçants, de quelques professionnels et des employés des services publics, peu développés. L'armée, bien qu'elle ne fût pas organisée de manière professionnelle à cette époque, offrit aussi un mode de promotion sociale à un certain nombre d'officiers, qu'on peut assimiler à celui de secteurs moyens.

À la campagne, malgré la tendance croissante vers la concentration de la propriété agricole, on trouvait parfois un grand nombre de petits et de moyens propriétaires. Contrairement à ce qu'on croit, ces groupes existaient dès l'époque coloniale. Du point de vue ethnique, ce secteur se composait principalement de métis et de mulâtres et de Noirs, à mesure que ces derniers acquéraient la liberté. Tel fut le cas de Trinité-et-Tobago et de Porto Rico où, au commencement de la période, les Noirs libres constituaient presque un tiers des propriétaires agricoles. Vers 1870, un certain nombre d'immigrants réussirent à devenir aussi propriétaires, comme cela arriva avec les Italiens dans le nord de l'Argentine. À l'occasion, les petits propriétaires ruraux obtinrent quelques bénéfices de l'économie d'exportation, comme les *matutos* du nord-ouest du Brésil, qui profitèrent de l'augmentation de la demande de coton durant la guerre civile des États-Unis pour accroître leur production, qu'on exporta par la suite en Europe malgré sa faible qualité. Dans certaines régions du Chili, des paysans participèrent à la production de blé et de farine pour l'exportation vers la Californie, au milieu du XIXe siècle, en plus de constituer un pourcentage relativement élevé des producteurs de vin, destiné au marché local. Cependant, ces producteurs virent freinées leurs possibilités d'expansion avec les lois adoptées partout, à partir du milieu du siècle, qui exigeaient la justification des titres de propriété pour légaliser la possession de la terre, et aussi par le fait que l'État s'arrogea la propriété des terres vacantes, demandant des sommes croissantes d'argent pour leur achat, surtout à mesure que prenaient plus d'importance les cultures destinées à l'exportation, comme le café en Amérique centrale. Ce processus, qui affecta en plus les communautés indigènes, entrava fortement la formation d'une classe moyenne rurale, et c'est l'une des causes des ratés dans le processus de démocratisation des pays latino-américains.

• **Les masses**

La masse de la population, composée de Blancs pauvres, de Noirs, d'indigènes et de métis, connut un sort variable. La fin de l'esclavage noir constitua le principal progrès social de cette époque. Son obtention était due en partie aux idées libératrices de l'indépendance, mais aussi aux pressions venues de l'Angleterre, qui avait interdit la traite en 1808, pour abolir ensuite l'esclavage dans ses colonies en 1838. Le gouvernement britannique se lança alors dans une campagne pour empêcher le commerce négrier à l'échelle mondiale. D'autres pays européens impliqués dans l'esclavage tardèrent à prendre des mesures pour en finir avec cette politique. La France avait aboli l'esclavage au début de la révolution, en 1794, mais Napoléon l'avait restauré en 1802; ce n'est qu'en 1848 qu'advint l'abolition définitive dans les colonies françaises, et en 1863 dans les colonies hollandaises. Par contre, l'Espagne maintint l'esclavage dans ses possessions jusqu'au dernier tiers du XIXe siècle. Le Chili fut le premier pays à abolir définitivement l'esclavage, en 1823, et le Mexique suivit son exemple. La majorité des autres pays le firent dans la décennie de 1850. Le Brésil se montra le plus réticent à appliquer cette mesure, maintenant l'esclavage à divers degrés jusqu'à la fin de la période étudiée dans ce chapitre.

Les indigènes, surtout ceux qui continuaient à vivre dans des communautés, ne virent pas leur sort s'améliorer. L'indépendance apporta, en principe, l'abolition du tribut qu'ils payaient dans le régime colonial et plaça les Indiens dans la condition de citoyens comme les autres, qui ne devaient pas payer d'impôts discriminatoires. Cela était conforme aux décrets de Bolívar en Grande Colombie et de San Martín au Pérou. Mais peu après on réintroduisit le tribut dans ces pays sous le nom de « contribution des indigènes », pour l'abolir quelques décennies plus tard, définitivement cette fois. Ainsi, des traits fondamentaux de la société de conquête créée à partir du XVIe siècle perduraient ou réapparaissaient.

Par ailleurs les indigènes continuaient à être exposés à un processus graduel d'acculturation à travers l'action de l'État et de l'Église catholique. En outre, les communautés indigènes subirent de durs coups avec la perte de la plus grande partie de leurs terres à la suite des assauts des gouvernements libéraux et des grands propriétaires. Au Chili, Vicente Pérez Rosales, agent de colonisation du gouvernement de ce pays, décrivit les pratiques frauduleuses employées pour occuper les terres des Indiens du Sud, dans les termes suivants :

> Quand un habitant voulait se rendre le propriétaire exclusif d'un des terrains dont la communauté avait l'usufruit, il n'avait qu'à rechercher le *cacique* le plus proche, l'enivrer ou faire en sorte que son agent s'enivre avec l'Indien, mettre à sa disposition et des siens de l'eau-de-vie bon marché et quelques pesos et avec cela seulement il pouvait se présenter devant l'actuaire public, avec un vendeur, avec des témoins et des informations sous serment qui accréditaient que ce qui se vendait était légitime propriété du vendeur. Personne ne faisait d'objection à cette manière d'acquérir des propriétés, dont le supposé propriétaire qui vendait et les témoins vénaux qui l'accompagnaient se partageaient à l'amiable la valeur [...][6]

6. Citation de son ouvrage *Recuerdos del pasado* (*Souvenirs du passé*), Santiago, Zig-Zag, 1958, p. 359, publié originellement en 1886.

Cette situation misérable des Indiens et des Noirs donna lieu à des mouvements de protestation violente. Parfois ces mouvements firent partie d'autres conflits, comme dans le cas de certaines rébellions de provinces brésiliennes, où l'on fit des tentatives pour unir la lutte contre la capitale à la question de l'abolition de l'esclavage noir. Cela ne donna jamais de résultats parce que les leaders rebelles, d'origine blanche, ne se mettaient pas d'accord sur la question. C'est ainsi que se souleva la rébellion connue comme « Sabinada » (du nom de son leader Francisco Sabino Alvares da Rocha) dans le nord du Brésil, en 1838. Les Indiens, par contre, tendaient à diriger leur propre lutte. La plus connue de toutes, la rébellion des Indiens mayas de l'État du Yucatan, au sud du Mexique, éclata en 1847 et se prolongea pendant plusieurs années. Les Indiens protestaient contre la hausse des impôts et contre l'occupation progressive de leurs terres par les propriétaires de *haciendas* qui voulaient exploiter le sisal, la plante dont on faisait des cordes. Cet épisode s'appela la « guerre des Castes », puisqu'il exprimait une lutte raciale : les Indiens attaquaient et tuaient tous les Blancs et les métis, et en général toute personne capable de s'habiller comme un Blanc, d'utiliser une chemise et des souliers.

• La femme

Comme à l'époque coloniale, la situation de la femme demeura secondaire. Ce n'est qu'à la fin de cette époque que les femmes commencèrent à pouvoir faire des études supérieures. Au Pérou, en 1866, un décret gouvernemental avait permis aux femmes d'être professeures d'école, mais cela était demeuré lettre morte. En général, jusque vers 1880 la population féminine devait se contenter de l'éducation primaire et secondaire. À Cuba, en 1851, les écoles primaires pour les femmes représentaient 30 % du total. Ce chiffre paraît élevé, mais d'un autre côté l'enseignement comportait des discriminations : sous le prétexte que la femme devait se préparer essentiellement en vue des tâches considérées féminines, les filles n'étudiaient pas les mêmes matières que les garçons. Ces derniers étudiaient par exemple la physique, la géométrie, l'agriculture et l'histoire naturelle, qui ne figuraient pas dans les programmes pour les filles, obligées en revanche d'apprendre l'hygiène domestique et de suivre des cours de couture.

Du point de vue juridique, les femmes dans certains pays obtinrent quelques avantages. Au Mexique, le nouveau Code civil de 1870 conféra à la femme la « puissance paternelle », jusqu'alors privilège masculin :

La femme « tapada », tradition
commencée à l'époque coloniale,
avait une liberté d'action
critiquée sans grand succès par
les pouvoirs publics, au Pérou et
ailleurs en Amérique espagnole.

si son conjoint décédait, la veuve pouvait maintenant continuer à exercer son autorité sur les enfants et disposer des biens de ceux-ci, tandis qu'auparavant elle demeurait à la merci du tuteur que le défunt mari pouvait avoir nommé. Mais le Code de 1870 n'améliora pas la situation de la femme mariée, qui continuait à dépendre du mari pour exécuter tout acte légal, comme à l'époque coloniale.

Si en général la femme n'obtint aucun droit politique, cela ne veut pas dire qu'elle ne participa pas à la vie publique. Les guerres, aussi bien civiles qu'entre pays, comptaient sur une participation féminine importante. À cette époque, quand la logistique des armées en était encore à ses débuts, c'étaient les femmes qui, accompagnant les hommes, leur procuraient les soins médicaux et l'alimentation. Au Pérou, on appelait ces femmes *rabonas* : sans percevoir de solde, elles accompagnaient les hommes aux combats. Durant la guerre de la Triple Alliance contre le Paraguay, un grand nombre de femmes para- guayennes montèrent aux champs de bataille. Pas moins de 1500 femmes, calcule-t-on, se retrouvèrent sur le front. Cela ne comprend pas les autres, beaucoup plus nombreuses, qui travaillaient à préparer les uniformes et les victuailles pour l'armée.

Mais, pour beaucoup de filles des classes aisées, la participation à la vie publique était interdite à vie et on envoyait beaucoup d'entre elles au couvent, suivant la tradition coloniale. Une des voyageuses européennes aux idées libertaires, Flora Tristán, éprouva de la compassion en voyant la situation des novices du couvent d'Arequipa, confinées là très jeunes par leurs familles, même contre leur volonté[7].

• **Religion**

L'Église catholique maintint son importante présence comme institution publique, mais elle dut affronter de nombreuses difficultés dans la vie quotidienne, entre autres le manque de prêtres, qui avaient diminué de façon dramatique à cause des assauts de l'indépendance et de l'action de certains gouvernants hostiles à l'Église. Au Paraguay, en 1841, plus de la moitié des paroisses se trouvaient vacantes et beaucoup de curés devaient en desservir deux ou trois en même temps ; en dehors d'Asunción, il n'y avait que 37 prêtres dans tout le pays. Au

---

7. Voir son témoignage dans le livre *Les Pérégrinations d'une paria*, Paris, Maspero,1980, où l'auteure raconte l'expérience de son voyage au Pérou des années 1830. Flora était la fille d'un général péruvien et d'une française, née à Paris en 1803.

Venezuela, il y avait 547 curés dans le diocèse de Caracas, chiffre qui était descendu à 115 en 1881 ; cette dernière année, il n'y avait que 393 prêtres dans l'ensemble du pays. D'autres pays présentaient une situation moins précaire, mais le manque de religieux se faisait sentir. Aussi, la majorité des gouvernements se mirent-ils à inviter des missions européennes, de France et d'Italie. Ces dernières commencèrent à arriver au milieu du siècle. Quelques-unes se rendirent dans les régions habitées par des indigènes non intégrés à la nation, comme les capucins, qui se mirent en contact avec les Araucans au Chili ; les salésiens en firent autant dans le sud de l'Argentine et les franciscains se dirigèrent vers l'Amazonie brésilienne. Leur présence se remarqua non seulement dans l'évangélisation, mais aussi dans l'éducation, à travers la fondation de nombreuses écoles, dont beaucoup en province. On vit aussi des religieuses, comme les sœurs franco-canadiennes de la Divine Providence, qui vinrent de Montréal au Chili, au milieu du siècle, où elles prirent en charge l'asile des orphelins du pays.

Malgré la toute-puissance du catholicisme, la plus grande tolérance que préconisèrent plusieurs gouvernements en matière religieuse et l'arrivée de commerçants et d'immigrants étrangers rendirent possible la présence d'autres églises et d'autres religions, surtout protestantes, ainsi que d'un certain nombre de juifs. Bien que tous durent pratiquer leur foi dans des conditions restrictives, ce processus introduisit une variante dans la vie religieuse latino-américaine.

• Vie quotidienne

Les témoignages oraux et écrits de personnes de l'époque nous permettent de reconstruire l'atmosphère dans laquelle elles vécurent. Même si la majorité des témoignages proviennent de ceux qui pouvaient écrire, c'est-à-dire des membres de l'élite, comme aussi des voyageurs étrangers, qui fournirent une abondante littérature, quelques voix des êtres anonymes, de la masse indigène, métisse ou noire, nous donnent une idée de leurs conditions d'existence et des coutumes d'une époque encore marquée par l'héritage colonial, qui ne s'intègre pas encore pleinement au capitalisme ni à l'influence européenne occidentale.

Pour les esclaves noirs, la vie quotidienne était réglée par la cloche qui, activée par le contremaître de la plantation, dictait le rythme de leurs activités de l'aube jusqu'à la nuit. Selon le témoignage d'un ancien esclave cubain, elle se déroulait ainsi :

> À la sortie de la raffinerie il y avait la cloche que le contremaître lui-même faisait tinter. À quatre heures et demie du matin, elle sonnait l'Ave Maria : neuf coups, si j'ai bonne mémoire, qui indiquaient que l'heure était venue de sauter du lit. À six heures, une autre cloche sonnait : c'était celle « de l'alignement », et il fallait se mettre en rang sur un terrain à l'extérieur du *barracón* (baraquement des esclaves). Les hommes d'un côté et les femmes de l'autre. Puis on partait travailler dans les champs jusqu'à onze heures, après quoi on mangeait de la viande fumée, des légumes cuits et du pain. L'après-midi, avec le coucher du soleil arrivait l'heure de la prière. À huit heures et demie du soir retentissait la dernière cloche, celle du Silence : c'était le moment d'aller au lit. Le contremaître dormait dans le *barracón* et surveillait. Dans le *batey* (la raffinerie de sucre et tous ses bâtiments) il y avait un veilleur de nuit, un Espagnol, qui était chargé lui aussi de nous épier. Tout était question de fouet et de surveillance[8].

Aujourd'hui exposées au centre-ville de La Havane, ces cloches marquaient le ryhtme de la vie quotidienne des esclaves, dans les plantations à Cuba, jusqu'en 1878.

---

8. *Esclave à Cuba*, de Michel Barnet, version française de *Biografía de un cimarrón*, entrevue où un ex-esclave raconte sa vie. Paris, Gallimard, 1967, p.24 et 25.

Dans la ville, les vendeurs ambulants, qui allaient offrir dans les
maisons différentes marchandises,
pratiquèrent leur métier sur une
longue période. À Mexico, on enten-
dait « dans la rue des cris de toutes
sortes qui commençaient au lever du
jour et se poursuivaient jusqu'à la
nuit, proférés par des centaines de
voix discordantes, impossibles à
comprendre au début »... Parmi les
produits offerts figuraient le charbon,
le beurre, la viande, annoncée au cri
de « cecina buena, cecina buena »
(viande séchée), la graisse, des
fruits... Il y avait aussi des colporteurs
qui offraient à grands cris «des
aiguilles, des épingles, des boutons de
chemise, des balles de fil de coton, des
petits miroirs, etc. » et qui les vendaient après un long marchandage de
la part des clientes, toutes des femmes.

À Mexico comme dans les autres villes
du XIXᵉ siècle, à l'époque où les services
publics étaient peu développés, beaucoup
de gens gagnaient leur vie avec la vente au
détail des biens et services essentiels.

Mais le défilé ne s'arrêtait pas là : vers le milieu du jour « les mendiants
commencent à se faire particulièrement inopportuns, et leurs
lamentations, prières et interminables psalmodies se joignent à la
symphonie des autres bruits ». Les mendiants étaient suivis des
vendeurs de gâteaux au miel, de fromage, de confiseries, des vendeurs
de billets de loterie, et à la tombée du jour de ceux qui offraient des
tortillas (crêpes de maïs), des châtaignes (marrons) rôties chaudes et
des tamales de maïs. Cette description, de la plume de Fanny Calderón
de la Barca, épouse de l'ambassadeur d'Espagne au Mexique [9], nous
démontre que nous sommes en présence d'une société où l'organisation commerciale manque de spécialisation, et où une masse de
gens anonymes devaient se trouver une occupation leur permettant
de vivre dans la métropole.

Les conditions d'hygiène publique laissaient beaucoup à désirer,
même dans les grandes villes. À Rio de Janeiro, en 1860, un voyageur

9. Dans son livre *La vida en México* (*La Vie au Mexique*), publié originellement
en 1843. Mexique, Porrúa, 1981.

français racontait comment on éliminait les ordures : devant l'absence d'un service municipal pour brûler les déchets, ceux-ci étaient tout simplement transportés par des esclaves noirs dans des barils qu'ils vidaient dans la mer, dans la baie. Le témoin ajoutait que les jours de tempête facilitaient le travail de l'esclave : il suffisait de déverser les barils dans la rue et le torrent d'eau emportait le tout. Il en résultait une odeur nauséabonde sur toute la rive de la baie de Guanabara, dont le beau paysage perdait tout enchantement devant les émanations des ordures accumulées[10]. Il n'est pas étonnant que, dans ce contexte, des épidémies de choléra, de variole ou de fièvre jaune se soient répandues. À Buenos Aires, en 1867, huit mille personnes étaient mortes du choléra, dont les ravages s'expliquaient par le manque d'égouts et de système d'eau courante. Tout de même les villes progressèrent quelque peu : dans la décennie de 1850 les principales voies publiques furent peu à peu éclairées au gaz et on élargit les avenues importantes. À cette fin, à Lima, en 1868, on se mit à abattre les anciennes murailles, de l'époque coloniale, qui avaient servi en d'autres temps à la défense de la ville contre les attaques éventuelles de pirates, et qui maintenant limitaient la croissance du centre de la ville.

Au Brésil du XIXe siècle, les Noirs et mulâtres, esclaves ou affranchis, formaient la majorité de la population et effectuaient les services domestiques.

10. Cité dans *La Vie quotidienne au Brésil au temps de Pedro Segundo, 1831-1889*, de Frédéric Mauro. Paris, Hachette, 1980, p.16.

L'économie : le lent développement du capitalisme

Durant l'époque coloniale, l'économie latino-américaine était basée principalement sur l'agriculture et l'élevage, en plus de l'exploitation des mines. Dans l'ensemble, c'était une économie primaire, avec un faible développement industriel et qui comptait sur un système financier rudimentaire, puisque les banques n'existaient pas. Malgré l'existence d'un commerce interne, c'était la demande internationale qui orientait le choix des activités productives les plus rentables, origine des plus grandes fortunes, comme les cultures tropicales et les métaux précieux. Ainsi, dès le début était apparue une dichotomie entre le secteur lié à l'exportation et celui des activités destinées à l'auto-consommation ou à des marchés locaux, de rentabilité beaucoup plus faible. En gros, il s'agissait d'un système économique bâtard, qui combinait des traits nettement capitalistes dans la sphère commerciale avec des éléments proches du féodalisme et de l'esclavage pour ce qui concernait les systèmes de production et la mentalité de plusieurs entrepreneurs [11]. Ce panorama a évolué lentement à travers l'époque que l'on étudie ici. Les contacts avec l'extérieur se renforcèrent, mais moins vite que le souhaitaient les élites dominantes, et on assista à une certaine diversification des activités productives internes, ainsi que des structures financières.

Agriculture et élevage

De toutes les activités productives, les plus importantes en ces années demeurèrent celles qui sont en rapport avec la terre, où habitait l'énorme majorité de la population. La relative décadence de l'industrie minière et du commerce dans les premières années de l'indépendance, à cause des guerres, valorisa encore davantage la propriété agricole. Cela amena l'incorporation de nouvelles terres à la production, ce qui s'obtint souvent, comme on l'a vu plus haut, à travers une continuation de la conquête, au détriment des indigènes (et plus tard de l'Église, comme on verra plus loin).

---

11. Parmi les auteurs qui ont étudié la question, voir Marcelo Carmagnani, *Formación y crisis de un sistema feudal. América latina del siglo XVI hasta nuestros días*, Mexico, Siglo XXI, 1976, qui affirme l'existence de ce système jusqu'en 1914. André Gunder Frank, dans son célèbre essai *Capitalismo y subdesarrollo en América latina* (de nombreuses éditions depuis 1969) avait prôné la thèse contraire, soutenant l'existence d'un capitalisme remontant à l'époque coloniale.

Ce processus permit non seulement l'enrichissement de l'élite, mais aussi la diversification des cultures. Le café fournit un bon exemple : même si on le cultivait au Brésil avant l'indépendance, il prit plus d'importance dans ce pays après 1820, au moment où augmenta la demande mondiale et à la suite de la ruine économique d'Haïti, rival important dans ce domaine. Le Brésil en vint à contrôler une bonne partie de la production mondiale, avec 40 % du total déjà avant 1850. On défricha de nouvelles terres à cette fin, à l'intérieur de Rio de Janeiro et de Sao Paulo. Le café devint très important aussi au Venezuela et en Amérique centrale, surtout au Costa Rica ; dans cette même région, la cochenille prit un grand essor pour répondre à la demande industrielle européenne qui avait besoin de matières colorantes. En Argentine, l'élevage des moutons commença vers 1830, et il connut un tel succès que le bétail passa de 2 millions de têtes en 1830 à 61 millions en 1880, ce qui permit d'augmenter les exportations de laine, qui passèrent de 1,8 million à 92 millions durant ces mêmes années.

Certaines cultures déjà anciennes connurent un nouvel essor. Ce fut le cas de la vigne au Chili, une culture ancienne, mais qui à partir de 1850 acquit une nouvelle dimension par l'introduction dans le pays de pieds de vigne français, amenant la fondation d'entreprises qui se consacraient pour la première fois à la production spécialisée de vin. Le vin compta parmi les activités agro-industrielles destinées au

la production sucrière exigeait de gros investissements, autant en infrastructure que dans la main-d'oeuvre esclave. Le dessin montre un moulin au Brésil, au début du XIXe siècle.

marché intérieur ; les exportations représentaient un pourcentage infime, situation qui se maintint durant de longues décennies. Cependant, jusqu'en 1920, les Chiliens continuaient à boire surtout la *chicha*, la boisson traditionnelle. Au Mexique, une autre boisson traditionnelle, le *pulque*, tiré du *maguey*, conserva son énorme popularité.

Dans d'autres pays, les cultures déjà implantées prirent un plus grand essor, comme la canne à sucre, cultivée dans les plantations de Porto Rico et de Cuba. Dans ce pays la production augmenta à plus du double, passant de 800 000 tonnes annuelles en 1839 à 1,8 million en 1880. Parallèlement, les exportations augmentèrent aussi, représentant 15 % de la production mondiale à la première date et 23,6 % en 1875. Cet essor impliqua la déforestation de vastes zones de l'île, qui s'ouvrirent aux nouvelles plantations. L'augmentation s'explique par le marché des États-Unis, où se réalisait la plus grande partie des ventes du sucre cubain (malgré sa condition de colonie espagnole) et par une meilleure organisation de la production, en grandes unités. Par contre, la production de sucre dans les Antilles britanniques augmenta très peu, à cause de la compétition de la betterave à sucre produite en Europe et en Angleterre même.

Mines, industrie et autres activités

L'industrie minière demeura une activité importante, bien que dans une mesure moindre qu'à l'époque coloniale. Dans les premières années après l'indépendance, l'industrie minière périclita à cause de la diminution de main-d'œuvre et du manque de capitaux causé par le départ déjà mentionné des Espagnols, et ces capitaux ne trouvèrent pas de remplacement rapide dans d'autres pays. L'Angleterre, certes, s'intéressait aux exploitations minières, mais le manque de transports adéquats et le peu d'information firent échouer plusieurs entreprises dans les années 1820, ce qui refroidit l'enthousiasme du début.

Malgré ces inconvénients, des exploitations minières d'envergure virent le jour, comme celles du nord du Chili, avec la mine d'argent de Chañarcillo et celles de cuivre de Tamaya, près de Coquimbo. Au milieu du XIXe siècle, le Chili détenait la première place en tant que producteur mondial de cuivre, avec 40 % des exportations, destinées surtout à la Grande-Bretagne. Sa production avait augmenté de 2 tonnes annuelles en 1830 pour en arriver à 51 en 1869. Au Mexique, par contre, la production d'argent diminua beaucoup durant la première moitié du siècle ; ce n'est qu'après 1850 qu'elle récupéra les taux de l'époque coloniale. Au Pérou et dans la zone que se disputaient la Bolivie et le Chili, l'exploitation du *salitre* commença à prendre de l'importance, ce qui provoquerait la guerre entre ces trois pays en 1879.

Commencée au milieu du XIXᵉ siècle, l'exportation du guano en Europe continuait au début du XXᵉ.

Le Pérou tira des revenus considérables au milieu du siècle de la production de *guano*, accumulé durant des siècles sur les îles en face de la côte centrale du pays. Exporté comme engrais de grande qualité pour l'agriculture en Europe, le guano apporta de tels gains à l'État péruvien qu'il lui permit d'abolir l'esclavage noir, par le paiement d'indemnisations aux propriétaires d'esclaves.

On procéda aussi à quelques essais d'activités industrielles au milieu du siècle. Au Brésil, des fonderies virent le jour, de même que la construction de bateaux, grâce à l'appui des lois protectionnistes. La même chose, sur une plus grande échelle, se produit au Paraguay, pays qui vécut une expérience unique en Amérique latine, par son mélange spécial de gouvernement dictatorial, avec les López père et fils, et une politique étatique de protection de l'industrie. Avec l'apport de techniciens autrichiens et allemands, le Paraguay développa la plus importante fonderie de la région, mais cette expérience déclina complètement après la guerre de 1865-1870.

L'industrie textile, une des rares à exister avant l'indépendance, en particulier dans des pays comme l'Équateur et le Mexique, où la fabrique d'étoffes résultait d'une longue tradition, réussit en certains endroits à faire face à la compétition de tissus et de vêtements importés. L'intérieur équatorien et les hautes terres du Guatemala se trouvèrent dans cette situation, en plus de Puebla au Mexique. Toute la production était destinée au marché interne. Ces cas donnent à penser que la présence de produits étrangers n'était pas aussi massive ni n'avait d'effets aussi dévastateurs que le craignaient certains, bien que les centres industriels situés sur les côtes subissaient eux les effets de la compétition étrangère.

Commerce, finances et transports. Le contact avec l'extérieur

L'indépendance avait apporté comme changement principal le contact direct avec le marché mondial, réalisable auparavant que par l'entremise des métropoles européennes ou par la contrebande. L'Amérique latine pouvait maintenant exporter directement ses produits vers les principaux centres consommateurs, à commencer par l'Angleterre. En même temps on pouvait importer toutes sortes de marchandises.

Il ne faut pas croire cependant que tous les pays adoptèrent une politique commerciale ouverte. Pour beaucoup, le contact avec l'extérieur n'excluait pas une certaine dose de protectionnisme. Cela s'explique en partie par la tradition coloniale, et aussi par la protestation des secteurs artisanaux, qui craignaient la ruine devant l'arrivée indistincte de marchandises européennes. Le libre-échange s'imposa graduellement en Amérique latine. Cela s'explique tant par les pressions des commerçants locaux que par celles des commerçants d'origine étrangère, surtout anglais, qui s'établirent au début de l'indépendance dans plusieurs villes. De plus, les hommes politiques manifestèrent peu de volonté de défendre le protectionnisme, et les entrepreneurs ne croyaient pas au profit de l'investissement dans l'industrie ; investir dans des produits d'exportation, fussent-ils agricoles ou miniers, était plus rentable. La petitesse du marché interne représentait un autre facteur de découragement pour un éventuel développement industriel.

La demande externe donna alors un nouvel élan aux activités productives, que les guerres d'indépendance avaient affectées dans plusieurs pays. Cet élan ne fut pas le même dans tout le pays. Le Chili et l'Argentine furent ceux qui augmentèrent le plus leurs exportations, multipliées par 50 entre 1810 et 1880. Le Brésil venait en troisième lieu, ses exportations ayant décuplé. Par contre, les pays qui à l'époque coloniale s'étaient montrés les plus actifs connurent une faible augmentation après 1825 : les exportations du Pérou n'augmentèrent que de 5 fois leur valeur, tandis que celles du Mexique, d'à peine 20 %.

Dans ce nouveau contexte de marché mondial, les opérations commerciales passèrent majoritairement sous le contrôle des étrangers, surtout anglais, qui remplacèrent les Espagnols dans ce domaine. Contrairement à ce qui se produirait à la fin du siècle, l'investissement direct de capitaux étrangers, dans la sphère productive, ne s'effectua pas à grande échelle. Les activités d'agriculture et d'élevage se réalisèrent sous le contrôle d'entrepreneurs locaux. L'investissement étranger fut orienté surtout vers certaines activités minières, comme le salpêtre au Chili (après la guerre du Pacifique de 1879), et dans une certaine mesure vers la construction de chemins de fer.

L'influence économique externe se fit sentir aussi dans les finances. Au début de la période, les budgets de la majorité des États stagnaient dans une situation précaire à cause du démembrement du commerce extérieur et des dépenses de guerre. Plusieurs pays avaient contracté des emprunts à Londres dans des conditions onéreuses : du million de livres qu'obtint le Chili en 1823, les banquiers anglais n'en remirent qu'un peu plus de la moitié, bien que le Chili dût payer la totalité de la somme, plus les intérêts. Le Mexique fit deux emprunts, chacun de 3 millions de livres, dans des conditions semblables. La Fédération d'Amérique centrale avait négocié en 1824 un emprunt d'un million de livres, mais elle n'en toucha qu'une très faible partie (qu'on n'a jamais pu préciser), et dut mettre à contribution les revenus de la douane pour faire face au paiement. Les problèmes de remboursement de ces montants refroidirent durant un temps l'arrivée de nouveaux capitaux extérieurs, tant emprunts qu'investissements.

La construction de chemins de fer fut un des facteurs importants pour l'agrandissement des marchés internes et aussi, bien sûr, pour les activités d'exportation. La première voie ferrée en Amérique latine se construisit à Cuba, en 1837. À partir des années 1850 le chemin de fer fit son apparition dans d'autres pays, comme le Pérou, le Chili, le Mexique, le Brésil et l'Argentine. Dans le cas chilien, le nouveau mode de transport ne surgit pas dans le district de la capitale, mais plutôt dans le nord, entre Caldera et Copiapó ; la raison en était le transport du minerai d'argent vers la côte, ce qui donne une idée de l'importance de l'activité minière et du commerce d'exportation. Des entrepreneurs étrangers jouèrent un rôle de premier plan dans cette rubrique, comme l'Américain Henry Meiggs, qui vécut au Chili et au Pérou entre 1850 et 1870, et qui construisit, entre autres, la voie ferrée d'Arequipa à Puno, et celle de Callao à La Oroya, pour le transport du minerai. Son neveu, Minor Keith, suivit son exemple au Costa Rica, où il dirigea la construction du chemin de fer de San José vers la côte atlantique ; plus tard il étendit ses activités à la production de bananes.

Les banques, inexistantes à l'époque coloniale, constituèrent une nouveauté. Le Mexique et le Brésil fondèrent les premières institutions, dans les années 1830, puis d'autres pays emboîtèrent le pas au milieu du siècle. L'expérience mexicaine doit être soulignée parce que sa première banque, la Banque de Avío, releva d'une initiative du gouvernement (conservateur), lancée avec des fonds publics, et permit le développement textile de Puebla. Dans le surgissement des banques privées, il s'en ajouta d'origine étrangère, spécialement d'Angleterre : la South American Bank s'installa dans plusieurs pays.

La modernisation des transports, l'arrivée des banques et l'augmentation de la production en général renforcèrent l'orientation capitaliste des centres productifs. La technologie fit des progrès, avec un plus grand investissement en machinerie et un certain accroissement du nombre des travailleurs payés en salaire, changement important par rapport à l'époque coloniale. Avant l'indépendance, le travailleur esclave prédominait, tout comme celui qui travaillait dans des conditions à demi forcées, comme aux temps de l'*encomienda* coloniale. C'est pour cela que plusieurs auteurs ont parlé de « féodalisme » pour cette époque, terme peu exact mais qui reflétait le retard de l'organisation de la production[12]. Nous verrons, cependant, que les mécanismes de travail à demi forcé ne disparurent pas rapidement.

Systèmes de travail

Bien que le capitalisme se manifestât dans l'agrandissement des activités commerciales, dans l'adoption de nouvelles technologies et dans de meilleurs moyens de transport, cela n'impliqua pas de changements immédiats dans les relations de travail. L'esclavage noir, le maintien du travail forcé des Indiens dans quelques pays coexistèrent avec la main-d'œuvre libre.

Cette situation contradictoire apparaît même dans les activités de fameux entrepreneurs de l'époque. Au Pérou, Domingo Elías apporta la meilleure machinerie d'Europe, actionnée à la vapeur, pour la production de coton, mais en même temps il utilisait des esclaves noirs dans ses vignes et ses champs de coton, et il se montrait défavorable à

---

12. Il n'est pas tout à fait exact de parler de féodalisme, car il n'y eut jamais de dispersion du pouvoir politique à l'époque coloniale. La tentative de créer des *capitanias* au Brésil, où la colonisation dépendit longtemps des particuliers, s'avéra un échec dans la grande majorité des cas, et la Couronne portugaise dut reprendre l'initiative.

Arrivés pour remplacer les esclaves noirs dans les plantations latino-américaines, les Chinois travaillèrent dans des conditions pénibles.

l'abolition de l'esclavage. Aussi bien à Cuba qu'à Porto Rico et au Brésil les esclaves noirs continuèrent d'être la main-d'œuvre clé dans les plantations, et les commerçants qui les emmenaient d'Afrique (illégalement) réalisaient de grands profits. À Cuba, les esclaves constituèrent presque la moitié des travailleurs jusqu'en 1861 : leur nombre atteignait 301 000, comparativement à 316 000 travailleurs libres.

L'abolition de l'esclavage noir obligea les entrepreneurs à chercher des remplaçants. Dans quelques pays, comme Cuba et le Pérou, on remplaça les Noirs par des travailleurs chinois, amenés de leur pays d'origine dans des conditions de semi-esclavage. Les Chinois se voyaient obligés de travailler pendant neuf ans consécutifs pour l'employeur qui les amenait, et seulement après cette période ils pouvaient chercher librement un emploi. Ceux qui réussirent à survivre et à demeurer en Amérique latine formèrent des pourcentages de certaine importance en quelques endroits : à Lima, en 1876, on comptait 5600 Asiatiques sur une population de 100 000 habitants. On soumit au travail forcé certains Indiens, tels les Yaquis et les Mayas du Mexique, vendus comme esclaves à Cuba, en représailles de leurs rébellions.

Le travail libre fit des progrès à la suite de l'arrivée des premières vagues d'immigrants. À la fin de la période, à mesure que l'esclavage déclinait au Brésil, les propriétaires de plantations de café commencèrent à engager des travailleurs italiens. Dans les premières industries créées après l'indépendance, comme les brasseries, ou grâce à la construction de chemins de fer, un premier embryon de prolétariat fit son apparition. La femme participa à cette évolution : en Argentine, en 1869, au moment du premier recensement, on a trouvé que 58,8 % des femmes âgées de plus de 10 ans occupaient un travail rémunéré. Beaucoup d'entre elles l'exerçaient dans l'industrie textile, comme à Córdoba et à Catamarca, qui employaient respectivement 13 600 et 6 900 ouvrières.

Dans beaucoup d'endroits apparut un nouveau type de travailleur, théoriquement libre, mais soumis à son patron par divers liens. C'était le cas des *peones*, mot qui désigne en général les travailleurs ruraux du XIXᵉ siècle et d'une partie du XXᵉ. Le *peón* travaillait dans une *hacienda* ; il était juridiquement libre, mais il ne jouissait pas de liberté totale, parce qu'il était lié au propriétaire par le mécanisme des dettes contractées avec le patron. Son salaire, toujours insuffisant, l'empêchait de remettre l'argent que son patron lui avait avancé au moment de l'engager. La loi interdisait cette pratique, mais les grands propriétaires la contournaient facilement.

Ce système ne s'imposa pas partout. Pour quelques pays on peut parler de travailleurs libres de dettes, même s'ils se trouvaient à la merci du propriétaire par l'action d'autres mécanismes, comme la cession d'un morceau de terre ou le droit d'usage de pâturages pour leurs animaux. C'était le cas des *inquilinos* au Chili, qui percevaient ces bénéfices comme une part importante de leur salaire. Ainsi, ils n'étaient pas tout à fait libres, puisqu'ils devaient remplir des tâches pour lesquelles on les obligeait à engager des membres de leur famille, et ils n'étaient pas non plus complètement salariés, puisqu'ils disposaient de peu d'argent liquide. Dans la zone de Rio de La Plata, aussi bien en

la possession d'un cheval donnait aux habitants de la campagne chilienne, petits propriétaires ou travailleurs d'*hacienda*, une meilleure condition sociale.

Argentine qu'en Uruguay, la situation était paradoxale : à cause de la
rareté de la main-d'œuvre, on offrait des salaires relativement élevés
aux peones, mais ceux-ci, habitués à la vie de *gaucho* errant, avaient
l'habitude de déserter les *estancias*. Les propriétaires de terres obtinrent
du gouvernement des lois assez restrictives, comme celle d'exiger de
ceux qui erreraient dans la campagne des papiers de contrôle pour
démontrer qu'ils détenaient un emploi ou *conchabo*. L'élite cherchait
ainsi à maintenir le contrôle social sur la masse.

Vision d'ensemble :
les facteurs du retard du développement économique

Si l'Amérique latine fit montre de quelque progrès par rapport à
l'économie coloniale, son rythme de développement s'avéra lent et
inégal durant la période étudiée ici. Elle prit de plus en plus de retard
par rapport aux économies qui, déjà avant l'indépendance, jouissaient
d'un plus grand développement, comme celles de l'Angleterre, des
États-Unis ou du Canada. Des chercheurs ont illustré en chiffres ce
retard dans le tableau suivant :

Tableau 3. Produit brut per capita (en dollars américains de 1985)

Pays	1800	1850	1913
Argentine	s.i	874	2 377
Brésil	738	901	700
Chili	s.i	484	1 685
Mexique	450	317	1 104
Pérou	s.i	526	985
Canada	s.i	850	3 560
États-Unis	807	1 394	4 854

Source : Haber, Stephen (ed.) *How Latin America Fell Behind*, Stanford University
Press, 1997, p. 270.

On a expliqué cette situation de différentes manières. Selon certains,
le facteur principal se trouve dans la situation de subordination, de
« dépendance » envers les économies plus avancées, dans laquelle
l'Amérique latine serait tombée à partir du moment où les gouvernements d'après l'indépendance ont ouvert les nouveaux pays au
marché mondial. L'arrivée massive d'articles manufacturés anglais

aurait entraîné la ruine de la production artisanale, l'endettement de beaucoup de gouvernements avec l'Angleterre aurait épuisé les finances publiques, et la tendance de l'élite à s'allier avec les commerçants étrangers pour exporter des matières premières aurait signifié la mise à l'écart des industries locales. Cependant, comme on a vu, au cours de cette période il y eut peu d'investissements directs de capital étranger, de sorte que la « dépendance » n'était pas aussi grande que ce qu'elle deviendra plus tard. D'autres ont cherché l'explication dans le retard du secteur agricole, qualifié de « féodal », qui montrait peu de renouveau technologique. Enfin, certains auteurs ont proposé d'autres explications, qui ne se basent pas sur la responsabilité d'un secteur social ou du capitalisme étranger, mais plutôt sur des facteurs techniques : le coût élevé des communications, causé par la lenteur dans l'implantation du chemin de fer, l'absence d'un marché de capitaux et, pour certains pays, les conséquences des guerres d'indépendance, qui provoquèrent une saignée démographique et la ruine de la production minière durant plusieurs décennies. À ces facteurs peuvent s'ajouter la faiblesse des marchés internes, due au mince pouvoir d'achat d'une grande partie de la population et les répercussions des guerres civiles et de l'instabilité politique qui en découlait. Tout cela décourageait l'investissement, local ou étranger.

La vie politique : l'avancement vers un libéralisme oligarchique

Bien que le XIXᵉ siècle fût marqué souvent par la violence, traduite en révolutions, coups d'État et guerres, tant civiles qu'entre les États, il se produisit aussi une évolution institutionnelle, où s'affrontèrent conservateurs et libéraux. Cela donna souvent lieu à une lutte acharnée, qui se résolut avec la victoire graduelle de ces derniers. Ce dénouement, qui en principe favorisait des institutions plus démocratiques, ne se concrétisa pourtant pas, puisque pendant longtemps les bénéfices d'une législation qui prétendait créer des droits égaux pour tous ne seraient à la portée que d'une minorité.

L'organisation de l'État et les tendances politiques

Les nouveaux pays optèrent majoritairement pour le gouvernement républicain, autre symbole de la rupture avec la domination coloniale. Les expériences monarchiques furent peu nombreuses et de courte durée, sauf au Brésil. L'une d'entre elles a eu lieu au Mexique, dont le premier gouvernement devint celui de l'empire d'Agustín de Iturbide, un militaire qui après avoir proclamé l'indépendance s'était couronné avec le titre d'Agustín Ier en 1822. Son règne dura moins d'un an, puisqu'il fut renversé en 1823 en faveur de la république et fusillé postérieurement. En Haïti il y eut deux gouvernements monarchiques, celui de Henri Christophe, qui se proclama roi en 1811 et 1820, et plus tard celui de Faustin Soulouque, qui gouverna comme empereur entre 1849 et 1855. Les deux monarchies finirent mal : le premier monarque se suicida et le deuxième fut renversé, bien qu'il eût le temps de nommer six princes et cinquante nouveaux nobles, dont des ducs, des barons et des marquis.

Le Brésil fut le seul des nouveaux pays à maintenir un régime monarchique stable. Cela se comprend aisément si on se rappelle que l'indépendance avait été proclamée par le prince Pedro, le fils du roi du Portugal, qui devint le premier monarque avec le titre de Pedro Ier. Le Brésil devait maintenir la monarchie impériale[13] jusqu'en 1889, année où il se transforma en république.

Comme régime de gouvernement, les nouveaux pays hésitèrent entre la formule du gouvernement fédéral et celle du gouvernement unitaire. Ce dernier correspondait au choix de Bolívar, qui en plus se montrait partisan d'un gouvernement central avec de vastes pouvoirs, comme seule solution devant ce qu'il voyait comme un désordre politique. Mais les partisans du fédéralisme défendaient ce système comme un mécanisme qui assurait un plus grand respect des pouvoirs locaux et provinciaux.

Le poids de l'État sur les sociétés pesait passablement moins qu'à notre époque. Le budget des gouvernements était peu élevé, étant donné qu'il n'existait pas de système d'impôt sur le revenu. Le gros des revenus provenait des impôts sur le commerce extérieur. On avait créé très peu de ministères, qui normalement se réduisaient à quatre : Intérieur, Justice, Finances, Guerre et Marine.

Dans les républiques comme dans les monarchies, avec régime unitaire ou fédéral, la vie politique s'orienta pendant la plus grande

---

13. Le nom officiel fut « Empire du Brésil » et non celui de « royaume ». La raison en est que, au moment de l'indépendance, il existait l'idée que le Brésil continuerait à être le centre de l'empire portugais (ce qui avait commencé en 1808, quand le roi du Portugal se déplaça avec la cour à Rio de Janeiro, à cause de l'invasion française). Cela se maintint malgré le renoncement à la Couronne portugaise de Pedro Ier en 1826. Une autre raison pour cette appellation fut que l'optique impériale permettait d'avoir un meilleur contrôle sur les diverses régions du Brésil.

partie du xixᵉ siècle sur deux grands courants : le conservateur et le libéral. Le premier se caractérisait par son appui au régime unitaire de gouvernement, cherchant à maintenir de la manière la plus nette possible l'influence de l'Église catholique. En outre, les conservateurs manifestaient de la méfiance à l'égard de l'immigration étrangère et préféraient une politique protectionniste en matière économique. Les libéraux critiquaient l'influence de l'Église, qu'ils rendaient responsable du retard social et culturel des pays. Ils voyaient l'immigration européenne comme un mécanisme de développement, favorisaient l'abolition de l'esclavage et préféraient le libre-échange en politique économique extérieure. En politique interne, ils se montraient plutôt favorables au système fédéral et à une extension du droit au suffrage. Ce fut cette tendance qui s'imposa dans la majorité des pays, avec plus ou moins de rapidité.

Il n'est pas facile de retracer de manière précise les classes sociales qui appuyaient chacun de ces deux courants. En général les conservateurs représentaient le point de vue des propriétaires terriens, tandis que les libéraux comptaient sur l'appui des commerçants et des professionnels. Mais il y avait beaucoup d'exceptions. Diego Portales, le ministre qui mena les conservateurs chiliens dans les années 1830, s'était consacré très jeune au commerce, activité qui l'avait mené à Lima à ses débuts ; plus tard il fut en charge de l'*estanco* ou monopole du tabac au Chili. Lucas Alamán, le plus brillant leader conservateur du Mexique entre 1820 et 1850, avait étudié la minéralogie et il s'était consacré aux affaires, organisant une des plus importantes industries textiles de son pays et s'associant à des capitaux anglais pour des activités minières. Il n'était pas rare en outre que certains leaders changent d'orientation politique en fonction des circonstances : ainsi, la fidélité aux principes paraissait un peu floue. Le manque d'organisation stable des partis et la tendance à appuyer les *caudillos* expliquent cette situation.

Malgré la prédominance du conservatisme et du libéralisme, expression des secteurs dominants, d'autres idées, offrant un projet différent, apparurent dans certains pays. C'étaient celles des premiers groupes de socialistes, quelques-uns inspirés de Proudhon, d'autres par la pensée anarchiste. Quelques-uns de ces groupes furent l'œuvre d'Européens qui essayèrent de réaliser dans le Nouveau Monde l'une quelconque des utopies socialistes, comme dans le cas des phalanstères créés dans le sud du Brésil par les Français Michel Derrion et Jean-

Baptiste Mure, dans les années 1840, expérience qui échoua, pour des raisons économiques. Il y eut aussi des initiatives locales, comme les sociétés démocratiques de la Colombie, formées par des artisans inspirés par les idées de socialistes français, qui réclamaient des mesures protectionnistes, la scolarité gratuite, le mariage civil et le divorce, l'usage obligatoire du terme « citoyen » et la création d'ateliers nationaux pour combattre le chômage. Le gouvernement de José Hilario López mit brièvement ces idées en application en 1849, mais elles furent annulées ensuite par la réaction conservatrice.

L'Église catholique jouait un rôle politique de premier plan. Dans la grande majorité des pays, même dans ceux qui étaient dirigés par les libéraux, la loi déclarait que le catholicisme était la religion officielle de l'État et qu'elle était la seule en plus à pouvoir être pratiquée en public. La constitution argentine de 1853 spécifiait que le chef de l'État devait nécessairement être de religion catholique. Cela impliquait que l'État considérait comme un délit le non-respect des préceptes fondamentaux de l'Église, comme le démontra l'histoire de Camila O'Gorman, la jeune fille qui devint amoureuse du prêtre jésuite Ladislao Gutiérrez, dans le Buenos Aires de 1842. Ces amours connurent une fin tragique : le gouvernement de Rosas fit poursuivre, capturer et fusiller le couple, parce qu'il n'avait pas respecté les vœux sacrés du sacerdoce.

On accordait ces privilèges à l'Église en échange d'un certain contrôle de la part des gouvernements, qui exigèrent d'exercer le droit de *patronat* qui avait existé à l'époque coloniale, auquel résistait le pape. La question se régla au moyen d'accords spéciaux, les concordats, que Rome signa avec chaque pays. Grâce à eux, les gouvernements maintinrent un certain contrôle sur la nomination des évêques, comme avant l'indépendance. La prédominance de l'Église catholique dans la vie publique commença à diminuer à la fin de la période. Ainsi, au Chili, entre 1880 et 1890, l'Église perdit le monopole qu'elle détenait dans des matières comme le registre civil, les mariages et les cimetières, fonctions qu'assuma l'État. En Argentine, une loi de 1884 avait établi qu'on ne pouvait pas donner un enseignement religieux dans les écoles publiques dans l'horaire habituel. Par contre, en Colombie, la présence de l'Église se renforça. Ce pays signa un concordat avec le pape en 1887 dans lequel le gouvernement reconnaissait que le catholicisme constituait un élément essentiel de l'ordre social, et conférait à l'Église de nombreux privilèges, entre autres le caractère obligatoire de l'enseignement inspiré par cette religion dans tous les collèges et universités ; en plus, le mariage religieux avait des effets légaux pour toutes les questions de propriété.

L'exercice du pouvoir : oligarchies et caudillos. Les facteurs de l'instabilité

Bien que la loi déclarât l'égalité de tous les habitants du pays et stipulât que la souveraineté résidait dans le peuple, dans la vie quotidienne ces idéaux ne se réalisèrent pas. Bien entendu, en parlant de citoyens ou d'habitants on ne pensa jamais accorder ces droits aux femmes. On n'incluait pas non plus les Noirs esclaves, qui ne furent libérés que lentement. On incorpora partiellement les indigènes à la masse des citoyens, vu qu'on ne considérait que ceux qui côtoyaient les Blancs : ceux qui continuaient à mener une vie nomade et évidemment ceux qui vivaient toujours de façon indépendante, comme les Mapuches (appelés aussi Araucans) dans le sud du Chili ne faisaient pas partie des citoyens.

Dans la pratique, les droits civiques s'exercèrent de façon restreinte, comme d'ailleurs dans le reste du monde, que ce soit l'Angleterre, la France ou les États-Unis. Même si au début de la période il y eut des expériences de suffrage universel masculin, comme au Mexique et en Colombie, bientôt on réserva ce droit à ceux qui possédaient quelque richesse ou touchaient un minimum de revenus, dont le montant augmentait pour ceux qui optaient pour une charge : c'était le système du suffrage censitaire. On considérait cela comme une mesure de contrôle sur les masses menaçantes, qui, selon les membres de l'élite blanche et propriétaire, ne savaient que faire de leurs droits. Durant le processus d'indépendance, Bolívar avait exprimé aussi sa crainte de la démocratie, en disant que devant le manque d'éducation politique des populations « tout régime qui s'appuiera sur le peuple provoquera, selon ce que je redoute, notre ruine[14] ».

Cette approche se fit sentir aussi dans les territoires colonisés par l'Angleterre malgré l'existence d'une vieille tradition d'institutions

---

14. Dans le monde anglo-saxon, malgré qu'il soit le berceau de beaucoup d'idées libérales, il n'y avait pas non plus un grand attachement pour la démocratie, et les autorités préféraient décider du destin du pays sans consulter la nation. Au Canada, quand s'est formée la Confédération (qui signifiait en même temps l'indépendance) en 1867, les plus hauts dirigeants du nouvel État, comme John A. Macdonald, refusèrent d'en appeler à un plébiscite pour approuver l'union des quatre ex-colonies britanniques qui donnèrent naissance au nouveau pays. La décision ne fut soumise qu'au vote des assemblées législatives de chaque colonie, dont les membres n'avaient pas été élus au vote universel.

représentatives. Dans les Antilles britanniques, malgré leur condition de colonies, au XVIIe siècle, on avait créé un système administratif dans lequel, à côté du gouverneur nommé par Londres, siégeaient des assemblées dotées de certains droits, comme l'encaissement d'impôts, et qui se composaient de personnes élues. Celles-ci constituaient cependant un groupe très minoritaire : en Jamaïque, en 1865, l'Assemblée comptait 49 membres, tous des Blancs, élus par 1 457 votants, pourcentage infime par rapport au total de la population, qui s'élevait à 400 000 personnes. Les assemblées disparurent d'elles-mêmes à cette époque devant la crainte que des personnes de couleur puissent voter, et le contrôle demeura totalement aux mains du gouverneur.

À partir du milieu du XIXe siècle, grâce au triomphe progressif de la tendance libérale, le nombre de personnes avec droit de vote allait en augmentant. Cependant, la participation électorale se maintint assez basse durant toute la période, comme on peut voir dans le tableau 4.

Pour l'ensemble latino-américain, entre 1850 et 1900, la moyenne de participation électorale fut de 2,3 % seulement[15]. Cela se comprend, non seulement par les restrictions à l'inscription, mais aussi parce que dans la majorité des cas les élections se faisaient par un système indirect : les votants choisissaient des électeurs, qui à leur tour décidaient qui était élu. Ce système décourageait les électeurs, ce qui peut expliquer, en partie, la participation électorale plutôt faible du Chili, le pays le plus stable politiquement de la région, enregistrant même une baisse à la fin de la période. Par contre, dans le cas d'une élection directe (ce qui ne fut jamais le cas dans le Chili de cette période), le nombre de votants augmenta, phénomène nettement appréciable dans le cas du Pérou au cours du second laps de temps (1858), au moment où le pourcentage de participation devint

---

15. À la même époque, aux États-Unis, le chiffre est de 16 % ; bien qu'il soit plus élevé que celui de l'Amérique latine, ce pourcentage signifie également que la grande majorité de ce pays était exclue des décisions. Les États-Unis offrirent le suffrage universel très tôt, droit adopté entre 1830 et 1840 par les divers États, mais jusqu'en 1870 c'était pour les Blancs seulement. La France adopta le vote universel après la révolution de 1848. Évidemment, ce droit ne concernait que les hommes. Dans les autres pays primait le suffrage censitaire. L'Angleterre n'a pas connu de suffrage universel tout au long du XIXe siècle. Au Québec, entre 1867 et 1886 le taux de participation s'est tenu entre 68,1 % (le plus élevé) et 58,9% (le plus bas), mais ce taux était calculé par rapport aux électeurs inscrits et non pas en fonction de la population totale, comme dans le cas des pays latino-américains. Si on utilisait ce dernier critère, le taux aurait été d'un peu plus de 10%.

extrêmement élevé, supérieur à celui de beaucoup d'élections au
XXᵉ siècle ; mais en même temps, en retournant au système indirect, la
participation baissa brusquement. De toute façon, la participation
électorale n'était pas toujours synonyme de processus démocratique :
les interventions du gouvernement, qui faisaient triompher ses
candidats par la fraude généralisée, l'empêchaient. Au Chili, la fraude
commençait à partir du moment où l'on remettait à l'électeur le
document appelé « de qualification », qui l'autorisait à voter.

Tableau 4.

Participation électorale et stabilité des gouvernements, pays choisis 1825-1889 *

| Pays | Participation** | | Nbre de | Durée moyenne | Renversés |
	min	max	gouvernements	en années	(n.)
Argentine#	1,0	2,0	17	3,76	2
Bolivie	x	x	22	2,95	10
Chili	2,0	4,9	15	4,66	3
Colombie	x	8,5	39	1,79	5
Costa Rica	x	0,2	28	2,32	8
Équateur	x	5,0	19	3,68	9
Guatemala	x	3,0	20	3,07	6
Haïti	x	2,0	14	4,57	11
Honduras	7,2	10,2	40	1,75	7
Mexique	x	0,1	48	1,37	16
Pérou	0,1	23,8***	33	2,06	18
Uruguay	2,5	5,3	20	3,00	9
Venezuela	x	13,0***	23	2,56	7

* Ce tableau diffère quelque peu de ceux qui abordent le même sujet dans les
chapitres suivants, étant donné qu'on n'a pas inclus ici les gouvernements élus.
La définition de ce type de gouvernement pour l'époque est trop compliquée, si
l'on tient compte de la volatilité des élections : nous avons donc remplacé cette
colonne par une autre sur la durée moyenne.

** Chiffres en pourcentage des votants par rapport au total de la population (et
non des électeurs inscrits ou de la population qui pouvait l'être potentiellement).
Le calcul de l'abstention n'apparaît que dans le tableau 28 du chapitre 5.

*** Indique que cette année-là l'élection présidentielle s'est faite par élection
directe.

Pour la période allant jusqu'en 1852 on a considéré le gouvernement de Buenos
Aires pour le calcul national.

x : pourcentage de participation inférieur à 0,1 %.

SOURCE : pour les élections, *Statistical Abstract on Latin America*, vol. 25 (1987).
Pour les gouvernements, diverses histoires nationales et des sites Internet.

Naturellement les autorités du gouvernement remettaient ce pouvoir de préférence aux personnes susceptibles de voter pour ses candidats. Au Mexique, la fraude se pratiquait par une pression exercée sur l'électeur au moment du vote. Le mode de votation non secrète rendait cette pratique possible : le vote s'effectuait dans des réunions collectives où chacun exprimait son choix devant tout le monde. Cela favorisait, bien entendu, les personnes les plus puissantes de chaque localité. Cette situation nous permet de qualifier d'oligarchique la vie politique de tout le xxᵉ siècle : le pouvoir était concentré entre les mains d'un nombre restreint de personnes, généralement unies entre elles par des liens de famille. Il n'est pas surprenant que sur les listes des présidents de la république, des ministres et parlementaires, des prélats de l'Église ainsi que des généraux et des colonels et des officiers de grade supérieur de l'armée, certains noms de famille reviennent d'une génération à l'autre.

Cette situation correspondait au pouvoir économique : il s'agissait presque toujours des familles qui possédaient de grandes propriétés agricoles ou d'élevage ou encore qui se rangeaient parmi les grands commerçants. En outre, ces familles étaient souvent unies par les liens du mariage. Les exemples abondent : au Chili, le successeur du président José Joaquín Prieto, qui gouverna entre 1831 et 1841, était son neveu, le général Manuel Bulnes. Par la suite la famille Errázuriz donna trois présidents de la République : Federico Errázuriz Zañartu (de 1871 à 1876), son fils Federico Errázuriz Echaurren (de 1896 à 1901) et le cousin de ce dernier, Germán Riesco Errázuriz (1901- 1906). La même famille compta aussi de nombreux sénateurs et députés, un évêque et des entrepreneurs. L'emploi systématique d'un système d'élections basé sur la participation de minorités permettait à certains hommes politiques de se faire élire même en leur absence du pays. Ce fut le cas de Domingo Faustino Sarmiento, élu président de l'Argentine en 1868, avant même de rentrer d'un voyage aux États-Unis.

Il n'y eut pas toujours mainmise totale de l'oligarchie. Un fait contribua à compliquer la vie politique. En plusieurs occasions le pouvoir tomba aux mains d'individus qui n'appartenaient ni au parti conservateur ni à celui des libéraux et qui pouvaient être d'une classe sociale très différente de celle des familles oligarchiques : c'était les *caudillos*, qui introduisirent un style de vie politique particulier à beaucoup de pays latino-américains, même au xxᵉ siècle. Ils se caractérisaient par l'emploi habituel de la force et de la violence, soit pour arriver au pouvoir, soit pour s'y maintenir, et par le culte de la personnalité du chef et la création de groupes de soutien qui maintenaient des liens de fidélité personnelle avec le leader.

L'arrivée des caudillos figure parmi les conséquences directes des guerres d'indépendance. Le contexte de violence qui avait prédominé à partir de 1810 dans la majorité des pays avait facilité la présence de chefs militaires qui s'étaient transformés inévitablement en hommes politiques : ainsi, Francisco de Paula Santander, qui avait lutté pour l'indépendance de la Colombie aux côtés de Bolívar, devint le premier président de ce pays après la dissolution de la Grande Colombie ; il en fut de même avec José Antonio Páez, le premier président du Venezuela, et de beaucoup d'autres.

Les caudillos étaient d'origines sociales diverses. Quelques-uns venaient de familles riches, comme Rosas à Buenos Aires, qui avait fait fortune avec l'élevage, avant de se lancer en politique ; d'autres avaient reçu une éducation supérieure, comme Francia, au Paraguay, qui avait obtenu un doctorat en théologie de l'Université de Córdoba, avant l'indépendance. Par contre, plusieurs autres provenaient de classe sociale inférieure, à laquelle s'ajoutait généralement une condition ethnique de couleur. Pour eux, l'accès au pouvoir représentait une promotion sociale aussi bien que politique. Rafael Carrera, caudillo du Guatemala, qui domina le gouvernement de son pays entre 1838 et 1865, illustre cette situation : il était métis, mélange d'Espagnol, de Noir et d'Indien, et il était analphabète à son arrivée au pouvoir pour la première fois. Páez, du Venezuela, avait travaillé comme *peón* dans un ranch avant de participer à la guerre d'indépendance et de devenir célèbre. À de rares exceptions près, tous ces hommes partagèrent la soif de s'enrichir personnellement et le goût de pratiquer un style basé sur la personnalité. Santa Anna, caudillo mexicain qui prit le pouvoir à sept reprises, montre bien ces deux tendances : à l'apogée de son pouvoir, il possédait plus d'un million d'hectares de terres et 40 000 têtes de bétail. Pendant l'un de ses mandats, il fit construire une urne pour exhiber sa jambe amputée, au cours d'une bataille, et à laquelle ses fidèles devaient rendre hommage.

En général, les caudillos attaquèrent rarement de front l'oligarchie. Un cas exceptionnel fut celui de

D'origine métisse, Rafael Carrera, président du Guatemala, est un des exemples de mobilité sociale dans les années de l'après-indépendance.

Francia au Paraguay, qui dépouilla de leurs terres la plupart des familles riches du pays ainsi que l'Église, pour les vendre ensuite contre une somme symbolique à des paysans pauvres. Presque partout le contrôle social, économique et politique resta aux mains de groupes réduits, oligarchies qui parfois se voyaient obligées de partager le pouvoir avec un caudillo.

L'autre trait dominant de la vie politique, qui ressort du tableau 4, c'est la turbulence qui a caractérisé presque tous les États. Bon nombre de chefs de gouvernement exercèrent un pouvoir de courte durée, à cause des fréquentes révolutions et des coups d'État. Au Mexique, jusqu'au milieu du XIXᵉ siècle, seuls deux présidents terminèrent leur mandat, et deux chefs d'État moururent fusillés : Iturbide en 1824 (quand il voulut revenir d'exil) et Vicente Guerrero, en 1831. Francisco Morazán, du Honduras, connut le même sort en 1842, quand il essaya de maintenir la Fédération d'Amérique centrale. Au Costa Rica, l'ex-président José Rafael Mora fut fusillé en voulant reprendre le pouvoir en 1860, et les coups d'État se succédèrent jusqu'à la décennie de 1880. Les assassinats aussi étaient chose courante, comme ceux de Pedro Blanco, de Mariano Melgarejo et d'Agustín Morales, chefs d'État boliviens qui périrent de manière criminelle, le premier au pouvoir et les deux autres après leur renversement. Avant eux, d'autres avaient été victimes d'attentats, comme Bolívar, qui échappa de peu à la mort en 1827 à Bogotá. Le président-dictateur paraguayen Francisco Solano López mourut sur le champ de bataille, dans le dernier combat de la guerre de 1865-1870 contre ses voisins. Même au Chili, qui connut une instabilité politique passablement inférieure à celle des autres pays, Diego Portales, le chef des conservateurs, fut assassiné au cours d'une insurrection militaire en 1837. D'autres leaders moururent en exil, comme le Chilien Bernardo O'Higgins, décédé à Lima, sans être jamais retourné dans son pays, ou comme Rosas, qui, après avoir été renversé en 1862, termina ses jours à Londres.

Aux coups et soulèvements visant renverser le gouvernement on doit ajouter les guerres civiles, qui n'entraînèrent pas toujours la chute de celui qui détenait le pouvoir. On doit considérer cela aussi dans l'analyse du tableau, puisque, si un pays comme le Chili semble être dans une situation beaucoup plus stable que d'autres, il n'en est pas moins vrai que ce pays vécut trois guerres civiles et une tentative de coup d'État (en 1851). Il en arriva autant au Brésil, où, en l'absence de gouvernement renversé, les rébellions de province, souvent sanglantes, se multiplièrent au cours des deux premières décennies de vie indépendante.

Les raisons de l'instabilité étaient variées et souvent elles se manifestaient en même temps. Au culte de la personnalité évoqué plus tôt il faut ajouter les aspirations à l'autonomie des régions et les problèmes économiques. Les facteurs internationaux jouèrent aussi un rôle important. Dans plusieurs pays, le conflit entre les partisans et les défenseurs de l'Église catholique constitua une source de luttes sanglantes. Le facteur social ne fut pas le plus important puisqu'en général les conflits n'exprimaient pas la lutte des classes, mais opposaient plutôt à des secteurs d'un même secteur social des fractions de l'élite blanche-métisse. Les différences ethniques contribuaient à l'instabilité, étant donné que les indigènes pouvaient lancer des rébellions de leur propre initiative ou bien s'allier à une faction ou à une autre dans les guerres civiles, pour obtenir des avantages immédiats. Par-dessus tout, il manquait le sentiment d'unité nationale et une plus grande force institutionnelle.

Analyse de cas nationaux

Ce n'est pas une tâche facile que d'essayer de retracer des tendances claires dans l'étude de la vie politique latino-américaine des décennies postérieures à l'indépendance. Le faible développement des partis et la prédominance fréquente des actions individuelles des dirigeants, animés souvent d'ambitions personnelles, compliquent à l'extrême l'analyse. Cependant on peut tenter une approche basée sur la dichotomie principale de l'époque, l'opposition entre conservateurs et libéraux. D'une certaine manière, la majorité des caudillos et des hommes politiques en général finissaient par tomber dans l'une ou l'autre de ces tendances. Ce furent les défenseurs du libéralisme qui s'imposèrent graduellement. Dans certains pays, le combat se livra contre l'influence de l'Église catholique, ce qui souvent, mais pas toujours, coïncida avec la recherche d'un système fédéral. Dans d'autres, par contre, la façon d'incorporer la population indigène au nouveau credo politique constitua le problème central.

• La lutte contre l'Église et pour le fédéralisme :
le Mexique, la Colombie, le Venezuela

Dans ces trois pays – surtout dans le premier – la lutte contre l'influence des conservateurs et de l'Église catholique acquit des nuances violentes et entraîna des changements importants. Au Mexique, après une période chaotique, dominée par les interventions putschistes de Santa Anna, une tendance libérale s'imposa, sous la direction de Benito Juárez[16]. Les libéraux firent approuver la constitution de 1857 et d'autres lois qui limitaient de très près l'influence du clergé, dans le processus connu comme la *Réforme*. Parmi ses principales dispositions, la Constitution abolissait le privilège ou l'immunité qui protégeait les membres du clergé (et les militaires) au niveau judiciaire ; désormais les membres de l'Église et de l'armée ne seraient jugés par leurs institutions qu'en cas de juridiction interne, mais ils devraient faire face à la justice civile s'ils commettaient un délit quelconque. Une clause, encore plus importante, déclarait illégale la propriété corporative de la terre : elle obligeait ainsi l'Église à se défaire de ses propriétés. Cette clause voulait favoriser la propriété individuelle, par l'émergence de nouveaux propriétaires qui s'adjugeraient les terres vendues aux en-

Seul président mexicain d'origine indienne, Benito Juárez est considéré aujourd'hui comme le fondateur du Mexique indépendant.

chères : on voyait là un mécanisme de progrès. Ainsi, on peut estimer que la réforme libérale incluait un projet de développement capitaliste.

Les libéraux confirmèrent, non sans modifications, le système fédéral déjà adopté en 1824. À cette occasion on avait stipulé que le pays se composait de 19 États souverains, avec d'importantes attributions pour chacun. En 1857 on changea cela en faveur du gouvernement central auquel on concéda davantage de pouvoirs. On adopta de nouveau le suffrage universel pour les hommes. Il avait existé entre 1824 et 1836, de sorte que tous les habitants de sexe masculin et

---

16. Juárez (1806-1872) est un personnage sans équivalent dans l'histoire politique mexicaine et latino-américaine. Il était orphelin d'origine Indienne, de l'ethnie zapotèque. Après avoir appris l'espagnol à treize ans, il fut adopté par une famille d'Oaxaca, qui le protégea. Il put étudier le droit, ce qui lui donna la possibilité de faire plus tard une carrière politique. Malgré son origine ethnique, une fois président, il réprima les rébellions indigènes dans différentes régions du pays.

majeurs avaient pu voter, y compris les Indiens, condition rarissime ailleurs en Amérique ou dans le monde[17]. Cet état de choses exceptionnel avait été renversé par les conservateurs, de plus en plus effrayés à l'idée que les masses puissent voter et exercer une influence sur le pouvoir. Mais la réintroduction de suffrage universel constitua un progrès plutôt formel, du moment que l'élection des parlementaires au Congrès fédéral était indirecte, et la participation électorale se manifesta timidement.

Les réformes libérales suscitèrent une réaction violente chez leurs adversaires conservateurs. L'Église déclara qu'elle excommunierait tous ceux qui jureraient fidélité à la nouvelle constitution, ce qui impliquait tous les fonctionnaires et les parlementaires. En décembre 1857 éclata une révolte dirigée par les militaires conservateurs et qui obligea le gouvernement libéral à fuir Mexico. Pendant trois ans la guerre civile bouleversa le pays, aux prises avec deux présidents : le conservateur Miramón et le libéral Juárez. Au début de 1861, la lutte sembla prendre fin avec le triomphe de ce dernier, mais l'année suivante le Mexique se retrouva en guerre à cause de l'intervention armée de la France (mentionnée dans la section sur les relations internationales) qui, sous le prétexte de toucher des dettes impayées, imposa en 1864 le gouvernement du prince autrichien Maximilien. C'était la suite de la guerre civile, puisque les conservateurs mexicains, qui voyaient en Maximilien un défenseur contre les libéraux, donnèrent leur appui aux Français. Cependant le monarque confirma les lois réformistes, perdant ainsi l'appui des conservateurs. Napoléon III retira ses troupes du Mexique en 1866, craignant une guerre avec la Prusse. Cela facilita la victoire de l'armée de Juárez, qui finit par vaincre les forces mexicaines qui appuyaient Maximilien. Celui-ci et ses alliés furent fusillés en juin 1867. Ainsi se termina l'époque agitée de la réforme libérale mexicaine.

En Colombie et au Venezuela, les faits ne prirent pas une allure aussi dramatique, mais ils occasionnèrent aussi de grands changements. Dans les deux pays, entre les années 1850 et 1860, après une période de guerre civile, gagnée par les libéraux, on imposa de nouvelles constitutions. Celle de Colombie, en 1853, incluait le suffrage universel masculin (pendant un bref moment on donna même ce droit aux femmes dans une des provinces, mais cela fut rapidement annulé) et

---

17. Denis Vaugeois a demontré, preuve à l'appui, que les Indiens avaient voté dans le Bas-Canada après 1792. Voir Denis Vaugeois, *Québec 1792. Les acteurs, les institutions et les frontières*. Fides, 1992.

le système fédéral de gouvernement ; la Constitution de 1864 au Venezuela en fit autant. Dans les deux cas, on accorda de grands pouvoirs à chaque État ; cela permettait même à la Colombie d'avoir ses propres forces armées et son propre système de courrier et de timbres-poste. Dans le domaine social on abolit l'esclavage dans les deux pays et on lança de fortes attaques contre l'Église catholique. Cela inclut, au Venezuela, le mariage civil et la perte de la plupart des propriétés immobilières de l'Église ; en Colombie, l'abolition de la dîme et la nouvelle expulsion des jésuites[18]. On instaura aussi le mariage civil et même le divorce, mais ce dernier connut une existence éphémère. En 1861 on alla plus loin : on supprima tous les couvents et les monastères et on expropria toute la terre appartenant à l'Église pour la mettre en vente publique.

• L'Argentine : le conflit entre la capitale et les provinces

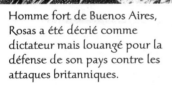

En Argentine, l'Église ne possédait pas de grandes richesses, d'où le peu d'importance des conflits d'origine religieuse : par exemple on n'attaqua pas les ordres religieux. Par ailleurs, le conflit principal dans ce pays ne se livra pas entre libéraux et conservateurs, mais plutôt entre fédéralistes et unitaires. La tension monta entre les provinces et la capitale. Entre 1827 et 1852 le pays s'est appelé les Provinces-Unies du Rio de La Plata, alliance très fragile entre les diverses provinces : en effet, même si elles remettaient à Buenos Aires le pouvoir pour diriger la politique extérieure du pays, plusieurs d'entre elles possédaient leur propre milice et leur système de monnaie. Juan Manuel de Rosas, le caudillo-gouverneur de Buenos Aires (de 1829 à 1833 et

Homme fort de Buenos Aires, Rosas a été décrié comme dictateur mais louangé pour la défense de son pays contre les attaques britanniques.

ensuite de 1835 à 1852), malgré l'influence qu'il exerçait sur le reste de la région, ne porta jamais le titre de chef d'État pour tous les territoires du pays ; c'était le « gouverneur de Buenos Aires ». Seulement après sa chute, en 1852, et avec beaucoup de difficultés, on en arriverait à une véritable union fédérale, dont les bases commencèrent avec la

---

18. Les jésuites avaient été expulsés de toute l'Amérique latine, du Portugal et de l'Espagne, au milieu du XVIIIe siècle, mais après l'indépendance ils avaient été réadmis.

Constitution de 1853. Mais Buenos Aires n'acceptait pas facilement l'obligation de partager avec le reste du pays les gains que lui donnait le contrôle du port, occasion de deux nouvelles (quoique brèves) guerres civiles, en 1859 et en 1861.

Une fois la paix établie, l'Argentine choisit ses premiers présidents, Bartolomé Mitre et puis Domingo Faustino Sarmiento. Le pays entra dans une ère de stabilité politique, adoptant une politique de développement inspirée par l'expérience des États-Unis, qui comprenait des mesures en faveur de l'immigration, de l'instruction publique et de la construction de chemins de fer. La victoire remportée dans la guerre contre le Paraguay, aux côtés du Brésil et de l'Uruguay, entre 1865 et 1870, renforça le pouvoir central, qui écrasa en outre les groupes armés des provinces de l'intérieur, les *montoneras* (groupes de rebelles à cheval).

• Le Guatemala, l'Équateur, la Bolivie et le Pérou : le libéralisme face aux indigènes

Ces quatre pays se caractérisaient par la prédominance des indigènes dans leurs populations, qui représentaient en Bolivie presque 80 % du total, en 1825. Les libéraux devaient envisager le problème de convertir cette population, organisée autour de la propriété collective de la terre, aux idées basées sur la propriété individuelle et à l'acceptation du travail salarié. L'action de l'Église catholique se fit sentir différemment selon les pays.

En Bolivie comme au Pérou, l'Église avait perdu la plus grande partie de ses terres depuis la fondation de la république, et elle avait cessé d'être un problème crucial. Par contre la question indigène revêtait une grande importance. En Bolivie, même si elle avait été abolie par Sucre, la contribution indigène fut réintroduite avant 1830, et jusqu'en 1882, année de son abolition définitive, elle représenta un pourcentage important des revenus du gouvernement : en 1832, les indiens payèrent à cet effet 695 000 pesos boliviens, l'équivalent de 45 % du budget de la nation : en 1879 les chiffres donnaient 688 000 pesos et 24,7 %. À la fin du siècle cet impôt disparut, puisque les Indiens perdaient le contrôle de leurs terres et n'avaient pas de quoi payer. Au Pérou, grâce à une meilleure situation économique, obtenue par les exportations de guano au milieu du siècle, le gouvernement du général Ramón Castilla abolit le tribut indigène et l'esclavage noir, après avoir donné aux propriétaires d'esclaves des compensations tirées des bénéfices de l'exportation. Le désordre public qui caractérise l'histoire de ces deux pays, de la Bolivie en particulier, empêcha une orientation claire des forces politiques, que dominaient dans la plupart des cas des caudillos, presque tous militaires ; les onze premiers chefs d'État furent des généraux ou des colonels. Les deux guerres perdues contre le Chili, en 1837 et 1879, contribuèrent à cette situation confuse, qui s'aggrava dans le cas bolivien à cause du faible développement économique du pays, du manque de transports adéquats et de la perte de son littoral. Au Pérou, les partis politiques mirent du temps à se développer. Dès 1871 surgit une formation bien organisée, le parti « civilista », dont le nom explique à lui seul le désir des fondateurs de retirer du pouvoir les caudillos militaires, qui jusqu'alors avaient dominé la scène politique du pays.

L'Équateur et le Guatemala se distinguèrenr singulièrement des pays antérieurs : après certaines réformes libérales, on retourna à la prédominance des gouvernements conservateurs. Dans le premier cas, entre 1860 et 1875, le pays vécut sous la dictature de Gabriel García Moreno, qui ramena les jésuites (expulsés par les libéraux quelques années auparavant), fit venir des prêtres français pour diriger l'éducation et imposa dans la Constitution de 1869 une clause qui rendait la condition de catholique indispensable pour jouir des droits civiques. Selon García Moreno, la nécessité de créer un sentiment unitaire pour l'ensemble de la population justifiait cette mesure ; il alléguait que l'unité de croyance était « le seul lien qui nous reste dans un pays aussi divisé par les intérêts et les passions de partis, de localités et de races ». Après l'assassinat du dictateur, en 1875, l'Équateur revint lentement vers le sentier libéral. Au Guatemala, le pouvoir conservateur s'exprima à travers le caudillo Rafael Carrera, qui gouverna le pays entre 1840 et 1865. Carrera restitua à l'Église ses privilèges, qui comprenaient le monopole de l'éducation, et l'évêque revint de l'exil imposé par les libéraux. Son gouvernement fut une dictature, mais il reçut un appui enthousiaste de la part des indigènes parce qu'il les favorisa en leur garantissant leurs propriétés communautaires et en refusant de rétablir le tribut. Le libéralisme ne resurgit qu'après la mort du dictateur, avec le triomphe de Justo Rufino Barrios, qui demeura au pouvoir entre 1871 et 1885, consacrant ses efforts à la lutte contre l'Église et à l'implantation de réformes favorables au capitalisme. Cela l'amena à prendre des mesures qui affectèrent directement les indigènes, comme le *mandamiento* (commandement, ordre) et les lois contre la fainéantise, afin de forcer les Indiens à travailler dans les plantations de café.

• L'Amérique centrale : le libéralisme tardif

À cause des événements survenus au Guatemala, principal pays de la région, le libéralisme tarda à s'imposer au Honduras, au Salvador, au Nicaragua et au Costa Rica. Des gouvernements appuyés par le gouvernement conservateur de Rafael Carrera prédominaient dans ces pays. Il faut ajouter à cela les résultats de l'aventure de William Walker au Nicaragua (voir le commencement de ce chapitre), responsables d'un courant adverse au libéralisme, puisque c'était les libéraux qui avaient favorisé son intervention. Au Nicaragua, les conservateurs restèrent au pouvoir jusqu'en 1893. Dans les autres pays, c'est autour de 1870 que commencèrent à s'imposer des hommes politiques aux idées libérales. Au Costa Rica, qui commença à jouir d'une meilleure situation économique grâce aux exportations de café, très tôt on approuva des lois favorables à la liberté de presse. Tomás Guardia, malgré son gouvernement dictatorial de 1870 à 1882, favorisa une évolution vers une future libéralisation de la vie politique et sociale : il abolit la peine de mort, donna une grande impulsion à l'éducation publique et mit en marche un ambitieux programme de construction de chemins de fer avec des emprunts de l'extérieur.

• Le Brésil : le libéralisme face à l'esclavage noir

Le Brésil représente un cas exceptionnel à plus d'un titre. Comme on l'a vu, ce fut le seul pays d'Amérique latine à maintenir un régime monarchique, et, malgré l'énorme étendue de son territoire, il réussit à conserver son unité territoriale. Dernier État de toute l'Amérique latine à abolir l'esclavage, le Brésil se montra plutôt conservateur. C'est un fait remarquable, si l'on considère que les partisans de l'esclavage parvinrent même à résister aux pressions militaires de l'Angleterre, dont la marine de guerre envahit les eaux territoriales brésiliennes pour empêcher le trafic d'esclaves, mesure que le Brésil avait acceptée en principe, mais ne réalisait pas en pratique. En plus, la loi punissait de mort les esclaves rebelles. Après de multiples discussions, on approuva la loi Rio Branco en 1871, qui donnait la liberté aux fils d'esclaves, mais obtenait peu de résultats en pratique, puisque les enfants continuaient à vivre avec leurs parents, toujours pas libérés, et, par conséquent, demeuraient sous la domination de leurs patrons.

Sur le plan politique, les idées conservatrices dominèrent au Brésil aussi, empêchant la création d'un système fédéral. Le pays était une monarchie parlementaire, avec un régime de gouvernement basé sur la centralisation des pouvoirs. Les députés étaient élus par vote censitaire, et les membres du Sénat nommés à vie par l'empereur, qui possédait d'autre part le « pouvoir modérateur », faculté qui lui permettait de dissoudre le Parlement n'importe quand pour convoquer de nouvelles élections. Ceci provoqua de nombreuses révoltes de provinces, surtout entre 1830 et 1850, qui réclamaient la création d'une monarchie fédérale. Parmi les plus importantes figurèrent la « Cabanagem », à Pará, en 1831, et la « Farroupilha », à Rio Grande du Sud, entre 1836 et 1844. Toutes les deux furent passablement sanglantes, surtout la première, qui fit environ 30 000 victimes. Un net sentiment social donna naissance à la première, puisqu'elle opposait les pauvres de la campagne aux grands propriétaires de *fazendas* ; dans la deuxième, malgré le nom populaire des combattants, les *farrapos* (loques, chiffons), il s'agissait plutôt d'une protestation de notables locaux contre la capitale. Cependant on accueillit dans les rangs rebelles des Noirs esclaves en tant qu'hommes libres ; des étrangers aussi participèrent à la révolte avec des idées libertaires, comme l'Italien Giuseppe Garibaldi.

Tout de même le Brésil fit montre de quelques traits libéraux, et en particulier de tolérance religieuse : déjà dans la Constitution de 1824 on établissait que toutes les croyances pouvaient exercer librement leur culte, même les juifs. Par ailleurs, de grandes occasions de s'exprimer politiquement s'offrirent aux libéraux, puisque plusieurs de leurs leaders dirigèrent le gouvernement, comme Diogo Antonio Feijó et Alves Branco. Des journaux aussi commencèrent à répandre les idées libérales à partir de 1830.

Malgré les rébellions mentionnées, le pays maintint son régime monarchique. Le premier empereur, Pedro Ier, renonça à sa charge en 1830, à cause des critiques suscitées par sa naissance au Portugal et du traitement préférentiel qu'il accordait aux Portugais. Cela provoqua une situation de crise, mais elle fut surmontée après la période de régence durant la minorité du second monarque, Pedro II, qui monta sur le trône à 15 ans, en 1841, et s'y maintint jusqu'à la fin de l'empire, en 1889. Le régime de monarchie parlementaire fonctionna de façon stable, avec l'alternance de libéraux et de conservateurs au pouvoir. Cependant, vers la fin de la période, le système commença à atteindre un point critique à cause des débats de plus en plus acerbes sur l'esclavage. À la critique humanitaire et économique, s'ajouta le point de vue des militaires. La guerre contre le Paraguay mit en évidence le manque de soldats pour l'armée, parce qu'on ne pouvait recruter les esclaves. Tout ceci se terminerait par la fin de l'esclavage et par le remplacement de l'empire par une république.

• Le Chili : l'adoption graduelle du libéralisme dans un contexte de stabilité politique

Le Chili présente une expérience avec des caractéristiques particulières. Son trait le plus remarquable est la relative stabilité de sa vie politique, situation très différente de celle de la grande majorité des autres pays, sans impliquer pour autant toute absence de conflits internes. La tendance libérale s'imposa lentement. Les conservateurs, après avoir remporté une guerre civile contre les libéraux en 1830, tinrent le pouvoir jusqu'en 1871. Cela donna lieu en outre à l'adoption d'un système de gouvernement très centralisé, reflet de la domination de la capitale sur le reste du pays, dans laquelle l'élite conservatrice de la vallée centrale réussit à s'imposer aux provinces du nord et du sud du pays. C'est ainsi qu'on réprima les tendances favorables au fédéralisme. Le pouvoir conservateur s'exprima dans la Constitution de 1833. Celle-ci maintint le catholicisme comme la seule religion praticable au grand jour et elle concentrait le pouvoir entre les mains du président de la république, dont le mandat de cinq ans pouvait se prolonger grâce à la réélection immédiate, si bien que les quatre présidents conservateurs gouvernèrent dix ans chacun, entre 1831 et 1871.

Les libéraux ne ménagèrent pas leurs efforts pour réformer cette situation. Entre 1851 et 1859, ils essayèrent de s'emparer du pouvoir par les armes, dans deux guerres civiles contre le gouvernement du président Manuel Montt. Lors de la première, ils comptèrent sur l'appui de groupes d'artisans, qui avaient formé la base sociale de la « Société de l'égalité ». Cette institution, de courte durée, réclamait des mesures en faveur de l'éducation populaire et de la démocratisation des élections ; ses membres s'appelaient « citoyens », terme qui révèle l'influence française. Quelques-uns de ses membres combinaient les idées libérales avec celles d'un certain socialisme, par exemple la répartition des terres, comme on peut le voir dans les écrits de Santiago Arcos. Malgré l'échec des deux révoltes libérales, leurs leaders parvinrent à influencer le débat politique dans un sens réformiste. De plus, au milieu des années 1860 se manifesta un troisième parti politique, destiné à une longue carrière, le Parti radical, qui appuyait aussi la tendance rénovatrice. Une partie des conservateurs appuyaient également ces idées. Cela permit des modifications importantes : en 1852 on abolit le *mayorazgo*, l'institution qui permettait de remettre en héritage la propriété agricole à une seule personne, pour la garder indivisible. En 1865, on proclama la liberté de culte, en 1871 on interdit la réélection des présidents, qui désormais ne gouverneraient que pour une période de cinq ans, et en 1874 on créa le vote universel, bien qu'on exclût de ce droit tous les analphabètes. Cependant, l'Église catholique maintint le monopole sur les cimetières et les mariages jusque dans les années 1880, et continua d'être unie à l'État jusqu'en 1925.

L'expérience chilienne, au cours de laquelle tous les présidents terminèrent normalement leur mandat, et qui se caractérisa par le développement de partis politiques relativement bien définis, n'a pas de parallèle en Amérique latine à cette période. Parmi les facteurs d'évolution, mentionnons la situation économique favorable, grâce aux exportations de cuivre, de farine, la concentration de son élite dans la vallée centrale, et les résultats favorables de sa politique extérieure, exprimés dans les deux conflits contre le Pérou et la Bolivie.

• Les cas spéciaux : l'Uruguay, le Paraguay, Haïti et la République Dominicaine

En Uruguay, le conflit principal ne surgit pas autour de la question de l'Église ni de celle des indigènes (qui avaient été presque exterminés). Cela devait, en principe, faciliter la prédominance du libéralisme. Mais la vie politique uruguayenne fut dénaturée par l'action de ses puissants voisins, l'Argentine et le Brésil, qui intervinrent constamment dans la politique interne, donnant leur appui aux deux factions qui se disputaient le pouvoir, les Blancs et les Rouges. Ces derniers se rapprochaient davantage de l'idéologie libérale, qui aurait pu se développer avec plus d'éclat sans les guerres civiles constantes et la participation obligée du petit pays dans les luttes de pouvoir dans la région. La forte immigration européenne, qui arriva très tôt à Montevideo, et les exportations de laine, de cuir et de viande salée, qui augmentèrent à partir de 1860, comptent parmi les éléments qui orientèrent le Paraguay vers des contacts avec l'extérieur, favorables au libéralisme.

Son voisin et rival, le Paraguay, vécut l'expérience opposée. Le pays fut d'abord soumis à la dictature de José Gaspar Rodríguez de Francia, élu dictateur suprême du Paraguay en 1814, et qui se fit nommer deux ans plus tard dictateur perpétuel de son pays, exerçant le pouvoir sans accepter aucune opposition jusqu'à sa mort, en 1840. Par la suite, le pays fut gouverné par les deux López, père et fils, qui exercèrent aussi le pouvoir de façon dictatoriale, encore que de manière plus modérée. De plus, les López ouvrirent un peu le pays aux contacts avec l'extérieur et instaurèrent une intéressante politique en faveur de l'industrie métallurgique, faisant venir par douzaines des ingénieurs et des techniciens européens. En général, le Paraguay entretint peu de liens avec le reste du monde et offrit peu d'occasions de développer des pratiques civiles démocratiques. Le fait que l'État assume

Durant son long gouvernement (1814-1840) le paraguayen José Gaspar Rodríguez de Francia, « le suprême », imposa la seule dictature en Amérique latine qui se tourna contre l'oligarchie.

les principales activités économiques constitue une expérience sans exemple dans toute l'Amérique latine. Le désastre qu'apporta au pays la guerre de 1865-1870 mit fin à l'exception paraguayenne : son expérience d'industrialisation coupa court et la nation serait le jouet des militaires dans les années à venir.

Dans une grande mesure, les événements internationaux dictèrent la vie politique d'Haïti et de la République Dominicaine. Dans le premier cas, l'isolement diplomatique et commercial qu'on infligea au pays comme châtiment pour avoir créé un pays dirigé par des Noirs porta gravement atteinte à l'économie. Le pays affronta aussi de nombreuses menaces de débarquement de la part des marines de guerre des États-Unis et de l'Allemagne, sous prétexte de protéger leurs citoyens résidents. Tout cela, plus les attaques continuelles contre leurs voisins dominicains, occasionna une vie politique instable, sans orientations idéologiques précises, dans laquelle les militaires jouaient un rôle clé et accaparaient une part importante des ressources publiques.

Faustin Soulouque, devenu empereur, établit le deuxième gouvernement monarchique haïtien.

En 1840, l'armée haïtienne comptait 33 colonels, 95 lieutenants-colonels, 825 capitaines, 645 lieutenants et son personnel d'hommes en uniforme s'élevait à 28 150.

La République Dominicaine avait acquis son indépendance après une lutte contre la domination haïtienne, en 1844. Même si Juan Pablo Duarte, l'instigateur du mouvement d'émancipation, affichait des idées libérales, ce furent les conservateurs qui prédominèrent dans le nouveau pays. Les deux partis s'affrontèrent à propos des tendances annexionnistes, préconisées par les conservateurs. Pedro Santana, le chef de cette tendance, négocia avec l'Espagne le retour à la domination de ce pays. Elle se concrétisa entre 1861 et 1865. Cette annexion, qu'on justifiait par la nécessité de défendre le pays contre les menaces d'invasion d'Haïti, dura peu, et elle n'apporta pas non plus la réapparition de l'esclavage, aboli auparavant. Malgré l'échec de l'expérience, les conservateurs réussirent à conserver le pouvoir la majeure partie du temps ; ce n'est qu'en 1879 que les libéraux accédèrent au pouvoir.

• **Le monde colonial : reculs dans les colonies anglaises, progrès limités dans celles de la Hollande et de la France**

Dans les territoires encore sous la domination des Européens, la vie politique suivait son cours. Les tentatives d'indépendance à Cuba, vues plus haut, illustrent les épisodes les plus connus, mais il se produisit aussi des faits dignes d'intérêt dans les colonies anglaises, françaises et hollandaises.

Dans les territoires britanniques, il existait depuis les commencements de la colonisation un système dans lequel le gouverneur, nommé par le roi, partageait l'administration avec une assemblée de propriétaires (élue sur la base du suffrage censitaire). Elle constituait cependant un groupe très minoritaire : en Jamaïque, au milieu du XIXe siècle, l'Assemblée comptait 49 membres, tous des Blancs, élus par 1

457 votants, pourcentage infime par rapport au total de la population de 400 000 habitants.

Ce système entra en crise à partir de l'abolition de l'esclavage, du moment que la Couronne se vit dans l'obligation de donner le droit de vote à la population de couleur, maintenant libre. Ni les propriétaires ni le gouvernement ne désiraient cette participation, de sorte que le système en vint à être dirigé par des autorités nommées directement par la Couronne, système connu comme « Crown colony ». Le pouvoir reposait entre les mains d'un gouverneur, conseillé cette fois par un conseil législatif, dont les membres étaient nommés par le roi. Les assemblées se supprimèrent elles-mêmes à cette époque, par le fait de l'abolition du système électoral. Le nouveau système s'implanta en Jamaïque en 1865. Le système de « Crown colony » s'appliqua à Trinidad à partir de 1810, aux îles Vierges en 1854, à Belize en 1870, en 1876 à Saint-Vincent, à Tobago et à Grenade. Plus tard la même chose arriva à Saint Kitts (ou Saint Christopher) et à Nevis, en 1898, et en Guyane, le cas le plus tardif, qui ne l'adopta qu'en 1927. L'île de la Barbade fut la seule où le système de l'Assemblée législative persista sans changements. Ainsi, le xixe siècle marque un recul dans les libertés politiques à l'intérieur du monde colonial britannique, attitude qui contrastait avec l'initiative d'avoir aboli l'esclavage.

Les colonies hollandaises firent quelques progrès politiques. Jusqu'au milieu du siècle, Surinam et les Antilles hollandaises relevèrent d'un gouverneur général nommé par la métropole. En 1865, on créa à la Guyane une assemblée coloniale de treize membres, dont neuf élus, quoique à l'intérieur de certaines limites. Et les colonies françaises, depuis 1848, partageaient le droit d'élire des députés à l'Assemblée nationale française, dans des élections où tous, y compris les personnes de couleur, jouissaient du droit de vote.

Le développement culturel

La culture des élites. La pensée

La culture dans la période immédiatement postérieure à l'indépendance fut dominée par une idée maîtresse : comment orienter la conscience nationale dans une période où le sentiment de la patrie en est encore aux balbutiements ? Le problème était d'importance. En effet, comme on l'a vu antérieurement, la construction de la nation n'était pas chose aisée, vu les différences ethniques et sociales des populations. Aussi, le sentiment national, s'il peut avoir existé à l'époque coloniale, était-il loin de se trouver bien défini dans les années de l'indépendance.

C'est pour cette raison que, dans les grandes lignes, les intellectuels et les hommes d'État des nouveaux pays firent un effort pour construire la nation. Un des instruments de base en ce sens fut le développement des universités. À Buenos Aires on créa l'université du même nom en 1821, bien qu'elle végétât longtemps faute de fonds. En Uruguay, une première université vit le jour, celle de Montevideo, en 1833, et fut baptisée, non par hasard, « Université de la République ». Au Chili, la vieille Université de San Felipe, de l'époque coloniale, qui avait joué un rôle secondaire, fut remplacée par l'Université du Chili, œuvre de l'État, fondée en 1842. En Colombie, le président Tomás Mosquera fonda le Collège militaire comme école de génie civil, ce qui permit au bout de quelques années la confection du premier atlas du pays. Mais le développement universitaire ne fut pas le même partout : au Mexique, où l'université existait depuis le xvie siècle, l'institution fut fermée, à cause des turbulences politiques, et réouverte plusieurs fois au xixe siècle, menant une existence précaire. Le Brésil ne fonda pas d'université avant le xxe siècle, ce qui ne veut pas dire qu'il n'ait eu d'institutions d'études supérieures : il s'en créa dans divers domaines, comme la médecine, mais sans qu'elles soient organisées à l'intérieur d'une université.

Un autre élément important de la nouvelle culture fut la création de journaux, rarissimes au temps de la colonie. La plupart étaient le fruit de l'initiative privée, mais beaucoup subsistaient grâce à des subventions de l'État (importantes dans une société où peu de gens savaient lire) et le gouvernement lui-même publiait passablement de journaux. Bien que beaucoup connussent une vie éphémère, quelques-uns demeurèrent et constituent aujourd'hui les classiques de la presse : *El Mercurio*, fondé à Valpaiso en 1828, est aujourd'hui le plus ancien journal de langue espagnole du continent. *La Prensa* et *La Nación* apparurent à Buenos Aires en 1869 et 1870, tandis qu'au Brésil surgissait *O Estado de Sao Paulo* en 1875.

La production culturelle des noyaux dirigeants dénote une forte influence des idées libérales, en provenance d'Europe et des États-Unis. Il ne pouvait en être autrement, puisque les dirigeants des nouveaux pays voulaient moderniser les sociétés, abandonnant la culture héritée de l'époque coloniale et critiquant sévèrement l'œuvre de l'Espagne et du Portugal. Dans ce schéma, il n'y avait pas de place non plus pour la défense de la culture autochtone.

Les écrits des Argentins Domingo Faustino Sarmiento et Juan Baustista Alberdi, dont les œuvres se répandirent sur tout le continent, illustrent la première de ces tendances. Tous deux partagèrent l'expérience de s'opposer à Rosas et de partir en exil au Chili, où ils écrivirent une bonne partie de leur œuvre. Ils y exposèrent un projet de développement, basé sur l'immigration européenne, l'éducation et le capital extérieur. Au Mexique, le principal exposant du libéralisme fut José María Luis Mora, qui, même s'il avait été ordonné prêtre, écrivit en faveur de la subordination du clergé à l'État.

Malgré l'importance de la pensée libérale, les idées conservatrices trouvèrent aussi des représentants influents, dont le Mexicain Lucas Alamán, également un des premiers historiens du pays, et le Péruvien Bartolomé Herrera fournissent deux exemples illustres. Tandis que le premier a écrit en faveur des idées monarchiques, le second a défendu l'œuvre de l'Espagne en Amérique. Le Vénézuélien Andrés Bello, un des intellectuels les plus connus de son époque, exerça son influence surtout au Chili, pays où il passa la plus grande partie de sa vie. De tendance plutôt conservatrice, Bello a laissé une œuvre immense comme éducateur, dans les domaines de la philosophie, du droit et de la littérature. Il a contribué de façon décisive au développement de l'éducation nationale, dans laquelle l'État jouait un rôle éminent, et il fut le premier recteur de l'Université du Chili, créée par le gouvernement.

Andrés Bello joua un rôle fondamental dans la mise en place des institutions chiliennes. Il fut, entre autres, le premier recteur de l'Université du Chili, créée en 1842.

Des auteurs représentent aussi une première génération de la pensée qui cherchait à défendre l'identité latino-américaine. Il faut mentionner ici deux essayistes et hommes politiques chiliens, Francisco Bilbao et Santiago Arcos, qui produisirent au milieu du siècle des œuvres inspirées par un libéralisme radical (dans lequel, néanmoins, l'élément indigène est absent), qui se rattache à la future pensée de la gauche latino-américaine. Bilbao se préoccupa aussi de la situation internationale de la région, faisant ressortir le contraste de son développement comparé à celui des États-Unis. Arcos proposait la réalisation d'une réforme agraire comme moyen de parvenir à une société plus égalitaire. Avant eux, l'Argentin Esteban Echeverría avait tenté de répandre les idées des socialistes utopiques à Buenos Aires, jusqu'à ce qu'il entre en conflit avec la dictature de Rosas.

L'histoire, discipline qui commença à se développer à partir du milieu du XIXᵉ siècle, joua un rôle important dans la formation du sentiment national. L'Argentin Bartolomé Mitre (qui en plus fut président de son pays), le Chilien Benjamín Vicuña Mackenna, le Brésilien Francisco Adolfo Varnhagen et le Mexicain Lucas Alamán, déjà mentionné, s'y distinguèrent. Sur un plan plus anecdotique, qui se rapproche davantage de la littérature que de la recherche historique, il faut mentionner le remarquable écrivain péruvien Ricardo Palma. Son œuvre commença à paraître à la fin de l'époque ici décrite, en 1870, et se prolongea jusqu'en 1915. Intitulée *Traditions péruviennes*, elle raconte des épisodes de l'histoire de ce pays, en particulier de l'époque coloniale, évoquant la vie quotidienne avec humour et un sens critique, dirigé surtout contre l'Église catholique, et constitue une des œuvres fondatrices de la culture nationale péruvienne.

Art et littérature

Dans les différents genres artistiques ou littéraires s'est reflétée la tendance à donner la préférence à l'influence française ou anglaise, afin de renouveler une situation qui pour beaucoup semblait limitée. Les intellectuels, notamment ceux d'orientation libérale, rendaient en effet l'Espagne et le Portugal responsables du retard dans lequel se trouvaient leurs pays.

Ainsi, bon nombre d'artistes européens vinrent pour leur propre compte en Amérique latine ou furent engagés par les gouvernements. Parmi eux se sont illustrés le peintre allemand Johann Rugendas, qui parcourut beaucoup de pays entre 1820 et 1850, spécialement le Brésil, le Chili et l'Argentine, et le Français Jean-Baptiste Debret, qui séjourna au Brésil entre 1834 et 1839. Ils ont peint tous les deux des personnages, des paysages et des scènes de la vie quotidienne. Parmi les peintres latino-américains, un des plus célèbres, l'Uruguayen Juan Manuel Blanes mit en scène dans plusieurs tableaux des faits historiques des nouveaux pays, tant de sa patrie que de l'Argentine, du Paraguay et du

Chili. Un autre peintre remarquable se distingua au Mexique, José María Velasco, également un des premiers photographes de son pays.

En musique, en plus de la visite de diverses compagnies européennes, l'influence du Vieux Continent se fit sentir chez les créateurs latino-américains : en 1858 au Mexique, on présenta le premier opéra écrit par un Mexicain, *Catalina de Guisa*, de Cenobio Paniagua. L'opéra avait du succès dans des endroits comme Buenos Aires, où l'on présentait annuellement plus de vingt spectacles, entre 1825 et 1850. Dans cette ville une douzaine de théâtres lyriques virent le jour à cette même époque, dont le Théâtre Colón, en 1857, le plus célèbre du pays.

Dans le roman, l'influence d'auteurs comme Walter Scott se remarque dans la production de l'écrivain argentin le plus connu de la première moitié du XIXᵉ siècle, José Mármol. Son œuvre principale, *Amalia* (1844), se rendit célèbre par sa dénonciation de la dictature de Rosas. Avec ce livre naissait un thème littéraire souvent exploité en Amérique latine, le roman sur les gouvernements autoritaires. L'histoire et la recherche de l'identité nationale font leur apparition dans les romans *O Guarani* et *Iracema*, du Brésilien José de Alencar, où il s'exprime en faveur des Indiens, et dans le récit du Chilien José Victorino Lastarria, *El mendigo* (*Le Mendiant*), caractérisé par son anti-espagnolisme virulent. Le romantisme s'exprima aussi dans le roman

le théâtre municipal de Santiago du Chili, construit en 1853 suivant le modèle de l'Opéra de Paris, était à l'époque un symbole de modernité.

cubain connu de Cirilo Villaverde, *Cecilia Valdés o la Loma del Angel* (La Colline de l'ange) (1839), où l'auteur dénonce les maux de l'esclavage. Le Colombien Jorge Isaacs publia le roman hispano-américain le plus répandu, *María* (1867), influencé par le romantisme français. Par contre, le Brésilien Machado de Assis, bien qu'il commençât sous l'influence de cette école, ce qui transparaît dans ses volumes de contes publiés dans les années 1870, dériva dans la décennie suivante vers une création basée sur l'introspection et la psychologie, qui culminerait avec *Dom Casmurro* (1900), son roman le plus célèbre.

La culture populaire

Le développement culturel que l'on vient de décrire, œuvre des élites et inspiré par des influences étrangères, constituait un processus orienté vers la création d'une culture nationale qui devait se diffuser dans l'ensemble de la population. Mais à cette époque cette culture nationale fut loin de s'imposer massivement, là où il y avait toujours une culture populaire propre, souvent de racines indigènes et africaines. Elle s'exprimait surtout dans la musique et la danse, dans des expressions héritées de l'époque coloniale ou encore précolombienne, et qui avaient survécu à l'acculturation imposée par la conquête et l'action de l'Église catholique. Les bals populaires dans leur forme la plus occidentalisée, avec l'emploi d'instruments musicaux d'origine européenne, se manifestèrent dans les *chinganas* (fêtes populaires), où on jouait de la guitare, de la harpe, on buvait et on dansait. D'autres éléments venus de la culture populaire espagnole et portugaise, apportés dans le Nouveau Monde par les conquistadors, et qui s'étaient répandus dans la population métisse, se retrouvèrent dans la poésie et les mythes, dont le « sébastianisme », très répandu au Brésil [19]. Un élément plus récent, provenant de l'immigration espagnole vers Rio de la Plata à la fin de cette époque, fut l'apparition des *murgas*, groupes de musique populaire, dont le répertoire de chansons contient des éléments de critique sociale.

---

19. Il s'agit de la légende du roi Sebastian, qui mourut en luttant contre les Arabes en 1578, à 24 ans, au nord de l'Afrique. Selon la croyance populaire, le jeune monarque n'était pas mort et l'on attendait son retour. Dans la culture coloniale brésilienne, les récits et les croyances abondaient, qui tiraient leur origine de l'histoire médiévale portugaise, et ils perdurèrent au-delà de l'indépendance.

Des écrivains reprirent aussi les traditions populaires dans leur œuvre, comme le poème de la pampa et des gauchos *Martín Fierro* (1872), de l'Argentin José Hernández, qui défend la culture de la pampa, dénonçant indirectement l'européisation de la culture. Au Chili, le poète populaire Bernardino Guajardo connut une grande célébrité ; on connaissait ses chansons dans tout le pays et il écrivit plus de 200 000 vers. On y rapportait souvent les problèmes des classes ouvrières, mettant en évidence le contraste avec les riches, comme dans un poème sur la crise de 1873 : « Quel temps malheureux / les gens sont confondus / il n'y a rien à gagner dans la vie / tout est paralysé / Le pauvre est celui qui souffre / de rien ne pâtit le riche avare / toute affaire est chère / l'argent ne se trouve pas[20] ».

Lors de la fête de Saint-Jean, à Lima, les diverses classes sociales se côtoyaient au son de la musique populaire et buvaient la *chicha,*

Une autre manifestation très importante de la culture populaire se trouve dans l'expression religieuse des secteurs pauvres, à la campagne, qui développèrent souvent une pratique très distincte de celle des élites urbaines, créant des mouvements millénaristes. Là, les prédicateurs offraient le salut aux croyants si ceux-ci défendaient certaines valeurs traditionnelles contre les idées que le gouvernement ou les étrangers voulaient imposer. À Tandil (province de Buenos Aires), en 1871, un leader connu comme « Tata Dios » (Papa Dieu) dit que pour atteindre le salut il fallait tuer les étrangers.

---

20. Cité par Maximiliano Salinas, dans son étude *En el cielo están trillando,* Édition Université de Santiago, 2000, p. 50.

Synthèse

De 1825 aux années 1880 les états latino-américains prirent forme, laborieusement. Les agressions externes et les guerres entre les pays remodelèrent les frontières. Les systèmes politiques se définirent lentement et ils étaient loin d'être toujours démocratiques. Le trait le plus frappant fut l'adoption timide de l'orientation libérale, par l'élite, qui fit diminuer l'influence de l'Église, mais sans que cela signifiât une participation ample de la population à la gestion des gouvernements. Dans la sphère internationale, les nouveaux états entrèrent en contact direct avec les puissances internationales, ce qui, à l'exception du Mexique, ne donna pas lieu à de grands conflits. Dans l'économie, cette orientation se manifesta par l'ouverture de plus en plus marquée du commerce à l'exportation par l'arrivée de capitaux étrangers et de travailleurs immigrants, sans que ces deux éléments n'arrivent à en constituer les traits dominants. À l'intérieur, l'agriculture et l'élevage demeurèrent les activités fondamentales basées sur l'emploi de travailleurs forcés ou esclaves. Tout cela contribua à créer un capitalisme très inégal, où coexistaient des centres de production basés sur le salaire, avec des noyaux où la force de travail fonctionnait sous la coercition. Socialement, l'époque montra certains progrès pour les Noirs, qui partout laissèrent la condition d'esclaves. Par contre les indigènes furent défavorisés, avec les lois libérales qui détruisaient la propriété communautaire et la conquête militaire des territoires qu'ils possédaient encore. Enfin, les sociétés demeurèrent profondément divisées sur les plans ethnique, matériel et culturel, ce qui constitua un obstacle énorme pour la formation des nationalités et pour l'aspect institutionnel, maintenant une culture politique imprégnée de tensions ethniques et sociales. La « société de conquête » se perpétuait après l'indépendance, laissant sa marque dans l'évolution des nouveaux pays.

Les timides avancements vers une ouverture du système oligarchique au moment de l'apogée de l'exportation, de 1890 à 1929

À la fin du XIXᵉ siècle, on assistait en Amérique latine au triomphe progressif du libéralisme, ce qui en principe favorisait une plus grande ouverture aux idées, une participation accrue de la citoyenneté et une société plus ouverte. Cependant, tout cela s'était réalisé dans un contexte où le pouvoir et la gestion demeuraient aux mains d'une toute petite minorité, ce qui équivalait à un système oligarchique. Il s'agissait alors de procéder à une plus grande intégration des masses à la vie politique et à l'établissement d'une législation sociale, à l'exemple de certains pays européens. À cet effet, une plus grande diversification de l'économie et une croissance des revenus de l'État constituaient des éléments indispensables. Mais il fallait voir si l'oligarchie en place serait en mesure de faire progresser un capitalisme fragile et surtout si elle accepterait ces transformations, qui impliquaient de partager le pouvoir avec d'autres secteurs de la société.

Les relations internationnales

L'Amérique latine et le monde

Le trait dominant de cette période fut l'augmentation de plus en plus grande de l'influence des États-Unis dans la région, en particulier dans la zone du Mexique, de l'Amérique centrale et des Caraïbes, influence qui marquerait de façon indélébile l'évolution de la majorité des pays de ce territoire.

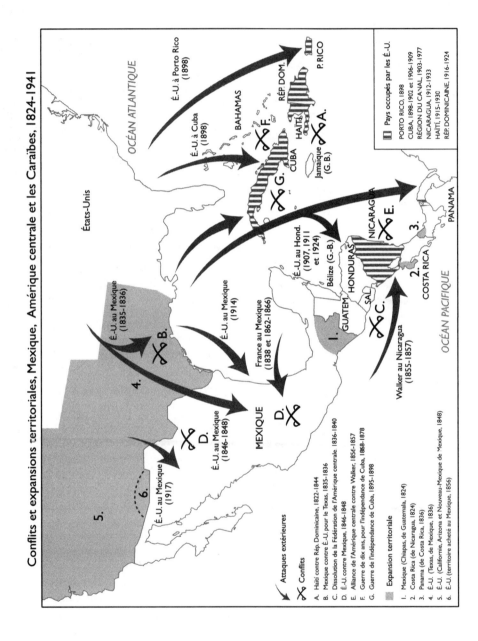

Conflits et expansions territoriales, Mexique, Amérique centrale et les Caraïbes, 1824-1941

La politique agressive du gouvernement de Washington, qui cherchait, à l'instar des grandes puissances européennes, à élargir son influence géopolitique, s'exprima à travers diverses interventions armées dans toute la région voisine. Cela provoqua la création de deux nouveaux États : Cuba et le Panama. Dans le premier cas, l'intervention se produisit au milieu de la guerre qui avait éclaté en 1895 à cause de l'indépendance de l'île, processus dirigé par José Martí et Antonio Maceo. Malgré la mort prématurée de Martí, tombé au début de la lutte, et la forte répression espagnole, les Cubains étaient en train de gagner peu à peu la guerre, quand au début de 1898 les États-Unis, qui ambitionnaient de dominer l'île depuis plusieurs années, décidèrent d'intervenir dans le conflit. Saisissant le prétexte de l'explosion d'un bateau américain ancré dans la baie de La Havane, dont on accusa – sans preuves sérieuses – les Espagnols, Washington déclara la guerre à l'Espagne et s'empara de l'île en quelques mois. Cuba fut occupée

Écrivain et homme d'action, José Martí est vénéré par les Cubains de toutes les idéologies, qui le considèrent comme le personnage clé de leur histoire

militairement pendant plusieurs années, jusqu'à ce que les troupes nord-américaines se retirent en 1903, après avoir obligé les Cubains à accepter une clause dans leur constitution, l'amendement Platt (du nom du sénateur de l'État du Maine qui la proposa) qui autorisait les États-Unis à intervenir militairement à Cuba s'il se présentait dans ce pays des situations d'instabilité susceptibles de menacer les intérêts des États-Unis. Cuba naquit ainsi à la vie indépendante sous un contrôle extérieur.

Le Panama se forma dans des conditions semblables. En 1903 les États-Unis envoyèrent des bateaux de guerre pour favoriser l'indépendance de ce territoire, jusqu'alors province colombienne. Cette manœuvre visait à obtenir du gouvernement du nouveau pays un traité qui lui permettrait de construire un canal dans l'isthme, après l'échec des négociations avec la Colombie. Le gouvernement panaméen, qui ne possédait aucune force de négociation (et qui ne fut même pas représenté par une personne du pays dans la signature du traité, puisque celui qui signa pour le Panama était un ingénieur français, Philippe Bunaud-Varilla), accepta toutes les conditions imposées par Washington, remettant une importante frange de son territoire pour le canal, où se stationnèrent des troupes américaines. Ainsi, comme dans le cas de Cuba, le Panama fit son entrée dans le monde sous la vigilance des États-Unis. La construction du canal s'acheva en 1914.

Ces faits changèrent la carte politique des Caraïbes. L'influence coloniale espagnole disparut, parce que l'Espagne perdit non seulement Cuba, mais aussi Porto Rico, qui se transforma en un protectorat des États-Unis comme conséquence de la guerre de 1898. Ce dernier pays surgit en tant que nouvelle puissance, puisqu'il contrôlait, en plus de Porto Rico, une base navale à Cuba, celle de Guantánamo, une partie du Panama et d'autres territoires comme les îles Vierges, ancienne possession danoise, qui furent achetées en 1917. Les puissances européennes, la Grande-Bretagne, la France et la Hollande, maintinrent leurs territoires.

Les interventions des États-Unis ne se limitèrent pas aux Caraïbes. En 1914 Washington fit occuper pendant plusieurs mois le port de Veracruz, cherchant à exercer une influence sur l'orientation de la révolution mexicaine. D'autres pays subirent des occupations armées, dont chacune dura des années : Haïti entre 1915 et 1934, la République Dominicaine entre 1916 et 1924 et le Nicaragua en trois occasions : 1909-1910, 1912-1925 et de 1926 à 1933. Dans les deux premiers cas, l'intervention eut lieu sous prétexte de mettre de l'ordre dans les finances des deux pays, qui ne respectaient pas leurs engagements financiers internationaux et, dans une moindre mesure, par crainte que l'Allemagne n'occupe ou n'obtienne un port dans ces pays au cours de la première guerre mondiale. Dans le cas du Nicaragua, les interventions étaient motivées par le désir de jouer un rôle dans la situation interne du pays pour s'assurer de dirigeants politiques favorables à la construction d'un éventuel deuxième canal en Amérique centrale. L'ampleur de l'occupation entraînerait d'importantes répercussions politiques et sociales dans les pays qui la subirent.

La seule intervention européenne importante se ramène à celle de l'Italie, de l'Allemagne et de la Grande-Bretagne, qui réalisèrent un blocus naval au Venezuela, de la fin de 1902 au début de 1903, pour obliger le pays à payer ses dettes. Le président américain Theodore Roosevelt agit comme médiateur pour mettre fin à cette action, mais il dit qu'il la comprenait, et il ajouta que dans certaines occasions les pays « civilisés » avaient le droit d'occuper, transitoirement, les territoires de ces pays qui ne savaient pas se comporter comme il faut. Cette déclaration, connue comme le « corollaire Roosevelt », ouvrait la porte à de nouvelles interventions.

Ces situations provoquèrent diverses formes de critique et de résistance. Dans les pays qui avaient subi une occupation militaire, des actions de lutte armée s'organisèrent face aux agressions nord-américaines, comme à Haïti et au Nicaragua. Au niveau diplomatique, c'est l'Argentine qui exprima avec le plus de force sa désapprobation, dans la ligne de pensée du chancelier Luis Drago, qui avait condamné en 1902 l'usage de la force pour l'encaissement de dettes. L'influence des États-

la démocratie sous surveillance extérieure : le président haïtien Sudré Dartiguenave entouré par les militaires, après avoir été élu sous l'occupation des États-Unis.

Unis se fit sentir en outre dans la formation de la première organisation continentale stable pour les pays de l'Amérique[1], l'organisation panaméricaine. En effet, des représentants de tous les pays d'Amérique latine se réunirent à Washington en 1889 pour discuter des affaires commerciales. Par la suite, l'organisation revêtit un caractère plus formel, avec l'adoption du nom d'Union panaméricaine et l'organisation de réunions périodiques des ministres des relations extérieures de tous les pays participants. Au cours de quelques-unes de ces réunions, comme à La Havane en 1928, de violentes discussions se produisirent entre les États-Unis et quelques délégations latino-américaines, qui reprochaient les occupations militaires ordonnées par le pays du Nord. Dans une certaine mesure, ces critiques servirent pour que le président Franklin. D. Roosevelt décide en 1933 de mettre fin aux occupations et proclame sa politique de « bon voisin » avec l'Amérique latine.

---

1. Le Canada et les territoires coloniaux appartenant à l'Europe demeurèrent à l'écart de ce mouvement. En ces temps-là, même s'il s'était constitué pays indépendant en 1867, le Canada ne manifestait pas d'intérêt pour l'Amérique latine, et il abandonnait en gros sa politique extérieure aux mains de la Grande-Bretagne ; dans ce sens, son indépendance n'était pas totale, et elle ne le fut qu'à partir de 1931, quand le gouvernement d'Ottawa assuma pleinement la direction de ses affaires extérieures.

L'importance croissante des États-Unis se manifesta durant la guerre mondiale de 1914-1918. Jusqu'en février de 1917 tous les pays demeurèrent neutres ; les États-Unis entrèrent alors en guerre avec l'Allemagne. Avant cette date, les pays latino-américains adoptèrent deux types de conduite. Les pays les plus influencés par Washington, comme Cuba, Haïti et ceux de l'Amérique centrale, déclarèrent la guerre à l'Allemagne, attitude suivie aussi par le Brésil. C'est ce pays qui obtint les plus grands avantages diplomatiques de sa décision, car il fut invité à participer à la Conférence de la paix de Paris en 1919. L'Argentine, le Chili, la Colombie et le Mexique maintinrent leur neutralité. L'attitude de ce dernier revêtait une importance particulière, en raison de sa proximité des États-Unis et parce que l'Allemagne essaya plusieurs fois de rallier l'appui mexicain à son camp, avec la promesse de récupérer les territoires perdus au XIXᵉ siècle. Les autres pays, comme la Bolivie, le Pérou, l'Équateur et l'Uruguay, maintinrent une position intermédiaire : ils ne déclarèrent pas la guerre, mais ils diminuèrent leurs relations avec l'Allemagne.

Relations entre les pays latino-américains

En comparaison avec l'époque antérieure, il se produisit moins de conflits belliqueux et la majorité des changements territoriaux s'effectuèrent par la voie de la négociation. Dans le cas de l'Amérique centrale, cette orientation sous la pression directe des États-Unis qui ne désiraient pas de guerres susceptibles de mettre en danger la construction du canal de Panama. C'est ainsi que Washington intervint en 1906 pour mettre un terme à la guerre lancée par le Guatemala contre le Honduras et le Salvador, accusés d'aider les exilés guatémaltèques opposés à la dictature de Manuel Estrada Cabrera. Les États-Unis imposèrent un mécanisme d'arbitrage pour les conflits, que réglerait un organisme situé au Guatemala.

En Amérique du Sud il n'y eut pas de luttes armées dans cette période, mais par contre une intense activité diplomatique se déploya pour régler les changements de frontière. Le Brésil surtout s'en trouva favorisé et il obtint d'importants gains territoriaux. En 1895 l'arbitrage du président des États-Unis, Grover Cleveland, lui accorda près de 20 000 kilomètres carrés qu'il se disputait avec l'Argentine dans la région de Misiones. En 1900 un arbitrage suisse favorisa encore le Brésil dans sa dispute avec la France pour un territoire situé à la frontière de la Guyane française, ce qui lui valut 160 000 kilomètres carrés. Finalement le Brésil convainquit la Bolivie de lui vendre le territoire d'Acre, en 1903, qui comportait d'importantes réserves d'arbres à caoutchouc. Le Brésil remporta ainsi 130 000 kilomètres carrés de plus, en échange d'une somme d'argent et d'un droit de navigation pour la Bolivie sur le fleuve Madeira vers l'Atlantique.

D'autres modifications de frontières en Amérique du Sud impliquèrent le Venezuela, qui accepta un arbitrage international en 1899 pour régler une dispute frontalière avec la Guyane britannique. En 1929, le Pérou et le Chili mirent fin à un vieux conflit, hérité de la guerre du Pacifique de 1879, pour la possession des villes de Tacna et Arica, qui avaient été occupées transitoirement par le Chili à la fin de la guerre. La solution se trouva dans la répartition des villes entre les deux pays : Tacna pour le Pérou et Arica pour le Chili. Auparavant, en 1904, le Chili et la Bolivie avaient signé le traité de paix qui consacrait l'occupation chilienne d'Antogafasta, réalisée en 1879, et laissait la Bolivie sans accès à la mer.

L'économie : essor de l'exportation et l'ère du développement « vers l'extérieur »

L'économie latino-américaine progressa et évolua vers un système de nature de plus en plus nettement capitaliste. Cependant le contrôle de la plus grande partie de la richesse par une minorité, la persistance de fortes inégalités dans le revenu et l'excessive dépendance envers la demande extérieure constituaient des aspects qui à la longue seraient des obstacles à une croissance soutenue.

Le développement du commerce international et de l'investissement étranger

Jusqu'en 1890, l'économie latino-américaine, malgré l'influence grandissante des stimulants extérieurs, ne s'était pas encore pleinement intégrée au marché mondial. Cela changea de manière décisive lors de la nouvelle époque, particulièrement grâce à l'arrivée massive de capitaux étrangers qui commencèrent à dominer les principaux centres productifs. Les investissements vinrent surtout de la Grande-Bretagne et des États-Unis, mais aussi de la France et de l'Allemagne. Le tableau 5 résume les données des principaux pays bailleurs de fonds.

Deux éléments ressortent de ces chiffres : la grande rapidité de l'augmentation des investissements, spécialement ceux des États-Unis, qui se multiplièrent presque par 17, et le fait que les investissements

Tableau 5. Investissements des États-Unis et de la Grande-Bretagne en Amérique latine, 1880-1930 (en millions de dollars)

Pays	États-Unis 1897	1914	1930	G.-Bretagne 1880	1913	1930
Argentine	0,7	1	332	101	784	2102
Brésil	?	50	557	152	892	592
Chili	1	171	423	42	319	384
Costa Rica	3,5	22	22	16	33	27,5
Cuba	43,5	252	919	6	222	219
Guatemala	6	36	70	2,7	52	32
Honduras	2	9,5	72	16	16	10
Mexique	200	587	682	164	795	995
Pérou	7	58	124	181	128	131
Venezuela	2	6,5	233	38	40	132
TOTAL*	289	1 215	3 254	652	3 702	4 239

*Le total n'inclut pas le Brésil, mais d'autres pays par contre.
SOURCE : Palmer, David : *Peru : The Authoritarian Tradition*, New York, Praeger, 1980, p. 48-50. Pour les investissements au Brésil, Manigat, Leslie : *Évolution et révolutions. L'Amérique latine, 1889-1929*, Paris, Éd. Richelieu, 1973, p. 88 et 230.

nord-américains dépassent les investissements anglais après la première guerre mondiale.

Cette évolution eut un impact décisif sur l'orientation des économies dans la majeure partie de l'Amérique latine. Les capitaux étaient concentrés dans deux domaines : les activités d'exportation et les services publics. Dans le premier cas, il s'agissait d'investissements dans des mines et dans la production de cultures destinées à la consommation externe. C'est ainsi que s'implantèrent des entreprises américaines à cette époque : la Standard Oil dans le pétrole mexicain, la Kenecott dans le cuivre chilien, la Cerro Pasco Corporation dans le cuivre péruvien et United Fruit dans la production bananière dans toute la zone du littoral atlantique de l'Amérique centrale et de la Colombie. En 1925, presque la moitié des raffineries de sucre à Cuba appartenaient à des investisseurs des États-Unis, et à quelques Canadiens aussi. Une autre société influente, l'anglo-hollandaise Shell, dans le pétrole vénézuélien, y commença ses activités un peu plus tard qu'au Mexique.

Dans les services, les investissements prirent la forme de prêts aux gouvernements, utilisés généralement pour étendre le réseau ferroviaire et pour des travaux de voirie et portuaires. Parfois, on réalisait aussi des investissements directs dans ce secteur : par exemple, la United Fruit au Guatemala construisit le seul chemin de fer reliant l'intérieur et la côte atlantique, dans une situation de monopole. Au Pérou, Grace acquit le contrôle du chemin de fer qui unissait Lima à la région minière de Cerro de

Autour du port de Buenos Aires, les installations frigorifiques donnent une nouvelle vie à l'exportation de la viande et deviennent le lieu d'une importante concentration ouvrière.

Pasco. Au Chili, la International Telephone and Telegram Company (ITT) obtint le monopole des communications téléphoniques, en 1927. À Cuba, des compagnies des États-Unis en vinrent à contrôler les services d'électricité et de téléphones. Dans quelques pays, comme la Colombie, le Brésil et la Bolivie, ce sont des sociétés allemandes qui prirent l'initiative de contrôler une bonne partie du transport aérien, ce qui provoqua une forte rivalité avec les compagnies américaines. Enfin, de nombreuses banques des États-Unis et d'Allemagne vinrent s'ajouter dans divers pays à celles de l'Angleterre et de la France, déjà présentes avant 1880.

Cette situation prit des allures différentes selon les pays. En Colombie, au Brésil, en Argentine et en Uruguay, les principaux centres productifs, les *estancias* d'élevage et les plantations cafetières demeuraient entre les mains d'entrepreneurs locaux. Le capital étranger jouait un rôle d'importance dans les maisons commerciales et les banques, mais sa présence se faisait remarquer moins fortement dans l'ensemble du pays. Au Chili, le secteur rural restait tout à fait étranger au capital extérieur, qui se concentrait dans les grandes mines. Par ailleurs, quelques pays reçurent peu d'investissements et n'augmentèrent pas beaucoup leurs contacts avec l'extérieur, comme Haïti, la majorité des pays de l'Amérique centrale et le Paraguay[2].

---

2. La distinction entre les pays de « contrôle national de la production » et ceux d' « enclave », c'est-à-dire ceux dont la richesse principale du pays était aux mains du

Inauguré en 1914, le canal de Panama changea le destin de ce pays d'Amérique centrale.

L'investissement dans les activités d'exportation se trouva stimulé par les progrès en matière de transport (construction du canal de Panama) et de communications (la télégraphie sans fil) et la demande européenne et américaine de nouvelles industries, comme celle de l'automobile. Tout cela amena, à partir de la fin du XIXe siècle, une croissance remarquable du commerce extérieur. Entre 1913 et 1928 la valeur des exportations latino-américaines doubla, passant de 1 593 millions de dollars à 3 005, tandis que les importations passaient de 1 226 à 2 083 millions. Avant la guerre de 1914, l'Europe était le principal client, mais cela changea après le conflit : en 1928, la moitié des exportations allaient aux États-Unis.

Le pouvoir d'achat de la majorité des pays augmenta de façon considérable, surtout pour ceux qui vendaient des produits comme le pétrole, le blé et le café. Ceux qui exportaient des produits tels que les bananes et l'étain n'obtinrent que des gains modérés. La première guerre mondiale, qui au début parut comporter des effets négatifs, stimula encore davantage les exportations, surtout celles de produits stratégiques comme le *salitre* chilien (qui servait à la fabrication d'explosifs) et la viande argentine. Cela permit souvent l'existence d'une balance commerciale très positive, comme pour l'Argentine, le Brésil, la Colombie et le Venezuela. Le Chili se trouva dans une situation intermédiaire : jusqu'en 1918 la valeur de ses exportations, composées surtout de salpêtre, était élevée, mais dans la décennie de 1920 il se produisit une baisse à la suite de l'arrivée du salpêtre synthétique sur le marché mondial. Cuba aussi se trouva dans une situation détériorée

capital extérieur, créait deux types distincts de dépendance, qui laissaient ceux du premier groupe dans une meilleure situation, selon le célèbre essai de Fernando Henrique Cardoso et d'Enzo Faletto, *Dependencia y desarrollo en América latina* (1969, beaucoup d'éditions postérieures).

dans les années 1920, quand le prix du sucre, sa principale exportation, se maintint sans augmentation.

Tant que le commerce international resta actif, il fournit aux pays latino-américains des revenus importants, grâce aux droits de douane payés par les entreprises qui faisaient le commerce d'exportation et d'importation. Cela comportait cependant des inconvénients. Les gouvernements de cette époque-là possédaient peu de moyens de financer leurs budgets et la majorité des exportations dépendaient d'un seul produit. Les élites refusaient d'accepter la création ou l'augmentation des impôts locaux. Tout cela conduisit les gouvernements à une situation fiscale précaire : tout bouleversement des prix et du volume des exportations entraînait un brusque déséquilibre dans leur budget, en plus d'affecter l'ensemble de l'économie. C'est justement ce qui arriva en 1929, à la suite de la crise mondiale qui éclata cette année-là et dont les effets ne tardèrent pas à se faire sentir.

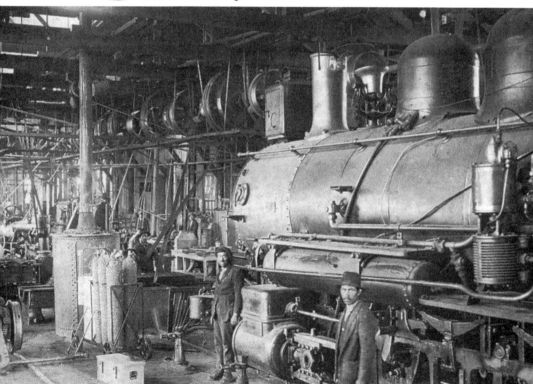

Une usine ferroviaire du tronçon Antofagasta-La Paz, qui créait la liaison entre le port conquis par les Chiliens et la Bolivie.

Les activités rurales

L'agriculture et l'élevage demeurèrent les activités fondamentales de la plus grande partie de la population latino-américaine à cette époque. La grande propriété se maintint comme élément prédominant, avec de nouvelles caractéristiques. Une certaine modernisation fut apportée dans le système de production, dans les zones les plus rentables, ou par l'emploi de machineries pour l'exportation du sucre dans des sacs fabriqués de manière standardisée dans les plantations de Cuba, par exemple. Les *estancias* d'élevage en Argentine et en Uruguay commencèrent à employer le système de barbelés pour délimiter les propriétés et diminuer les vols de bétail. Un autre changement affecta les relations de travail. Beaucoup d'haciendas maintinrent le système basé sur la présence des travailleurs qui vivaient à l'intérieur de la propriété et n'étaient payés en salaire qu'en partie, comme les *huasipungeros* équatoriens, les *inquilinos* chiliens ou les *peones acasillados* mexicains. Mais on assista à une plus grande présence de travailleurs externes, qui dépendaient totalement du salaire, comme dans le sud du Brésil, où l'on commença à employer de la main-d'œuvre immigrante. Cette situation découla en quelque sorte de la disparition de l'esclavage, qui obligea les propriétaires à chercher de nouveaux travailleurs, qui furent parfois des immigrants.

De nouvelles terres furent consacrées à la production, surtout quand le processus d'exportation entrait en jeu. La région à l'intérieur de Sao Paulo, qui se spécialisait déjà dans le café depuis le début du XIXe siècle, tripla la superficie destinée à cette culture. Ainsi la production de café augmenta énormément, passant de 63 millions de kilogrammes en 1870 à 479 millions en 1900 et à un record de 1 097 millions en 1927. L'extraction du caoutchouc dans toute l'Amazonie connut un essor

Le Costa Rica et les autres pays de la région deviennent des exportateurs de banane au début du XXe siècle .

spectaculaire entre la fin du XIXe siècle et la première guerre mondiale, à la suite de la demande élevée de ce produit pour l'industrie du pneu. Mais cet essor prit fin brusquement avec la concurrence du caoutchouc produit en Indonésie et ne reparut qu'avec la seconde guerre mondiale, quand le Japon occupa la région productrice de caoutchouc en Asie. Cette activité ne signifia pas cependant un avancement social, puisqu'elle se fit par l'entremise d'un type de travailleurs, les *seringueiro*, qui peinaient dans des conditions de travail désastreuses, proches de l'esclavage. Dans l'ouest de la Colombie, dans la région d'Antioquia, et en Amérique centrale, on défricha aussi de nouvelles terres pour la culture du café, au détriment des communautés indigènes. Seul le Mexique, à cette époque, essaya de protéger les paysans dépouillés ou de les dédommager des suites de la révolution de 1910.

Malgré ces cultures et l'exportation, l'agriculture latino-américaine afficha une faible productivité, ce que l'on peut mesurer en comparant le grand nombre des travailleurs employés dans ce domaine et l'apport de l'agriculture au produit national brut, lequel était passablement inférieur, comme on le voit dans le tableau 6.

Tableau 6.
L'agriculture dans l'emploi et dans le PNB, pays choisis, entre 1910 et 1920

Pays	année	N. de travailleurs (en milliers)	% du total	% de l'agriculture dans le PNB
Argentine	1914	1,051	34,2	26,5
Brésil	1920	6,377	66,7	22,9
Chili	1913	455	37,7	15,5
Colombie	1913	1,270	70,5	54,6
Mexique	1910	3,581	63,7	24,0
Nicaragua	1920	170	83,7	55,8

SOURCE : Bulmer-Thomas, Victor : *The Economic History of Latin America since Independence*, Cambridge University Press, 1995, p. 122, tableau 5.1

Ainsi, l'agriculture, en particulier celle qui était consacrée aux cultures destinées à la consommation interne, même si elle représentait des pourcentages élevés de l'emploi, ne fournissait pas un apport proportionnel au produit national brut (PNB), sauf dans le cas de l'Argentine. Ceci dénotait l'existence d'une agriculture extensive, peu mécanisée.

L'industrie : quelques progrès

Comme on l'a vu dans le chapitre précédent, l'industrie existait, mais elle était peu développée avant 1890. La situation commença à changer, du moins dans des pays comme l'Argentine, le Mexique, le Brésil et, dans une certaine mesure, le Chili, la Colombie et l'Uruguay. L'élan industriel dépendit partiellement du commerce extérieur. Par exemple les exportations de viande de l'Argentine et de l'Uruguay menèrent à la création de grandes usines frigorifiques, où l'on coupait et emballait la viande. La périphérie sud de Buenos Aires, dans le secteur de Berisso, se transforma en un noyau industriel, avec une forte population ouvrière. À Monterrey, dans le nord du Mexique, la proximité du marché des États-Unis favorisa l'implantation de grandes industries, comme les fonderies et les aciéries. Mais tout ne s'explique pas par le facteur extérieur : une partie de la production de ces fonderies allait sur le marché mexicain, pour la fabrication des rails nécessaires au développement des chemins de fer. Et d'autres industries, comme la brasserie Cuauhtémoc, fondée en 1890, se destinaient exclusivement au marché national.

Développée avec la participation d'investisseurs allemands, la production de bière donne lieu à l'une des plus anciennes industries au Mexique et ailleurs en Amérique latine.

Les gouvernements contribuèrent également au développement de l'industrie. En Colombie, le président Rafael Reyes augmenta de 500 % les frais de douanes sur les tissus de coton étrangers, pour favoriser l'industrie textile naissante à Medellín. Au Brésil, ces mêmes taxes passèrent de 50 % à 80 % entre 1879 et 1900. La première guerre mondiale stimula la production industrielle, étant donné que les importations de produits manufacturiers européens diminuèrent, ce qui obligea l'Amérique latine à essayer de produire ce qu'elle importait auparavant.

Malgré les progrès dans ce domaine, à la fin de la période, seuls trois pays pouvaient prétendre avoir commencé un certain processus d'industrialisation : l'Argentine, le Brésil et le Mexique, les seuls où la participation de l'industrie dans le PNB dépassait 10 %. Tous les autres pays reposaient toujours sur des économies éminemment agricoles, d'élevage ou minières. En outre, une bonne partie des activités industrielles relevaient plutôt du type artisanal et se développaient dans de petites entreprises. Ainsi l'industrie, malgré ses progrès, demeura longtemps une activité orientée presque uniquement vers le marché interne, contribuant peu au commerce d'exportation, basé encore sur les minerais ou sur les produits agricoles.

L'évolution sociale : de nouveaux protagonistes

L'oligarchie garda son emprise sur la société, renforçant son pouvoir avec les bénéfices provenant des exportations en plein essor. Cependant, elle se diversifia à un rythme plus rapide, en fonction des progrès du capitalisme, des plus grands revenus de l'État et de l'immigration. Cela favorisa surtout le développement des classes rattachées aux activités urbaines, bien que la société demeurât majoritairement rurale.

Progrès et limites de l'urbanisation. Le poids de l'immigration

Durant cette époque, trois pays seulement (l'Argentine, le Chili et l'Uruguay) atteignirent des indices significatifs de population urbaine. Dans d'autres pays, comme le Mexique, le poids de la population rurale était énorme, puisqu'en 1910, à la veille de la révolution, plus de 80 % de la population vivait à la campagne. Le tableau 7 donne une idée du degré d'urbanisation.

La croissance démographique des grandes villes s'explique par le développement du secteur des services, de l'industrie et par l'augmentation des migrations. Cette croissance se produisit surtout

Tableau 7. Pourcentage de la population urbaine par rapport à la population totale (villes de plus de 20 000 habitants, pays sélectionnés)

Pays	1870	1930
Argentine	15,7	38,0
Bolivie	3,7	13,1
Chili	10,7	32,0
Colombie	4,5	10,0
Costa Rica	13,1	13,2
Salvador	2,9	10,4
Mexique	7,7	15,6
Pérou	6,2	9,6
Rép. Dominicaine	5,5	6,0
Uruguay	19,5	37,6
Moyenne*	7,9	16,9

* N'inclut que les pays de l'Amérique espagnole.

SOURCE : Wilkie, James et Peter Reich : *Statistical Abstract of Latin America*, University of California at Los Angeles, vol.15, 1977, p. 86.

dans les capitales, dont quelques-unes commencèrent à représenter des pourcentages importants du total de la population du pays. Buenos Aires concentrait 18,8 % de la population argentine, chiffre qui passa à 18,3 % en 1930, tandis qu'à Santiago du Chili les chiffres passèrent de 7,2 à 16,2 %, aux mêmes dates.

L'urbanisation n'apporta pas une amélioration du niveau de vie à tous les habitants. La croissance des villes se fit de façon désordonnée et beaucoup des nouveaux habitants, surtout les plus pauvres, vécurent dans de mauvaises conditions. À Buenos Aires et à Santiago apparut le mot *conventillo* pour désigner les lieux où s'entassaient plusieurs familles d'ouvriers, dans de très mauvaises conditions d'hygiène. Cela contrastait avec le développement de nouvelles villes, destinées en partie au délassement des classes moyennes et hautes, qui commençaient à acquérir l'habitude de passer l'été à la plage. C'est le cas de Viña del Mar, fondée dans les années 1870, qui commença à se transformer en station balnéaire à la mode pour les habitants de Santiago et de Valparaíso au début du XXe siècle. En Argentine, Mar del Plata remplit une fonction semblable pour Buenos Aires, et, en Uruguay, Punta del Este servit de station balnéaire pour les citadins de Montevideo.

La population connut aussi des changements dans sa composition ethnique, à cause de l'importance de l'immigration, en majorité européenne, dans beaucoup de pays, tandis que la population d'origine africaine se faisait moins nombreuse. Le processus d'immigration, commencé plus tôt, connut un essor énorme grâce, entre autres, à la baisse du prix des transports et à la plus grande information sur l'Amérique latine : maintenant il devenait moins risqué de partir. De sorte que, si 1,3 million d'étrangers étaient venus en Amérique latine entre 1850 et 1880, ce chiffre s'élevait à 12,7 millions entre 1881 et 1930. Parmi ceux-ci, un peu plus de la moitié restèrent. Les années immédiatement antérieures à la première guerre mondiale, 1913 et 1914, représentent les années dorées.

Les immigrants se répartirent inégalement : l'Argentine, l'Uruguay et le sud du Brésil reçurent l'énorme majorité des nouveaux arrivants. Cuba continua à recevoir un nombre imposant d'Espagnols, malgré l'indépendance. Dans les autres pays, surtout ceux de l'Amérique centrale et ceux du Pacifique en Amérique du Sud, le nombre d'immigrants fut faible. Au Chili, en 1929, 2,4 % de la population seulement était né en dehors du pays, chiffre très inférieur à celui de l'Argentine, où les étrangers représentaient en 1914 environ 30 % du total de la population.

La majorité des immigrants étaient d'origine européenne, surtout du Sud : Espagnols, Italiens et Portugais ; ces derniers se concentraient au Brésil naturellement. En deuxième lieu venaient ceux de l'est de l'Europe : des Russes, des Polonais et des Ukrainiens, dont plusieurs juifs. Ceux en provenance du Nord (Angleterre, Suède, Allemagne) étaient minoritaires, de même que les Français. Un certain nombre de personnes originaires du Moyen-Orient, des Arabes, voyageaient avec un passeport turc, puisqu'ils étaient dominés par ce pays. Aussi, dans plusieurs pays les appela-t-on des Turcs. Des Asiatiques s'ajoutèrent à ce monde : des Indiens aux îles des Caraïbes britanniques et en Guyane, des Japonais au Brésil et dans une moindre mesure au Pérou.

Contrairement à l'expérience de l'Amérique du Nord, où beaucoup d'immigrants se transformèrent en petits ou moyens propriétaires agricoles, le sort de l'énorme majorité des nouveaux arrivés en Amérique latine les destina à travailler dans les villes, comme ouvriers, ou dans le commerce. La forte concentration de la propriété agraire entre les mains d'une minorité laissa peu de terres aux immigrants. C'est l'une des raisons pour lesquelles plusieurs d'entre eux, déçus,

À Santiago, la ville n'offrait pas à ses nouveaux habitants des logements accueillants...

retournèrent en Europe ou choisirent de venir travailler dans l'hémisphère sud à l'époque de la récolte pour retourner ensuite en Europe une fois ce moment passé. On qualifia d'« hirondelles » les gens de cette migration.

En plus de ces migrations venant de l'extérieur de l'Amérique, d'importants processus régionaux se mirent en branle. Des milliers de travailleurs des îles des Caraïbes britanniques arrivèrent dans des pays d'Amérique centrale comme le Panama et Costa Rica, attirés par les salaires payés pour la construction du canal et des chemins de fer. À Cuba, dans les premières décennies du xxᵉ siècle, l'essor de l'industrie sucrière attira une imposante immigration de tout le reste des Caraïbes : des gens de la Jamaïque, de la Barbade, de Trinidad, de Porto Rico et d'Haïti.

La présence d'émigrants se fit sentir de différentes manières. Dans certaines activités, ils fournirent une main-d'œuvre dont on avait un grand besoin, comme les Italiens et les Japonais dans les plantations cafetières du Brésil. La viniculture et la production de vin, surtout au Chili, reposèrent sur l'arrivée de beaucoup d'œnologues français. Dans l'industrie en général, certaines développèrent une vocation patronale, créant des usines et d'autres centres de production, comme on le verra un peu plus loin. En politique, plusieurs apportèrent des idées

...alors que les bien-nantis s'offraient d'élégants édifices, comme le Club de l'Union au centre-ville de la capitale chilienne.

anarchistes et socialistes, exerçant une influence marquée sur le mouvement ouvrier latino-américain naissant, comme dans le cas du Grec Plotino Radakhonati et de l'Italien Pietro Gori, qui figurèrent parmi les principaux dirigeants anarchistes au Mexique et en Argentine. Cette situation fit que souvent la répression contre ces groupes se teignît d'un caractère non seulement social, mais aussi xénophobe. Au bout d'une ou deux générations, certains descendants d'immigrants finirent par devenir d'éminents politiques : Eduardo Frei, futur président du Chili, était fils d'un immigrant suisse, arrivé à la fin du XIXe siècle. Dans les premières années du XXe siècle, un immigrant galicien vint s'installer à Cuba, Angel Castro ; il serait le père de Fidel, le futur leader de la révolution cubaine.

L'influence étrangère se remarqua aussi dans la naissance d'une activité sportive qui finirait par devenir la plus populaire de l'Amérique latine : le soccer (fútbol). Ce furent les Anglais et en nombre moindre les Allemands, employés dans le commerce et les banques, qui commencèrent à pratiquer ce sport dans le dernier tiers du XIXe siècle, sport que les Autochtones adoptèrent rapidement. Des clubs et des ligues de soccer se formèrent, dont les noms révélaient l'influence européenne, spécialement anglaise : River Plate et Racing à Buenos Aires, Liverpool à Montevideo, Wanderers à Valparaíso, Everton à Viña del Mar, tous fondés dans la dernière décennie du XIXᵉ siècle et la première du XXᵉ siècle. Au Brésil, quand on joua la première partie entre des clubs de Sao Paulo et Rio de Janeiro, en 1901, la moitié des joueurs des deux équipes portaient des noms de famille anglais, allemands ou belges. Au cours du repas qui suivit le deuxième match, on porta des toasts en hommage à l'Anglais Charles Miller, promoteur du soccer à Sao Paulo, et au roi Édouard VII d'Angleterre. Dans les Caraïbes et quelques zones d'Amérique centrale, l'occupation militaire américaine laissa le baseball en héritage, qui devint peu à peu le sport le plus répandu de plusieurs pays de la région.

L'immigration contribua à l'accroissement de la population, ce qui s'accentua en outre par les progrès de la médecine publique. Cela se manifesta notoirement dans la région tropicale, grâce à des scientifiques comme le médecin cubain Carlos Finlay, qui le premier postula que la fièvre jaune se transmettait par les moustiques, ce qui permit ensuite des campagnes d'éradication de cette maladie dans toute la région tropicale. Un autre médecin, le Brésilien Oswaldo Cruz, après des études à l'Institut bactériologique de Paris, acquit de la renommée avec ses campagnes couronnées de succès contre la fièvre jaune, la variole et la malaria dans son pays.

Classes et protagonistes sociaux

• L'élite : les nouveaux entrepreneurs

Jusqu'à la fin du XIXᵉ siècle, les grands propriétaires terriens composaient la majeure partie de ce secteur ; s'ajoutaient à eux de grands commerçants et des propriétaires-exploitants de mines. Cette situation se diversifia dans la nouvelle étape au moment de l'entrée en scène des représentants des secteurs bancaire et industriel, dont la présence s'avérait faible jusqu'alors. On ne doit pas voir cependant d'opposition entre les nouveaux entrepreneurs et ceux qui avaient fait fortune dans des activités plus traditionnelles. Les industries pouvaient provenir du milieu des grands propriétaires terriens ou encore il pouvait y avoir des entrepreneurs avec des intérêts dans plusieurs secteurs en même temps.

Une partie des nouveaux entrepreneurs, surtout dans l'industrie, provenaient de l'apport des immigrants. Cela s'explique par l'expérience plus grande que ces personnes apportaient de leurs pays d'origine dans ce genre d'activités. Parmi les cas les plus connus, on trouve en Argentine l'Italien Torcuato Di Tella, créateur de SIAM-Di Tella, une des principales industries mécaniques du pays, ainsi que les Belges Ernesto Bunge et Jorge Born, qui firent d'abord fortune dans le commerce des céréales et qui créèrent ensuite une importante industrie de meunerie et une autre de fabrication de sacs pour l'exportation du blé. Juan Yarur, né en Palestine, émigra en Amérique du Sud en 1913 ; il vécut d'abord en Bolivie, où il créa une filature de coton, et il déménagea au Chili en 1931 pour monter une autre industrie du genre, qui devint l'une des plus grandes du pays. Au Mexique, le Français Léon Signoret figure parmi les investisseurs qui créèrent les fonderies de Monterrey. Mais il y eut aussi des entrepreneurs locaux dans ce secteur.

Simón Patiño, un *success story* bolivien : de la pauvreté à l'une des plus grandes fortunes au monde, grâce à l'étain.

L'industrie textile colombienne à Medellín releva totalement des gens du pays, comme la famille Ospina. Au Brésil beaucoup de propriétaires agricoles, producteurs de café, investirent dans l'industrie. En Bolivie, deux des « barons » de l'étain, la principale richesse du pays, étaient Boliviens : José Aramayo et Simón Patiño ; ce dernier représente un cas de mobilité sociale fulgurante rare, puisque dans sa jeunesse il était un *cholo* de peu d'éducation, qui avait commencé comme employé de magasin, pour se convertir graduellement en entrepreneur minier, et qui passa plus tard une grande partie de sa vie à Paris, à Nice et à New York. À sa mort, en 1943, il était sans doute l'un des hommes les plus riches du monde.

Les entrepreneurs s'organisèrent également, constituant des protagonistes sociaux, qui pouvaient aussi, bien sûr, exercer des pressions politiques. Par le passé, les entrepreneurs agricoles et les commerçants s'étaient organisés dès le début de l'indépendance. Les entrepreneurs industriels avaient commencé à le faire peu avant l'époque étudiée dans ce chapitre, comme ce fut le cas pour l'Union d'industriels argentins (UIA), créée en 1887, et pour la Société d'encouragement manufacturier (SOFOFA) au Chili, en 1883. Des organisations similaires s'établirent dans les autres pays à la même époque et dans les années suivantes. Au Mexique, avant la révolution, il existait une quinzaine de chambres de commerce. Après 1917 les organisations industrielles, commerciales et banquières se multiplièrent et culminèrent avec la fondation de la Confédération patronale de la république du Mexique, en 1929.

• La classe moyenne

Protagoniste de peu d'envergure jusque vers 1890, la classe moyenne s'accrut de façon remarquable, surtout dans les villes. Ce processus s'explique par l'accroissement du secteur des services, en partie grâce aux gouvernements, avec la création de nouveaux ministères, de services comme le transport public, d'écoles ou de la police. En Uruguay, les employés du secteur public étaient 20 000 en 1900, chiffre qui augmenta à 60 000 en 1930. Au Chili, le nombre des personnes employées dans le commerce et le transport doubla presque entre 1907 et 1930, passant de 127 000 à 209 500. Les employés du secteur privé augmentèrent aussi, à partir du commerce et des banques jusqu'aux employées domestiques. Cette dernière catégorie devint une part importante de l'emploi féminin. Un des canaux fondamentaux pour le renforcement de la classe moyenne était l'éducation. Celle-ci se développa lentement mais graduellement partout, avec une augmentation de la construction d'écoles publiques. En Argentine, l'inscription dans les écoles primaires augmenta presque du double entre 1890 et 1912, passant de 300 000 à 780 000 élèves, tandis qu'au Chili, presque à la même période, le nombre passa de 95 000 à 240 000. Des progrès sont remarqués aussi dans les territoires coloniaux. Dans les Caraïbes britanniques, un système de bourses permit une mobilité sociale relativement importante, et le fait que les maîtres d'école, à l'égal de la grande majorité de la population, fussent de couleur favorisa ce processus. Ce secteur mit de l'avant ses aspirations sociales et politiques comme dans le cas de l'Association des locataires de Trinidad, laquelle organisa des manifestations en faveur de l'élargissement des droits politiques dans l'île.

Les fédérations d'étudiants universitaires, qui regroupaient en général des jeunes en provenance de la classe moyenne, comptèrent beaucoup dans la diffusion des revendications de ce secteur. Dans des pays comme le Pérou, le Chili et l'Argentine, ces associations eurent des répercussions considérables dans la vie publique. Un épisode célèbre reste celui du mouvement étudiant dans la ville de Córdoba (Argentine) en 1918, lorsque les étudiants exigèrent des mesures pour démocratiser l'université, au moyen d'horaires plus flexibles pour les cours, et demandèrent que les professeurs soient engagés sur la base de concours et non par les décisions personnelles du recteur. Ce mouvement, qui réussit, connut un grand retentissement, non seulement en Argentine, mais dans le reste de l'Amérique latine. Quelques groupes de professionnels, comme les maîtres d'école, formèrent aussi des organismes, pas seulement nationaux, mais aussi internationaux, pour revendiquer de meilleurs salaires et des réformes du système éducationnel.

Le niveau de vie de la classe moyenne n'était pas beaucoup plus élevé que celui de la classe ouvrière. Beaucoup d'employés de commerce ou de l'administration publique, certaines professions comme celles de maître d'école primaire ou secondaire ne touchaient pas de revenus élevés et devaient se contenter d'une vie limitée. La différence avec les ouvriers se manifestait souvent au niveau de l'image et de la mentalité :

L'essor des exportations permit l'expansion des services publics, comme l'école primaire en Argentine.

parce que les membres de la classe moyenne avaient un peu plus d'éducation et n'exerçaient pas de tâches manuelles, la législation supposait qu'ils avaient droit à un espace plus confortable pour vivre. Ce fut le cas au Pérou, où la loi qui régissait la construction d'habitations en 1920 spécifiait que les demeures destinées aux personnes avec le statut d'employés (c'est-à-dire ceux qui n'effectuaient pas de tâches manuelles) devaient avoir un minimum de 120 mètres carrés, tandis que celles qui étaient destinées aux ouvriers ne dépasseraient pas 75. L'importance de ces lois nous montre, en outre, que la classe moyenne réussissait à se faire remarquer au niveau politique, comme nous le verrons plus loin.

• Militaires

À partir de la dernière décennie du XIXᵉ siècle, tous les pays de la région, à commencer par ceux du cône sud, créèrent des institutions pour la formation permanente des officiers, qui entreprendraient dès lors une carrière bien dessinée. Au début, cela se fit dans l'armée et la marine, mais avec la première guerre mondiale on commença aussi à créer partout la branche des forces aériennes. On institua en plus le service militaire obligatoire, de sorte que l'influence de l'État se fit sentir dans tout le pays. Dans des pays comme l'Argentine, on considéra cette institution comme investie d'une mission non seulement militaire, mais civique : dans un pays d'immigrants nombreux, le service militaire pouvait servir d'école de patriotisme. C'est ainsi que furent créées les forces armées professionnelles, qui remplacèrent les armées formées de façon presque spontanée durant le XIXᵉ siècle et qui comptaient peu d'officiers de carrière.

Cette évolution se fit avec la participation de missions militaires européennes, qu'on engagea pour former les nouveaux officiers. L'Allemagne et la France rivalisèrent sur ce terrain, en particulier dans la préparation de l'armée, tandis que l'Angleterre maintenait son influence dans les marines de guerre. À cette époque on ne ressentit pas d'influence des États-Unis dans les institutions armées latino-américaines. Le Salvador, le Honduras et la Colombie engagèrent des officiers chiliens pour la formation de leurs armées, ce qui reflétait le prestige militaire atteint par ce pays après son triomphe dans la guerre du Pacifique.

La carrière militaire, en principe ouverte à tous, sans distinction de classes, favorisa en fait les classes moyennes et l'élite, surtout dans la formation du corps des officiers. Les collèges militaires suivaient des règles strictes d'admission des cadets, qui devaient être fils légitimes, exigence qui excluait beaucoup de jeunes des familles pauvres.

Selon certains auteurs, la classe moyenne se renforça aussi avec le développement de la professionnalisation des institutions armées puisque ce processus créa un large éventail d'emplois publics, les militaires, qui partageaient en principe les valeurs et les objectifs de la classe moyenne, comme la diffusion de l'éducation publique et d'autres politiques qui favorisaient la mobilité sociale. Théoriquement, les militaires pouvaient constituer des acteurs politiques favorables à la démocratisation. Comme on le verra plus loin, cela n'arriva que dans de rares occasions.

• Apparition de la classe ouvrière

Les ouvriers salariés augmentèrent et constituèrent une classe au fur et à mesure que progressait le développement industriel et minier ainsi que celui de certaines activités agricoles, comme les plantations sucrières du nord du Pérou ou de Cuba. Cela ne signifia pas la disparition totale du monde de l'artisanat, qui continua à former un pourcentage d'une certaine importance dans les métiers.

Le poids de la classe ouvrière en tant que pourcentage de la population était pourtant faible. Le recensement de 1920 au Brésil indiquait qu'il n'y avait que 275 000 ouvriers de manufactures pour une population de 30 millions d'habitants, et au Mexique en 1910 les chiffres étaient de 58 800 sur un total de 10 millions. Le Chili et la Colombie, qui les suivaient, se trouvaient dans une situation encore inférieure.

Comme à l'époque de la révolution industrielle européenne, les ouvriers latino-américains vécurent dans des conditions précaires. En plus des mauvaises conditions de logement, la journée de travail pouvait être très longue, comme dans l'industrie mexicaine, où avant 1910 on travaillait 16 heures par jour, six jours par semaine. Dans des campements miniers ou dans certaines industries, les ouvriers disposaient parfois de maisons offertes par l'entreprise, mais ils vivaient soumis à une vigilance stricte. À Puebla (Mexique), à l'occasion d'une grève des ouvriers du textile en 1906, une des principales revendications des ouvriers était d'éliminer l'interdiction de recevoir des visites chez eux. Il arrivait que le travail des enfants soit fréquent : dans beaucoup d'industries chiliennes on employait des mineurs, comme dans le cas

Avant de former les syndicats, les ouvriers s'organisèrent pour se donner de services mutuels, comme au Mexique au début du xxᵉ siècle.

de l'industrie du verre, où les enfants représentaient entre 20 % et 30 % de la main-d'œuvre, entre les années 1900 et 1930. Évidemment ces ouvriers touchaient un salaire très inférieur à celui des adultes. L'absence presque totale de lois sociales ou son inaccomplissement permettait ces pratiques.

Aussi les ouvriers s'organisèrent-ils. Au début, l'objectif principal se centrait sur l'aide sociale, par l'entremise de sociétés de secours mutuels, pour agir en cas de maladie ou de décès. Puis vinrent les syndicats qui revendiquaient de meilleures conditions de travail. Cela amena une situation nouvelle en Amérique latine, celle des demandes sociales de groupes vis-à-vis des patrons. Ces situations conduisaient rapidement à des grèves, ce que facilitait l'inexistence de lois réglementant les conflits. Plusieurs grèves provoquèrent des affrontements d'une extrême violence, à cause de la répression qu'opposaient les autorités aux travailleurs. En effet, la grève – du moins certaines d'entre elles – était perçue plus comme une menace de rébellion sociale que comme un conflit de travail. Les premières décennies du xxᵉ siècle restèrent marquées par de véritables massacres, surtout au Chili, au Mexique et en Argentine. Dans le premier de ces pays, des répressions contre des grèves se terminèrent en tueries à Valparaíso (1903), à Santiago (1905) et spécialement à Iquique, dans le nord du pays, en 1907. À cette occasion, des troupes de l'armée et de la marine encerclèrent les ouvriers du salpêtre en grève, firent feu sur la multitude sans défense, tuant peut-être deux milles personnes. Au Mexique, le gouvernement agit avec une grande brutalité pour réprimer la grève textile de Río Blanco, en 1907, où l'on estime qu'une centaine de personnes perdirent la vie. En Argentine, la répression contre une grève de l'industrie métallurgique, accompagnée d'une grève générale à Buenos Aires, provoqua, selon la presse socialiste, la mort de 700 personnes, en plus

de faire 4 000 blessés. Cela eut lieu en janvier 1919, dans la dénommée
« Semaine tragique ». Une expérience semblable se produisit à la fin de
1921 à l'occasion de la grève des travailleurs des fermes d'élevage du
sud de l'Argentine, qui exigeaient l'application des avantages obtenus
dans une grève antérieure (non respectés par les propriétaires). Le
gouvernement résolut de faire intervenir l'armée pour imposer l'ordre
dans la région, ce qui entraîna la mort de 1 000 travailleurs peut-être,
qui furent fusillés par les militaires.

Malgré ces expériences répressives, les syndicats commencèrent à
croître, au moins dans certains pays, formant un autre espace organisé
au niveau national et international, et obtenant parfois des conquêtes
importantes. Au Pérou, après une grande grève en 1919, les travailleurs
réalisèrent une vieille aspiration : la loi qui créait la journée de travail
de 8 heures. Dans des pays comme le Chili, l'Uruguay et l'Argentine,
la pression ouvrière contribua à l'adoption de certaines lois sociales
telles les assurances sur la maladie, la vieillesse et l'invalidité.

• Le monde indigène et paysan

Le plus grand développement du capitalisme et l'arrivée d'immigrants
accélérèrent le processus de concentration de la propriété agraire,
commencé dans la période antérieure, ce qui porta préjudice autant
aux petits propriétaires qu'aux communautés indigènes.

Dans des pays à forte population indigène, comme le Mexique, cela
entraîna l'accroissement de pressions pour s'emparer des terres appartenant aux communautés indigènes, comme résultat du processus
d'exportation de produits agricoles. Dans ce pays, le conflit entre
entrepreneurs et communautés indigènes pour la possession de la terre
compte parmi les causes principales de la révolution qui éclata en 1910.
Dans d'autres pays, ce processus acquit autant d'importance ou plus
encore : en Bolivie, on privatisa près d'un tiers de toute la terre agricole
à la fin du XIXe siècle et au commencement du suivant, au détriment
des communautés indigènes ; on trouve des situations semblables au
Guatemala, au Pérou et en Colombie, occasionnant diverses rébellions,
comme dans les décennies antérieures, dont quelques-unes armées.
Deux éclatèrent en Bolivie : celle de 1899, dirigée par Pablo Zárate
Willka[3], qui constitua une partie de la révolution libérale, et celle de

---

3. Ce personnage (?-1901), d'origine aymara, prit la tête des forces indigènes
qui participèrent à la guerre civile, appuyant les libéraux contre les conservateurs.
Mais, au milieu de la lutte, les Indiens commencèrent à agir pour leur propre

Soumis à l'armée chilienne, les Indiens mapuches de la fin du XIXᵉ siècle s'habillaient de plus en plus avec les costumes de leurs conquérants.

1927, à Chantaya. Cette dernière, réprimée par l'armée au prix de centaines de morts, réussit cependant à arrêter le processus d'expropriation de terres. En Colombie, commença en 1914 la lutte armée des Indiens de la région du Cauca, dirigés par Quintín Lame, et qui s'étendit à d'autres régions du pays. Au Pérou, plusieurs révoltes s'organisèrent à partir de 1918.

Les ethnies de régions périphériques, qui ne pratiquaient pas l'agriculture, connurent un sort plus mauvais. Les Indiens de l'extrême sud du Chili et de l'Argentine, qui peuplaient la Terre de Feu, et vivaient jusqu'alors de chasse et de pêche, furent considérés comme nuisibles pour l'élevage de moutons par les propriétaires d'*estancias*, qui lancèrent des campagnes d'extermination contre les onas et les yaganes,

compte, ce qui culmina par la proclamation d'une « république indigène » dans le sud du pays, le 13 avril 1899. Il y eut aussi des tueries de Blancs par les Indiens. Les libéraux triomphants arrêtèrent Willka et le poursuivirent en jugement. Bien qu'il fût déclaré innocent des accusations de vouloir exterminer les propriétaires terriens, on le garda en prison et il finit par être assassiné par ses gardiens.

allant jusqu'à payer pour chaque oreille d'Indien mort. Au Costa Rica, les cultivateurs de l'arbre à caoutchouc pourchassèrent les Indiens de la région frontalière avec le Nicaragua pour disposer de plus d'espace pour leurs activités.

Cette situation affectait aussi les petits propriétaires et les travailleurs ruraux, qui menaient une existence précaire. Dans le nord-est du Brésil, dans la région appelée *sertao*, il se produisit un cas particulier de conflit entre ce secteur et la présence de plus en plus notoire des institutions de l'État. Dans cette région, qui présente des caractéristiques sociales et culturelles spéciales, dues aux effets des sécheresses périodiques, surgissaient souvent des mouvements millénaristes, dans lesquels les *sertanejos* suivaient un leader qui leur promettait une vie meilleure. Un de ces mouvements se termina en tragédie : la tuerie de Canudos en 1896. Les partisans d'Antonio Conselheiro, un leader mystique, s'étaient regroupés dans ce village. Comme ils refusaient d'obéir au gouverneur de l'État de Bahia, et parce qu'ils se déclaraient en outre partisans de l'ancienne monarchie, déposée depuis peu, on les considéra comme une menace pour l'État républicain et on envoya l'armée pour les réprimer. L'épisode finit dans un bain de sang, où des milliers de personnes moururent, dont passablement de militaires.

• Les Noirs

Avec l'abolition de l'esclavage au Brésil en 1888, le processus de libération des Noirs de toute l'Amérique avait pris fin. Mais leur condition sociale laissait beaucoup à désirer. L'abolition n'avait pas été accompagnée de mesures pour favoriser l'insertion sociale des nouveaux citoyens. Aussi, il n'est pas surprenant que, dans quelques pays, les Noirs, se sentant exclus, aient essayé de se donner des organisations propres. Cela arriva au Brésil et à Cuba, où se formèrent des partis politiques destinés exclusivement à promouvoir les droits de gens de couleur. Des Noirs et des mulâtres protestaient parce qu'ils demeuraient toujours en dehors des charges publiques et pour le mauvais traitement qu'ils subissaient en général. La simple création de ces partis, bien que de courte durée, démontre les limitations des démocraties latino-américaines, incapables de faire sentir aux Noirs qu'eux aussi faisaient partie de la société et constituaient la même nation. À Cuba, les Noirs fomentèrent même une révolte en 1912, provoquée par une loi qui interdisait la formation de partis sur la base de la couleur de la peau. Cet épisode se termina par une lutte armée qui dura plusieurs mois et causa la mort de plusieurs milliers de Noirs rebelles.

Les Noirs cherchèrent dans les nouveaux sports professionnels un moyen d'ascension sociale et d'expression collective. À Cuba, ils se distinguèrent dans le baseball et la boxe, activités qui permettaient à des personnes d'origine pauvre de connaître la gloire. Dans le premier de ces sports, en 1911, on engagea les premiers joueurs cubains dans le baseball professionnel des États-Unis, bien que le club dût obtenir un certificat établissant que les deux joueurs, qui étaient de peau foncée, n'étaient pas réellement Noirs, sans quoi ils n'auraient pas été admis. Dans le deuxième, Eligio Sardiñas, plus connu comme « Kid Chocolate », représente un des cas les plus remarquables : avant d'avoir 18 ans, il commença une carrière fulgurante aux États-Unis, où il devint champion mondial dans la catégorie des poids légers juniors, en 1931. Au Pérou, un des clubs les plus connus s'appelait l'Alianza de Lima et se composait principalement de Noirs. Au moment de la formation du championnat professionnel, ces joueurs trouvèrent qu'on ne leur versait pas les salaires équivalents à ceux que percevaient les joueurs de soccer qui n'étaient pas de couleur. Pour manifester leur protestation, ils refusèrent d'intégrer la sélection nationale qui devait concourir dans le tournoi sud-américain. Comme châtiment, on les expulsa du tournoi professionnel péruvien, quitte à révoquer la mesure par la suite. Cette anecdote montre aussi l'évolution du soccer, qui passe de simple distraction pour des amateurs au rang d'activité commerciale.

• La condition de la femme

La condition de la femme s'améliora un peu sur le plan social. Dans des pays comme ceux du cône sud, à partir des années 1880 on admit les femmes dans certaines carrières universitaires ; elles se concentrèrent principalement dans les professions rattachées à l'éducation et, à un moindre degré, à la santé. La concentration dans ce domaine semble si forte qu'on peut parler d'un véritable ghetto féminin : au Chili, en 1907, on comptait 3 980 professeurs et 1 070 sages-femmes. Par contre il n'y avait que 3 femmes avocates, 7 médecins, 10 dentistes et 10 pharmaciennes. Cela n'avait guère changé en 1930 : si le nombre de femmes professionnelles avait augmenté, les spécialités ne s'étaient pas diversifiées ; cette année-là, on comptait donc 11 633 professeurs, 1 139 sages-femmes, 2 architectes, 118 dentistes, 445 pharmaciennes et 54 médecins.

L'accès aux études supérieures concerna presque uniquement les femmes des classes haute et moyenne. Dans l'ensemble, les femmes allaient moins à l'école, comme nous le démontre l'étude des taux d'analphabétisme par sexe. Dans tous les pays les femmes affichaient des taux plus élevés que ceux des hommes. Le seul pays où les sexes se trouvaient presque à égalité était l'Argentine, qui en plus présentait les taux les plus bas d'analphabétisme : 45 % pour les hommes et 42 % pour les femmes.

Les débuts de l'industrialisation apportèrent comme conséquence une diminution relative du nombre de femmes dans le secteur de la population active, à cause de la préférence des propriétaires de manufactures pour engager des hommes. La femme avait occupé une place importante dans la production textile à l'époque où prédominaient les établissements artisanaux, mais cela avait changé, en partie pour des raisons sociales et culturelles. On considérait la fabrique comme un lieu de mauvaises mœurs où l'on ne devait pas exposer la femme. Par ailleurs, l'ascension de la classe moyenne développa la mentalité d'après laquelle la femme devait rester à la maison.

Sur le plan légal, la femme ne bénéficia pas non plus de progrès. Dans les codes civils de la majorité des pays, on continua à la considérer inférieure au mari, à qui elle devait demander la permission pour ouvrir un compte bancaire propre ou pour diriger une entreprise, que ce soit un commerce ou un autre établissement. Ce n'est qu'en devenant veuve que la femme acquérait le statut légal d'autonome. Le contrôle de la femme se renforçait davantage dans les familles de l'élite, où se maintenait la préoccupation de défendre l'honneur des mères, des filles et des sœurs. C'est ce qui motiva l'histoire tragique qui opposa des Chiliens qui vivaient en Europe. Fernando Balmaceda, secrétaire de la légation chilienne en Belgique, fut assassiné par le frère d'Elisa Waddington, la jeune fille dont il était tombé amoureux, mais qu'il refusa d'épouser après avoir joui de ses faveurs, en 1907. Le juge belge pardonna à l'auteur du crime et le disculpa en alléguant que le jeune homicide n'avait fait que défendre ce qu'il croyait juste. Si une attitude semblable existait en Europe, il ne faut pas se surprendre de trouver le même comportement dans des pays latino-américains. Au Brésil, un juge en 1918 n'avait pas seulement absous un mari qui avait assassiné sa femme, accusée d'adultère, mais il avait déclaré : « Je l'ai absous parce que je suis un homme, et marié ; si j'avais été à sa place, j'aurais fait la même chose. » Cette attitude était si répandue dans la société

Comme au XIX⁰ siècle, les femmes participèrent activement dans les services aux soldats durant la révolution mexicaine

brésilienne que quatre avocats formèrent une organisation destinée à « rééduquer la société » pour qu'elle ne montre plus autant de tolérance envers les crimes passionnels. Ce mouvement ne signifiait pas cependant un appui au féminisme ; ses fondateurs déclaraient ouvertement que la femme était inférieure à l'homme.

La condition de la femme monoparentale ne changea pas beaucoup non plus : presque toujours elle devait s'occuper des enfants nés hors mariage. Les enfants illégitimes étaient très nombreux, constituant près de 50 % des naissances en milieu rural ou éloigné des grandes villes. Ce n'était pas un fait nouveau, mais il s'accentua dans certaines régions à la suite de l'augmentation des migrations campagne-ville, qui impliquaient un plus grand nombre de foyers où les hommes abandonnaient leur famille, pour de longues périodes parfois.

Les femmes commencèrent à organiser des mouvements pour obtenir le droit de vote. Si elles obtinrent des résultats modestes à l'époque, elles préparèrent le terrain pour les années postérieures à la seconde guerre mondiale. Ces actions commencées dans les années 1920 s'inspiraient en partie de ce qui se passait en Europe, où la femme venait d'obtenir le droit de suffrage. En Argentine, les femmes organisèrent même un simulacre de votation pour inviter les femmes à y participer. Elles ne réussirent pas à attirer beaucoup de monde, mais leur initiative donna plus de visibilité à leur mouvement. Le faible succès de leurs demandes était dû, bien sûr, à la mentalité des détenteurs du pouvoir, peu enclins à leur faire des concessions. Cela s'observa également au Mexique, le pays qui venait de faire la révolution au nom de la justice sociale. Dans ce pays, les chefs révolutionnaires pensaient, comme autrefois, que la place de la femme était à la maison, et que son rôle dans la société se rattachait surtout à la morale, pas à la politique : la femme personnifiait l'élément destiné à contenir la violence et à limiter les excès de l'alcoolisme, par exemple. À ce point de vue, le droit de vote paraissait non seulement superflu, mais nuisible, puisqu'il pouvait entraîner la femme à des conduites semblables à celles des hommes.

Malgré ces limitations, des femmes se firent remarquer dans la vie publique, entre autres la Colombienne María Cano, qui joua un rôle important dans les activités du Parti socialiste de son pays, dans la décennie de 1920, se méritant le surnom de « Fleur nationale des travailleurs ». Une autre femme remarquable, Alice Moreau, née de parents français à Londres en 1886, vint s'installer en Argentine au début du siècle ; très tôt elle prit part aux activités du Parti socialiste de ce pays et elle travailla intensément à l'éducation de la femme, formation qui devait précéder, selon elle, l'obtention de ses droits politiques. Par la suite elle épousa Juan Justo, le fondateur du Parti socialiste.

• Religion

Cette période fut marquée par l'accroissement de la présence de l'État dans la société civile au détriment de l'Église catholique. Cela se fit par la culmination de la tendance à laïciser la vie publique, tendance commencée avec les libéraux dans les décennies antérieures et qui acquit de plus en plus de force. En Bolivie, une loi de 1905 permit pour la première fois le libre exercice d'autres religions que la religion catholique. Au Mexique, la révolution de 1910-1917 donna un nouvel essor à la politique anti-catholique : la Constitution de 1917 contenait des dispositions qui interdisaient la présence de prêtres étrangers au Mexique, de même que l'existence d'écoles catholiques. En outre, dans la presque totalité des pays, on procéda à la séparation de l'Église et de l'État, de sorte que le catholicisme cessa d'être la religion officielle du pays. Au Guatemala, cela s'était déjà produit en 1884 ; le même processus se réalisa au Brésil en 1890, en Équateur en 1899, en Uruguay en 1919 et au Chili en 1925.

L'Église catholique dut en plus faire face à la présence croissante des églises protestantes, dont l'influence augmenta avec l'apport des immigrants. Dans le sud du Brésil, la Fédération luthérienne allemande comptait 80 000 membres en 1880, et 130 000 en 1920. L'occupation militaire des États-Unis en Amérique centrale et dans les Caraïbes s'ajouta aux facteurs favorables à l'implantation de méthodistes et d'anglicans. Malgré ces progrès, on calculait en 1916 que le total des protestants dans toute l'Amérique latine ne s'élevait qu'à 200 000 personnes, ce qui équivalait à 0,3 % à peine de la population totale du continent, qui était de 70 millions d'habitants à cette époque.

Pour les catholiques, le premier concile plénier latino-américain, célébré à Rome en 1899, se révéla important. Cette réunion donna naissance à une politique tendant à renforcer l'action de l'Église, dans une croisade basée sur ses propres ressources et non sur des alliances politiques. L'Église brésilienne en offrit un exemple : dirigée par l'évêque – et futur cardinal – de Olinda-Recife, Sebastiao Leme da Silveira Cintra, appelé «Dom Leme», elle réussit à reconquérir des positions perdues dans la période antérieure. Au Chili, la présence de l'Église se fit remarquer dans l'éducation supérieure avec la fondation de l'Université catholique (1888) qui commencerait bientôt à rivaliser avec l'Université du Chili, laïque et étatique, lui disputant la première place dans l'enseignement universitaire de ce pays. Encore au Chili à cette époque naquit un noyau, au sein du Parti conservateur, qui chercha à agir dans les milieux ouvriers, à travers un catholicisme social qui reflétait l'influence de l'encyclique Rerum Novarum, de 1891.

• **Vie quotidienne**

Les progrès de l'urbanisation et de l'industrialisation, l'accroissement des services publics et l'arrivée d'immigrants transformèrent la vie de tous les jours, mais on n'accepta pas facilement ces changements.

Les immigrants ne furent pas toujours bien reçus. On réserva un traitement particulièrement négatif à ceux qu'on appelait *Turcos*, auxquels on attribuait toutes sortes de mœurs sordides et qu'on accusait de vivre dans la saleté et de propager des maladies. En plus, on les obligeait souvent à changer de nom en arrivant au pays. Par exemple, Yamil Chuaqui, né en Syrie en 1895, arriva au Chili à l'âge de treize ans et dut changer de prénom pour mieux se faire accepter dans son nouveau pays, et il s'appela finalement Benedicto. Après avoir appris péniblement l'espagnol, il essaya de s'intégrer à la société chilienne, postulant à la caserne des pompiers de son quartier. Entrer dans ce service, qu'on accomplit gratuitement au Chili, impliquait une certaine reconnaissance sociale. On accepta sa candidature au bout de plusieurs mois, mais il apprit que celle-ci avait provoqué une grande discussion et que beaucoup des pompiers s'y étaient opposés. Il se passa beaucoup de temps avant que ses compagnons pompiers acceptent de le considérer comme un des leurs[4].

Les mauvaises conditions de vie de la classe ouvrière se reflètent dans le témoignage du futur chef du gouvernement de la France durant la première guerre mondiale, Georges Clémenceau, dans sa visite en Argentine au début du siècle, qui racontent ses impressions sur les plantations de canne à sucre, près de Tucumán, dans le nord-ouest du pays :

> Les quartiers des travailleurs sont d'une indescriptible pauvreté. De chaque côté des rues il y a des files de petites maisons d'un étage où les plus élémentaires mesures d'hygiène sont absentes. Les femmes et les vieux restent assis, immobiles, au milieu de la poussière, la pipette en main, buvant le *mate*. Les enfants qui se remuent partout ; on les distingue à peine des petits cochons qui cherchent leur nourriture dans les décharges. Selon les standards européens, ces gens vivent dans des conditions misérables. Cependant, le climat rend l'existence facile et eux semblent trouver leur existence supportable. Nous pouvons concevoir qu'ils auront dans l'avenir de meilleures conditions, ce qu'ils atteindront quand ils obtiendront une meilleure rémunération pour le travail qu'ils fournissent. Mais les lois pour la protection du travail sont inconnues en Argentine… les députés et les sénateurs avec qui j'ai parlé m'ont semblé favorables à ce point, bien que je les visse avec une tendance à en différer les réalisations pour un temps indéfini[5].

Si dans quelques pays les femmes réussirent à se faire traiter de façon plus égalitaire par les hommes, cela ne se produisit pas dans d'autres. L'existence de la femme dans le village d'Azteca, pas loin de la ville de Mexico, continuait à être basée sur la soumission au mari. Quand une jeune fille du village, Esperanza, épousa Pedro Martínez en 1910, sa mère lui dit : « Maintenant que tu vas te marier, il faut que tu changes de caractère. Ici tu fais ce que tu veux, mais maintenant tu dois te comporter comme te dira ton mari. S'il te réprimande, ne réponds pas. S'il te frappe, accepte-le, parce que, si tu ne le fais pas, ton mari va nous demander quelle sorte d'éducation nous t'avons donnée[6] ».

---

4. Chuaqui, Benedicto, *Memorias de un inmigrante*. Santiago, Éditions Orbe, 1942.

5. Clémenceau, Georges, *Notes de voyage dans l'Amérique du Sud. Argentine-Uruguay-Brésil*. Éditions Utz, 1991, p. 171 (éd. originale de 1911).

6. Lewis, Oscar, *Pedro Martinez. A Mexican Peasant and his Family*. New York, Vintage Books, 1964, p. 53.

Les grandes compagnies étrangères ont également influencé la vie sociale. La Braden Copper Company, propriétaire de la grande mine de cuivre d'El Teniente à quelques 100 km au sud de Santiago, décida, dans les années 1920, d'implanter un programme social destiné à diminuer l'absentéisme et à discipliner la main-d'œuvre par des stimulants et par des mesures restrictives. Dans la première catégorie on proposait de donner des cours de formation professionnelle, d'aider les clubs sportifs et d'offrir des services médicaux. Dans la deuxième, on trouvait la disposition qui interdisait la cohabitation de couples non mariés. Pour pouvoir continuer d'habiter ensemble et vivre sur les terrains de la compagnie (située dans la haute montagne, loin des villes), les couples devaient se marier obligatoirement sous peine de licenciement (cette disposition perdura jusque dans les années 1950). S'ils acceptaient, ils avaient droit à un logement pour personnes mariées. À partir de 1922, l'entreprise multiplia les édifices conçus pour héberger des familles. On songea à ces dernières mesures parce qu'on calculait que les ouvriers mariés menaient une vie plus tranquille, buvaient moins, n'abandonnaient pas le travail facilement et y pensaient deux fois avant de déclarer la grève.

L'influence des grandes entreprises étrangères se fit également sentir dans l'imposition de modes et de styles de vie venus d'ailleurs. Les habitants de la petite ville de Ciénaga, sur la côte caribéenne de la Colombie, composée dans sa majorité d'ouvriers agricoles de la plantation bananière qui appartenait à la United Fruit, entrèrent en contact avec les films des États-Unis dans les années 1920, films projetés dans des cinémas construits par des entrepreneurs privés, où l'on pouvait voir les films de Douglas Fairbanks. Dans les boutiques de la ville on pouvait acheter des machines à écrire Underwood, des porte-crayons Parker, du sel de fruit Eno, des aspirines Bayer, de la pâte dentifrice Colgate et même des automobiles Chevrolet. Bien que ces produits étaient vendus par des commerçants privés, leur transport jusqu'à la côte colombienne se faisait sur les bateaux de la United Fruit.

Les formes de la vie politique : une plus grande stabilité à l'intérieur d'un cadre de participation limitée

Tendances générales

Les nouveaux acteurs sociaux, la diversification de l'économie, l'urbanisation et les nouvelles idées politiques et sociales, entres autres le socialisme et l'anarchisme, favorisèrent le surgissement de tendances qui cherchaient à laisser de côté le schéma de la vie politique oligarchique, où une petite minorité occupait les postes dirigeants et où un faible pourcentage de personnes avait le droit de vote et celui d'être élu. Le renforcement de l'État fit diminuer la fréquence des guerres civiles ; dans certains pays les partis politiques se diversifièrent

Tableau 8. Participation électorale et type de gouvernement, 1890-1929

Pays	Degré de participation minimal	maximal	Nombre et types de gouvernement Total*	Élus	Renversés**
Argentine	2,0 %	12,9 %	11	11	0
Bolivie	0,1	3,9	10	9	2
Brésil	1,4	3,3	14	10	1
Chili	3,6	6,3	11	10	4
Colombie	x	10,5	16	10	1
Costa Rica	0,2	15,7	13	11	2
Équateur	5,0	6,7	15	11	3
Guatemala	x	14,0	9	9***	0
Haïti	x	2,0	12	4***	7
Honduras	x	16,3	22	14	6
Mexique	0,1	12,8	12	11	4
Paraguay	3,0	9,1	24	11	8
Pérou	0,1	3,8	14	12	3
Uruguay	2,7	16,7	13	11	1
Venezuela	x	17,3	8	3	3

* Le nombre total de gouvernements dépasse la somme des élus et des renversés, parce plusieurs gouvernements provisoires ne sont pas inclus dans l'analyse.
** Inclut les gouvernements qui renoncèrent sous diverses pressions.
*** Élus souvent dans des conditions inacceptables, comme dans le cas d'Haïti sous l'occupation des États-Unis entre 1915 et 1930 ou bien sous les dictatures de Díaz au Mexique, Gómez au Venezuela et d'Estrada Cabrera au Guatemala

SOURCE : *Statistical Abstract on Latin America*, op. cit., vol. 25 (1987) et différentes histoires nationales.

et le schéma global du système de gouvernement, inspiré par le libéralisme, parut alors acquérir une plus grande légitimation. Ces tendances apparaissent dans le tableau 8.

Si l'on compare ce tableau avec son équivalent du chapitre antérieur, on constate deux changements. D'un côté, la participation électorale augmente un peu, tout en restant encore faible. De l'autre, dans des pays comme l'Argentine, le Pérou et la Bolivie, le nombre de gouvernements renversés par des coups d'État ou des révolutions diminue notoirement par rapport à l'époque précédente. Mais les chiffres ne disent pas tout et peuvent induire en erreur. Au Brésil un seul gouvernement ne réussit pas à conclure normalement son mandat, mais en dehors de cela trois guerres civiles se déclenchèrent et de nombreuses scènes de violence ont eu lieu à l'intérieur de certains États. Au Mexique, parmi les onze gouvernements élus, cinq reviennent au dictateur Porfirio Díaz, dans un contexte où il est impossible de parler d'un véritable processus électoral. Et si le Mexique et le Chili comptent le même nombre de gouvernements renversés, les deux pays ont connu une situation totalement distincte, puisque la violence dans le premier de ces pays dépassa toutes celles du continent, en pertes de vies humaines. Un fait marquant de cette époque, c'est l'influence des forces de déstabilisation venues de l'extérieur, comme les interventions militaires des États-Unis en Amérique centrale et dans les Caraïbes, et, dans la dernière décennie de la période, les répercussions du fascisme en Italie et de la dictature du général Primo de Rivera en Espagne, qui favorisèrent l'émergence de nouveaux gouvernements autoritaires.

Analyse de cas

• **Renouvellement de la vie politique et avancements sociaux : l'Argentine, le Chili, l'Uruguay et le Costa Rica**

Dans tous ces pays on mit en œuvre des mécanismes qui entraînèrent une plus grande participation à la vie politique, ce qui se combina parfois avec une diversification des partis et des idées. Ce processus, qui s'appuyait sur la participation croissante de la classe moyenne et de quelques secteurs ouvriers, dénotait une nette tendance anti-oligarchique. De même, ces pays expérimentèrent des progrès dans leur législation sociale. Cependant cette tendance ne visait pas à abolir le pouvoir de l'oligarchie, mais plutôt à partager une partie du pouvoir. En outre, dans le cas du Chili, le processus de démocratisation subit des revers importants à la fin de la période.

L'Uruguay et le Costa Rica bénéficièrent des plus grands avancements sans tomber dans des gouvernements de force. L'Uruguay réussit à entrer dans une ère de stabilité après les deux rébellions dirigées par le caudillo blanc Aparicio Saravia, en 1897 et en 1904. On obtint ce résultat grâce à l'alliance entre l'armée et le Parti rouge, qui donna la supériorité militaire à ce dernier. La prospérité économique fut l'autre facteur qui explique la fin des guerres civiles, fréquentes dans l'étape antérieure. José Batlle y Ordóñez, deux fois président du Parti rouge (1903-1907 et 1911-1915), procéda de telle sorte qu'il dota le pays de la législation sociale la plus avancée de toute l'Amérique latine : la journée de travail de huit heures, l'éducation secondaire gratuite et la loi de divorce. L'État intervint dans l'économie

José Batlle inaugura une nouvelle ère en Uruguay avec sa politique de réformes sociales.

avec la nationalisation de la Banque de la République. Batlle essaya aussi de limiter le pouvoir de l'Exécutif, proposant la création d'un pouvoir associé : il croyait faire disparaître ainsi la principale cause des querelles politiques. Ce projet ne vit pleinement le jour qu'après 1945.

La démocratisation sociale uruguayenne ne s'accompagna pas d'une diversification de sa vie politique. Blancs et rouges continuaient à former les partis qui accaparaient le pouvoir : les premiers s'appuyaient principalement sur le secteur rural et les seconds sur la population urbaine. Les deux partis avaient l'habitude de se diviser en factions, qui absorbaient les tentatives de créer une troisième force, comme ce fut le cas avec les socialistes.

Le Costa Rica fit des progrès marqués pour ce qui concerne la participation électorale et les libertés publiques. En 1889, année clé dans l'histoire du pays, on mit fin à la dictature des libéraux, à la suite d'une grande manifestation de rue pour obliger le gouvernement sortant à respecter le résultat de l'élection présidentielle. Sous la direction de la dénommée « génération de l'Olympe », ce pays adopta le vote direct (bien que non universel) en 1913 et le suffrage secret en 1925, ce qui amena une hausse importante de la participation. Ces réformes recevaient l'appui de la bourgeoisie du café, bien que ce secteur ne constituât pas un bloc homogène. Le personnel politique ne changeait à peu près pas. En effet trois présidents accaparèrent le pouvoir : Rafael Iglesias et Cleto González Viquez, pendant deux mandats chacun et Ricardo Jiménez à trois reprises. Les partis comptaient sur peu ou pas du tout d'organisations stables et s'articulaient autour de personnalités, la plupart d'idéologie libérale. Par contre, des organisations sociales émergèrent, comme la Confédération générale des travailleurs (CGT) en 1913. Par ailleurs le Costa Rica procéda, dans les années 1920, à une importante réorganisation de ses forces armées, dont le personnel diminua, passant de 5 000 hommes en 1918 à 500 en 1921, situation qui persista dans les années suivantes. Le Costa Rica élimina ainsi un des principaux facteurs d'instabilité interne, dans une expérience unique en Amérique latine. Le dernier coup militaire de la période, celui des frères Tinoco, en 1917, donna lieu à un gouvernement très bref, renversé en 1919.

En Argentine, tous les gouvernements accédèrent au pouvoir par des élections entre 1890 et 1929, et, bien qu'il y ait eu en trois occasions des disputes armées pour le pouvoir (en 1890, 1893 et 1905), il s'agit d'épisodes beaucoup moins violents et plus brefs que par le passé, et aucun d'eux ne mena à une dictature. Cependant, le style politique resta longtemps oligarchique, dominé par les militants du Parti autonome national (PAN), premier parti représenté dans tout le pays, qui réunissait les membres de l'élite, comme Julio Argentino Roca, deux fois présidents (1880-1886 et 1898-1904). La vie politique commença à se diversifier avec la création de l'Union civique radicale du peuple (UCR), fondée en 1891, dont un des objectifs visait à élargir le droit de vote, et qui s'appuyait sur la classe moyenne naissante. Grâce à la loi de 1912, qui avait rendu le vote secret et obligatoire, ils remportèrent la présidence en 1916 avec Hipólito Yrigoyen. En 1922 et en 1928, les radicaux gagnèrent de nouveau le pouvoir avec les triomphes de Marcelo de Alvear et de Yrigoyen, qui obtenait ainsi sa seconde présidence. Sans parvenir à transformer profondément la société argentine, l'UCR favorisa des avancements démocratiques, comme la réforme universitaire (analysée dans la section sur la classe moyenne) et une meilleure situation pour les agriculteurs moyens. En plus, durant toute cette période, une troisième force entra en scène, le Parti socialiste, qui obtint quelques bons résultats électoraux, bien que son action se limitât principalement à Buenos Aires.

Parallèlement à ce processus, on assistait à l'émergence de plusieurs groupes de droite, qui défendaient un nationalisme anti-ouvrier, en particulier contre les anarchistes, et prétendaient défendre l'argentinité. Ils comptèrent sur la collaboration du poète Leopoldo Lugones, qui avait prononcé en 1924, à l'occasion du centenaire de la bataille d'Ayacucho, un discours intitulé « L'heure de l'épée ». Lugones y disait que la paix sociale et le nationalisme ne pouvaient être garantis par la démocratie, mais plutôt par les militaires. Inspirés en outre par les régimes autoritaires de l'Europe du Sud, ces groupes collaborèrent étroitement avec les militaires dans la répression des grèves ouvrières. Tout cela prépara le terrain pour le coup d'État de 1930, qui renversera Yrigoyen, accusé d'être trop mou devant la menace anarchiste et amorcera une étape marquant un recul de la démocratisation.

Le Chili offrait la plus grande solidité institutionnelle de tous les pays de la région. Malgré une sanglante guerre civile en 1891, qui coûta la vie à plus de 10 000 personnes, l'État austral récupéra rapidement sa tradition de stabilité politique, et évolua vers un système de partis plus diversifié, brisant l'ancienne dichotomie entre libéraux et conservateurs. Cela se produisit avec l'arrivée de nouvelles forces. Après la

Avec la fondation des partis socialistes et communistes, la vie politique devint bien plus diversifiée. Cette affiche du Parti socialiste argentin de 1926 dénonce les maux qui accablaient les travailleurs : le militarisme, l'alcool, la grande propriété foncière, l'Église et la démagogie.

création du Parti radical, qui parvint à un grand développement au xxe siècle, attirant de plus en plus les secteurs moyens, apparurent deux partis appuyés sur la classe ouvrière, le Parti démocrate, fondé en 1887, et le Parti ouvrier socialiste, en 1912, qui sous le leadership de Luis Emilio Recabarren se transforma plus tard en Parti communiste (1922). Même si ces deux partis ne remportèrent pas un grand pourcentage des votes, leur présence imposa de nouveaux sujets dans les campagnes électorales, qui acquirent un caractère de plus en plus massif, et donna lieu à de nouvelles alliances. Ce phénomène prit son expression surtout dans l'élection présidentielle de 1920, gagnée par le libéral Arturo Alessandri, appuyé par des radicaux et des démocrates. On s'attendait à ce qu'Alessandri procédât à l'implantation de projets de lois sociales, qui feraient avancer le processus de démocratisation. Beaucoup de parlementaires, en plus, provenaient de la classe moyenne.

Cependant ce processus prometteur fut perturbé par la première crise du salpêtre, au début des années 1920, qui provoqua de nombreuses mises à pied, et surtout par l'intervention militaire de 1924, dont les effets se firent sentir, avec quelques intermittences, jusqu'en 1931. Après la démission d'Alessandri, le pouvoir demeura aux mains du général Carlos Ibáñez, qui l'exerça de manière dictatoriale : il essaya de manipuler les syndicats, il déclara illégal le Parti communiste et il limita sérieusement la liberté d'expression, condamnant ainsi plusieurs adversaires à l'exil ; d'autres périrent assassinés. D'un autre côté, profitant d'une conjoncture économique favorable entre 1927 et 1929, Ibañez multiplia les travaux publics et créa des organismes étatiques de crédit industriel et agraire. Le fait que la dictature ait été acceptée et appuyée par les partis libéral et conservateur démontre qu'ils préféraient s'en remettre à l'arbitrage des militaires en cette période où la protestation ouvrière naissante semblait une force qui échappait à leur contrôle.

• **Les oligarchies institutionnelles : le Brésil, la Colombie, le Salvador, le Pérou et la Bolivie**

Dans ces cinq pays, la vie politique se maintint à l'intérieur de cadres très semblables à ceux de l'époque antérieure avec peu ou aucun renouvellement des partis politiques et une faible participation électorale. Ces pays eurent cependant le mérite de respecter la plupart du temps les formes institutionnelles en tant que moyen pour arriver au pouvoir, et dans la majorité des cas des civils exercèrent le pouvoir, avec de nombreuses exceptions toutefois.

Au Brésil, le gouvernement impérial s'écroula en conséquence de la fin de l'esclavage noir, système que la monarchie essaya de maintenir de diverses manières, ce qui causa son discrédit. Parmi les partisans de l'abolition de l'esclavage, on trouvait des intellectuels, des journalistes et des militaires, dont beaucoup étaient influencés par le positivisme, la philosophie du progrès, à la mode à cette époque. Ces personnes estimaient que l'abolition faisait partie d'un processus de modernisation du Brésil, ce qu'on ne pouvait faire sans un changement de gouvernement. Cela se passa en novembre 1889, quand les militaires, avec à leur tête le maréchal Deodoro da Fonseca, renversèrent la monarchie par un coup d'État, sans effusion de sang, et proclamèrent la République. L'empereur Pedro II partit en exil en France, où il mourut l'année suivante. En 1890, on approuva une nouvelle constitution, qui déclarait le Brésil pays fédéral.

Cette étape de l'histoire du Brésil, connue comme la *república velha* (vieille), créée en 1889, subit la domination des militaires, qui occupèrent plusieurs des charges ministérielles et des postes de gouverneurs des États. Les deux premiers présidents furent des militaires : Deodoro da Fonseca et Floriano Peixoto. Plus tard suivit un troisième président militaire, Hermes da Fonseca, élu en 1910, et la

Avec le départ de l'empereur Pedro II en Europe, le Brésil passa de la monarchie à la république.

moitié des États furent gouvernés pendant longtemps par des membres des forces armées. Cela démontrait la faiblesse du système politique brésilien, où en plus les partis disposaient d'une faible présence dans tout le pays. Dans les différents États, les *coroneis* continuaient à dicter l'orientation de la vie politique. Un cas particulier se manifesta dans le nord-est, où le père Cícero[7], un religieux auquel on attribuait des miracles, se convertit pendant des années en chef politique de Juazeiro, dans l'État de Ceará.

Dans la pratique, c'étaient les hommes politiques des deux grands États, Minas Gerais et Sao Paulo, qui accaparaient le pouvoir. Devant l'absence de partis de gauche, la principale protestation sociale vint de l'initiative de jeunes officiers, connus comme les « lieutenants ». Dirigé par Luis Carlos Prestes, ce groupe mena plusieurs actions de protestation, réclamant des lois sociales. Prestes se mit à la tête d'un mouvement qui parcourut pendant trois ans (de 1925 à 1927) l'intérieur du Brésil, essayant de créer un mouvement de masse, bien que sans résultats. La fragile *república velha* entrerait en crise en 1930 et cesserait d'exister avec l'arrivée au pouvoir de Getulio Vargas, qui inaugurerait une nouvelle ère dans l'histoire du Brésil.

La Colombie pour sa part réussit à maintenir un régime basé sur des élections régulières, mais sans renouveler sa vie politique. Bien qu'éclatât en 1899 une sanglante guerre civile, la « guerre des mille jours », entre conservateurs et libéraux, qui dura trois ans, il ne se produisit pas, après la fin du conflit en 1902, de nouveaux affrontements armés, et la grande majorité des présidents furent des civils. Un seul de ses gouvernants, le général Rafael Reyes, dirigea le pays de façon dictatoriale (1905-1910), mais en même temps il fit beaucoup pour améliorer la situation économique. La perte de Panama, en 1903, ne causa pas de grands troubles, et la Colombie accepta en 1922 les 25 millions de dollars que les États-Unis payèrent comme indemnisation pour la sécession de l'isthme.

---

7. Son véritable nom était Cícero Romao Batista et il jouit d'une longue vie (1844-1934). Il se rendit célèbre en 1889, grâce au dénommé « miracle de Joazeiro del norte », dans lequel, à ce qu'on dit, l'hostie s'était transformée en sang pendant la communion. Cela attira des milliers de fidèles dans la petite ville de l'État de Ceará. Malgré la menace d'excommunication pour ses activités politiques, le père Cícero demeura un leader immensément respecté dans toute la région, jouant un rôle important dans les élections.

Le trait le plus remarquable de la politique colombienne se trouve dans le maintien du système bipartite, favorisé par la loi électorale en vigueur entre 1905 et 1930 : elle remettait automatiquement les deux tiers des postes du Congrès au parti vainqueur et l'autre tiers au parti qui arrivait en deuxième place, ce qui empêchait pratiquement le surgissement de troisièmes forces. Mais les nouvelles tendances, comme les socialistes, finissaient en plus par être absorbées par les libéraux, dans un processus semblable à celui que nous avons vu en Uruguay.

Le Salvador fit certains progrès par rapport à l'époque antérieure, puisqu'il connut plus de gouvernements élus que de dictatures. Les exportations de café apportèrent une certaine prospérité au petit pays. Cependant le pouvoir restait aux mains d'un groupe réduit, où parfois s'affichaient les liens de famille, comme dans le cas de Carlos Meléndez,

Les guerres civiles persistaient encore au début du XXe siècle et les enfants aussi étaient recrutés, comme dans la « guerre des mille jours » en Colombie.

président de 1913 à 1919, qui eut pour successeur son frère Jorge (de 1919 à 1923) et ensuite son beau-frère, Alfonso Quiñones (de 1923 à 1927). Cela contribua à forger l'expression « les 14 familles » pour faire allusion au contrôle qu'une élite, petite mais puissante, exerçait sur l'ensemble du pays.

Au Pérou, après une période agitée, dominée par le général Andrés Cáceres, le pays vécut, à partir de 1895, une étape de stabilité politique, avec des présidents d'origine civile et élus dans des élections régulières, ce qui dura jusqu'en 1919. Les gouvernants provenaient des rangs de deux partis, le civiliste et le démocratique, qui occupaient le pouvoir à tour de rôle. À cette période, un seul président, Guillermo Billinghurst, ne put compléter son mandat, parce qu'il fut renversé par un coup civique et militaire en 1914, après quoi on retourna aux urnes. Cependant cette situation se détériora avec la dictature d'Augusto

Leguía, qui, après son élection à la présidence en 1919, dissout le Congrès et gouverna de façon dictatoriale, avec l'appui de l'armée, jusqu'à son renversement dû aux effets de la crise, en 1930. Leguia dota l'État de plus de pouvoirs : le gouvernement central se dota du pouvoir de percevoir des impôts, qui revenait aux municipalités auparavant, il centralisa (comme Ibáñez au Chili) le service de la police et il donna un élan vigoureux aux travaux publics, grâce à l'obtention de prêts considérables des États-Unis et de la Grande-Bretagne. Le secteur privé bénéficia aussi de cette époque, durant laquelle la production et les exportations de l'agriculture commerciale augmentèrent, dans les plantations de sucre, de coton et de riz, ainsi que dans les mines. Leguía adopta en outre quelques mesures en faveur de la population indigène, avec une loi qui reconnaissait l'existence de la propriété collective de la terre de la part des communautés et l'instauration d'un jour en hommage aux peuples indigènes.

Dans la décennie de 1920 des mouvements politiques prirent forme, et, même sous les limitations du gouvernement autoritaire de Leguía, introduisirent de nouvelles idées dans le Pérou oligarchique. L'un d'eux, l'Alliance populaire révolutionnaire américaine (APRA), fondée par Víctor Raúl Haya de la Torre, se réclamait d'une idéologie anti-impérialiste et indigéniste. Comptant sur un appui fort de la classe moyenne, le nouveau parti se sentait une vocation non seulement péruvienne, mais continentale, et il exerça une influence dans plusieurs pays. Un autre parti, le Parti socialiste (marxiste) de José Carlos Mariátegui, se transformerait ensuite en Parti communiste. Mais les nouveaux partis auraient bien du mal à influer sur la vie publique.

La Bolivie mit au point pour la première fois un système de partis politiques, basé sur l'opposition classique entre libéraux et conservateurs, sans parvenir encore aux différences accentuées d'autres décennies dans des pays comme le Mexique, par exemple. D'abord le pays vécut l'étape connue sous le nom de « l'oligarchie conservatrice » entre 1885 et 1899, dominée par ce parti. En 1899, les libéraux prirent le pouvoir après une guerre civile à laquelle participèrent aussi les indigènes. Après ce conflit s'instaura une étape dominée par plusieurs hommes politiques du Parti libéral.

Dans les années 1920, le président Bautista Saavedra adopta le premier une législation sociale, ce qui ne l'empêcha pas de réprimer avec une grande violence une grève minière et une protestation indigène dans la région du lac Titicaca. Quelques embryons de nouveaux partis virent le jour au cours de cette décennie, avec l'arrivée d'un parti socialiste, et la Fédération nationale d'étudiants universitaires, qui se forma en 1928. Ces groupes étaient cependant trop minoritaires pour commencer à jouer un rôle dans la vie publique, de sorte que la Bolivie demeura soumise au schéma oligarchique, avec une très faible participation électorale.

• La persistance des tendances dictatoriales. Le Guatemala, l'Équateur, le Venezuela et le Paraguay

Dans ces pays, la situation politique demeura bloquée, à cause de la prédominance des dictatures, parfois associées à une personne, qui dominaient pendant de longues années la vie du pays, dans une prolongation du *caudillismo* du XIXᵉ siècle. Comme on l'a vu dans le chapitre antérieur, ces dictatures s'appuyaient sur l'oligarchie. Au Guatemala, par exemple, Manuel Estrada Cabrera (de 1898 à 1920) utilisa l'expédient des élections frauduleuses pour rester au pouvoir, qu'il exerça en se servant de tous les moyens arbitraires à sa portée : censure de la poste et des journaux, violation de la vie privée, surveillance des suspects d'opposition, arrestation et emprisonnement pour les plus audacieux de ses rivaux… Malgré cette mégalomanie, Estrada laissa quelques réalisations utiles, comme le chemin de fer vers la côte des Caraïbes. Imitant la conduite de Porfirio Diaz au Mexique, il favorisa l'arrivée de capitaux étrangers, comme les investissements allemands dans les plantations de café, et il ouvrit la porte à la United Fruit.

En Équateur, le *caudillo* libéral Eloy Alfaro prit le pouvoir par la force en 1895 et le garda jusqu'en 1901 ; cette année-là il laissa élire un de ses fidèles et il s'empara à nouveau du gouvernement en 1906, y restant jusqu'en 1911 ; il fut assassiné l'année suivante, lorsqu'il s'apprêtait à consolider son pouvoir. Il mena à terme certaines réalisations, comme la séparation de l'Église et de l'État et la construction du chemin de fer de Quito à Guayaquil, terminé en 1908. Si sa mort laissa place à une période plus stable, avec quatre présidents de suite élus, une énorme division sociale subsistait dans le pays, ce qui se refléta dans les massacres perpétrés par le pouvoir contre la grève de Guayaquil, en 1922, et la protestation des travailleurs ruraux de la hacienda de Leyto, en 1923, réprimée dans le sang. En 1925 commença un processus tendant à réformer la société et à élargir les droits civiques, avec l'intervention des jeunes militaires, dans la dénommée « révolution julienne » de 1925 : ceux-ci prirent le pouvoir avec l'appui de civils. À côté de mesures moralistes, comme l'interdiction d'entrer sans souliers dans les marchés et les édifices publics, dans les écoles, les parcs et les théâtres, et la prohibition des combats de coqs, ce mouvement supprima les monopoles particuliers, centralisa les revenus publics, établit une loi en faveur de la reconnaissance des droits des enfants illégitimes et créa une législation du travail sur les contrats, la journée de travail maximale, le travail des femmes et des mineurs. À cet égard, l'action des militaires équatoriens peut se comparer à celle du mouvement analogue qui se produisit au Chili à la même époque et qui aspirait à arbitrer les conflits politico-sociaux.

Au Venezuela, deux militaires, Cipriano Castro et ensuite Juan Vicente Gómez, accaparèrent le pouvoir de manière dictatoriale, à leur bénéfice propre et à celui de leurs parents. Gómez profita des ressources offertes par la richesse du pétrole pour renforcer et professionnaliser l'armée, ce qui favorisait son pouvoir. Malgré l'inexistence pendant longtemps d'opposition à son régime, à la fin de la période surgit un important noyau de résistance chez les étudiants universitaires, dans la « génération de 1928 », qui devaient donner de grands leaders politiques.

L'influence allemande se faisait sentir dans l'allure de certains chefs d'État, comme le dictateur vénézuelien, Juan Vicente Gómez, admirateur du kayser Guillaume II.

Au Paraguay, après la défaite de la guerre de la Triple Alliance, des partis politiques firent leur apparition pour la première fois, comme le rouge (conservateur) et le bleu (libéral, qui donnera naissance à un troisième parti, le radical). Cependant les partis constituaient plutôt des regroupements autour d'une personnalité, et durant toute la période qui va de 1880 à 1930, ou bien on procédait à des élections avec un candidat unique – aucun rival ne se présentant–, ou bien on retournait à la technique du coup d'État pour prendre le pouvoir, ce que facilitait l'influence des militaires dans les partis politiques (il y eut des coups d'État en 1902, 1906, 1908, 1911, 1921 et 1923). Bien qu'on organisât pour la première fois en 1928 une élection à laquelle participaient plusieurs partis, le conflit armé avec la Bolivie, de 1932 à 1935, viendrait arrêter cette mince possibilité de démocratisation de la vie publique.

• Le Mexique : de la dictature à la révolution

Jusqu'en 1910, le pouvoir était concentré entre les mains de Porfirio Díaz, qui l'exerça de manière autoritaire pendant presque trente ans. Ancien militaire libéral, qui avait milité en faveur de Benito Juárez au milieu de XIXe siècle, Díaz avait exercé une dictature qui incluait une politique de développement économique. Sous son gouvernement, la construction de chemins de fer avait fait de grands progrès, passant de 800 à 24 000 kilomètres de voie ferrée. La suppression d'*alcabala* avait favorisé le commerce, et la politique favorable aux investissements étrangers avait donné des fruits, comme on a vu dans la section sur l'économie. L'accroissement du commerce extérieur avait enrichi les revenus publics, ce qui avait permis de doubler le nombre d'écoles. Díaz était parvenu à une coexistence relativement pacifique avec l'Église catholique, chose importante après les guerres civiles entre conservateurs et libéraux dans les années 1850.

Ces réussites ne compensaient pas les insuffisances sociales et politiques. Díaz se rendit responsable de fortes répressions contre des populations indigènes, comme les yaquis, afin de faciliter la vente de terres, et il favorisa le processus de concentration de la propriété agraire, ce qui accentua les inégalités sociales. Ses opposants disposaient de peu de possibilités de s'exprimer en public, et ils devaient parfois s'exiler, comme l'anarchiste Ricardo Flores Magón, contraint de partir aux États-Unis après plusieurs séjours en prison.

L'année 1910 marquait le centenaire de l'indépendance et correspondait aussi à l'élection présidentielle. Francisco Madero, un riche entrepreneur qui s'était lancé en politique, avait essayé inutilement de négocier avec Díaz pour lui faire accepter des élections ouvertes. Il était appuyé par une partie de la bourgeoisie et par la classe moyenne urbaine. Devant la négative, Madero lança un appel au combat armé contre la dictature, au nom du « suffrage effectif, non à la réélection ». En même temps, Emiliano Zapata avait commencé aussi une lutte contre Díaz pour préserver les terres communautaires de sa collectivité, à Morelos, menacées par les tendances à privatiser la campagne au Mexique. Cette phase de la révolution prit fin en 1911 avec la défaite et l'exil de Díaz. Madero fut élu président, ce qui semblait mettre fin au conflit : le Mexique avait récupéré la démocratie. Il n'en fut rien parce que les ex-partisans de Díaz complotèrent, de mèche avec quelques militaires, pour renverser Madero. Le président fut assassiné en mars 1913 et le général Huerta, qui jusqu'alors avait gardé fidélité à Madero, s'installa au pouvoir. Son gouvernement dura à peine plus d'un an, puisque tous s'opposèrent à lui, dénonçant sa trahison.

Parmi eux on trouvait Victoriano Carranza, un ancien sénateur, qui se présentait comme le restaurateur des lois, et les deux leaders d'extraction populaire, Emiliano Zapata et Francisco Villa[8]. Huerta fut renversé en 1914, mais cela n'apporta pas la paix. Carranza, qui voulait le pouvoir, fit la guerre à Villa et à Zapata. Comptant sur l'appui des États-Unis, Carranza réussit à s'imposer en 1917. Il remporta l'élection à la présidence cette année-là et on approuva une nouvelle constitution, qui contenait des dispositions inédites, révolutionnaires pour l'époque. L'une d'elles était l'article 27, qui remettait à l'État la propriété de toutes les richesses du sol et du sous-sol et permettait donc, si l'on en faisait une application stricte, la nationalisation de toute richesse naturelle, ce qui menaçait les multiples entreprises étrangères installées dans le pays. En outre, la Constitution annonçait la remise des terres aux communautés qui en avaient été spoliées et la distribution de terres à

---

8. Les deux personages présentent des différences importantes. Zapata (1879-1919) était originaire du milieu communautaire indigène (bien qu'il fût passablement hispanisé) du centre du pays, de l'État de Morelos, très près de la capitale. Villa (1877-1923, dont le nom véritable était Doroteo Arango) provenait d'un milieu très distinct, de l'État de Sonora, dans le nord, region d'élevage, influencée par la culture des États-Unis. En 1910, Villa était un ex-brigand sans idéologie politique, qui devint un chef militaire célèbre, combattant d'abord aux ordres de Madero et agissant ensuite à son propre compte. Ainsi, tandis que Zapata défendait essentiellement les intérêts de son milieu, qui visaient à récupérer les terres communautaires, Villa manquait d'un programme agraire defini, et il ne s'identifiait pas non plus à une région en particulier ; ses troupes étaient beaucoup plus mobiles que celles de Zapata. Aussi est-il inexact de se référer à tous les deux comme à des leaders paysans, appellation qui correspond à Zapata, mais pas à Villa. Une autre différence reside dans le catholicisme du milieu zapatiste, beaucoup moins présent dans celui de Villa. Ces traits expliquent leurs coïncidences, mais aussi leurs divergences importantes, qui rendraient impossible une alliance solide entre les deux leaders.

des paysans, après l'expropriation des grands propriétaires : c'était la première réforme agraire de l'ère moderne. Il y avait aussi des dispositions qui assuraient un salaire minimal aux ouvriers et d'autres qui limitaient sérieusement l'action de l'Église catholique, comme on a vu antérieurement.

La révolution mexicaine constitua le fait politique et social de plus grande répercussion de cette époque, influençant plusieurs pays de la région. Elle créa un état laïque, qui proclamait son souci pour des objectifs sociaux, pour les paysans en particulier, et développa une attitude très nationaliste, dans le but de défendre les richesses du pays. Les résultats, cependant, ne furent pas à la hauteur des principes. Pendant longtemps l'agitation politique fut à l'ordre du jour. Les assassinats politiques se multiplièrent après 1917, et tous les leaders de l'époque se retrouvent parmi les victimes : Zapata, Villa, Carranza et Obregón, tous tombés sous les balles de leurs adversaires. En 1929 on créa le système de parti unique au pouvoir, avec la fondation du Parti national révolutionnaire, qui deviendrait le Parti révolutionnaire institutionnalisé (PRI) et gouvernerait le Mexique jusqu'en 2000. Le pays entra alors dans une étape plus stable, mais pas plus démocratique, puisque, si les autres partis n'étaient pas interdits, c'était celui du gouvernement qui gagnait toujours les élections, par la fraude.

Deux des principaux leaders de la révolution mexicaine, Francisco Villa (à gauche) et Emiliano Zapata (à droite) ; au centre, Eulalio Gutiérrez, président de la convention de 1917.

D'autres réalisations de la révolution donnent un bilan contradictoire. La réforme agraire fut appliquée de façon irrégulière et donna lieu à des protestations des paysans eux-mêmes, influencés à l'occasion par la question religieuse : ce fut le cas de la révolte des dénommés *cristeros*, paysans de l'ouest du Mexique, qui maintinrent une guerre de quatre ans contre le gouvernement, entre 1927 et 1931, protestant contre la manière d'attribuer les terres et contre le mauvais traitement infligé aux prêtres. Le nationalisme s'installa avec timidité : aucune entreprise américaine ne fut expropriée avant les années 1930. De plus le pays sortit affaibli et ensanglanté des longs combats : près d'un demi-million de victimes, sans compter le début de l'exode vers les États-Unis, qui continue encore aujourd'hui. La révolution mexicaine ne réussit pas non plus à apporter une solution réelle au problème indigène. Les gouvernements après 1917 proclamèrent leur intention de rendre justice à ce secteur, et l'État donna des fonds pour des campagnes d'alphabétisation de la population rurale, des Indiens en particulier. Cependant ceux-ci continuèrent à former le groupe ayant le niveau de vie le plus bas. Ainsi, le cas du Mexique illustre les énormes difficultés que rencontra l'Amérique latine dans son cheminement vers la démocratisation, quand il s'agissait d'intégrer les masses aux bénéfices des politiques sociales.

• **Les pays soumis à des interventions étrangères : Cuba, le Panama, le Nicaragua, le Honduras, Haïti et la République Dominicaine**

Dans ces pays, une bonne partie de la vie politique de cette période se déroula sous l'influence directe ou indirecte des États-Unis. Pour des raisons aussi bien économiques que géopolitiques, Washington intervint constamment, déterminant les élections présidentielles et les principales décisions qui affectaient la vie économique et politique. Dans un tel contexte, les progrès de la démocratie ne pouvaient aller bien loin, et l'oligarchie continuait à diriger les sociétés.

À Cuba, les troupes américaines s'étaient retirées du pays en 1903 et un premier président avait été élu, Tomás Estrada Palma. Mais, très rapidement, les États-Unis entreprirent deux nouvelles occupations militaires, la première en 1906-1909, et la seconde en 1912 ; dans les deux cas ils se réclamaient de l'amendement Platt et de l'appel des politiques cubains eux-mêmes, pour rétablir l'ordre, menacé par une guerre civile dans la première occasion et par une rébellion noire dans la deuxième. Et en 1921 une nouvelle intromission se fit dans la politique cubaine, cette fois sous la forme de la nomination d'un envoyé spécial de Washington auprès du gouvernement cubain, le général Crowder, qui se convertit en détenteur du véritable pouvoir derrière le fauteuil présidentiel, décidant des dates et de l'organisation des élections. En 1925, le président Gerardo Machado, après avoir gouverné normalement pendant deux ans, décida de rester au pouvoir. À cette fin il fit abolir la loi interdisant la réélection et limita le droit de présenter des candidats. Ainsi, à l'aube de 1929, Cuba était gouverné de fait par une dictature, qui comptait sur l'appui tacite des États-Unis.

Au Panama, les relations avec les États-Unis et la question du canal dominèrent toute la vie politique; en outre, le pays subit une occupation militaire américaine durant deux ans, de 1918 à 1920, dans la province de Chiriquí, jouxtant le Costa Rica ; elle se proposait de mettre fin au conflit qui avait éclaté entre les deux pays en 1917. La vie politique se développa dans un contexte réduit, avec un faible renouvellement du personnel politique : le libéral Belisario Porras occupa trois fois la présidence (1912-1916, 1918-1920, 1920-1924).

Le Nicaragua passa la moitié de la période sous l'occupation militaire des États-Unis. Cette intervention commença avec le renversement de José Santos Zelaya, président-dictateur inspiré par Porfirio Díaz, qui dirigea le pays entre 1893 et 1909, développant une politique régionaliste et nationaliste : il essaya, sans grand succès, de redonner vie à l'union de l'Amérique centrale et il réussit à intégrer la région de la côte atlantique au reste du pays. Il tenta aussi de diminuer l'influence des États-Unis dans son pays, annulant le contrat d'une compagnie minière américaine et refusant l'offre d'un prêt en échange de la concession du droit de construction d'un canal reliant la mer des Caraïbes et le Pacifique. Cette politique lui coûta le pouvoir, puisqu'il fut renversé par un coup d'État financé par les États-Unis en 1909. À partir de là le pays fut sous la tutelle américaine, qui se transforma en occupation en 1912, avec la complicité du Parti conservateur. En 1926, devant cette situation, un leader, sorti des rangs de l'opposition libérale, prit bientôt une envergure internationale, Augusto César Sandino. S'inspirant du nationalisme mexicain, pays où il avait vécu plusieurs années, Sandino organisa une guérilla pour lutter contre l'occupation de son pays par les troupes des États-Unis. Même s'il ne réussit pas à vaincre la force d'occupation, Sandino acquit une grande popularité à l'intérieur et à l'extérieur de son pays, retenant l'attention de journalistes et d'écrivains de beaucoup de pays. Des volontaires extra-

Augusto César Sandino (deuxième à partir de la droite), leader nationaliste nicaraguayen, reçut l'appui de combattants de divers pays de la région.

nationaux, du Salvador et du Mexique entre autres, participèrent à son combat. Ses actions contribuèrent dans une certaine mesure à la décision des États-Unis de se retirer du Nicaragua, en 1933. Apparemment oublié après son assassinat en 1934, son souvenir reviendra avec force dans les années 1970, inspirant la révolution contre Somoza.

Au Honduras, l'instabilité politique et les coups d'État, déjà traditionnels, s'intensifièrent quand l'économie du pays commença à tomber sous la domination des compagnies bananières, d'appartenance américaine. Samuel Zemurray, propriétaire de l'une d'elles , la Cuyamel Fruit Company, finança un coup militaire en 1911 contre le président Miguel Dávila, pour favoriser les intérêts de son entreprise. Plus tard, en 1924, les États-Unis imposèrent leur arbitrage pour régler une dispute sur le résultat de l'élection présidentielle

Haïti et la République Dominicaine vécurent des histoires parallèles. Tous les deux connurent l'occupation militaire américaine durant la seconde partie de cette époque, le premier de 1915 à 1934 et la deuxième de 1916 à 1924. En Haïti, les luttes pour le pouvoir et les révolutions de palais s'étaient multipliées au début du siècle, battant un record entre 1911 et 1915, laps de temps au cours duquel se succédèrent six présidents, dont quatre assassinés dans l'exercice de leurs fonctions. La mort du dernier, Vibraun Guillaume Sam, qui fut lynché dans les rues, fournit aux États-Unis le prétexte pour occuper militairement le pays, alléguant la nécessité de maintenir l'ordre public et de protéger ainsi la vie des résidents étrangers. L'occupation américaine provoqua une résistance armée, organisée par le mouvement des *cacos*, dirigé par Charlemagne Peralta ; elle dura trois ans, jusqu'à ce qu'elle soit vaincue. Dans le pays voisin, après la dictature du Noir Ulises Heureaux (1882-1899), le pays entra dans une crise financière, ce qui déclencha une première intervention américaine en 1905, lorsque Washington en vint à contrôler la douane du pays. La situation s'améliora un tantinet sous le gouvernement de Ramón Cáceres, mais son président finit par être assassiné en 1911; cela marqua le début d'une nouvelle période d'instabilité et fournit aux États-Unis le prétexte pour procéder à l'occupation du pays.

• Les progrès politiques dans le monde colonial

Si les territoires coloniaux n'acquirent pas leur indépendance, à part Cuba, ils développèrent néanmoins des processus tendant à élargir les droits politiques. Dans les possessions anglaises à la fin du XIXe siècle, le système de la « Crown Colony » avait rendu possible l'élection d'un nombre minoritaire de représentants du Conseil législatif, qui gouvernait aux côtés du gouverneur dans chaque colonie. Cela s'amplifia par la suite, quand les habitants des Caraïbes britanniques, qui avaient participé comme combattants à la première guerre mondiale, répandirent à leur retour les idées du Parti travailliste. Quelques-uns formèrent des syndicats qui s'intégrèrent ensuite à la Fédération syndicale britannique, et beaucoup commencèrent à demander ouvertement le vote universel. Une toute petite minorité parlait même d'indépendance.

Porto Rico sembla acquérir certains droits. Au bout de deux ans d'occupation militaire de la part des États-Unis, de 1898 à 1900, l'ex-colonie espagnole fut encadrée par la Foraker Act, qui lui donna un statut néo-colonial. Les principales autorités de l'île, aussi bien le gouverneur que son cabinet et les juges de la cour suprême, recevaient leur nomination de Washington. Les habitants ne pouvaient élire que les représentants de la chambre des députés, composée de 35 membres. En 1917 la « Jones Act » améliora un peu la situation, en donnant la nationalité américaine aux Portoricains et en accordant le droit de vote pour les deux chambres, bien que le gouverneur continuât à être nommé par Washington. Cela ne satisfit pas ceux qui cherchaient l'occasion de décider du destin de l'île, comme Luis Muñoz Rivera, qui voulait réaliser un plébiscite pour choisir entre l'indépendance, l'autonomie ou la condition d'état des États-Unis. Washington n'accepta pas de permettre cette consultation et organisa par contre un plébiscite sur l'application de la loi de la prohibition. À la suite de son approbation, Porto Rico demeura sous « la loi sèche ».

Dans les colonies françaises, le suffrage universel existait depuis 1871, et les territoires pouvaient élire des représentants au Parlement français. Mais le contrôle métropolitain persistait, par l'intermédiare du gouverneur nommé par Paris. Malgré tout, aussi bien en Guadeloupe qu'en Martinique et en Guyane, des partis politiques firent leur apparition, provenant d'idéologies distinctes, surtout socialistes, et finirent par devenir majoritaires en Guadeloupe ; des syndicats se formèrent et des protestations sociales s'élevèrent, subissant à l'occasion de violentes répressions. Enfin, au Surinam, la colonie acquit le statut d'État intégré à la Hollande, mais sans concession de droits électoraux à ses habitants.

La culture

La pensée

Une caractéristique essentielle de cette période se trouve dans la prépondérance du positivisme qui, comme nous l'avons déjà indiqué, semblait incarner l'idéal de la modernisation. Ce courant de pensée, créé en France par Auguste Comte, mais où se faisaient sentir aussi les idées de Spencer, de Stuart Mill et de Darwin, exerça une influence dans toute la région, et en particulier au Mexique et au Brésil. Son principe de base était la recherche du progrès au moyen de la diffusion de la science. Si cette croyance pouvait comporter des attitudes démocratiques, comme le rejet de l'esclavage (au Brésil beaucoup des abolitionnistes étaient positivistes), elle pouvait aussi favoriser des attitudes autoritaires. Au Mexique son principal exposant fut Gabino Barreda[9]. Beaucoup d'intellectuels imprégnés de la même idéologie collaborèrent (au moins quelque temps) avec la dictature de Porfirio Díaz, étant donné qu'ils pensaient qu'un gouvernement fort était indispensable pour apporter le progrès au pays ; on les appela les scientifiques. Au Brésil le positivisme connut un tel succès que la devise de ses partisans, « ordre et progrès », fut incorporée au drapeau national. Parmi ses principaux exposants se trouvaient Luis Pereira et Miguel Lemos. D'autres étaient tout aussi remarquables : le Cubain Enrique José Varona et le Chilien Valentín Letelier. Tous les deux travaillèrent en faveur de l'extension du système d'éducation dans leur pays respectif, comme moyen de parvenir à une unité d'idées dans la population, et de rendre ainsi plus facile le gouvernement.

---

9. Pour Barreda, la loi positiviste des trois stades se manifestait à travers l'histoire mexicaine de la manière suivante : l'époque coloniale incarnait l'étape théologique, la lutte pour l'indépendance correspondait à la métaphysique et la nouvelle société, qui commençait à se dessiner au Mexique avec le triomphe définitif du libéralisme et de l'ordre, incarnait l'étape positiviste.

Le positivisme essuya également des critiques à partir de positions nationalistes et révolutionnaires, comme au Mexique, où Justo Sierra (tout en ayant été ministre de l'Éducation pendant la dictature de Díaz) dénonça en 1912 la prétention du positivisme à vouloir imposer des valeurs universelles et appela à défendre la personnalité du pays. José Vasconcelos aussi s'opposa au positivisme, puisque celui-ci, à son dire, dépersonnalisait l'être humain. Sa position consista à défendre la révolution parce qu'elle apportait une nouvelle conception de l'homme, basée sur le métissage, vu comme un

Les adeptes du positivisme, la philosophie du progrès à la mode en Amérique latine, se réunissaient dans des édifices ressemblant à des temples antiques, tels que celui de Rio de Janeiro au Brésil.

processus dans lequel les expériences humaines se fondaient. Ses œuvres célèbres, *Raza cósmica* et *Indología* parurent dans les années 1920, à l'apogée de la post-révolution mexicaine. En plus, Vasconcelos assuma des positions anti-impérialistes et participa activement à la politique, comme ministre de l'Éducation et plus tard comme candidat à la présidence de la république, en 1929. Le Chilien Nicolás Palacios représenta un cas spécial. Il défendit le métissage à sa manière, parlant de l'existence d'une « race chilienne », fruit du croisement entre les Espagnols et les Araucans, connus pour leurs vertus militaires. Sur la base de cet argument, Palacios demanda une politique de « défense de la race » au Chili, rejetant l'immigration de pays latins, de l'Italie en particulier.

Une autre caractéristique de cette époque apparaît dans l'étendue des tendances idéologiques racistes, qui se développèrent à la fin du XIXe siècle. Inspirée par des penseurs français, comme Gobineau et Le Bon (et aussi par une certaine interprétation du positivisme), toute une génération d'écrivains et de politiques latino-américains dénigra les groupes indigènes, métis et Noirs, leur attribuant toutes sortes de vices. Parmi eux, l'écrivain argentin Carlos Octavio Bunge écrivit en 1903 que les Indiens étaient « fatalistes et vindicatifs », tandis que les métis et les mulâtres lui paraissaient « impurs et anti-chrétiens ». Le Bolivien Alcides Arguedas décrivait son pays comme « malade, vicié, perdu à cause de ses métis... tout le retard culturel de la Bolivie par rapport aux pays du Rio de la Plata provient de sa population métisse, qui a hérité de ses ancêtres espagnols et indiens les pires défauts ». Pour le Péruvien Francisco García Calderón, la présence de masses de gens de couleur constituait un obstacle au développement de la démocratie : l'unique solution consistait à faire venir des Blancs, la « race supérieure ».

Les intellectuels qui défendaient la position identitaire[10] répondirent à ces idées racistes, principalement les Péruviens Manuel González Prada et Hildebrando Castro Pozo. Tous les deux défendirent les indigènes, faisant ressortir leur exploitation séculaire, même après l'indépendance, et ils affirmaient que pour solutionner le problème indigène il fallait régler le problème de la propriété de la terre. Un autre Péruvien, Haya de la Torre, inventa le mot « Indo-Amérique » pour parler de l'ensemble de la région. Parallèlement à l'indigénisme, on développa une ligne de pensée, dans les Caraïbes, basée sur la défense de la négritude. Marcus Garvey, en Jamaïque, et Jean Price Mars, en Haïti, comptent parmi ses tenants les plus connus. Ces écrivains représentaient alors un nouveau type de nationalisme, dont les bases reposaient sur le respect de ce qui était autochtone.

Les agressions des États-Unis amenèrent plusieurs auteurs à assumer la défense de l'Amérique latine contre l'impérialisme. Le Cubain José Martí, en analysant en détail le comportement hostile des États-Unis envers l'Amérique latine, dans ses textes écrits pendant qu'il vivait dans le pays du Nord, immortalisa la phrase « j'ai vécu dans le cœur du monstre ». Il dénonça aussi le racisme des sociétés latino-américaines. Après lui, l'Uruguayen José Enrique Rodó publia à son tour son essai *Ariel*, en 1900, dans lequel il critiquait le matérialisme qui guidait la politique des États-Unis, lui opposant le spiritualisme, caractéristique, selon lui, des pays hispano-américains. Son œuvre constitua une réplique, une solution à l'influence du positivisme et du racisme, et eut des répercussions dans beaucoup de pays.

En parallèle avec cette pensée, on vit apparaître les premières analyses basées sur le socialisme, quelques-unes de type marxiste,

---

10. On peut observer deux tendances : la « modernisation » basée sur le modèle européen ou nordaméricain ou l'identitaire qui se revendique des valeurs autochtones (Eduardo Devés Valdés, *Del Ariel de Rodó a la CEPAL*. Buenos Aires, Ediciones Biblos, 2000)

surtout dans les écrits du Péruvien José Carlos Mariátegui (avec son livre devenu classique, *Siete ensayos de la interpretación de la realidad peruana,* publié pour la première fois en 1928), et dans une moindre mesure ceux du Chilien Luis Emilio Recabarren. Les Argentins José Ingenieros et Alfredo Palacios développèrent une pensée socialiste plus rattachée au positivisme.

Littérature et art

La littérature prit de l'ampleur à cette époque, aidée par les nouvelles conditions sociales de la vie intellectuelle. Grâce à la création d'universités et à la plus grande circulation de journaux et d'autres publications, les écrivains trouvaient plus de possibilités d'ascension sociale, en vendant des articles à des journaux et à des revues et en rédigeant des feuilletons et des traductions.

Parmi les nouvelles tendances de l'époque figura le « modernisme », qui infiltra surtout la poésie. Inspiré du Parnasse français, ce courant s'éloigna de la tendance nationaliste de beaucoup d'autres écrivains, développant des thèmes où apparaissaient des personnages fantastiques et des mythes exotiques et se situant souvent dans des époques lointaines. Ainsi, l'écrivain s'exprimait à partir de la subjectivité du moi, sans dépendre des exigences du pouvoir. Le plus célèbre des écrivains modernistes, le Nicaraguayen Rubén Darío, marqua les débuts du nouveau courant avec *Azul* (1888), et fit connaître son pays dans le monde, par ses poèmes et sa vie aventurière, qui l'emmena dans divers pays d'Amérique et d'Europe. D'autres poètes participèrent au modernisme, dont le Mexicain Amado Nervo, le Péruvien César Vallejo et le Cubain José Martí; en prose, l'Argentin Enrique Larreta se distingua avec son roman *La Gloria de don Ramiro,* dans lequel il évoque l'Espagne du xvie siècle. Un autre poète qui se mérita une renommée internationale, par ses aventures en Europe et son habilité à écrire en français, fut le Chilien Vicente Huidobro, dont la production s'éloignait des courants antérieurs, lorsqu'il fonda le « créationnisme », là où le poète « ajoute à ce qui est donné par la nature ».

Pendant ce temps, la littérature nationaliste continuait à se développer, avec des écrivains qui, s'opposant au racisme décrit antérieurement, cherchèrent dans l'indianisme les racines permettant de trouver une identité à leur pays. Ce fut le cas du poète brésilien Oswaldo de Andrade et d'autres écrivains de sa génération, qui lancèrent le « Manifeste anthropophage » à Sao Paulo en 1928.

S'appuyant sur les traditions indigènes, Andrade affirma la nécessité de « brésilianiser » la littérature du pays, en assimilant les influences extérieures, pour les nier et les surpasser, comme les anthropophages, dans un cannibalisme culturel. D'autres écrivains inventèrent un roman qui cherchait à définir l'identité nationale et latino-américaine dans sa relation avec la nature. Le Colombien José Eustasio Rivera peignit avec son roman *La Vorágine* (1923) l'épopée des chercheurs de caoutchouc dans la forêt amazonienne. Le Vénézuélien Rómulo Gallegos écrivit le roman le plus populaire de toute l'histoire de son pays, et lu dans toute l'Amérique hispanique, *Doña Bárbara,* en 1929. Il y décrit le contraste entre la civilisation et la barbarie dans les plaines du Venezuela, ce qui démontrait que le problème soulevé par Sarmiento un demi-siècle plus tôt demeurait inchangé. La littérature réaliste, qui peignait le milieu ouvrier, s'illustra dans l'œuvre du Chilien Baldomero Lillo, avec ses volumes de contes *Sub-sole* et *Sub-terra,* où il décrit la vie des mineurs de charbon de son pays natal.

Un autre fait nouveau de l'époque fut la présence de plusieurs femmes écrivains à succès, en poésie comme en prose. La Chilienne Gabriela Mistral, futur Prix Nobel, se distingua parmi les poétesses ; elle participa en partie au modernisme et travailla aussi comme conseillère de la réforme éducationnelle au Mexique, invitée par Vasconcelos ; mentionnons également Juana de Ibarbourou, de l'Uruguay, et Alfonsina Storni, de l'Argentine. En prose, la Péruvienne Clorinda Matto de Turner publia en 1889 *Aves sin nido*, considéré comme le premier roman indigéniste. La Vénézuélienne Teresa de la Parra publia son œuvre principale, *Las memorias de la mama Blanca,* en 1928.

L'écrivain vénézuelien Rómulo Gallegos, romancier célèbre qui fit aussi de la politique, accéda à la présidence de son pays en 1945.

Au théâtre, l'auteur le plus remarquable du moment, l'Uruguayen Florencio Sánchez, dépeignait dans son œuvre principale, *Barranca abajo* (1905), le drame des habitants de la campagne, de plus en plus soumis à la domination de la ville. Une idée semblable serait reprise plus tard dans le roman de Ricardo Güiraldes, *Don segundo sombra* (1927), où l'auteur évoque avec nostalgie la vie du gaucho.

Les faits politiques se reflétèrent aussi dans la littérature. La révolution mexicaine donna lieu à une série de romans. Parmi les plus connus se trouvent *Los de abajo* (1915) de Mariano Azuela et la

.la révolution mexicaine donna naissance à une pléiade d'artistes, entre autres au peintre Clemente Orozco, dont les tableaux portent souvent sur cet événement.

trilogie de Martín Luis Guzmán, dont la première partie, *El águila y la serpiente* (1928), reste la plus célèbre. La révolution laissa également sa marque dans le développement artistique, en particulier dans la peinture, avec la naissance d'une école qui acquit une renommée internationale, celle des grands tableaux muraux qui restituaient une image épique des processus historiques et sociaux. Trois artistes s'illustrèrent : David Alfaro Siqueiros, José Clemente Orozco et Diego Rivera. L'épouse de ce dernier, Frida Kahlo, acquit aussi une notoriété comme peintre de grand talent. Un autre Mexicain, José Guadalupe Posada, se distingua comme lithographe et graveur, publiant des illustrations dans de nombreux journaux, dans un style satirique, qu'il utilisa pour critiquer la dictature de Díaz. Au Brésil, apparentés au mouvement

Ce tableau de la peintre brésilienne Tarsila do Amaral illustre la tendance des artistes et écrivains brésiliens des années 1920 à chercher les racines autochtones de leur identité.

littéraire moderniste, plusieurs peintres remarquables émergèrent, dont Tarsila do Amaral, qui laissa une œuvre où elle peignait des types humains et des paysages à l'aide de formes qui reflétaient le « cannibalisme culturel » décrit ci-dessus.

Le nationalisme inspira aussi le champ de la musique, puisque c'est à cette époque que se fit connaître le compositeur latino-américain le plus célèbre au monde, le Brésilien Heitor Villa-Lobos. Le premier, il fusionna avec succès la musique classique européenne et les sons autochtones de son pays, avec *Bachianas brasileiras*, écrite dans les années 1920.

Culture populaire

La culture populaire s'exprima fondamentalement à travers la musique et la danse. Le fait le plus frappant de l'époque prend naissance avec l'apparition du tango dans la région du Río de la Plata, en tant que fusion de l'influence noire et de la danse appelée *habanera*, importée de Cuba. Étant donné que ses origines plongeaient dans les basses classes de la société, l'élite argentine le dédaigna au début, mais à l'orée du siècle il commença à être accepté et connut en Europe un succès retentissant. L'arrivée de chanteurs qui se transformaient en idoles, comme Carlos Gardel, contribua à la renommée de la nouvelle danse. L'institution-

Carlos Gardel, le plus connu des chanteurs de tango, habillé en gaucho.

nalisation des carnavals au Brésil dans les années 1920, spécialement à Rio de Janeiro, représente un autre fait d'importance; ces carnavals se transformèrent ensuite en fêtes nationales et même en attraction pour le tourisme. Le carnaval fit connaître massivement la *samba*, qui trouva sa forme définitive au début du XXe siècle. Cette danse prend son origine dans le *candomblé* apporté par les Noirs d'Afrique, et elle se pratiquait de façon anonyme. À partir de 1910 des compositeurs la convertirent en musique écrite et la firent connaître commercialement grâce au carnaval ; auparavant c'était une danse méprisée parce qu'elle faisait partie des coutumes des Noirs.

Une littérature populaire trouva dans la presse anarchiste une expression qui contenait, en plus d'une grande expressivité, les idéaux de base de ce mouvement ; passablement important au début du siècle, il se manifesta sur divers plans. Un des sujets reprenait l'appel à la lutte contre la bourgeoisie, comme dans ce poème publié en Argentine en 1904 :

> La terre est maudite. Il faut / qu'un formidable vent vindicatif / balaye ce pourrissoir où végètent / les fleurs de la Mort seulement !
> Que tombe la pluie rouge et qu'elle emporte / toute cette horreur immense ! / Que se nettoie le saint et virginal sein du monde, / pour que poussent ensuite les semences / que semèrent d'héroïques paysans ;
>
> Pour que surgissent des fleurs dans la vaste / extension de la Terre glorieuse...

Cette littérature parlait aussi de l'amour libre et de la femme, comme dans ce poème écrit par une femme, publié dans un journal ouvrier qui circulait dans la région salpêtreuse du nord du Chili, en 1905 :

> Quand je vois l'amour si esclave / de la loi, des parents et du curé, / de l'argent, chaînes si dures, avec lesquelles cette vile société attache, / Moi j'élève la forte protestation / de femme qui se sentant esclave en aimant librement proclame : liberté, liberté, liberté...

Le danzón, rendu populaire au début du XXᵉ siècle, continue à attirer les couples qui cherchent un rythme lent, comme ces danseurs sur une place de Mexico en 2003.

Synthèse

Dans la majorité des pays, le contrôle oligarchique persista, que ce soit sous sa forme institutionnelle ou par l'intermédiaire de dictatures militaires, ou en se maintenant à l'ombre des interventions des États-Unis. Seuls le Mexique, le Costa Rica et les pays du cône sud vécurent des expériences d'une transformation anti-oligarchique, où la classe moyenne joua un rôle non négligeable. Mais, même dans ces pays, les résultats pour la démocratisation furent partiels et discutables, et l'oligarchie affronta la classe ouvrière émergente avec plus de force qu'avec une politique d'intégration. Ainsi, le libéralisme ne sut pas se légitimer à l'époque où la société se diversifiait et son discours perdit de la force en tant qu'élément idéologique. Sur le plan économique, l'élite abandonna le développement aux progrès reliés à l'essor des exportations et à l'arrivée massive de capitaux étrangers, ce qui fonctionna durant la période ; mais dans la plupart des pays aucun effort ne fut fait pour diversifier davantage l'économie. L'arrivée massive d'immigrants transforma le visage de plusieurs pays, et renforça indirectement le mépris envers les peuples indigènes, maintenant vivante la mentalité raciste. Seul le Mexique essaya, en principe, de modifier cette situation, mais les résultats s'avéreraient décevants. Ainsi, la majorité des problèmes qui maintenaient les sociétés divisées, aussi bien au niveau social qu'ethnique, demeuraient sans solution.

CHAPITRE III

Populistes, militaires et oligarques
La recherche d'une voie latino-américaine de développement à une époque influencée par les crises mondiales, 1930 à 1959

Entre 1930 et 1959, l'Amérique latine allait connaître une modification importante dans sa vie politique, à cause de l'ampleur atteinte par les partis et les mouvements anti-oligarchiques, qui arrivèrent au pouvoir ou s'en approchèrent dans plusieurs pays. Ce processus se développerait au milieu des effets des grands événements mondiaux : la crise de l'économie, la prise du pouvoir par le nazisme, la guerre civile espagnole et la seconde guerre mondiale avec son corollaire, la guerre froide. Tout cela aurait des répercussions sur la manière d'envisager les problèmes hérités des époques antérieures, sur la démocratisation de la vie politique et de la société, ainsi que sur la définition d'une politique de développement.

Le contexte international : la seconde guerre mondiale et la guerre froide

L'Amérique latine subit, comme les autres régions du monde, les conséquences des grands événements internationaux. Dans les années 1930, l'influence du nazisme allemand se fit sentir, conjointement avec celle du fascisme italien. Les deux mouvements essayèrent de créer des liens avec des pays latino-américains, spécialement là où se trouvaient des noyaux importants d'immigrants originaires de ces pays, comme dans le cas de l'Argentine. Les missions militaires allemandes et italiennes dans la région de la Plata se renforcèrent, et certains

L'Amérique latine pendant la Seconde Guerre mondiale

États-Unis

MEXIQUE

BAHAMAS

RÉP. DOMINICAINE
Porto Rico (É.-U.)

JAMAÏQUE

BÉLIZE   HAÏTI

HONDURAS

OCÉAN ATLANTIQUE

GUATEMALA
SALVADOR   NICARAGUA

MER DES CARAÏBES

PANAMA

COSTA RICA

VÉNÉZUELA

Guayanes

COLOMBIE

ÉQUATEUR

OCÉAN PACIFIQUE

PÉROU

BRÉSIL

BOLIVIE

PARAGUAY

CHILI

Attitude de gouvernements face à l'Allemagne

En guerre pendant les deux conflits

Déclaration de guerre en 1939-1945 /
Rompt les relations en 1914-1918

Déclaration de guerre en 1939-1945 /
Neutres en 1914-1918

Déclaration de guerre à la fin de la Seconde Guerre mondiale /
Rompt les relations en 1914-1918

Déclaration de guerre à la fin de la Seconde Guerre mondiale /
Neutre en 1914-1918

États-Unis / Territoires dépendants

ARGENTINE

URUGUAY

Îles Malouines

gouvernements comme ceux du Pérou et du Brésil, considérèrent la possibilité de chercher l'appui allemand pour leurs plans de développement et d'achat d'armes. Cependant aucun contrat ne vint ratifier cette influence à un niveau plus concret.

La guerre civile espagnole (1936-1939), en plus d'influer sur la vie politique de plusieurs pays, polarisant le débat entre les partisans et les adversaires du fascisme, entraîna l'arrivée de milliers de réfugiés politiques, du camp républicain, qui s'établirent surtout au Mexique et dans une moindre mesure dans des pays comme le Chili et l'Argentine.

Depuis l'élection de Franklin. D. Roosevelt à la présidence, les États-Unis avaient mis en pratique leur nouvelle politique, basée sur l'idée du « bon voisin ». Les troupes américaines, qui s'étaient déjà retirées de la République Dominicaine en 1924, quittèrent aussi le Nicaragua et Haïti entre 1933 et 1934, de sorte que l'instabilité dans la zone des Caraïbes et de l'Amérique centrale diminua notoirement. En même temps, Washington accepta le retrait de l'amendement Platt de la constitution cubaine : le pays insulaire récupérait ainsi une grande partie de sa souveraineté nationale, bien que les Américains retenaient la base navale de Guantánamo. Ces mesures faciliteraient la coopération entre les États-Unis et l'Amérique latine durant la seconde guerre mondiale.

À partir de 1939, la région subit les assauts de ce conflit, qui allait changer profondément les relations inter-américaines. Les États-Unis intensifièrent leur présence dans la région, tandis que diminuait celle des pays européens. Au début, les pays latino-américains, tout comme les États-Unis, se déclarèrent neutres. Le seul pays de l'hémisphère à entrer en guerre dès le début fut le Canada, mais cela n'avait pas d'influence sur le reste du continent. De toute façon, les États-Unis, même avant d'entrer en guerre, commencèrent à appuyer activement la Grande-Bretagne et firent des pressions sur leurs voisins du Sud pour les préparer à une éventuelle participation au conflit. Le moment crucial se présenta pendant la réunion des chanceliers des Amériques à Rio de Janeiro, au commencement de 1942, tout de suite après l'attaque des Japonais contre les États-Unis, à Pearl Harbour. Le gouvernement de Washington demanda aux autres pays de rompre les relations avec l'Axe, requête suivie immédiatement par les pays de l'Amérique centrale et des Caraïbes. Les gouvernements sud-américains tardèrent un peu à suivre cette voie, en particulier le Chili et l'Argentine, qui maintinrent leur neutralité. Le Chili expliqua sa décision par la crainte d'être attaqué par le Japon, étant donné que les États-Unis se déclaraient incapables de garantir la sécurité des côtes chiliennes. C'est pour cela que le Chili ne rompit ses relations avec l'Axe qu'en 1943. Le cas argentin fut différent, puisque son gouvernement voulait maintenir une politique indépendante, sans se soumettre aux diktats de Washington. En outre, les militaires avaient pris le pouvoir en juin 1943, et beaucoup d'entre eux avaient des sympathies pour l'Allemagne. Ainsi, l'Argentine n'imita le Chili que lorsque le résultat de la guerre parut évident, en 1944. Cela lui valut l'hostilité des États-Unis, qui qualifièrent de fascistes les gouvernements de l'Argentine entre 1943 et 1946, sans en arriver toutefois à une rupture entre les deux pays.

Seuls pays latino-américains à participer activement à la guerre, le Brésil et le Mexique envoyèrent des troupes au front. La participation du Brésil fut la plus importante : en plus de l'envoi de troupes en Europe, il fournit plusieurs pistes d'atterrissage aux avions des États-Unis pour leurs vols vers l'Afrique et le sud de l'Europe.

Tous les pays latino-américains entrèrent comme membres fondateurs des Nations unies, en 1945, même l'Argentine, qui, en rompant avec l'Axe en 1944, avait assumé une politique jugée acceptable par les responsables du nouvel organisme. Postérieurement, la région compta à l'intérieur de l'ONU sur un organisme particulier, la Commission pour le développement de l'Amérique latine ou CEPAL, créée en 1948, et qui jouerait un rôle d'une certaine importance dans la définition des politiques de développement de la région.

Beaucoup de pays établirent des relations diplomatiques avec l'Union soviétique et d'autres pays de l'est de l'Europe en 1945 ct en 1946. Avant la guerre, très peu de pays avaient établi des contacts officiels avec le gouvernement de Moscou. Mais cette nouvelle situation dura très peu, puisqu'à partir de 1947, et sous l'influence de la guerre froide, la majorité des gouvernements latino-américains rompirent leurs relations avec l'URSS. Le Mexique, avec l'Argentine, compte parmi les rares à ne pas avoir suivi cette tendance.

La guerre entraîna d'autres conséquences, comme le resserrement des relations entre le Canada et l'Amérique latine, qui n'existaient que sur le plan économique avant 1939. Entre 1942 et 1944, il y eut des échanges d'ambassades entre le Canada et l'Argentine, le Brésil, le Chili, le Pérou et plus tard avec le Mexique et Cuba.

Dans l'après-guerre, on créa deux mécanismes internationaux, qui fourniraient un nouveau cadre aux relations interaméricaines. Le premier, le traité interaméricain d'assistance réciproque (TIAR), accord militaire de Rio de Janeiro de 1947, obligeait les pays signataires à participer à la défense de tout membre attaqué par une puissance d'un autre continent et fixait des normes pour résoudre les conflits entre les États membres. Peu après, à partir de 1952, les États-Unis signèrent des traités bilatéraux d'aide militaire avec la majorité des pays et renforcèrent ainsi leur influence dans l'ensemble de la région. En 1951, à l'occasion de la guerre de la Corée, les États-Unis cherchèrent à impliquer les pays latino-américains, mais ils ne reçurent qu'un appui timide : seule la Colombie accepta d'envoyer des troupes au combat.

Par la suite, en 1948, on créa l'organisation des États américains (OÉA), à Bogotá, qui donna une nouvelle dimension au mouvement panaméricain créé en 1889, en raison de l'existence du traité militaire mentionné ci –dessus et de la création d'un corps légal qui donna forme au système interaméricain, spécifiant son mode de fonctionnement et ses organes directifs. Cette démarche était motivée par le désir de maintenir la spécificité de l'organisation régionale, susceptible d'être

En Amérique latine, divers partis politiques adoptèrent les us et les habillements du fascisme et du nazisme, comme les intégralistes au Brésil qui assistent ici au mariage d'un des leurs.

absorbée par les Nations unies. Le nouvel organisme, intégré par tous les pays indépendants de l'hémisphère sauf le Canada, qui préféra le statut d'observateur[1], fut souvent la cible de critiques, surtout dans ses premières années, parce qu'on le percevait comme un instrument d'implantation de la politique de la guerre froide, dirigée par les États-Unis. La présence de plus en plus importante de ce pays en Amérique latine se sentait comme une domination dans plusieurs secteurs, ce qui se refléta dans l'accueil tumultueux réservé au vice-président Nixon, quand il visita nombre de pays latino-américains en 1958.

En Amérique latine, les deux dernières guerres d'importance entre États voisins se livrèrent à cette époque. La première, la guerre du Chaco entre le Paraguay et la Bolivie, dura de 1932 à 1935. Commencée à cause d'une dispute sur le tracé de frontières touchant le territoire du Chaco, et à cause du désir de la Bolivie d'avoir accès à la rivière Pilcomayo, qui l'aurait reliée directement au bassin du Río de la Plata, la guerre se termina par la victoire complète des Paraguayens, qui s'approprièrent de plus de 100 000 kilomètres carrés de territoire. Le conflit fut coûteux en vies humaines : 50 000 Boliviens et 35 000 Paraguayens y périrent.

Le second conflit, moins sanglant, opposa l'Équateur au Pérou, qui se disputaient le contrôle d'une partie de la région amazonienne. La guerre commença en juin 1941, mais elle ne dura pas un an, à cause des pressions des États-Unis et d'autres pays, qui ne voulaient pas que deux pays de l'hémisphère luttent entre eux durant la seconde guerre mondiale. Les belligérants signèrent un traité de paix en janvier 1942, avec la garantie de l'Argentine, du Chili, du Brésil et des États-Unis qui remirent au Pérou une aire de quelque 8 000 kilomètres carrés.

---

1. La nouvelle appellation, « Organisation des États américains », ouvrait la porte au Canada, puisque jusqu'en 1948 on parlait de « républiques » comme membres, ce qui d'un point de vue formel excluait le pays du Nord, qui était (et est toujours) un « Dominion » du Commonwealth britannique.

L'économie : les effets de la crise de 1929, industrialisation et nouveau rôle de l'État. Le développement « vers l'intérieur »

La crise de 1929

La crise économique mondiale eut des conséquences importantes en Amérique latine. La baisse brusque de la demande des produits d'exportation affecta l'économie de plusieurs façons. L'une d'elles fut la diminution des revenus des gouvernements qui dépendaient dans une large mesure des impôts payés par les entreprises exportatrices. Même pour les produits qui continuèrent à s'exporter, il se produisit une baisse dans les prix, en raison de la diminution de la demande. Cela entraîna une vague de mises à pied, aussi bien chez les employés qui dépendaient du secteur de l'exportation que chez ceux de l'administration publique. En Argentine, 20 000 employés de l'État perdirent leur travail entre 1930 et 1931. Les travailleurs des plantations de sucre

Comme ailleurs, la crise mondiale de l'économie provoqua un chômage massif, illustré dans ce tableau du peintre argentin Antonio Berni.

à Cuba, de café en Amérique centrale, en Colombie et au Brésil, et du salpêtre au Chili comptèrent parmi les principaux touchés. En outre, la crise affecta la capacité d'importation, étant donné que les pays latino-américains se retrouvaient avec moins de devises. Plusieurs pays se virent dans l'obligation de suspendre les paiements de leur dette extérieure ou d'en demander une renégociation.

La valeur des exportations des cinq pays de l'Amérique centrale (le Guatemala, le Salvador, le Nicaragua, le Honduras et le Costa Rica) qui en 1930, dernière année normale, avait été de 169 millions de dollars, baissa rapidement, passant à 105 millions en 1933 et à 54 millions en 1936, l'année la plus faible de la décennie. Le Chili fut très affecté aussi : entre 1930 et 1934, ses exportations diminuèrent de 34 % ; une situation semblable toucha les pays miniers, comme la Bolivie et le Mexique. Le Brésil diminua aussi ses exportations, mais pas autant que le Chili. Quelques pays se virent peu ou pas affectés, comme le Venezuela, grâce au pétrole. Le Honduras constitua une autre exception, tandis que l'Argentine réussit à modérer les effets de la crise grâce à un traité commercial avec la Grande-Bretagne, signé en 1933 (pacte Roca-Runciman), qui ouvrit les portes du marché de l'empire britannique aux exportations argentines, en échange toutefois de facilités importantes pour l'entrée de produits anglais en Argentine. Ainsi, les exportations argentines ne diminuèrent que de 8 % en volume entre 1930 et 1934, même si la perte s'avéra plus grande par rapport à la valeur, à cause de la baisse des prix de ses produits.

Malgré la gravité de la crise, la plupart des pays réussirent à amorcer une récupération relativement rapide après 1932, puisque, dans son ensemble, la région afficha une croissance annuelle moyenne du PNB de 4 % ou plus entre 1932 et 1939. Cette récupération s'obtint par des mécanismes variés : parfois la solution se trouva dans l'amélioration des exportations, comme dans le cas du cuivre chilien, dont le prix augmenta dans la seconde moitié de la décennie des années 1930, à mesure que la guerre approchait ; ailleurs, comme au Guatemala, l'amélioration s'obtint par l'expansion de l'agriculture destinée à la consommation interne. Et la plupart du temps la récupération provint de l'agrandissement du secteur industriel, visant aussi le marché intérieur, par un processus destiné à remplacer les marchandises qu'on importait auparavant. C'était le développement « vers l'intérieur ».

La politique d'industrialisation
et la présence croissante de l'État dans l'économie

Comme on l'a vu plus tôt, l'industrie ne représentait pas une activité totalement nouvelle. Mais elle prenait maintenant une dimension différente, en bonne partie grâce à l'attitude des gouvernements, qui encouragèrent cette branche de l'économie. Les mesures prises par les gouvernements pour mettre en œuvre cette politique varièrent. Quelques-unes jouaient en faveur des entrepreneurs privés, auxquels on offrait des facilités pour augmenter leur production, comme les investissements publics pour accroître la production d'énergie électrique, la création de taxes diversifiées (les entrepreneurs qui importaient des pièces pour l'industrie pouvaient acheter le dollar à

Vue de la mine d'étain de Huanini, en Bolivie. Ce minerai devint la principale richesse du pays dans la première moitié du XXᵉ siècle.

un prix plus bas en monnaie locale) et l'octroi de crédits pour la production industrielle et agro-industrielle. On vota aussi des lois pour protéger la production nationale, dans certains secteurs, en instaurant des taux douaniers élevés qui décourageaient l'importation. En certaines occasions, l'État intervint directement, avec la création d'entreprises publiques dans des secteurs considérés fondamentaux, comme la production d'acier ou de pétrole. Par exemple, on construisit l'usine de Volta Redonda au Brésil, la principale industrie sidérurgique de l'Amérique latine ou encore on fonda la Corporation d'encouragement à la production (CORFO) au Chili (en 1939), une entreprise publique qui avait pour mandat d'accorder des crédits pour stimuler la production industrielle et agricole, et qui créait ses propres entreprises dans certains cas. Le Mexique se dota d'un organisme semblable, la Nacional Financiera (en 1934), qui équivalait à une véritable banque de développement, et il échafauda en plus une commission fédérale d'électrification, qui stimula les travaux publics importants à la campagne.

Le conflit de 1939-1945 produisit au commencement des effets négatifs, à cause de la perte des marchés allemand et italien, et à cause des difficultés de commercer avec l'Europe en général. Cela fut compensé en partie par les traités bilatéraux avec les États-Unis, intéressés à acheter des matériaux stratégiques et à consolider l'alliance de l'hémisphère. Le pays du Nord augmenta ainsi ses achats de cuivre au Chili, d'étain en Bolivie, de caoutchouc au Brésil et de divers minerais au Mexique, bien que les prix payés pour ces produits fussent inférieurs aux attentes latino-américaines. Par l'entremise de la Banque Export-Import, les États-Unis concédèrent des crédits importants à beaucoup de pays pour améliorer leur système de routes, pour l'achat de machineries et pour l'utilisation de technologies. En plus l'investissement privé des États-Unis augmenta : en 1943, il finit par représenter 31 % du total de l'investissement étranger en Amérique latine ; il avait donc plus que doublé depuis 1924.

L'ensemble de ces facteurs favorisa les plans de l'industrialisation, qui à la fin de la guerre représentait des pourcentages de certaine importance du PNB, comme le montre le tableau 9.

Ainsi, en 1955, dans au moins cinq pays, l'industrie représentait un cinquième ou un peu moins du PNB. Le progrès avait été spécialement important au Chili, où l'industrie avait pratiquement triplé entre 1929 et 1955. Cependant, les chiffres de 1955 indiquent que dans plusieurs

Tableau 9
Pourcentage de l'industrie dans le PNB, pays choisis

Pays	1929	1945	1955
Argentine	22,8	25,0	25,0
Brésil	11,7	17,0	23,0
Chili	7,9	23,0	23,0
Colombie	6,0	11,0	15,0
Guatemala	n.d.	13,0	11,0
Honduras	n.d.	7,0	12,0
Mexique	14,2	19,0	19,0
Pérou	n.d.	13,0	15,0
Uruguay	n.d.	18,0	23,0

SOURCE : Furtado, Celso, *La economía latinoamericana desde la conquista ibérica hasta la revolución cubana,* Santiago, Editorial Universitaria, 1969, p. 107 et *The Cambridge History of Latin America,* op. cit., vol. VI, part I, p. 127 et 141.

pays le processus stagnait depuis la fin de la guerre. En plus, si on la regarde dans son ensemble, l'industrialisation ne réussit pas à changer de manière fondamentale l'économie des pays latino-américains. Le progrès industriel, très inégal, se concentra dans trois pays seulement, le Mexique, le Brésil et l'Argentine, qui en 1950 accaparaient 72,4% de la production manufacturière de toute la région. Ils étaient les seuls à posséder des industries de grandes dimensions et considérées dynamiques, comme celles qui étaient spécialisées dans les activités métalliques, mécaniques, chimiques et de matériaux de transport. Quatre pays occupaient une place intermédiaire : la Colombie, le Chili, le Pérou et le Venezuela, avec 18,1 % du total de l'Amérique latine. Tous les autres pays affichaient des taux très bas, et leur production se limitait aux domaines traditionnels, comme l'alimentation, les boissons, le textile, le vêtement et les chaussures.

Cette industrie se développa en outre sur la base de technologies importées, situation qui ne changea pas avec les années, par manque de recherche scientifique et technique en Amérique latine. De sorte que les pays qui voulaient s'industrialiser devaient dépenser de fortes sommes pour l'achat de machinerie et de marques enregistrées à l'extérieur, entraînant un nouveau type de dépendance. De plus, l'étroitesse des marchés nationaux entraîna des coûts plutôt élevés pour l'industrie, qu'on ne pouvait maintenir que grâce au protectionnisme ; par ailleurs on ne pouvait exporter sa production, faute de pouvoir concurrencer les produits manufacturés de l'Amérique du Nord ou de l'Europe.

Malgré ces limites, l'industrialisation de l'Amérique latine eut des conséquences positives, comme celles de diversifier son économie et d'offrir de nouveaux champs d'investissement, dont la production d'énergie, et stimula la croissance de la population urbaine, en particulier celle des ouvriers avec une certaine spécialisation, des techniciens et des professionnels, qui exigeaient une plus grande préparation et par conséquent une meilleure scolarisation.

L'agriculture : secteur abandonné ?

Si l'industrie, malgré certaines limites, était devenue l'activité la plus dynamique de plusieurs pays latino-américains, ce fut le contraire dans l'agriculture. La production de plusieurs aliments de base, comme le blé, le maïs, le riz et aussi la viande, n'augmenta presque pas entre 1934 et 1960. Les seules cultures à enregistrer une nette progression furent les pommes de terre, le coton et le sucre. L'agriculture et l'élevage, qui avaient constitué traditionnellement les activités primordiales d'une grande part de la population, et qui avaient joué un rôle important dans le commerce international, se trouvaient maintenant à la baisse.

Cette situation était d'autant plus saisissante que vers la fin des années 1950 une forte proportion de la population vivait à la campagne et travaillait dans l'agriculture dans presque tous les pays, sauf le Venezuela et ceux du cône sud. Dans des pays comme la République Dominicaine, Haïti, le Honduras, le Nicaragua, le Guatemala et l'Équateur, les deux tiers ou plus de la force de travail étaient utilisés dans l'agriculture en 1950, tandis qu'en Bolivie et au Mexique ce pourcentage s'élevait à 60 %.

La baisse de la production agricole doit être attribuée, selon certains, aux dommages causés à cette activité par les politiques économiques des gouvernements, qui préféraient favoriser l'industrialisation. Dans plusieurs pays, le maintien d'une monnaie nationale forte, qui permettait d'acheter des devises à un plus bas prix et d'importer ainsi plus de machineries, entraîna un effet négatif pour les exportateurs de produits agricoles, qui obtenaient moins de bénéfices au moment de changer les devises reçues en monnaie du pays. Les gouvernements interventionnistes eurent tendance à maintenir des prix bas pour les produits agricoles qui se consommaient dans le pays, afin de contenter les populations urbaines. En conséquence, les grands entrepreneurs agricoles se sentirent lésés et firent peu d'efforts pour investir dans la technologie et améliorer la productivité.

D'une certaine manière, les gouvernements favorisèrent cependant les grands producteurs agricoles, en n'intervenant pas dans les questions de propriété de la terre ou d'organisation des travailleurs ruraux. Les grands leaders populistes, comme Vargas au Brésil et Perón en Argentine, n'essayèrent même jamais d'ébaucher un programme de redistribution de terres. Au Mexique, après que Lázaro Cárdenas (président ente 1934 et 1940) eut donné un élan important à la reforme agraire, ses successeurs firent très peu pour l'imiter. Au Chili, durant toute cette période, le syndicalisme agraire fut pratiquement inexistant, et les divers gouvernements firent peu, ou rien, pour encourager ce processus.

L'inflation, le mal de l'Amérique latine

Même si ce n'était pas quelque chose de neuf historiquement, le problème de la hausse continue des prix atteignit des proportions alarmantes à partir de 1930, et cela pour plusieurs raisons. Jusqu'en 1929 les gouvernements finançaient leurs budgets surtout avec les impôts du commerce extérieur, relativement faciles à encaisser, puisqu'il s'agissait d'une activité très localisée. Mais, avec la baisse du commerce international, les gouvernements durent faire appel davan-

tage aux impôts internes (le revenu et les ventes), opération beaucoup plus difficile à réaliser. De cette façon les revenus de l'État devinrent plus irré- guliers. Cela coïncida avec la décision d'élargir la dépense publique, afin de financer les plans de développement mentionnés plus tôt. Cette situation contradictoire amena les gouverne- ments à utiliser à outrance la planche à billets, pour répondre à leurs obli- gations. Finalement, un autre foyer inflationniste découla de l'excès de demande, de la part d'une population qui augmentait à un rythme rapide, face à une offre de produits qui n'aug- mentait pas au même rythme. Il faut

L'inflation fut un fléau des économies latino-américaines, particulièrement dans les pays du cône sud, dans les années 1940 à 1980, comme on le voit dans les montants faramineux des billets de banque boliviens et argentins.

remarquer que l'endettement extérieur ne représentait pas un facteur important à cette époque, ce qui changerait notoirement dans la suivante.

Ce processus provoqua une forte augmentation du coût de la vie dans plusieurs pays, tel que l'indique le tableau suivant.

Tableau 10
Augmentation du coût de la vie, 1945 à 1955, pays choisis

Pays	1945	1950	1955
Argentine	100	255	585
Bolivie	100	188	2,525
Brésil	100	173	384
Chili	100	252	1,438
Colombie	100	193	242
Costa Rica	100	133	125
Cuba	100	118	118
Salvador	100	130	167
Guatemala	100	156	166
Mexique	100	148	248
Pérou	100	236	333
Venezuela	100	122	130

SOURCE: *Cambridge History of Latin America,* op. cit., vol. VI, p. 141.

On voit que le phénomène inflationniste affecta surtout les pays urbanisés, comme ceux du cône sud. Dans le cas bolivien, l'inflation résulta surtout des effets déstabilisateurs de la révolution de 1952. Dans les pays agricoles de l'Amérique centrale, qui n'augmentaient pas beaucoup leur dépense publique, le problème fut beaucoup moins grave. En tout cas, des 14 pays choisis, la moitié montrent des chiffres selon lesquels le coût de la vie augmenta au moins du double entre 1945 et 1955, ce qui démontre la gravité du problème. Des chiffres de 40 % ou 50 % d'augmentation annuelle de l'inflation étaient habituels dans des pays comme l'Argentine ou le Chili : cela décourageait l'investissement et frappait durement les consommateurs, dans leur vie quotidienne.

Création d'un modèle de développement ?

La plus grande présence de l'État dans l'économie se traduisit par diverses mesures, qui signifiaient des changements notables. Une décision presque révolutionnaire revient au ministre Federico Pinedo, en Argentine : il créa en 1933 un impôt sur le revenu, ce qui n'avait jamais existé dans ce pays. Au Chili on augmenta l'impôt sur les exportations du cuivre, comme mesure pour financer la CORFO. Ces mesures étaient critiquées par les secteurs les plus conservateurs, qui parlaient même de socialisme en s'y référant, disant qu'elles menaçaient la liberté. Des plaintes semblables furent entendues en Colombie lorsque le gouvernement du président Alfonso López Pumarejo, quoique libéral, fit intervenir l'État dans d'autres directions, comme celle de la propriété agraire. En effet, pour soulager la situation critique de beaucoup de travailleurs agricoles mis à pied, l'État acheta en 1934 quelques haciendas privées pour les distribuer ensuite à de petits cultivateurs. Deux années plus tard, en 1936, ce même gouvernement approuva une loi qui lui permettait de déclarer propriété publique les haciendas dont les terres ne seraient pas cultivées, mais en pratique on n'appliqua pas la loi.

L'interventionnisme étatique dans l'économie provoqua un autre conflit, plus sérieux, dans la question du pétrole, parce qu'on touchait ici les intérêts de compagnies étrangères, en particulier des États-Unis. Au moins quatre pays, le Mexique, l'Argentine, le Brésil et l'Uruguay, développèrent une politique nationaliste, pour laisser entre les mains de l'État la totalité du raffinage et de la fixation des prix du pétrole, ainsi que la plus grande partie de la production. Surtout au Brésil, un important secteur des Forces armées appuyait cette politique ; elles considéraient que le contrôle national du pétrole était vital pour l'indépendance économique du pays. L'Argentine avait fait figure de pionnière à cet égard avec la création en 1919 de la compagnie étatique YPF (Gisements pétrolifères publics). Sans constituer un monopole, elle contrôlait tout de même la plus grosse part de la vente de pétrole dans le pays. Au Brésil, les projets de création d'un monopole national pour la production, le raffinage et la vente du pétrole provoquèrent de longues discussions avec la Standard Oil, la compagnie américaine, qui possédaient des investissements dans le pays. Au Mexique on arriva au point culminant de ce conflit quand le président Lázaro Cárdenas nationalisa en mars 1938 la totalité des entreprises pétrolières qui appartenaient aux États-Unis et à la Grande-Bretagne, alléguant que ces entreprises ne respectaient pas les lois mexicaines du travail. Par contre le Venezuela, le premier producteur de pétrole de l'Amérique latine, n'appliqua pas cette approche nationaliste, se contentant d'augmenter très légèrement les impôts que payaient les entreprises américaines et anglo-hollandaises qui exploitaient le pétrole sur son territoire.

Ces faits eurent des conséquences d'importance. À partir des années de la crise, du moins au Mexique et dans la plus grande partie de l'Amérique du Sud, on développa un modèle économique particulier, basé sur l'alliance entre l'État et l'entreprise privée. Il ne s'agissait pas d'un rejet du système capitalisme ni d'une recherche dissimulée du socialisme, comme certains le crurent. Ce n'était pas non plus une politique opposée au capital étranger. La politique nationaliste comme celle qui était appliquée au pétrole au Mexique ne fut pas quelque chose de généralisé, mais plutôt d'exceptionnel. Il s'agit d'une tentative d'aider un capitalisme qui ne se montrait pas capable de reprendre la croissance antérieure à la crise en ne se basant que sur l'effort privé, qu'il fût national ou étranger. Ce fut en somme un capitalisme hybride, qui ne correspondait pas exactement à l'expérience de l'Amérique du Nord ou de la Grande-Bretagne, bien que dans ces pays, où en théorie l'économie se développait selon les initiatives du secteur privé, on pût assister à l'intervention de l'État dans l'économie à certains moments, comme le « New Deal » du président Franklin D. Roosevelt aux États-Unis, dans les années 1930[2]. Cette tendance continua et se renforça d'une certaine façon durant la seconde guerre mondiale, étant donné que les dislocations du commerce extérieur conférèrent davantage d'importance au marché interne. L'arrivée au pouvoir de régimes avec des idées nationalistes et de redistribution (qu'on analysera plus loin) consolida le « modèle latino-américain » de développement, qui se prolongea au moins jusqu'en 1970. Dans ce modèle, on considérait l'impulsion donnée à l'industrialisation comme décisive. La pensée de la CEPAL et de l'Argentin Raúl Prebisch y contribua, pour lesquels l'industrie restait le seul moyen de sortir l'Amérique latine de sa situation de région productrice de matières premières.

─────────

2. L'intervention de l'État dans l'économie de pays développés n'était pas quelque chose de nouveau, et cela prit diverses formes. Les gouvernements intervinrent au moyen de politiques protectionnistes en Europe et aux Etats-Unis dans les trois dernières décennies du XIXe siècle et plus tard durant la crise de 1929. Au Canada, entre 1870 et 1900, l'État joua un rôle important dans l'orientation de l'économie, favorisant le secteur industriel par le moyen du protectionnisme et intervenant ensuite dans le financement de la construction du chemin de fer transocéanique, ce qui joua un rôle clé dans l'intégration de la région de l'ouest au nouveau pays.

La société : croissance démographique et essor urbain

Tendances démographiques

Durant les trois décennies de cette période, la population commença à augmenter à un rythme plus rapide que dans les époques antérieures, grâce aux progrès en matière de santé publique, visibles surtout à partir de la fin de la Seconde Guerre mondiale. Dans la région des Caraïbes, on fit des efforts pour éradiquer ou freiner les effets de la malaria, et l'usage de la pénicilline se généralisa partout. Cela amena une diminution importante de la mortalité infantile. Comme résultat, un accroissement démographique notoire fit passer l'Amérique latine d'un total de 112 millions d'habitants en 1930 à 170 millions en 1950, c'est-à-dire un accroissement de 60% en 20 ans.

Cette évolution se démarqua de celles des années précédentes, car elle dépendit d'un phénomène presque purement interne. En effet, à cause de la crise économique et ensuite de la guerre mondiale, l'immigration diminua remarquablement. Le gouvernement du Brésil vota des lois pour limiter l'arrivée d'étrangers entre 1930 et 1945, prétextant qu'on devait « défendre le travailleur national ». Après la guerre, l'immigration reprit, mais sans jamais atteindre les niveaux du début du xxe siècle. L'essor du pétrole permit au Venezuela de devenir le principal pays à accueillir des immigrants, dans les années 1950.

L'Amérique latine reçut aussi un certain nombre de réfugiés politiques : aux Espagnols républicains de 1939 s'ajoutèrent les Européens de l'Est après 1945. Les Juifs qui fuyaient les régimes nazi et fasciste ne furent pas acceptés en grand nombre. Sous le gouvernement de Cárdenas, le Mexique reçut 6 304 réfugiés espagnols, mais seulement 1 631 Juifs. Au Brésil, le gouvernement de Vargas imposa beaucoup de restrictions à l'admission des Juifs : le célèbre écrivain Stefan Zweig, qui fut bien accueilli, représente une exception, non la règle. Malgré un

Les gens aisés et les groupes défavorisés coexistaient dans toutes les villes, parfois à proximité, comme à Caracas, la capitale vénézuelienne, ce qui se reflétait dans le paysage urbain

certain antisémitisme, l'Argentine de Perón se montra la plus ouverte à l'arrivée de Juifs, qui finirent par y constituer une des communautés israélites les plus grandes du monde : en 1970, on l'évaluait à 500 000 personnes. Le Chili accepta plusieurs milliers de juifs à la veille de la guerre, mais auparavant les consuls chiliens en Allemagne avaient reçu des directives pour limiter le nombre de visas délivrés à des postulants juifs.

Les migrations internes étaient provoquées par l'attrait de la ville comme nouveau style de vie, mais elles étaient aussi de nature économique et sociale, à la suite du déclin de l'agriculture comme activité, et à cause des difficultés d'accès à la terre pour les habitants les plus pauvres de la campagne. Ce processus contribua à la croissance des grandes villes, tendance déjà esquissée dans les années antérieures, et qui acquit plus de poids après 1930. De fait, ce fut à la fin de cette période que la population devint majoritairement urbaine dans plusieurs pays. En 1950 ce phénomène se constatait dans quatre pays : l'Uruguay (78%), l'Argentine (65%), le Chili (58%) et le Venezuela (53%), tandis qu'un cinquième, Cuba, était sur le point de les rejoindre (49%). Dans l'ensemble, l'Amérique latine affichait un taux d'urbanisation de 41%.

La forte croissance urbaine s'accompagna d'un autre phénomène : l'existence de zones où il y avait de grandes concentrations de pauvres. Même si la pauvreté urbaine n'était pas une nouveauté, bien sûr, l'étendue du problème l'était, amplifié par son impact politique, dans une époque d'élargissement de l'électorat. L'aspect le plus frappant de ces zones était le manque de logis adéquats : leurs habitants vivaient dans des maisons improvisées, sur des terrains dépourvus de services de base comme l'eau potable et l'électricité. Cela leur donna une identité spéciale et on commença à employer des concepts spécifiques pour les désigner. Au Chili on nommait ces secteurs des populations *callampas*, en Argentine on parlait de *villas miseria*, au Pérou de *pueblos jóvenes*, au Brésil de *favelas*.

Les classes sociales

Le contexte économique de l'époque favorisa les classes qui vivaient des activités urbaines, surtout de l'industrie. Dans l'ensemble, l'agriculture perdit la primauté qu'elle avait détenue jusqu'au milieu du xxᵉ siècle comme source d'emplois : en 1960 seulement 46,7% de la population active de l'ensemble latino-américain travaillait à la campagne, chiffre qui s'élevait à 61,6% en 1940. Dans les villes, les professionnels, les employés, les ouvriers salariés étaient de plus en plus nombreux, tandis que décroissait le nombre d'artisans. Mais la situation générale de l'Amérique latine était loin d'être homogène. Seule l'Argentine comptait sur une classe moyenne-haute significative (équivalente à 35% des occupations du pays), suivie à certaine distance par la Colombie, le Chili, le Costa Rica et Cuba. En Amérique centrale et au Brésil, la majeure partie de la population se concentrait dans des activités agricoles, comme petits propriétaires ou comme ouvriers salariés. Trois de ces pays seulement (l'Argentine, le Costa Rica et la Colombie) affichaient un pourcentage élevé de moyens propriétaires agricoles.

• L'élite

Ce secteur continua à exercer son hégémonie dans la société grâce au contrôle qu'il maintenait sur la terre (processus favorisé par l'absence de réforme agraire, sauf pour le Mexique et la Bolivie) et sur les activités industrielles et commerciales, qu'il pratiquait souvent en même temps. La politique favorable à l'industrialisation facilita la réussite de nouveaux entrepreneurs dans ce secteur[3], parfois d'origine arabe, comme dans le cas de la famille Sumar au Chili, ou de Jorge Antonio en Argentine ; ce dernier finirait par devenir un des principaux collaborateurs de Perón. Les événements politiques dans un petit nombre de pays ont provoqué des changements relativement important dans la composition de l'élite. La principale transformation se produisit au Mexique, où la révolution signifia l'apparition de nouveaux riches, les généraux qui profitèrent de leur pouvoir militaire et ensuite politique pour amasser des fortunes considérables. D'un autre côté, s'il y eut des familles traditionnelles qui perdirent leur base de pouvoir, d'autres, après s'être absentées du pays quelque temps, revinrent pour y continuer leurs activités, comme les Garza de Monterrey. Une autre situation semblable à celle du Mexique se produisit en République Dominicaine, où la famille Trujillo accapara non seulement le pouvoir politique, mais encore le pouvoir social et économique, au détriment de familles traditionnelles. Cela se réalisa au moyen de l'expropriation de terres et d'autres richesses appartenant

---

3. On a considéré ce processus comme essentiel pour la formation d'une « bourgeoisie ». Voir à cet égard la note sur les classes sociales, à la fin du texte.

aux familles de l'opposition qui tombaient en disgrâce et dont les biens passaient aux mains des Trujillo.

• La classe moyenne

La classe moyenne, essentiellement urbaine, continua son ascension, favorisée par l'élargissement de l'éducation et par l'augmentation des emplois dans le secteur des services, en particulier ceux qui exigeaient une certaine qualification. Sa présence était significative dans six pays : l'Argentine, le Chili, le Costa Rica, Cuba, l'Uruguay et la Colombie, où elle représentait plus de 20% de la population. Au Chili, c'est ce secteur qui bénéficia le plus des politiques économiques et sociales des gouvernants, qui concédèrent de plus grands avantages sociaux et de meilleures rémunérations aux employés et aux professionnels qu'aux ouvriers. De nouvelles universités virent le jour, destinées à former des professionnels et des techniciens : l'une en province (Valdivia) et l'autre consacrée spécialement à la préparation de professionnels visant la production, l'Université Technique de l'État, fondée en 1948. Au

Dans les années 1950, l'Université autonome du Mexique (UNAM) vit le jour, accueillant des milliers d'étudiants et devenant un levier important de la mobilité sociale

Mexique, les professionnels universitaires, plutôt mal vus jusque là par le pouvoir, reçurent leur consécration politique durant les gouvernements de Manuel Avila Camacho (1940-1946) et de Miguel Alemán (1946-1952). Le premier créa la loi organique de l'Université nationale autonome du Mexique (UNAM), qui institua l'élection du recteur par les professeurs, et le second inaugura le nouveau campus, la Cité universitaire, en 1951, ce qui allait augmenter la visibilité et le prestige de l'institution. De cette façon, les artistes, les intellectuels et les scientifiques reçurent plus de place, et le parti au pouvoir, le PRI, effaça de sa déclaration de principes le concept de lutte de classes qu'il avait adopté quelques années auparavant, soulignant par contre le rôle des « classes moyennes » dans le développement du pays. C'était une revanche de ces secteurs par rapport aux premières années de la révolution, au cours desquelles les catégories privilégiées dans le discours du pouvoir étaient les ouvriers et les paysans. Par contre, en Argentine, le péronisme ne traita pas les classes moyennes de la même manière dans son discours, tourné vers les « travailleurs », même s'il essaya, sans beaucoup de succès, de s'adresser à elles par la création de la Corporation générale des professionnels et de la Confédération générale économique ; cette dernière cherchait à réunir les petits et moyens entrepreneurs.

• Les ouvriers urbains

Pendant cette période, les ouvriers se firent remarquer au niveau de l'organisation, grâce à la création des syndicats. Il est certain que ce développement émana plutôt de minorités, puisque dans certains pays, malgré l'augmentation du nombre des travailleurs syndiqués, ce progrès ne fut pas proportionnel à l'accroissement général des travailleurs, de sorte que, en pourcentage, les syndiqués formaient une minorité. Au Mexique, en 1939, on comptait 604 000 travailleurs syndiqués, chiffre qui représentait seulement 8,6 % du total, puisqu'il y en avait 5 190 000 en dehors des syndicats. À la fin de la période, en 1959, les chiffres s'élevaient à 1,2 million de travailleurs organisés contre 9,4 millions de non syndiqués : la proportion de syndiqués avait baissé à 7,4 %.

Malgré ces limites, les syndicats s'organisèrent au niveau national, par l'entremise de fédérations. On comptait, parmi les plus puissantes, la Confédération générale de travailleurs (CGT) de l'Argentine, créée en 1930 par l'union de groupes socialistes et anarchistes. Mais bientôt la CGT se divisa, à cause de la décision des communistes de créer une organisation rivale du même nom, et plus tard la centrale tomba sous l'influence du péronisme. Au Mexique, on créa en 1936 la Confédération des travailleurs du Mexique, héritière d'organisations antérieures, comme la Confédération régionale ouvrière du Mexique (CROM), qui avait connu une vie active entre 1918 et la fin des années 1920, et la Confédération générale d'ouvriers et de paysans, qui s'était dissoute. Vicente Lombardo Toledano, d'orientation nettement anticapitaliste, dirigea la nouvelle centrale. D'autres pays comptèrent sur des centrales syndicales importantes : Cuba, avec la Confédération de travailleurs cubains (CTC, fondée en 1939), le Pérou, avec la Confédération de travailleurs du Pérou (CTP, fondée en 1944) et le Chili, avec la Centrale Unique de Travailleurs (CUT, fondée en 1953). En Bolivie, naquit en 1946 une organisation qui, même si elle ne couvrait qu'un secteur de travailleurs, eut un grand impact social et politique, la Fédération syndicale des travailleurs miniers de Bolivie. Au niveau continental, la Confédération des travailleurs latino-américains (CTAL) vit le jour à Mexico en 1938 ; c'était une organisation qui appuyait la lutte des classes. Après la Seconde Guerre mondiale, sous l'influence des États-Unis, apparut la ORIT (Organisation interaméricaine du travail), qui agit comme rivale de la précédente, et qui disait appuyer des « syndicats démocratiques et apolitiques ».

Nonobstant ces progrès, l'action syndicale eut des limites. Une des principales fut sa fréquente dépendance des gouvernements, surtout dans le cas de l'Argentine sous Perón, et encore plus dans le Brésil de Vargas. Dans ce pays on forgea le mot *pelego* pour désigner les agents du ministère du Travail, qui contrôlaient les syndicats dans la pratique. Quelque chose de semblable se produisit au Mexique, où la CTM vit son action limitée par l'intervention du gouvernement de Cárdenas, qui exclut les travailleurs ruraux de la CTM en créant pour ces derniers la Confédération nationale paysanne. Quand Lombardo Toledano fut expulsé de la CTM en 1948, la centrale tomba dans une dépendance accrue face au gouvernement[4]. Les divisions idéologiques et les luttes

---

4. Un personnage, Fidel Velásquez (1900-1997), incarne bien cette situation. Dans son enfance, il travailla comme ouvrier agricole et il se rendit ensuite à Mexico où il commença à travailler dans l'industrie laitière. Il fut l'un des organisateurs du syndicat dans ce secteur et finit par devenir un des collaborateurs de son principal leader, Luis Morones, dans la CROM. Dans les années 1930, il s'éloigna

pour le pouvoir entre les divers partis politiques, qui se disputaient l'hégémonie des centrales, furent un autre facteur négatif.

En outre, le relatif renforcement des syndicats ne fut pas suffisant pour éliminer les pratiques répressives à l'occasion de conflits jugés menaçants par les gouvernements. En Bolivie, les mineurs de l'étain furent massacrés par l'armée dans la mine de Catavi, en 1942, avec comme résultat plusieurs centaines de morts, et en 1946 il y eut six morts au Chili à l'occasion d'une grève, en plein centre de Santiago. Dans les territoires contrôlés par l'Angleterre, ces situations pouvaient aussi se produire, comme on le vérifia durant la répression contre les ouvriers portuaires de la Jamaïque, en 1938, qui fit 29 morts et plus de 100 blessés.

• Les travailleurs ruraux. Les indigènes, acteurs peu sollicités

Malgré l'accroissement de l'urbanisation dans la moitié des pays, les emplois dans l'agriculture, soit comme ouvriers, soit comme petits propriétaires, représentaient en 1950 entre 40 % et 50 % du total, au Brésil, au Panama, au Paraguay, dans les pays andins et ceux de l'Amérique centrale. Haïti était un cas extrême, avec un taux de 79,1% de petits cultivateurs. Le sort des travailleurs de la campagne demeurait déterminant pour l'évolution de la société.

Bien qu'il s'agît d'un phénomène limité à quelques pays, la réforme agraire constitua la nouveauté la plus importante dans ce secteur. Au Mexique, la réforme découla directement de la révolution de 1910 : la nouvelle Constitution permettait la restitution de leurs terres aux communautés dépossédées. Le processus se mit en marche lentement, de telle sorte qu'il ne prit réellement de la force que dans les années 1930. La réforme visait surtout à réaliser la justice sociale et non à transformer le secteur réformé en moteur de l'agriculture.

Deux pays suivirent l'exemple mexicain, ou du moins essayèrent. À la suite de la révolution de 1952, la Bolivie lança un plan semblable à celui du Mexique, en remettant des terres aux communautés indigènes. Le Guatemala instaura une réforme qui eut des résultats désastreux

---

de ce dernier et se rapprocha de Lombardo Toledano, dans la toute nouvelle CTM. Quand Lombardo abandonna l'organisation, Velásquez en occupa la direction et s'y maintint pendant plus d'un demi-siècle, jusqu'à sa mort. Deux des traits-clés de son succès, qui se complètent, ont été de se maintenir en étroite association avec le gouvernement du PRI et de combattre les syndicats qui essayaient d'agir de manière indépendante de la CTM.

pour le gouvernement, car le plan allait à l'encontre des intérêts de la United Fruit Company, ce qui déclencha un conflit international, à cause des protestations de la compagnie américaine, comme on le verra plus loin.

Il est intéressant de comparer la situation des indigènes de la Bolivie à celle des indigènes du Mexique, à la lumière des résultats de la réforme agraire. Dans le premier de ces pays, entre 1952 et 1955, plus de 300 000 travailleurs ruraux, qui se retrouvaient dans des haciendas et qui étaient indigènes pour la plupart, avaient bénéficié de la réforme qui avait permis de distribuer presque un million d'hectares. Ces terres provenaient des grandes propriétés (latifundios) expropriées, souvent à l'initiative des indigènes, encouragés par le gouvernement. La terre était distribuée aux individus, mais on en réservait une part à l'usage communautaire. Même si les paysans maintinrent un bas niveau de vie, puisque les superficies attribuées par personne étaient exiguës, la réforme leur avait offert un traitement qu'ils n'avaient jamais reçu, ce qui s'ajoutait au fait d'avoir obtenu des droits civiques, y compris celui du suffrage universel. De plus, la réforme fortifia les propriétés communautaires des Indiens.

Au Mexique, si la réforme agraire prit un nouvel élan au milieu des années 1930, la population indigène n'améliora pas beaucoup son niveau de vie. Le gouvernement fit des gestes en sa faveur, par exemple avec le programme de formation de professeurs bilingues pour enseigner en milieu rural, ce qui contribua à garder en vie les langues indigènes : en 1960, un million d'indigènes se déclaraient unilingues ; le nahuatl, avec 300 000 personnes, et le mixtèque, avec 106 000, restaient les langues natives les plus parlées. En 1940, le Mexique organisa le premier congrès indigéniste de l'Amérique latine, à Pátzcuaro. Cela ne servit cependant pas à créer une grande conscience parmi les gouvernements des divers pays en faveur des indigènes, qui, comme nous le verrons, devraient attendre encore deux ou trois décennies pour qu'on commence à discuter plus sérieusement de leurs problèmes.

Dans d'autres pays, comme au Brésil, des mouvements de travailleurs ruraux réussirent à créer des organisations de défense de leurs droits, les Ligues paysannes. Les premières expériences survinrent dans les années 1940, à l'initiative du parti communiste, mais elles furent durement réprimées quand le parti fut déclaré illégal. Plus tard, en 1955, les ligues renaquirent, sous le leadership de Francisco Juliao, un avocat socialiste. Au début elles se développèrent dans le Nord-Est et s'étendirent ensuite à d'autres régions du pays, se consacrant spécialement à défendre les petits propriétaires expulsés par les grands propriétaires fonciers. Au Brésil, comme dans d'autres pays (dont le Chili), la syndicalisation des travailleurs ruraux était pratiquement inexistante jusqu'à la fin des années 1950. Un cas particulier s'incarna dans le mouvement « ruraliste » en Uruguay : il mobilisa des milliers de petits et moyens agriculteurs (la plupart locataires), qui demandaient de meilleurs prix agricoles. Dirigé par un journaliste, Benito Narbone, le « ruralisme », qui fleurit dans les années 1950, eut un impact limité, étant donné qu'il ne chercha pas à agrandir sa base sociale en ne défendant aucune revendication des ouvriers agricoles.

Un vieux phénomène rural, les attaques des *cangaceiros*, parvint à son point culminant dans les années 1930 au Brésil, avec la carrière de Virgolino Ferreira, plus connu sous le nom de Lampiao. Célèbre pour ses assauts dans le nord-est du pays, il connut une fin tragique en 1938, lorsque la police l'exécuta. Même après sa mort, il demeura un personnage mythique, qui fournit la matière à un téléroman à grand succès dans les années 1970.

• La situation de la femme

Le passage à une économie urbaine-industrielle ne changea pas pour l'essentiel la place de la femme sur le marché du travail, puisque dans presque tous les pays la présence féminine demeura concentrée dans le secteur des services, ce qui au fond revient à dire les services domestiques. Toutefois une plus grande présence féminine s'affirma dans le secteur du commerce, des finances et des services en général, où la présence de la femme augmenta à un rythme supérieure à celui de l'homme, tandis que cette participation tendait à stagner dans l'agriculture et l'industrie, secteurs où s'accentuait la prédominance masculine. Cette tendance apparut nettement en Argentine, au Chili, en Colombie, en République Dominicaine et à Cuba. Pour le Chili, les chiffres indiquent que le nombre de femmes employées dans le commerce et les finances passa de 28 000 à 56 000 entre 1930 et 1960, tandis que dans l'industrie, les chiffres s'élevaient à 93 000 et à 103 000 ; en Argentine, entre 1947 et 1960, le nombre de femmes passa de 107 000 à 171 000 dans le premier secteur, tandis que pour le deuxième les chiffres passèrent de 404 000 à 424 000. Au Mexique et au Brésil, par contre, la femme accrut sa participation à l'emploi industriel, et en plus, dans le cas du Mexique, le phénomène s'appliqua à l'agriculture, ce qui est une situation exceptionnelle.

On fit aussi des progrès dans l'exercice des professions et les femmes désormais n'étaient plus confinées aux tâches traditionnellement féminines. Ainsi, à Cuba, en 1953, les femmes dominaient dans le secteur pharmaceutique et l'enseignement supérieur ; dans ce dernier secteur, elles représentaient 51 % des effectifs. Au Chili, le recensement de 1952 démontra une augmentation significative dans le total des femmes occupant des emplois rémunérés, qui passa de 269 619 en 1930 à 539 141. Si encore un tiers d'entre elles demeurait concentré dans les services domestiques, 40 176 travaillaient comme professionnelles et techniciennes, pourcentage non négligeable. La plupart avaient fait leurs études à l'Université du Chili, qui acceptait les femmes dans ses classes depuis le XIXᵉ siècle ; à partir de 1932, l'Université Catholique, la deuxième du pays, avait ouvert quelques carrières aux femmes.

Le progrès de la femme culmina avec son accès au droit de suffrage dans tous les pays de la région, ce qui sera traité en détail plus loin.

Le rôle social de l'État. Vision d'ensemble : y eu-t-il des progrès sociaux ?

Au début du XXᵉ siècle, quelques pays adoptèrent les premières lois sociales, conjointement à un code qui régulait les relations de travail. Ce processus continua après 1930, avec la création d'une série d'organismes publics destinés à veiller sur la santé des travailleurs et à fournir les pensions de vieillesse et d'accident. En plus, les montants destinés à l'éducation et aux services publics comme l'eau potable et l'électricité augmentèrent ; tout cela amena une amélioration du niveau de vie de l'ensemble de la population. Cependant, dans certains cas, les lois et les institutions créées ne procuraient pas les services annoncés et ne couvraient pas non plus l'ensemble de la population.

L'examen de certains cas nationaux permet d'avoir une vision concrète de ce problème. Au Mexique, pays de la révolution, la dépense sociale dans le budget annuel, de 12,9 % en 1929, atteint un maximum de 19,9 % en 1938, bien qu'elle baissât par la suite, arrivant à un minimum de 11,2 % en 1952. L'apport de l'État à des institutions importantes, comme l'Institut mexicain de la sécurité sociale, fondé en 1943, demeura assez faible, et l'institution ne reçut une aide substantielle de l'État que dans les années 1960 ; avant cette décennie, elle se finançait presque uniquement avec les contributions des entrepreneurs et des travailleurs. L'Institut jouait un rôle très important, puisqu'il administrait les pensions d'accident, de vieillesse, de maternité, d'invalidité et de décès.

En comparaison, le Costa Rica consacra un pourcentage passablement plus grand de son budget à la dépense sociale : 33,3% en 1950 et 30,2% en 1958, dont presque la moitié du total consacré à la santé. La Caisse costaricienne de la sécurité sociale, fondée en 1941, fut la principale institution créée durant cette période ; cependant, pendant un certain temps, son action se limita à couvrir la population composée de salariés urbains, laissant de côté les travailleurs ruraux, qui représentaient près de la moitié de la main-d'œuvre du pays.

Au Brésil, la sécurité sociale reçut un élan décisif durant la période dominée par Getulio Vargas. Le nombre de travailleurs couverts par la sécurité sociale passa de 150 000 en 1940 à 2 millions en 1950. Des agences spécialisées virent le jour pour les différents types de travailleurs, comme le Service social industriel et celui des employés du commerce, tous les deux créés en 1946. Divers témoignages indiquent toutefois que souvent les patrons ne payaient pas leur quote-part dans le financement des programmes sociaux, et en plus que l'inflation réduisait le pouvoir d'achat des pensions. Au Chili, la création du Service National de Santé (SNS) en 1954 permit de couvrir une grande partie des travailleurs, en particulier les ouvriers et ceux qui étaient classés comme indigents. Cependant, ce fait même souligne les divisions sociales, étant donné que les employés comptaient sur d'autres institutions, qui n'étaient pas les mêmes d'un secteur d'activité à un autre.

Tableau 12
Population couverte par la sécurité sociale et population active, 1960

Pays	A:Pop.totale (millions)	B:Pop.active (millions)	C: Pop.assurée* (millions)	Pourcentage C/A
Chili	7,7	2,5	4,8	63 %
Uruguay	2,5	1,0	1,6	63 %
Argentine	20,8	7,2	9,1	44 %
Pérou	10,3	3,2	0,8	8,5 %
Mexique	36,0	11,3	3,8	10,8 %

* Le total de la population assurée est supérieur à celui de la population active parce qu'il inclut les retraités et ceux qui dépendent (parents) des assurés.
SOURCE: Mesa-Lago, Carmelo : *Social Security in Latin America*. Pittsburgh University Press, 1978, p. 41, 90, 134, 180 y 231

Dans l'ensemble, à la fin de la période, certains pays affichaient des résultats intéressants, tandis que dans certains autres le pourcentage de personnes qui pouvaient compter sur un système de sécurité sociale restait bas, comme on le voit dans le tableau 12.

Ce que l'on vient de décrire nous indique que la société latino-américaine, dans les trois décennies qui vont de 1930 à 1959, s'était diversifiée et que ses protagonistes présentaient des requêtes croissantes afin d'améliorer leur niveau de vie. Pour mesurer jusqu'à quel point cela se réalisa, on peut étudier deux aspects, qui nous donnent une idée du degré d'avancement du niveau de vie à cette époque ; il s'agit de la santé et de l'éducation, qui comme on voit dans les tableaux 13 et 14, comprennent des chiffres d'années antérieures à l'époque de ce chapitre, dans le but de donner une meilleure perspective·

Dans l'ensemble, ces chiffres montrent qu'il y eut certains progrès sociaux en Amérique latine en général. Tous les pays dont les statistiques peuvent se comparer enregistrèrent des progrès dans la santé infantile, la mort en bas âge se situant au premier rang. Les progrès d'un petit pays comme le Costa Rica attirent l'attention en matière de santé, ce qui contraste avec le cas du Chili, qui détenait la

Tableau 13
Statistiques vitales, pays choisis
(pourcentages en milliers par rapport à la population totale)

Pays	Naiss. 1910	Morts	Naiss. 1929	Morts	Naiss. 1959	Morts	Taux de mortal. inf.* 1910	1929	1959
Argentine	38,3	18,9	30,2	13,8	23,5	8,5	148	107	59
Chili	38,9	31,7	41,2	25,8	36,1	12,6	267	224	117
Colombie	28,3a	18,6a	30,4	13,1	40,7	11,0	n.d.	123	97
Costa Rica	41,7	25,6	46,3	24,2	48,3	9,3	197	182	70
Cuba	n.d	n.d.	25,2	10,2	30,5	6,6	n.d.	85	32
Salvador	n.d	n.d.	35,2	14,2	48,5	2,6	n.d.	156	78
Guatemala	n.d	n.d.	56,8	24,7	49,2	17,1	n.d	84	90
Guyane	27,5	34,4	31,7	23,5	44,5	10,1	205	146	57
Mexique	32,0	33,3	39,3	26,8	45,6	11,	287	168	74
Uruguay	31,7	14,5	24,2	10,8	22,6	9,4	n.d.	100	57
Venezuela	31,8	21,3	30,2	17,2	45,8	8,3	n.d	150	61

* : taux pour mille nés vivants
a : chiffres de 1915 pour la Colombie ; n. d. : non disponible
SOURCE: Mitchell, B.R. : *International Historical Statistics*. Detroit, 1983

Tableau 14
Scolarité, pays choisis (en milliers)

Pays	N. d'élèves, 1ère et 2e			N. d'élèves, univ.		
	1889	1929	1959	1889	1929	1959
Argentine	168	1452	2 961	1	23	167
Brésil	259	2 141	7 924	n.d	15	87
Chili	124	641	1 310	1,2	6,6	22
Colombie	93	470	1 697	1,5	3,0	19
Costa Rica	13	50	210	n.d	n.d	3,7
Cuba	88a	484	1 025	0,6	4,8	18
Salvador	27	41	308	n.d	0,5	2,1
Guatemala	45	115	303	n.d	0,7	5,2
Guyane	2	45	125	n.d	n.d	n.d
Mexique	561b	1 300	5 246	n.d.	8,2	23
Pérou	53	330	1 533	0,9	2,7	25
Uruguay	33	185	380	0,2	1,8	15
Venezuela	n.d.	114	1 443	n.d	0,7	23

a : données de 1899
b : données de 1895
SOURCE : Mitchell, B.R.: *International Historical Statistics*. New York, Stockton Press, 1983

pire situation de mortalité infantile de tous les pays retenus, à toutes les époques sauf la première, tout en offrant une des meilleures situations en matière de scolarité, si on tient compte du rapport à la population. Le cas de la Guyane montre que la situation de certaines colonies anglaises était meilleure que celle de beaucoup de pays latino-américains indépendants, bien qu'on ne puisse généraliser ; la mortalité infantile à la Barbade en 1902 était de 420, tandis que celle de la Jamaïque en 1890 était de 188.

Religion

Bien que l'Église catholique continuât à prédominer en Amérique latine, beaucoup de ses fidèles manquaient de direction religieuse. À la fin des années 1950, dans la majorité des pays, il y avait un déficit de prêtres, surtout dans la région de l'Amérique centrale et des Caraïbes ; le Honduras se trouvait dans la pire situation, avec un curé pour 15 900 habitants, tandis qu'en République Dominicaine, le chiffre était de

12 200, au Guatemala, de 11 240 et à Cuba, de 9 310. Le Chili offrait la meilleure situation, avec 3 114 habitants par prêtre ; venaient ensuite l'Équateur, la Colombie, l'Argentine et l'Uruguay. Au Mexique, malgré la politique hostile de la révolution envers l'Église, la situation n'était pas des plus dramatiques, avec 5 370 personnes par prêtre. Pour faire face à cette situation, des missions religieuses du Canada, en particulier du secteur français, très identifié au catholicisme, commencèrent à arriver dans plusieurs pays. Les oblats, entre autres, se distinguèrent dans cette entreprise, avec des missions qui, en plus de s'occuper de l'enseignement religieux, constituaient un apport au système éducationnel, avec la création de collèges primaires et secondaires, dont plusieurs dans des villes de province.

Mais les chiffres ne disent pas tout : au Chili, le jésuite Alberto Hurtado publia en 1942 un essai intitulé : *¿ Chile es un país católico ?* dans lequel il s'interrogeait sur l'application réelle des valeurs religieuses dans une société où des milliers d'enfants vivaient abandonnés dans la rue, cause à laquelle il devait consacrer une bonne part de sa vie. Dans certains pays, comme le Chili et le Venezuela, les catholiques trouvèrent un canal pour exprimer leurs opinions sociales en politique à travers la démocratie chrétienne, formation qui commença à cette époque.

Conscients de leurs faiblesses, les dirigeants de l'Église catholique créèrent en 1958 le Conseil épiscopal latino-américain (CELAM), avec siège permanent à Bogotá, organisme voué à coordonner les activités pastorales et sociales de l'Église dans toute la région. Auparavant, en 1955, les évêques avaient célébré leur première réunion continentale à Sao Paulo, et elle se poursuivrait dans les décennies suivantes.

Le sport professionnel, nouvelle activité

La pratique de certains sports à grande échelle, comme la boxe, le football et le baseball avait commencé avant 1930. Cependant ces activités occupent une place beaucoup plus grande à cette époque et encore davantage dans la vie quotidienne avec le début de leur professionnalisation.

Pour le football, cette phase remonte à 1930, lorsqu'on commença à payer ouvertement les joueurs, au lieu de le faire secrètement comme auparavant, en Argentine, en Uruguay et au Brésil. Les championnats nationaux acquirent alors une nouvelle dynamique. Le professionnalisme arriva au Chili en 1933, au Mexique en 1943 et au Pérou en

1951. Toute une structure se mit en place autour des entraîneurs, des filiales et des divisions inférieures, pour former des joueurs à partir de l'enfance, ce qui culminait dans l'achat et la vente des plus talentueux, dont certains étaient vendus à des clubs européens. La diffusion des parties, à la radio à cette époque, et la prolifération des championnats internationaux, comme les mondiales et les championnats sud-américains, donna un plus grand essor à l'activité. Cela insuffla un élan aux constructions sportives, souvent avec le soutien gouvernemental. Au Chili, à la fin de 1938, on inaugura le Stade National, d'une capacité de 70 000 personnes. À l'occasion de la Coupe du Monde de 1950, on construisit à Rio de Janeiro le gigantesque stade de Maracaná, conçu pour recevoir 180 000 personnes.

Les principaux joueurs devinrent des héros populaires dans leur pays respectif et parfois dans toute la région, comme l'Argentin Alfredo di Stéfano, qui devint en plus une vedette en Espagne, le Paraguayen Arsenio Erico, qui triompha dans le football argentin, et les membres de l'équipe uruguayenne qui, à la surprise générale, vainquit le Brésil 2 à 1 en 1950 dans la partie finale qui leur donna le titre mondial. À la fin de cette période, commença la carrière de la plus grande étoile du football mondial, le Brésilien Edson Arantes do Nascimento, mieux connu sous le nom de Pelé, qui se distingua dans l'équipe victorieuse du championnat mondial en Suède, en 1958.

Dans la boxe, Pascual Pérez gratifia l'Argentine de son premier titre mondial en gagnant le championnat des poids plumes, en 1954. Avant lui, Luis Ángel Firpo avait atteint la renommée mondiale chez les poids lourds, et dans la même catégorie le Chilien Arturo Godoy devint l'idole de son pays en perdant de justesse un combat pour le titre mondial à New York, en 1940, contre le champion Joe Louis.

Le baseball acquit de plus en plus d'importance dans les Caraïbes et dans quelques pays de l'Amérique centrale. Des joueurs cubains, portoricains et dominicains commencèrent à être engagés de plus en plus souvent aux États-Unis, surtout après la Seconde Guerre mondiale, quand on mit fin officiellement à la discrimination contre les joueurs de couleur dans les ligues professionnelles de ce sport.

Vie quotidienne

Même si les progrès de l'industrie accélérèrent l'amélioration des voies de transport, des zones subsistaient où les communications demeuraient encore lentes et difficiles. L'une d'entre elles était l'Amérique centrale, où jusqu'en 1930 seuls deux pays étaient reliés par le train, le Mexique et le Guatemala. Quant aux routes, elles étaient très peu développées et ne reliaient que le Mexique avec le Guatemala et le Salvador. Le projet de la route pan-américaine, lancé en 1923, avait fait peu de progrès au début de la Seconde Guerre mondiale, selon les observations de John Gunther, le journaliste qui parcourut tous les pays latino-américains en 1941. Selon lui, la route ne couvrait que la moitié des quelque 5 000 kilomètres qui séparent le Rio Grande du Panama. Le journaliste s'étonna en particulier de la situation au Panama, pays important par l'existence du canal, mais où l'infrastructure routière et le contrôle du territoire laissaient beaucoup à désirer :

> Quand je suis arrivé à Balboa, je suis resté étonné de découvrir que des animaux comme le tapir se trouvaient à moins de mille verges du canal, que dans des camps de l'armée à quelques milles de Colón, il y a jusqu'à 25 sortes de serpents, quelques-uns mortels ; que sur tout le côté de l'Atlantique il n'y a pas de chemins, excepté un tronçon de 25 milles entre Colón et Portobelo ; que les Indiens Cuna du Darién n'ont jamais été dominés et sont assez hostiles. Et tout cela à quelques milles de l'une des plus grandes réalisations techniques de l'homme !... Le gouvernement fait très peu d'effort pour maintenir un contrôle effectif sur les Indiens de San Blas ou sur ceux proches de la frontière de la Colombie. Au-delà de Chepo, où se termine la route pan-américaine, à une trentaine de milles au sud de Balboa, tout est forêt impénétrable[5].

Ce témoignage ne doit pas surprendre si on le compare à la description des femmes indigènes de la cordillère péruvienne, dans les années 1930, d'après les observations de Josephine Hoepner Woods, épouse d'un ingénieur minier américain, qui travailla dans cette région. L'auteur y constate la survivance des coutumes ancestrales, malgré la relative hispanisation des indigènes. Une de ces traditions consistait à porter plusieurs jupes, faites de laine ; plus la femme en portait, plus grande était sa richesse. La compagnie minière, comprenant l'importance de ces coutumes, coopérait à la réalisation du « Jour de la comadre », fête qui suivait celle du carnaval, en fournissant les prix qu'on tirait au sort durant la fête. Ces prix étaient des vêtements, comme des chapeaux, des jupes et des couvertures ; ces dernières constituaient le prix le plus convoité. Le tirage se faisait avec des

---

5. *Inside Latin America*, New York, Harper & Brothers, 1941, p.151-152.

numéros pigés dans une boîte, « généralement par une fillette des familles de *gringos*…quand on faisait tirer une jupe ou une couverture, il y avait de forts applaudissements et une tournée de boisson. Celle-ci variait et indiquait la coexistence de boissons étrangères avec les boissons locales : on buvait de la bière, du whisky, de la crème de menthe, de la *chicha* et de la *leche de tigre*[6] ».

Carolina María de Jesús, connue comme Bitita, décrivit dans son journal intime l'existence des populations pauvres dans la périphérie des grands centres urbains. D'origine mulâtre (père blanc, qui l'abandonna, et mère noire), Caroline naquit dans une petite ville de Minas Geraes, en 1915. Dans les années 1930, elle alla à Sao Paulo, où elle travailla comme employée domestique. Lorsqu'elle se trouva enceinte, ses patrons la congédièrent, et elle partit habiter la *favela* de Canindé, où elle passa treize ans, de 1947 à 1960. Elle vécut dans une extrême pauvreté, avec ses trois enfants, tous de père différent et dont aucun ne vécut avec elle. Comme seul moyen d'existence, elle se consacra à ramasser du papier et des pots dans les décharges, qu'elle vendait ensuite. Elle raconte dans son journal quelques scènes de la vie à Canindé :

> 25 juin (1958). J'ai fait du café et j'ai habillé les enfants pour qu'ils aillent à l'école. J'ai commencé à préparer des haricots. J'ai habillé Vera (sa fille cadette) et nous sommes sorties. J'ai vu une camionnette avec une plaque du gouvernement. Le département de santé de Sao Paulo était venu ramasser les excréments. Les journaux disent qu'il y a 160 cas qui ont des vers parmi les gens de la favela. Est-il vrai qu'on va nous donner des remèdes ? La plupart des habitants ici n'ont pas d'argent pour les payer. Je ne vais pas aller à l'examen médical. Je suis allée à la recherche de papiers. Aujourd'hui j'ai seulement gagné 25 cruzeiros. Et maintenant il y a un homme qui a commencé aussi à ramasser des papiers dans ma zone. Mais je ne vais pas me battre avec lui pour ça. Sûr que dans quelques jours il va abandonner ce travail. Il se plaint déjà que ce qu'il gagne avec ça ne lui donne même pas de quoi avaler un coup de *pinga*. Il dit qu'il vaut mieux demander l'aumône.
>
> 28 juin. J'étais en train de me reposer quand j'ai entendu dire que dans la rue AA, les gens de la baie se battaient. Je suis allée voir ce qui se

---

6. Observations dans son livre *From High Spots in the Andes: Peruvian Letters of a Mining Engineer's Wife* (1935), cité dans *Confronting Change, Challenging Tradition. Women in Latin American History*, par Gertrude M. Yeager (éditrice), Wilmington, 1994, p. 154-155.

passait. Ce qui est arrivé c'est que Sergio avait organisé un bal et ceux du nord en faisaient un autre. La femme de Chó est allée au bal de ceux du Nord. Mais elle ne dansait qu'avec les très bons danseurs et repoussa l'invitation d'un gars de Pernambuco. L'homme piqua une colère, alla chercher un couteau et revint vers la femme. Mais elle, en le voyant venir, éteignit les lumières et se cacha. Les autres lui enlevèrent le couteau. Le gars sortit dans la rue en criant « Aujourd'hui je vais tuer ! Aujourd'hui le sang va couler dans la *favela* ! » Il y a eu un désordre terrible. Tous ceux du Nord parlaient en même temps et je n'ai rien compris. S'ils sont comme ça dans le Nord, alors le Nord doit être horrible[7].

Dans l'Argentine de Perón, le régime et sa propagande nationaliste influèrent sur les attitudes de la population envers les Anglo-Saxons, comme l'a observé le romancier Christopher Isherwood. De passage dans le pays, peu après la fin de la Seconde Guerre mondiale, il se rendit compte qu'en se présentant aux Argentins il ne devait pas dire « je suis américain », mais plutôt « je suis américain du Nord », parce que, sinon, ses interlocuteurs y voyaient une démonstration de plus des prétentions hégémoniques des États-Unis dans l'hémisphère. L'auteur raconte aussi une anecdote rapportée par une Anglaise qui vivait à Buenos Aires. La femme était allée chez le coiffeur et se plaignait de la coiffure exécutée, disant qu'elle ne lui seyait pas. Le coiffeur lui avait répondu : « Que m'importe que vous l'aimiez ou non ! Qu'est-ce que vous dites des Malouines[8] ? »

En Colombie, la manière de vivre de la population paysanne durant la période connue sous le nom de la « Violence » apparaît dans le témoignage de Chispas, pseudonyme de Teófilo Rojas, qui explique comment lui, qui venait d'une famille de petits propriétaires, en arriva à faire partie d'une bande armée dans les années 1950 :

Autrefois nous vivions tous en paix à Rovira, Tolima. Mais un jour – je m'en rappelle comme si c'était hier – des hommes en uniforme sont arrivés, avec quelques civils, et nous ont traités très mal, nous appelant fils de pute et autres choses. Ils ont frappé plusieurs d'entre nous, nous ont menacés et fait très peur, surtout quand ils ont tué Tiberio Patiño et Servando Gutiérrez et beaucoup d'autres, sans raison. Ils ont frappé aussi

---

7. De Jesus, Carolina Maria : *Child of the Dark. The Diary of Carolina Maria de Jesus,* New York, Dutton, 1962, p.81-87.

8. Isherwood, Christopher : *Le Condor.* Paris, Rivages, 1990, p.363 (original 1949).

les enfants et violé des femmes… L'un d'eux me dit que moi je devais cesser d'être *cachiporro* et faire partie des *godos*, et qu'ainsi je pourrais vivre en paix…beaucoup d'entre nous avons dû fuir, poursuivis par la police, par l'armée, par les conservateurs, par les *pájaros* et même par les curés, qui utilisaient la religion pour faire une persécution politique… Nous ne recevions pas d'aide des chefs de parti, même s'ils savaient très bien que c'étaient les partisans des libéraux qui subissaient de terribles répressions… C'est ce qui mena à la formation de la guérilla, pour faire face à la situation d'affrontement dans laquelle nous étions tombés… Nos chefs nous apportèrent du linge et tout ce dont nous avions besoin, étant donné que ça ne coûtait rien d'aller tuer et de voler les conservateurs… [9].

La vie politique. Militaires, oligarques et populistes face aux masses : faibles avancements démocratiques

Tendances générales

La vie politique pendant cette période présenta des caractéristiques contradictoires. En principe, apparurent des éléments qui devaient favoriser un contexte plus démocratique. Le premier de ces facteurs correspond à la formation d'un corps électoral massif, réalisée grâce à deux processus. D'une part, l'urbanisation croissante favorisa une plus grande inscription et participation de ceux qui satisfaisaient à toutes les conditions requises pour voter (l'inscription, savoir lire et écrire). D'autre part, les femmes acquirent le droit de vote. Cette avancée se concrétisa principalement à la fin de la seconde guerre mondiale, comme l'une des tendances universelles en faveur du progrès des droits des citoyens. Avant 1945, les femmes ne pouvaient voter que dans six pays : l'Équateur, l'Uruguay, Cuba, le Salvador, le Brésil et la République Dominicaine. Cependant, dans les deux derniers cas, l'exercice de ce droit restait plutôt théorique, puisque dans le Brésil de ces deux années peu d'occasions se présentèrent de voter et que dans le pays des Caraïbes, dominé par la dictature de Trujillo, les élections étaient une parodie. Dans d'autres pays, comme au Pérou et au Chili, les femmes jusqu'en 1945 jouissaient d'un droit de suffrage limité, qui leur permettait de voter aux élections municipales seulement, considérées non politiques. À partir de la fin de la guerre, le mouvement

---

9. Cité par Andrew Pearse, « Chispas: From Peasant to Bandit », *Journal of Peasant Studies*, vol.1, n.2, january 1974, p.249-250.

en faveur du suffrage féminin s'intensifia et tous les autres pays adoptèrent des lois à cet égard. Le Mexique, pays de la révolution, se classa parmi les derniers à suivre le courant, et le vote féminin ne fut approuvé qu'en 1953.

Si les femmes furent favorisées, un secteur par contre, au moins dans certains pays, continua à être exclu des droits civiques : les analphabètes, qui se concentraient généralement dans les régions rurales. En effet, bien que la Colombie, le Venezuela et le Costa Rica eurent aboli l'obligation de savoir lire et écrire pour avoir le droit de vote (en 1936, en 1947 et en 1949), cette exclusion se maintint au Chili (jusqu'en 1970), au Pérou (1979) et au Brésil (1985).

Malgré ces restrictions, il est évident que dans cette nouvelle époque le contexte de la politique cessait d'être oligarchique, au moins en principe, puisque les programmes et les styles de gouvernement commençaient à tenir compte maintenant des masses. Cela favorisa l'émergence, du moins dans un certain nombre de cas (surtout en

Partout, les femmes s'organisèrent en vue de la conquête du droit de vote, dans les années 1930 à 1950. Voici les membres du Mouvement pour l'émancipation de la femme chilienne (MEMCH) en 1937.

Amérique du Sud), de partis politiques qui offraient des programmes anti-oligarchiques, proposant parfois des changements sociaux et économiques de fond. Tel fut le cas des mouvements connus comme populistes, dont la manifestation principale s'incarne dans le péronisme en Argentine, mais aussi dans l'action de Vargas au Brésil et en un sens dans l'expérience mexicaine du régime basé sur la création du parti officiel du gouvernement, qui devait adopter finalement le nom de Parti révolutionnaire institutionnel (PRI). Ces régimes partagent des caractéristiques-clés : identification étroite avec un leader charismatique, un discours ouvertement anti-oligarchique, accompagné d'un certain nationalisme, un programme de développement industriel, une mobilisation des masses et des politiques favorables aux secteurs les plus négligés. C'était en somme un caudillismo adapté à la société de masses.

D'autres partis s'inscrivaient dans ce contexte : les forces identifiées au marxisme, comme les partis socialistes[10] et les partis communistes. Ces derniers, malgré leur présence dans tous les pays, n'exercèrent une influence réelle que dans cinq d'entre eux : Cuba, le Chili, le Brésil et, dans une moindre mesure, le Guatemala et la Colombie. Dans le cas du Chili, le progrès des partis de gauche se fit dans un contexte spécial presque unique en Amérique latine : la formation d'un Front populaire, inspiré de l'expérience européenne.

Tous ces partis, qui présentaient certaines ressemblances, comme la recherche de l'appui de la population urbaine et la dénonciation des classes traditionnelles, commencèrent non seulement à disputer, mais à enlever à la droite le leadership de la vie politique. En ce sens, l'oligarchie commença à perdre (au moins en Amérique du Sud) le contrôle qu'elle avait détenu pendant un siècle. Mais cette évolution ne se réalisa pas toujours par la voie de canaux institutionnels, au sein d'une vie électorale diversifiée et démocratique. Les interventions

---

10. Les partis socialistes ont connu des hauts et des bas : parfois ils ont cessé d'exister pour se transformer en PC (cas du Pérou) ou prendre une autre forme, ce qui en poussa une fraction à s'intégrer aux communistes. Malgré cela, des situations de grande rivalité s'instaurèrent entre socialistes et communistes. Bien qu'en général ils se soient déclarés marxistes, leur pratique a varié beaucoup d'un pays à l'autre. Aucun ne s'affilia à l'Internationale sociale-démocrate. Les PS de l'Argentine et du Chili se sont montrées les plus influents dans leur pays respectif, tandis que ceux de l'Uruguay et de la Colombie ont suscité une faible résonance.

militaires se multiplièrent, qu'elles fussent encouragées par les secteurs oligarchiques ou par initiative propre. Les régimes appelés populistes ne contribuèrent pas beaucoup non plus à la démocratie, parce que s'ils favorisèrent, comme nous le verrons, un plus grand bien-être de la classe ouvrière, ils agirent avec une bonne dose d'autoritarisme, de façon évidente dans les cas mexicain, argentin et brésilien. Enfin, les nouvelles forces luttèrent souvent entre elles : les partis socialiste et communiste ne pouvaient accepter que les mouvements populistes accaparent le leadership de la classe ouvrière ; les leaders populistes à leur tour déclenchèrent des actions parfois assez répressives contre les marxistes.

Au niveau international, l'influence sur la vie politique fut contradictoire. Dans les années trente, l'impact des mouvements totalitaires en Europe s'était répercutée négativement en Amérique latine, donnant naissance à des partis qui suivaient, au moins en partie, les méthodes fascistes[11]. Par la suite, la Seconde Guerre mondiale avait fait triompher des idéaux libertaires, qui devaient amener un climat de plus grande tolérance et de respect envers les droits civiques. De fait, entre 1944 et 1947, quelques dictatures s'écroulèrent, on suspendit la censure ou la répression contre les partis communistes et on eut l'impression d'assister à une phase de rénovation politique. Mais la guerre froide annula ces progrès, créant un climat d'intolérance idéologique et donnant une nouvelle opportunité aux dictatures qui continuèrent à prédominer dans la zone des Caraïbes et de l'Amérique centrale. Cela provoqua un recul sur le chemin fragile de la démocratisation entreprise pendant l'époque précédente.

Tous ces éléments donnèrent lieu à une situation complexe, où une plus grande participation électorale s'entourait d'une vie politique

---

11. On a qualifié beaucoup de mouvements populistes de fascistes, en particulier le péronisme en Argentine. L'usage de ce concept pour la réalité latino-américaine est discutable. À cet égard, se référer entre autres à l'observation de l'historien anglais Eric Hobsbawm dans son étude récente *L'Âge des extrêmes. Histoire du court XXe siècle, 1914-1991* (Bruxelles, Éditions Complexe, 1994, p. 186). Il y signale que, malgré la possibilité d'une filiation entre le fascisme européen et certains régimes latino-américains, une différence essentielle les distingua : tandis que dans le vieux continent les régimes fascistes détruisirent le mouvement ouvrier, en Amérique latine les hommes politiques qui s'inspirèrent du fascisme se vouèrent à la création de ce mouvement.

moins stable qu'à l'époque précédente. Dans l'ensemble, cela se résume dans le tableau 15.

L'examen de ce tableau, comparé à son pendant du chapitre précédent, montre qu'il s'effectua plus de reculs que de progrès d'une époque à l'autre. C'est vrai pour l'Argentine, la Bolivie, l'Équateur et le Paraguay, où un plus grand nombre de gouvernements furent renversés par la force que dans la période précédente. Le cas du Mexique apparaît plus complexe, parce que, si un seul président dut abandonner

Tableau 15
Participation électorale et situation des gouvernements, 1930-1959

Pays	Particip. électorale (%)		Situation des gouvernements		
	Min.	Max.	Total	Élus*	Renversés
Argentine	11,1	47,1	11	6	5
Bolivie	1,6	28,2	16	6	8
Brésil	13,4	15,1	9	3	3**
Chili	7,6	16,9	12	9	3
Colombie	5,9	21,5	10	8	2
Costa Rica	14,7	20,0	11	9	1
Cuba	11,0	37,1	17	4	3
Équateur	2,5	15,9	19	5	7
Salvador	5,0	35,6	11	3	4
Guatemala	11,3	39,0	11	3	5
Haïti	3,0	25,0	13	5	5
Honduras	15,7	18,8	6	2	2
Mexique	9,9	22,2	8	6	1
Nicaragua	x	27,5	9	6	2**
Paraguay	8,0	35,8	14	8	9
Pérou	3,8	14,7	12	5	3
Rép.Dominic.	17,9	46,3	8	7	1
Uruguay	11,9	40,7	10	9	1
Venezuela	0	39,8	10	2	4

* Inclut quelques gouvernements provisoires qui complétèrent des mandats à la suite de la mort ou de la maladie de leur prédécesseur, comme Jerónimo Méndez au Chili, qui compléta le gouvernement de Pedro Aguirre Cerda, après sa mort, en 1941-1942.

**Inclut des mandataires qui, sans avoir été renversés, ne terminèrent pas normalement non plus leur terme, comme Vargas au Brésil en 1954, qui se suicida, et Anastasio Somoza (père) au Nicaragua, assassiné en 1957.

SOURCE : entre autres, *Statistical Abstract of Latin America*, op. cit.,vol. 25.

le pouvoir avant son terme (celui de Pascual Ortiz Rubio, sous les pressions de Calles), et bien que tous ses gouvernements fussent élus, ils le furent à l'intérieur du système de parti unique, ce qui disqualifie les élections. On peut en dire autant de pays comme Haïti, le Panama et le Paraguay, et encore plus dans les cas du Nicaragua et de la République Dominicaine, où Somoza et Trujillo détenaient le pouvoir et permettaient de temps en temps l'élection d'une autre personne pour se donner une apparence démocratique. L'Argentine de 1930 à 1943, où les élections se firent dans des conditions peu démocratiques, reste un cas douteux. Enfin, si seulement deux gouvernements ne terminèrent pas leur mandat au Brésil, la dictature de Vargas domina presque toute la période.

On doit émettre des réserves semblables en ce qui concerne le taux de participation aux élections. Il est intéressant de constater d'un côté que dans les pays les plus démocratiques, le Chili, le Costa Rica, le degré de participation demeura faible. D'un autre côté, on trouve des situations trompeuses, comme les hauts taux de participation au Guatemala, au Nicaragua et en République Dominicaine, au cours des années de dictature. Cette situation s'explique par la pression exercée par ces gouvernements pour légitimer leur fraude électorale, en montrant qu'ils bénéficiaient de l'appui populaire.

Cas nationaux

• Le Chili, l'Uruguay et le Costa Rica : progrès démocratiques

Ces trois pays présentèrent la situation plus favorable à une vie démocratique, bien qu'aucun d'entre eux ne s'exemptât de situations irrégulières.

Au Chili, la situation politique se caractérisa par une grande instabilité durant la plus majeure partie de la décennie de 1930, comme conséquence de la crise économique. Une rébellion de la marine de guerre éclata en 1931, et un coup militaire en 1932, dirigé par un groupe de civils et de militaires aux idées de gauche, qui proclamèrent une éphémère « république socialiste ». À partir de 1933, le pays assista à l'émergence d'un mouvement d'inspiration nationale socialiste qui connut un certain succès. Cette même année, se méfiant de la loyauté des militaires, le gouvernement du libéral Arturo Alessandri (élu pour une deuxième fois à la présidence en 1932) promut la formation d'une importante organisation armée de civils de droite, la Milice républicaine, qui aspirait à défendre un ordre qui paraissait menacé. Ce n'est qu'en 1938, après une tentative de coup d'État de la part des *nacis*, qu'on retourna à une vie politique plus stable. Cette année-là encore, le Front Populaire remporta l'élection présidentielle. Il s'agissait d'une coalition de centre-gauche, qui regroupait le parti radical, des socialistes et des communistes, dans une alliance de quelques secteurs de propriétaires, de classes moyennes et de classe ouvrière. Pour la première fois les partis oligarchiques perdaient le pouvoir à la suite d'une élection et ce fut le début d'une époque de gouvernements basés sur des alliances de partis de tendances différentes, fait peu commun en Amérique latine. Il ne s'agit point cependant d'une transformation de fond : les partis de la droite, bien qu'éloignés du pouvoir exécutif, maintenaient une présence importante au Parlement et les bases économiques de leur pouvoir, en particulier la grande propriété agraire, demeuraient indemnes. Il ne se produisit pas non plus d'actions de nationalisme économique, mais plutôt une présence accrue de l'État dans la sphère économique et sociale.

Le système politique basé sur le pluralisme se renforça en 1935, avec les débuts du futur Parti démocrate chrétien, qui prit son nom définitif en 1956. Le Chili renforça ainsi son image de pays stable et ouvert à une grande diversité d'idées. Cependant cette ouverture subit une limitation sérieuse entre 1948 et 1958, années au cours desquelles on appliqua la loi dite de « Défense de la démocratie » qui déclarait illégal le Parti communiste et limitait en plus le fonctionnement des syndicats. Des milliers de personnes perdirent leurs droits civiques et beaucoup partirent dans des camps de détention. Le poète Pablo Neruda, militant communiste, dut sortir clandestinement du pays pour éviter la prison. Ce n'est qu'à la fin de cette période que le Chili respecta de nouveau pleinement la démocratie politique. De plus, la Centrale unique de travailleurs vit le jour en 1953 et permit une plus grande présence des syndicats dans la vie nationale[12]. Cependant la vie syndicale ne toucha

---

12. Son fondateur et premier président fut Clotario Blest (1899-1990). Il fit carrière comme dirigeant des employés publics, fondant l'Association nationale d'employés publics en 1942. Il présentait des traits très particuliers : il était très croyant, il ne se maria jamais et il ne milita dans aucun parti politique, se définissant toujours comme un militant des travailleurs. On l'arrêta plusieurs fois pour sa participation à des manifestations publiques. En 1960, il fit un voyage à Cuba, ce qui radicalisa considérablement ses positions. En 1961 il renonça à la direction de la CUT ; ne se sentant pas appuyé par les partisans politiques de la gauche. Il continua à militer pour les causes des travailleurs le reste de sa vie.

pendant longtemps que les travailleurs urbains ; au moyen de diverses techniques, les propriétaires fonciers empêchèrent la formation de syndicats à la campagne.

Malgré l'importance des partis politiques dont les principes reposaient sur des programmes, le Chili ne fut pas à l'abri d'au moins une expérience à relent populiste. Il s'agit du gouvernement de Carlos Ibáñez, l'ex-dictateur de 1927-1931, qui fut élu président avec une forte majorité en 1952 et dont la victoire se basa sur la critique des partis et sur un discours vantant les mérites personnels du candidat. Il reçut en plus l'appui du Parti féminin, une formation éphémère, dirigé par María de la Cruz, qui eut le mérite l'année suivante d'être la première femme élue sénatrice. Ibáñez subit aussi l'influence de Perón, qui visita le Chili en 1953. Toutefois son gouvernement obtint un mince succès et ne laissa pas de traces. La forte inflation qui marqua les années 1950 fut un autre facteur négatif pour la gestion. À la fin de cette période ; le Chili fut gouverné par le libéral Jorge Alessandri, qui triompha en 1958, avec une très faible marge, contre Salvador Allende, le leader de la coalition de gauche. Le démocrate chrétien Eduardo Frei arriva en troisième place, et le radical Luis Bossay, en quatrième. Cette élection démontrait en outre que les partis politiques demeuraient le point de référence principal de la vie politique chilienne.

L'Uruguay fut le pays le plus stable de la période. Une seule action de force menaça le système : en 1933 le président Gabriel Terra choisit de dissoudre le gouvernement de type collégial qui avait été créé auparavant, pour revenir au système présidentiel. À partir de là tous les gouvernements émanèrent d'élections tenues à intervalles réguliers. Derrière cette apparence se dissimulaient tout de même des limitations. Pendant le gouvernement de Terra, beaucoup de politiques partirent en exil et la presse fut censurée. Une disposition constitutionnelle approuvée en 1934 stipulait que le sénat devait être divisé de façon égalitaire entre les deux grands partis, le Blanc et le *Colorado*. Cette loi, plus la création d'un système électoral complexe (« Loi de devises »), firent que le système politique ne laissa pas de place à d'autres forces. Ainsi, l'évolution uruguayenne n'impliquait pas la même orientation anti-oligarchique que celle du Chili, mais plutôt une adaptation des partis traditionnels à une situation sociale nouvelle. En 1951, on retourna au système exécutif associé, qui persista jusqu'en 1966.

Le Costa Rica se distingua pendant cette période en devenant le seul pays latino-américain à abolir l'armée. Cette mesure révolutionnaire fut la conséquence de la brève guerre civile de 1948, entre José Figueres et son parti de Libération nationale contre les forces du gouvernement, appuyées par le Parti communiste ; cette alliance était née du contexte antifasciste de la Seconde Guerre mondiale. Le conflit eut des origines complexes : il fut provoqué en partie par l'ex-président Calderón, du Parti républicain, qui n'avait pas accepté sa défaite à l'élection présidentielle de cette année-là. Mais Figueres brûlait aussi de lancer la Légion des Caraïbes pour lutter contre les dictatures des pays voisins, comme celles de Somoza et de Trujillo, entreprise pour laquelle il reçut l'appui du gouvernement du Guatemala, dirigé par Arévalo. Figueres remporta la victoire après deux mois de combat, obtenant un pacte politique entre les forces rivales, à l'ambassade du Mexique, ce qui mit fin au conflit. Ensuite il gouverna transitoirement le pays durant un an et demi. En plus de l'abolition de l'armée, on concéda le droit de vote à la femme, on créa un tribunal indépendant compétent en matière électorale et on forma diverses agences autonomes du gouvernement, qui eurent un rôle de premier plan dans plusieurs activités de l'économie. D'un autre côté, on déclara le Parti communiste illégal. Ainsi, Figueres réussit à se faire appuyer par les secteurs moyens, qui approuvaient l'intervention de l'État dans l'économie, mais aussi par les propriétaires agricoles qui craignaient un rebondissement du communisme. De plus, Figueres réussit à faire payer un pourcentage plus élevé d'impôts à la United Fruit. Par la suite, il occupa de nouveau la présidence du pays, entre 1953 et 1958 ; après 1948, le Costa Rica se maintint dans une ère de stabilité, même si des partisans de Calderón, exilés au Nicaragua, firent des tentatives de lutte armée

• La Colombie : une possibilité de démocratie frustrée ?

Entre 1930 et 1946, la Colombie mena une vie politique institutionnelle, sous la direction de gouvernements du Parti libéral, élus dans des conditions aussi acceptables que celles qui existaient au Chili ou en Uruguay. Un de ses gouvernants, Alfonso López Pumarejo, deux fois président (1934-1938 et 1942-1945) reçut l'appui du Parti communiste, dans une version semblable à celle du Front populaire chilien, et mit en œuvre une réforme agraire, dans un processus de changements connu sous le nom de « révolution en marche ». Mais cette situation prometteuse ne déboucha pas sur un système à plusieurs partis comme au Chili ni ne maintint non plus la stabilité du bipartisme uruguayen. L'évolution vers une plus grande démocratie se brisa brusquement à la fin des années quarante, quand éclata une guerre civile larvée, qui marqua le commencement de la période désignée par le mot qui est aujourd'hui le symbole du pays : la *Violencia*.

La *Violencia* commença en Colombie en 1948, lorsque l'ancienne polarisation entre conservateurs et libéraux atteignit son apogée. Cette année-là, on assassina Jorge Eliecer Gaitán qui allait être candidat présidentiel des libéraux en 1948. Bon orateur, il incarnait la tendance populiste à l'intérieur du libéralisme, ayant milité dans une coalition de gauche dans les années 1930, et il aurait peut-être pu devenir une émule de Perón dans son pays. Le crime, perpétré le 8 avril, provoqua une crise politique sans précédents : une émeute urbaine éclata ce jour-là à Bogotá, qui provoqua le lynchage de l'assassin et le saccage de la ville ; il s'ensuivit alors une interminable chaîne de vengeances et d'assassinats de familles complètes dans différentes régions du pays, où libéraux et conservateurs se tuaient les uns les autres. L'élection en 1950 du conservateur Laureano Gómez, un politique qui durant la guerre mondiale avait exprimé son admiration pour l'Axe et pour Franco, exacerba davantage la situation, puisqu'on avait attribué l'assassinat de Gaitán aux conservateurs. Entre 1953 et 1957, les militaires exercèrent le pouvoir, après un coup d'État dirigé par le général Gustavo Rojas Pinilla, qui essaya de marcher sur les pas de Perón, cherchant (et obtenant) un certain appui ouvrier. La violence diminua un peu, mais elle continua jusqu'en 1957, année où libéraux et conservateurs, après s'être unis pour provoquer la chute de la dictature, signèrent un pacte à Sitges (Espagne), connu sous le nom de Front National, où ils décidèrent de former un gouvernement bipartite. On calcule que durant les neufs années qui suivirent 1948 quelque 200 000 personnes ont perdu la vie à cause de ces luttes. Aucun pays d'Amérique latine n'avait connu une telle situation.

La *Violencia* ne résulta pas d'une simple résurgence du conflit entre libéraux et conservateurs ; elle prit racine dans l'arrière-plan social, motivée entre autres facteurs par la propriété de la terre. Pendant la réforme agraire des années 1930, il était apparu des groupes de paysans armés, dont certains formés par le Parti communiste ; ils avaient développé une stratégie qui consistait à créer des « républiques indépendantes », qui se basaient sur l' « auto-défense », dans le centre et le Sud du pays, comme moyen d'exercer une justice agraire. La violence avait été déclenchée, selon certains, par les grands propriétaires fonciers, qui s'appuyaient sur le Parti conservateur, comme moyen de faire une « contre-révolution préventive », d'éliminer toute possibilité de Réforme agraire réelle et d'agrandir en plus les terres destinées aux plantations de café. Mais une autre interprétation voit dans ce phénomène l'expression d'une mentalité de «xénophobie interne», consistant à repousser tout étranger à la région, laquelle se définissait par l'adhésion de ses habitants à un parti déterminé, sans que cela eût une connotation de classe sociale. Qu'on penche pour une explication ou pour une autre, toujours est-il que le dénouement des événements empêcha la Colombie d'avancer sur le chemin d'une véritable démocratisation anti-oligarchique.

L'assassinat de Jorge Eliecer Gaitán à Bogotá (Colombie) fut à l'origine du plus violent soulèvement urbain dans l'histoire latino-américaine et marqua le début de la *Violencia*.

• Une démocratie en apparence : le Mexique

Dans ce pays, au cours des trente années de cette période, tous les gouvernants arrivèrent au pouvoir par les urnes, et le gouvernement resta toujours aux mains des héritiers de la révolution. Mais derrière cette façade rassurante, la réalité se caractérise par la présence de sérieux obstacles à la démocratie. L'œuvre anti-oligarchique serait, dans une grande mesure, une réalisation trompeuse.

Après la période agitée des années 1920, le Mexique entra dans une étape de plus grande stabilité avec la fondation du Parti national révolutionnaire en 1929, œuvre de l'ex-président Plutarco Elías Calles (1924-1928). L'idée consistait à former une coalition entre les divers courants qui avaient participé à la révolution, y compris les partis régionaux, pour en arriver à des accords politiques permettant d'éviter les menaces putschistes et les assassinats politiques qui persistaient depuis 1917. Le parti changea ensuite de nom, devenant le Parti de la révolution mexicaine en 1938, pour adopter finalement son nom actuel, le Parti révolutionnaire institutionnalisé (PRI), en 1946.

L'existence de ce parti changea la vie politique du pays, puisque le Mexique adopta un système unique en Amérique latine : en effet, s'il acceptait l'existence de divers partis, le pouvoir demeurait toujours aux mains d'un seul, celui du gouvernement. La clé de son contrôle sur la vie politique reposa, bien entendu, sur la fraude généralisée et l'intervention ouverte de l'État dans le fonctionnement du parti et dans les élections. On entretenait en plus une étroite dépendance des organisations sociales, comme les syndicats, qui collaboraient avec le gouvernement. Les employés publics devaient contribuer, obligatoirement, avec un pourcentage de leurs salaires, au financement du PRI.

Par ce système, le PRI s'attribua le monopole du pouvoir, puisqu'à partir de 1929 le parti, sous ses diverses dénominations, remporta absolument toutes les élections présidentielles, les parlementaires ainsi que celles des gouverneurs d'État. Au niveau présidentiel, les candidats du PRI gagnèrent avec un pourcentage qui varie entre un maximum de 98% (Cárdenas en 1934) et un minimum de 74,3% (Adolfo Ruiz Cortines, en 1952).

Les autres partis ne remportaient qu'un infime pourcentage des suffrages. La meilleure part échut au Parti d'action nationale (PAN), créé en 1938, qui réunissait les partisans de la libre entreprise et des catholiques. En même temps apparut le mouvement « synarquiste » , d'inspiration fasciste, mais qui ne parvint pas à se transformer en parti politique. Divers partis de gauche se formèrent sans qu'aucun ne parvienne à une implantation solide.

Si la démocratie politique laissait beaucoup à désirer, on réalisa par contre quelques progrès sociaux. Le mérite en revient au président Lázaro Cárdenas, reconnu pour avoir accéléré notoirement la réforme agraire. Durant son mandat (1934-1940), on distribua deux fois plus de terres qu'au cours de tous les gouvernements élus depuis le triomphe de la révolution. On attribuait les terres à un groupe, bien qu'ensuite chacun pût cultiver individuellement son lopin ; c'était le système connu sous le nom de *ejido*. Ce processus ne se déroula pas sans difficultés et critiques : ce n'était pas tous les travailleurs agricoles qui pouvaient être choisis, étant donné qu'on ne répartissait la terre que parmi ceux qui avaient vécu dans une même unité, et les bénéficiaires ne devenaient pas propriétaires du domaine reçu, ils n'en avaient que l'usufruit. L'État restait maître de la propriété. Cette situation généra du mécontentement chez beaucoup de personnes, ce qui conduisit à des rébellions ouvertes contre le nouveau régime. La plus fameuse fut celle des *cristeros* dans l'ouest du pays, qu'on a mentionnée dans le chapitre précédent, et qui ne se termina que grâce à des pressions de

Lázaro Cárdenas (troisième à partir de la gauche), le plus populaire des présidents mexicains de l'ère post-révolutionnaire, accueillant une délégation d'Indiens, vers 1936.

l'Église pour que les rebelles déposent les armes. Une autre manifestation de mécontentement rural suscita le mouvement politique et militaire dirigé par Rodolfo Jaramillo, qui protestait contre le traitement infligé aux travailleurs d'une grande raffinerie de sucre à Zacatepec et contre les impôts, ce qui l'amena aussi à mener des actions pour prendre des terres, jusqu'à son assassinat par l'Armée en 1962.

Sous Cárdenas, on parvint à l'apogée du nationalisme mexicain, avec la nationalisation des gisements de pétrole en 1938, qui appartenaient à des compagnies anglaises et américaines. Cette mesure découlait de l'application, bien que tardive, des idéaux nationalistes de la révolution de 1910. Même si le Mexique paya une indemnisation aux entreprises expropriées, cela jeta un grand trouble international et souleva beaucoup de protestations chez les investisseurs touchés. Mais par la suite, surtout à la fin de la Seconde Guerre, les relations avec les investisseurs étrangers se firent plus cordiales. En 1942, commença le programme de *braceros* avec les États-Unis , par lequel le Mexique obtenait des emplois pour sa main-d'œuvre excédentaire, et celle-ci était bienvenue chez son voisin du Nord, où la guerre créait un déficit de travailleurs. En 1947, le président Harry Truman fit un voyage historique au Mexique : c'était la première fois qu'un gouvernant des États-Unis mettait les pieds sur le sol mexicain. Les relations avec l'Église catholique et le Vatican s'améliorèrent aussi avec la disparition des discours hostiles à la religion à partir des années 1940. Entre 1946 et la fin de cette période, la vie politique mexicaine fut assez stable, sans explosions de violence comparables à celles des décennies précédentes ; le système avait donné des fruits. Le Mexique s'était adapté à la démocratie d'un seul parti, et ses dirigeants freinèrent les élans réformistes et nationalistes. Après 1940, la réforma agraire retourna à un rythme lent et irrégulier, ce qui indiqua clairement que le PRI ne pensait pas faire de la « vie paysanne » l'axe du développement et de la mobilisation sociale. L'enrichissement des leaders de la révolution fit que la supposée transformation anti-oligarchique devint un jeu où de nouveaux visages venaient faire partie de la classe qui dominait le pays, avec certaines réformes sociales qui favorisaient des secteurs minoritaires de la population.

• Les expériences hybrides : l'Argentine, le Brésil, l'Équateur, le Pérou, le Venezuela et Cuba

Dans ces six pays, on observe une alternance entre des régimes dictatoriaux et démocratiques, sans que ces derniers aient pu s'affirmer. Les militaires intervinrent dans presque tous ces pays, directement ou indirectement, pour empêcher le triomphe (ou la consolidation) de ces forces nouvelles qui menaçaient le pouvoir des élites traditionnelles. Dans les deux premiers, apparurent les cas les plus célèbres de régimes populistes, surtout en Argentine, pays emblématique de ce genre d'expérience.

L'Argentine menait une vie politique instable depuis 1930. En septembre de cette année-là, les militaires intervinrent pour renverser le président radical Yrigoyen, l'accusant de corruption et de trop grande tolérance envers les ouvriers. Le meneur du coup d'État, le général José Uriburu, se réclamait de vagues idées corporatistes, inspirées de l'Espagne de José Primo de Rivera et du fascisme italien. Mais cette tendance était minoritaire et l'Argentine finit par être gouvernée par la droite conservatrice, qui récupéra le pouvoir grâce à l'exclusion partielle du Parti radical, auquel on interdit la participation aux élections. Ainsi commença la dénommée « décennie infâme », qui entraîna le discrédit du système électoral argentin et donna lieu à une démocratie ambiguë.

En 1943, l'armée intervint de nouveau, prenant le pouvoir après le coup d'État du 4 juin. Cette fois les militaires s'étaient organisés et s'appuyaient sur un projet plus clair qu'en 1930. Les putschistes œuvraient dans le GOU (Groupe d'officiers unis), dont faisait partie Juan Perón. Le futur leader argentin avait vécu en Italie, quand il était encore un colonel inconnu, et il n'avait pas caché son admiration pour Mussolini. Les auteurs du coup de 1943 avaient des sympathies pro-nazis et leur objectif visait à maintenir l'Argentine dans une position de neutralité durant la guerre, sans la compromettre avec les États-Unis et leurs alliés.

La fin de la guerre obligea les militaires argentins à organiser des élections. Perón, qui était devenu un personnage populaire en tant que ministre du Travail en 1943, profita de ses liens avec les milieux ouvriers pour remporter la présidence de la République, aux élections de février 1946. Les péronistes gagnèrent en même temps la majorité absolue au Congrès. Les femmes coopérèrent à cette victoire, grâce au droit de suffrage qu'elles obtinrent en 1947. Perón créa un parti spécialement

Perón, le leader argentin des années 1940-1950, conquit les masses avec sa politique et son grand sourire

pour les femmes, le Parti péroniste féminin (PPF), qui réussit à rassembler 500 000 adhérentes. S'il est vrai que cela permit, en plus du vote, qu'un grand nombre de femmes fussent élues au Parlement, cela ne se faisait pas dans un contexte vraiment démocratique : dans le PPF, il n'y eut pas de congrès du vivant d'Eva Perón et c'était elle qui désignait les dirigeants du parti.

Perón gouverna l'Argentine entre 1946 et 1955. Après son triomphe en 1946, il fut réélu en 1951. Sa popularité augmenta avec l'action flamboyante de sa femme, Eva Duarte, une actrice peu connue, d'origine sociale humble, qui devint une idole des masses.

L'explication du succès de Perón se trouve dans sa politique sociale, favorable aux travailleurs, auxquels il concéda des augmentations de salaire et des possibilités de renforcer les syndicats, ainsi que dans sa capacité de développer un lien émotif avec les masses durant les fréquentes manifestations publiques qui eurent lieu au cours de son régime. Cependant, les améliorations matérielles réelles que les travailleurs, surtout les ouvriers urbains, obtinrent avec son régime impliquaient la subordination de la centrale syndicale, la CGT (Centrale générale de travailleurs) au gouvernement. D'un autre côté, cette politique ne signifiait pas une attitude hostile envers les entrepreneurs, puisque le péronisme ne menaça à aucun moment la propriété, même s'il augmenta quelques moyens de contrôle étatique sur l'économie. Perón essaya plutôt de devenir l'arbitre des conflits sociaux, faisant converger des entrepreneurs et des travailleurs vers des instances communes. Dans le domaine de la politique extérieure, Perón essaya de tenir un discours basé sur la « troisième position », équidistante du communisme et du capitalisme. Pendant plusieurs années, il se déclara hostile à tout appui sur le capital extérieur, allant jusqu'à dire qu'il « se couperait les mains » avant de signer une accord avec une entreprise étrangère qui impliquerait des investissements. Quand il se vit dans l'obligation, en 1953, d'accepter un traité avec la Esso Standard Oil pour l'exploitation du pétrole dans le sud de l'Argentine, il dut fournir des explications à ce bris de promesses : il déclara qu'il s'agissait d'un emprunt, et non d'un investissement.

Malgré son succès politique, le régime de Perón commença à se détériorer durant son second mandat. La mort d'Eva, atteinte d'un cancer, en 1952, le priva d'un de ses piliers. Avec la diminution des exportations, l'économie du pays entra dans une phase difficile. Les ennemis du régime, dont la droite et, depuis 1953, l'Église catholique, multiplièrent les critiques sur le désordre administratif et ce qu'ils considéraient comme une dictature. En septembre 1955, une partie des Forces armées fit un coup d'État contre lui. Perón aurait pu se défendre, puisqu'il comptait sur des troupes loyales, mais il préféra abandonner le pouvoir et il partit en exil. Il allait demeurer 18 ans hors du pays, sans

Le culte d'Evita présent dans les écoles primaires en Argentine.

perdre sa popularité, si bien qu'en 1973, lorsqu'il revint, il fut réélu président avec une majorité confortable. En ce sens, l'expérience péroniste est l'une des plus extraordinaires de l'histoire latino-américaine. Mais il s'avère difficile d'évaluer son apport à la démocratie. S'il élargit effectivement les droits sociaux de vastes secteurs et contribua à renforcer la classe ouvrière, son régime présente des aspects autoritaires, comme la manipulation de syndicats, l'intolérance envers les intellectuels qui n'appuyaient pas son gouvernement et l'emploi d'un discours basé sur la passion, qui divisa le pays, attisant la haine de ses adversaires. Il ne menaça pas non plus les fondements du pouvoir oligarchique, la grande propriété agraire en particulier. Aussi, après son départ, l'Argentine demeura-t-elle un pays profondément instable, dans lequel alternaient les régimes militaires et civils.

Le Brésil trouva en Getulio Vargas un gouvernant qui employa aussi des méthodes populistes : on finit par l'appeler le « père des travailleurs ». Originaire de Rio Grande do Sul, Vargas arriva au pouvoir en 1930 par la force, appuyé par un mouvement civique-militaire qui réunissait les mécontents de la concentration du pouvoir à Minas Geraes et à Sao Paulo et par les partisans d'une plus grande industrialisation, dont faisaient partie les militaires. Comme dans le cas de Perón, il gagna en partie sa popularité par sa politique d'appui aux syndicats, qui devaient cependant accepter un contrôle gouvernemental. Mais, contrairement au leader argentin, Vargas agit de façon dictatoriale durant la plus grande partie de sa carrière : de 1930 à 1945, il gouverna sans passer par les élections. Son autoritarisme se refléta surtout dans la période de 1937 à 1945, connue sous le nom de « Estado novo » (État nouveau) pendant laquelle il réprima durement ses opposants et ferma le Congrès. Les libertés fondamentales furent suspendues et on procéda à beaucoup d'arrestations : l'anticommunisme servait de prétexte pour réprimer tous les critiques du régime, qu'ils fussent ou non de ce parti. Après quelques hésitations, Vargas réprima aussi, en 1938, le parti « intégraliste » de Plinio Salgado, formation inspirée par le fascisme, dont les membres portaient une chemise verte. Il donna plus de poids aux autorités fédérales, en réduisant la force des polices de chaque État, allant jusqu'à brûler les drapeaux des États dans une cérémonie publique, pour mettre en lumière la nécessité d'un gouvernement plus centralisé.

Dans le domaine économique, Vargas eut le mérite de renforcer l'industrialisation du Brésil, avec l'élan donné à la sidérurgie. En politique internationale, après une attitude ambiguë envers l'Alle-

Même s'il était civil, Getulio Vargas conquit le pouvoir avec l'appui des militaires au Brésil.

magne, le Brésil décida d'appuyer ouvertement la lutte mondiale contre le nazisme, comme allié des États-Unis, se distinguant ici de l'Argentine.

Ces décisions, apparemment contradictoires, nous font voir que Vargas suivit un itinéraire propre, dépourvu d'idéologies claires, caractérisé par le pragmatisme, le nationalisme et l'autoritarisme. Son apport à une transformation anti-oligarchique fut inférieur à celui de Perón, la mobilisation de masses ne constituant pas un point central de son action, mais il est indubitable qu'il changea la relation de forces dans le pays, par le rôle croissant assumé par l'État. Cela ne fit pas du Brésil un pays plus stable ; bien qu'il comptât longtemps sur l'appui des Forces armées, celles-ci se retournèrent contre lui à deux occasions : en 1945, quand elles le forcèrent à abandonner le pouvoir, et ensuite en 1954, quand Vargas se trouvait de nouveau au pouvoir, bien que cette fois élu démocratiquement, avec le vote de deux partis créés par lui : le Parti des travailleurs, qui attirait les ouvriers, et le Parti social démocratique, qui réunissait ses partisans de la clase moyenne. Cependant il ne termina pas son mandat, car il se suicida en août de cette année-là, accablé, apparemment, sous le poids des pressions militaires.

L'Équateur vécut une expérience politique marquée par la présence de José María Velasco Ibarra, qui pour diverses raisons occupa plusieurs fois le pouvoir : la première occasion se situe en 1934, comme président provisoire, et ensuite en 1944-1947 et en 1952-1956. (Plus tard il deviendrait encore président à deux occasions). On a souvent qualifié Velasco de populiste, mais ce concept s'applique difficilement à son cas. Il ne réussit pas à former un parti politique, comme Perón, mais il gouverna plutôt avec l'appui de diverses coalitions, comptant parfois sur la gauche, parfois sur la droite. Sa principale réalisation sociale se trouve dans le soutien qu'il accorda à la création de la Confédération de travailleurs de l'Équateur, en 1945, mais cela ne fit pas de lui un leader lié organiquement aux ouvriers. Les militaires ne s'éloignèrent pas de la politique durant l'ère de Velasco, puisqu'ils l'aidèrent à prendre le pouvoir en 1944 et le renversèrent en 1947. En général, l'Équateur ne parvint pas à développer une vie politique stable, et les différents politiques qui le dirigèrent arrivèrent au pouvoir à travers des coalitions ou sur la base du charisme personnel. Malgré tout, dans les années 1950, sous les gouvernements de Galo Plaza et la troisième administration de Velasco, le pays bénéficia d'une vie relativement tranquille. Cela s'explique en partie par l'augmentation des exportations de bananes, qui permit aussi une certaine croissance industrielle. Mais à la fin de la décennie, la baisse des exportations entraîna des problèmes économiques qui alimentèrent une grande protestation sociale, en juin 1959 ; elle fut violemment réprimée par l'armée, faisant mille morts.

Au Pérou, les régimes élus alternèrent avec les gouvernements dictatoriaux, résultats d'interventions militaires. L'oligarchie péruvienne accepta ainsi de partager le pouvoir avec l'armée, qui demeurait la meilleure garantie pour empêcher la prise du pouvoir par l'adversaire redouté : APRA, le parti fondé dans la décennie des années 1920 par Haya de la Torre. Une bonne partie de la classe moyenne et des noyaux ouvriers appuyaient ce parti, et il se présentait comme une alternative populaire et anti-oligarchique. Son programme, qui comprenait la dénonciation de l'impérialisme des États-Unis, des mesures nationalistes dans l'économie et une revendication de l'héritage indigène, apparaissait à la droite péruvienne très proche de celui des communistes. Ce parti compta sur des appuis importants à Lima et dans la région de Trujillo, « le solide Nord », où la classe ouvrière des plantations de coton et de sucre votait pour lui massivement.

Ses partisans firent une tentative de révolution armée en 1932, dans le nord du pays ; elle fut violemment réprimée par l'armée. Les membres du parti, frustrés, répondirent en 1933 par l'assassinat du général Luis Sánchez Cerro, le président élu en 1931. Dans les années suivantes, des militaires et la droite civile alternèrent au pouvoir, s'entendant pour bloquer l'ascension de l'APRA. Ce n'est qu'en 1945 que ce parti put jouer un rôle en politique, en tant que membre d'une coalition qui mena au gouvernement de José Luis Bustamante. Mais les militaires intervinrent de nouveau en 1948, avec le coup qui porta au pouvoir le général Manuel Odría et laissa encore l'APRA dans l'illégalité. Haya demeura cinq ans réfugié dans l'ambassade de la Colombie. Avec l'élection du civil Manuel Prado en 1956, le Pérou retrouva finalement une situation politique plus stable, mais pas plus démocratique qu'au début de la période.

Víctor Raúl Haya de la Torre se présenta comme le « sauveur » du Pérou mais l'armée lui barra toujours la route vers le pouvoir.

Le Venezuela connut une situation semblable, ce qui traduisait les difficultés du pays à se remettre de l'héritage de la longue dictature de Gómez. À sa mort en 1935, deux militaires se succédèrent au pouvoir : Eleazar López Contreras entre 1936 et 1941 et Isaías Medina Angarita, président de 1941 à 1945 (tous les deux furent élus comme président par le congrès, non par la nation). Sous ce dernier, la population jouit de libertés politiques beaucoup plus grandes que durant la dictature. En outre, Medina fit approuver une loi pétrolière, en 1943, qui augmentait les impôts payés par les entreprises étrangères exploitant cette ressource, et apportait ainsi de plus grands revenus au pays. Cela ne parut pas suffisant pour les aspirations de l'Action démocratique (AD), qui réunissait les membres de la « génération de 1928 », née en protestation contre la dictature de Gómez, et qui avait été légalisée en 1941. Son leader, Rómulo Betancourt, demandait des réformes assez radicales, dans un discours semblable à celui de l'APRA. En 1945, avec l'appui de jeunes officiers, l'AD s'empara du pouvoir sur un coup d'État et elle l'exerça durant trois ans, pendant lesquels on fit une réforme agraire importante, et le parti obtint pas mal de popularité dans le milieu paysan. Mais les militaires intervinrent de nouveau en 1948, cette fois pour renverser l'AD. Le pays fut gouverné par une junte, et ensuite par le général Marcos Pérez Jiménez, qui exerça une dictature très répressive, jusqu'en 1958.

Finalement, on vécut à Cuba une situation qui eut des hauts et des bas nombreux, qui aurait pu mener à une démocratie plus stable, mais qui se termina par la fameuse révolution dirigée par Fidel Castro. Dans les années de la crise mondiale, l'île avait vécu une expérience instable, après la chute du dictateur Gerardo Machado en 1933, ce qui sembla favoriser un gouvernement de coalition de gauche, dirigé par le médecin Ramón Grau. Le nouveau gouvernement abolit l'amendement Platt (ce que les États-Unis acceptèrent par la suite), lança un programme de réforme agraire, donna le droit de vote aux femmes et créa la journée de travail de huit heures. Mais cette période dura peu. Sous les pressions des États-Unis, le sergent Fulgencio Batista, qui avait organisé un coup militaire à l'intérieur de l'armée pour prendre le commandement, devint l'homme fort du pays, mettant fin aux réformes et réprimant durement ceux qui faisaient des manifestations et des grèves. Cuba fut gouverné jusqu'en 1940 par divers présidents imposés par Batista ; ce dernier se fit élire président en 1940. Paradoxalement, à partir de cette année, Cuba parut entrer dans une ère de plus grand respect des institutions. On vota une nouvelle constitution, inspirée de principes démocratiques, et les divers partis, y compris le communiste, purent s'exprimer librement. En 1944, le parti « Authentique », avec Ramón Grau, l'homme de 1933, accéda au pouvoir et, en 1948 cette même formation triompha à nouveau, avec Carlos Prío Socarraz. Mais les « authentiques » déçurent dans l'exercice du pouvoir, à cause des nombreux cas de corruption qui commencèrent à surgir dans l'administration publique, et par l'emploi fréquent de bandits pour régler des disputes politiques. Tout cela poussa Batista à revenir au pouvoir. En 1952, il allait se présenter comme candidat à la présidence, mais comme il n'était pas sûr de gagner l'élection, il se servit de ses contacts avec l'armée pour faire un coup d'État. Cuba entrait encore une fois dans le cadre d'une dictature, qui allait finir cette fois de façon très distincte de celle de Machado, avec l'apparition de la figure de Fidel Castro.

Cet avocat et militant du parti « orthodoxe », uni à un groupe d'amis personnels, se lança dans la lutte armée contre la dictature. Après l'échec de la prise de la caserne Moncada, en 1953, et au bout de deux ans de prison, il fut amnistié et s'exila au Mexique, d'où il revint à la fin de 1956 pour se lancer de nouveau dans la révolution et aboutir à la victoire, le 1er janvier 1959. Son succès ne paraissait pas inspiré par des idéologies radicales (le Parti communiste de Cuba l'avait surnommé « aventurier » et n'appuya la lutte armée qu'à la fin), mais plutôt par des principes généraux de démocratie, acceptables pour beaucoup. Cependant, le nouveau régime dirigé par Castro allait changer radicalement l'histoire de Cuba et influer prodigieusement sur l'histoire de toute la région.

• La Bolivie et le Guatemala, deux expériences révolutionnaires frustrées

Ces deux pays vécurent une situation caractérisée par d'importants changements sociaux, qui semblèrent ouvrir un chemin vers la démocratisation. Toutefois, dans les deux cas, surtout pour le Guatemala, cette perspective se termina dans la frustration.

En Bolivie, l'événement majeur fut la révolution de 1952, déclenchée par le Mouvement national révolutionnaire (MNR). Ce parti s'était formé après la défaite de la Bolivie dans la guerre contre le Paraguay de 1932 à 1935, ce qui avait causé une crise profonde dans le pays. Au milieu des années 1930, deux militaires réformistes, les colonels David Toro et Germán Busch, avaient gouverné la Bolivie. Le second, président de 1936 à 1939, avait nationalisé le pétrole et aboli le *ponguaje*. Durant la seconde guerre, on avait fondé le MNR et porté au pouvoir le major Gualberto Villarroel. Le nouveau parti, œuvre de secteurs moyens urbains, développa des liens avec le mouvement ouvrier minier, grâce au leader syndical Juan Lechín. Mais en 1946 le gouvernement de Villarroel fut renversé, et le président lui-même fut pendu à un lampadaire. Les dirigeants du MNR durent partir en exil. Au cours de l'élection présidentielle de 1951, à laquelle put participer le MNR, son candidat, Víctor Paz Estenssoro, remporta la victoire, mais les militaires annulèrent l'élection. Cela provoqua la décision du MNR de se lancer dans la révolution, qui triompha en avril 1952. Les révolutionnaires réussirent à prendre le pouvoir après une brève lutte armée, grâce à l'appui des mineurs de l'étain et d'une partie de la police militaire. Paz fut proclamé président, mais, à la différence du Mexique, la Bolivie n'entra pas dans un régime de parti unique.

Sous la présidence de Paz (1952-1956) la Bolivie expérimenta des changements importants. On nationalisa les grandes mines d'étain, la principale richesse du pays, et on mit en œuvre une réforme agraire semblable à celle du Mexique, qui remit des terres aux communautés indigènes. On créa des mécanismes de participation populaire : dans les mines nationalisées, les ouvriers avaient droit de veto en matières administratives. Pour la première fois dans l'histoire, les Indiens reçurent le droit de vote, grâce au suffrage universel.

Malgré l'importance de ces changements, le nouveau régime se trouva bientôt en face de graves difficultés. La principale fut de nature économique : une terrible inflation frappa le pays et réduisit l'appui politique au nouveau régime. Les mines nationalisées se trouvaient dans une phase de faible rentabilité, et la Bolivie dépendait presque totalement des États-Unis, autant pour raffiner l'étain que pour le vendre. Aussi, Paz ne put-il pas faire autrement que de maintenir de bonnes relations avec Washington et solliciter des emprunts extérieurs pour équilibrer ses budgets, ce que facilitèrent les États-Unis, qui devinrent le principal appui financier du pays. Cette situation paradoxale s'explique par le fait qu'aucune des grandes mines nationalisées n'appartenait majoritairement à des capitaux américains : le principal entrepreneur exproprié était la famille bolivienne Patiño. En concédant cet appui, Washington cherchait à domestiquer la révolution, en l'obligeant à adopter un cours modéré et à faire des concessions, comme l'abandon du monopole étatique du pétrole, le refus de la proposition de l'Union Soviétique de raffiner l'étain bolivien et le paiement adéquat d'indemnisations aux propriétaires de mines expropriés, dont quelques actionnaires américains. De plus, une partie de l'aide des États-Unis alla à l'armée, qui, malgré son renouvellement à la suite de la révolution, commença bientôt à se conduire comme un élément répressif, contre les mineurs. Sous la présidence de Hernán Siles (1956-1960), l'orientation révolutionnaire diminua notoirement, et nonobstant des progrès réels vers la démocratie, on ne trouva pas de solution aux graves problèmes économiques, ce qui allait ouvrir la porte à de nouvelles interventions militaires dans les années à venir.

Au Guatemala, le dénouement de l'expérience réformiste fut encore plus négatif. Le pays entra dans une phase de changements prometteurs en 1944, avec le renversement de la dictature de Jorge Ubico, à la suite d'une rébellion de groupes des classes moyennes. Le nouveau gouvernement, présidé par Juan José Arévalo (1945-1951), adopta des lois dont le pays avait bien besoin, dans le domaine de la sécurité sociale et des relations de travail. Mais on ne s'attaqua pas au problème principal, celui de la propriété de la terre. Cette tâche incomba à Jacobo Arbenz, élu à la présidence en 1951. Ce colonel de l'armée lança un programme de réforme agraire qui comprenait l'expropriation de terres non exploitées par leurs propriétaires. En outre, Arbenz projeta la construction d'un nouveau chemin de fer vers la côte des Caraïbes. Les deux mesures affectaient les intérêts des grands propriétaires, dont la United Fruit, la puissante entreprise américaine, qui non seulement risquait la perte d'une partie de ses terres, mais encore le monopole qu'elle détenait en matière de transport ferroviaire, puisqu'elle possédait la seule voie ferrée reliant l'intérieur du pays à la côte. Cela valut à Arbenz l'opposition des États-Unis, qui l'accusèrent en plus de faire le jeu des communistes, dont le parti appuyait le gouvernement. Dans le contexte de la guerre froide, cela équivalait, à plus ou moins long terme, à une condamnation à mort.

C'est ce qui arriva en juin 1954, quand se produisit un soulèvement militaire contre le gouvernement d'Arbenz, dirigé par le colonel Carlos Castillo Armas. C'est la CIA qui avait financé directement cette action. Le gouvernement de Washington avait d'abord obtenu une condamnation politique du gouvernement guatémaltèque par la OEA dans sa réunion de Caracas, en l'accusant d'être un instrument de la « pénétration étrangère dans l'hémisphère ». Les États-Unis exercèrent aussi des pressions pour que l'armée guatémaltèque se croisât les bras devant le coup d'État, lequel triompha presque sans lutte armée, devant l'appui enthousiaste des propriétaires agricoles. Les partisans du gouvernement essayèrent d'opposer une timide résistance, sans grand résultat. Les nouvelles autorités, dirigées par Castillo Armas, freinèrent la réforme agraire et déclenchèrent une politique répressive contre les partisans d'Arbenz. Cela entraîna l'exil de plusieurs personnes, y compris un certain nombre d'étrangers, dont un médecin argentin appelé Ernesto Guevara, qui durent se réfugier au Mexique. Désormais le Guatemala connaîtrait une succession de gouvernements dictatoriaux qui allait conduire le pays à subir un des destins les plus tragiques de l'Amérique latine, jusqu'à la fin du siècle. La lutte contre le régime oligarchique demeurait interrompue indéfiniment.

• Autoritarisme et militarisme : le Salvador, le Honduras, le Panama, le Nicaragua, Haïti, la République Dominicaine et le Paraguay

La plupart des pays de l'aire méso-américaine et des Caraïbes, de même que le Paraguay en Amérique du Sud, avancèrent moins que tous les autres pays sur la voie de la démocratisation. Partout on assista même à un recul par rapport aux fragiles progrès enregistrés à l'époque précédente. Ce panorama décourageant s'explique, au moins en partie, par la crise mondiale de l'économie et par les interventions des États-Unis, qui, sur une plus ou moins grande échelle, furent à l'origine de plusieurs de dictatures et ne firent pas grand-chose pour modifier la situation. Mais la clé demeura l'attitude des classes propriétaires, peu ou pas intéressées à la démocratisation de la vie politique et sociale de leurs pays et qui accueillaient favorablement les interventions des militaires.

C'est au Salvador, en 1932, que se produisit l'épisode le plus dramatique et le plus sanglant de cette période : devant la mauvaise situation économique, les travailleurs ruraux, dont beaucoup d'indigènes, planifièrent une rébellion armée, à laquelle participa le petit Parti communiste de ce pays. Mise au courant des préparatifs, l'armée écrasa le mouvement embryonnaire, déclenchant contre les rebelles une répression jamais vue : le bilan s'éleva à plusieurs milliers de morts, peut-être 20 000, massacre appelé désormais la Matanza (tuerie). À la suite de cet événement, le pays tomba sous la domination du général Maximiliano Hernández Martínez, qui avait dirigé le massacre, jusqu'en 1944. La situation s'améliora un peu à la fin de la Seconde Guerre mondiale, comme au Guatemala, mais les militaires continuaient à dominer la vie politique, se renversant les uns les autres. Un des rares à gouverner pendant un mandat complet (de six ans) fut le colonel Oscar Osorio, entre 1950 et 1956. Au cours de cette période, le pays atteint un certain progrès économique grâce au développement de l'industrie du coton.

Au Honduras, la situation ne différa pas tellement. Après la longue dictature de Tiburcio Carías (1936-1949), son successeur, Juan Manuel Gálvez, accepta de revenir à un système basé sur des élections justes. Ce principe sembla se matérialiser en 1957, avec l'élection à la présidence du libéral Ramón Villeda Morales. Cependant le gouvernant se vit obligé d'accepter une nouvelle constitution qui renfermait une clause selon laquelle le commandant en chef de l'armée pouvait désobéir aux ordres du président. Dans une telle situation, le parlement devait servir d'arbitre. Malgré cela, Villeda réussit à imposer des mesures qui apportèrent un certain progrès au pays, grâce à un programme de construction d'écoles, de santé publique et de sécurité sociale, en plus de créer un nouveau code de travail. Cette étape encourageante devait se terminer brusquement en 1963, avec un nouveau coup d'État ramenant les militaires au pouvoir, avec le colonel Osvaldo López Arellano.

Au Panama, ce n'est pas une dictature qui accapara le pouvoir, mais plutôt une succession de régimes où alternaient des présidents souvent élus sans opposition, ou franchement autoritaires, l'un d'eux avec des tendances tout à fait fascistes. Il s'agit d'Arnulfo Arias, qui gouverna de 1940 à 1941 et ensuite de 1949 à 1952, et implanta une constitution avec des dispositions racistes dirigées contre la population de couleur d'origine antillaise anglophone. Six coups d'État se succédèrent au cours de cette période, aucun d'eux réellement sanglant toutefois ; cela ressemblait plutôt à des intrigues de palais. Un fait pittoresque renversa Arias en 1941 : on saisit le prétexte de l'absence du président, en voyage sans autorisation à Cuba pour aller voir sa maîtresse qui y résidait. L'absence d'armée (supprimée en 1904) et la présence vigilante des États-Unis, intéressés à protéger le canal, contribuèrent à la faible intensité des coups d'État. Un seul président perdit la vie au cours de l'un de ces épisodes, José Antonio Remón, assassiné en 1955. Dans le domaine international, Le Panama obtint de meilleures conditions dans ses relations avec les États-Unis : en 1936, Washington renonça à la clause de la Constitution panaméenne qui l'autorisait à intervenir militairement dans le pays et, en 1955, les deux pays négocièrent un

nouveau traité pour le canal afin d'augmenter les revenus que le Panama tirait de
son fonctionnement. De toute façon, la
situation de dépendance du pays de
l'isthme envers les États-Unis continua à
constituer un problème difficile pour les
Panaméens et fut souvent la source de
protestations et de tensions.

Haïti offre un panorama semblable,
avec une succession de gouvernements
autoritaires, la plupart d'origine militaire,
souvent renversés par des officiers rivaux.
Cette situation s'aggravait du fait des
tensions entre Noirs et Mulâtres qui
rivalisaient pour le pouvoir. La présidence
du Noir Dumarsais Estimé (1946-1950),
professeur d'école, constitua une exception : sous son gouvernement on put
organiser librement des syndicats et des
partis politiques. En 1957, François
Duvalier, un médecin noir, qui comptait
sur un appui rural solide, remporta
l'élection présidentielle. On espérait un

Jean-Claude Duvalier, président
devenu dictateur à vie en Haïti,
s'appuya sur l'armée pour établir
son règne.

gouvernement comparable à celui du temps d'Estimé, dont il avait été
ministre de la Santé. Mais Duvalier consacra ses efforts à créer un
régime de pouvoir personnel, procédant à une purge à l'intérieur de
l'armée et créant une milice destinée à terroriser ses opposants, milice
connue dans la langue populaire sous le nom de *tontons macoutes*. Haïti
entrait dans une phase de dictature de fer, qui allait se prolonger avec
le fils de Duvalier, « Baby doc », jusqu'en 1986.

Au Nicaragua et en République Dominicaine se déroulèrent des
histoires parallèles. Dans les deux pays, les chefs des forces armées qui
avaient été organisées pendant l'occupation militaire des États-Unis,
Anastasio Somoza et Rafael Leonidas Trujillo, employèrent leur charge
comme tremplin pour s'emparer de la présidence dans les années 1930.
Dans les deux cas, il s'agit de dictatures patrimoniales, dans lesquelles
les chefs de gouvernement confondirent la propriété publique avec la
propriété personnelle. Somoza acquit le monopole de plusieurs secteurs
industriels, comme celui du ciment, en plus de s'approprier le sixième

des terres cultivables du pays. Trujillo employa les mêmes méthodes d'enrichissement, en plus d'exhiber un comportement grotesque : il fit nommer son fils aîné colonel de l'armée à l'âge de six ans, et rebaptisa Santo Domingo, la capitale du pays, en Ciudad Trujillo, en son honneur. Le dictateur employa la carte nationaliste pour donner plus de soutien à son régime. En 1937, il déclencha une campagne contre les nombreux travailleurs Haïtiens venus du pays voisin, laquelle culmina par un massacre perpétré par l'armée. Trujillo justifia cet assassinat massif, qui coûta la vie à plusieurs milliers de personnes, en prétextant que les Haïtiens menaçaient l'identité nationale, par leur poids démographique croissant, et imposaient, selon lui, leurs pratiques religieuses (le vaudou) aux Dominicains.

Trujillo reçut cependant un certain appui des masses, parce qu'il distribua des terres (expropriées à ses ennemis) aux paysans pauvres, concéda aux femmes non seulement le droit de vote en 1940 mais aussi l'égalité juridique avec l'homme dans tous les domaines, de sorte que la République Dominicaine exhibait un progrès non encore atteint par des pays comme le Mexique et le Chili. Mais il est évident que ces concessions renfermaient des manigances pour le pouvoir. C'est pour cela qu'on enrôla les femmes dans la section féminine du Parti dominicain, l'instrument politique de la dictature, qui les faisait participer aux manifestations en faveur de son gouvernement.

L'étroite collaboration entre la dictature d'Anastasio Somoza au Nicaragua et les États-Unis se reflète sur cette photo où l'on voit le dictateur rendant visite à ses deux fils, alors cadets dans une école militaire en Virginie.

Les deux dictatures durèrent très longtemps, car, si à certains moments d'autres personnes se faisaient élire à la présidence, il s'agissait de candidats désignés par la dictature, pour assurer la continuité du régime tout en lui donnant une apparence démocratique. Au Nicaragua, Somoza gouverna, avec quelques intermittences, de 1935 à 1957, année de son assassinat par un opposant au régime ; ses fils Luis et Anastasio allaient prolonger la dictature jusqu'en 1979. En République Dominicaine, la dictature persista de 1930 jusqu'à l'assassinat de Trujillo, en 1961. Dans ce dernier cas, les États-Unis exercèrent des pressions pour mettre fin au régime, dont les excès avaient dépassé la mesure tolérable par Washington.

Finalement, au Paraguay, les militaires prirent le pouvoir, comme conséquence de la guerre du Chaco, ce qui mit fin à la fragile expérience démocratique du début du siècle, dominée par le Parti libéral. De 1936 à 1954, le pays vécut une ronde interminable de coups militaires, neuf en tout. Les civils participaient souvent à ces actions, dans des luttes de pouvoir où les ambitions personnelles l'emportaient nettement sur les idéologies. Parmi les principaux détenteurs du pouvoir, figura en premier lieu le général Higinio Morínigo, qui gouverna entre 1940 et 1947, terminant son règne au milieu d'une courte mais sanglante guerre civile. Pendant cette période, les disputes entre les officiers pro-nazis et ceux qui étaient en faveur des alliés des officiers paraguayens, en plus des pressions de l'Argentine de Perón, qui intervenait souvent en faveur de l'un ou l'autre de ceux qui ambitionnaient le pouvoir, furent des facteurs qui contribuèrent à rendre encore plus instable le pays. Plus tard surgit comme homme fort le général Alfredo Stroessner, qui imposa sa dictature en 1954, laquelle devait se poursuivre jusqu'en 1989, la plus longue de l'histoire de l'Amérique du Sud au XXe siècle. Stroessner utilisa comme instrument le Parti colorado (conservateur), précipitant les libéraux dans l'exil, seul parti visible de l'opposition. Le dictateur organisa régulièrement des élections, toujours gagnées par lui, tolérant que certains libéraux gagnent quelques postes au congrès, pour donner une apparence de démocratie.

• **La gestation des partis politiques indépendantistes dans les territoires coloniaux**

La Seconde Guerre mondiale donna un nouvel élan à la décolonisation. Les pays des Caraïbes, qui demeuraient possessions européennes à la fin de la guerre, connurent certaines transformations, marquant pour les uns le début du processus de l'indépendance. En 1946, la France érigea la Guyane, les îles de la Guadeloupe et de la Martinique en départements d'outre-mer, les retirant de la tutelle du ministère des Colonies. Cela donna à la population de ces territoires le droit de recevoir les mêmes bénéfices que la sécurité sociale accordait aux habitants de la métropole. Le gouvernement français ferma en outre la colonie pénale de l'île du Diable, en Guyane, tristement célèbre à cause des dures conditions de vie des forçats. Tout cela n'amena pas une grande participation aux élections, puisqu'en Guadeloupe et en Martinique l'abstention s'élevait en moyenne à 50%. Le Parti communiste resta longtemps la formation qui obtint le pourcentage le plus élevé des suffrages dans les deux îles des Antilles.

La Hollande transforma sa Guyane en province autonome, avec le nom de Surinam, en 1954, et il se produisit la même chose avec les Antilles hollandaises (le Curaçao et d'autres) cette même année. Au Surinam, des partis politiques émergèrent qui se définirent en fonction de lignes ethniques : les personnes originaires de l'Inde (aussi bien de religion hindoue que musulmane) fondèrent un parti, tandis que ceux en provenance d'Indonésie (à prédominance musulmane) en organisèrent un autre. Les habitants du pays obtinrent le droit au suffrage universel en 1949.

L'Angleterre élargit les droits des habitants de ses possessions en autorisant les élections sur la base du suffrage universel pour les Assemblés de la Jamaïque, de Trinité-et-Tobago et de la Guyane. De plus, dans les années 1930, toute une génération de leaders politiques émergea. Ils allaient devenir les premiers chefs de gouvernement quand leurs pays accéderaient à l'indépendance : Michel Manley et Alexander Bustamante en Jamaïque, Eric Williams à Trinité et Cheddi Jaggan en Guyane. Ce dernier remporta l'élection de 1949 et ensuite celle de 1953, dans laquelle il fut le porte-drapeau du People's Progressive Party (PPP), d'orientation nettement communiste, ce qui amena Londres à suspendre la Constitution et à déclarer l'état d'urgence. Cependant, Jaggan se maintint au pouvoir et fut réélu en 1957.

La Grande-Bretagne concéda une forme d'autonomie à dix de ses colonies dans les Caraïbes quand elle autorisa la création de la Fédération des Indes occidentales en 1957, avec la promesse d'accorder l'indépendance dans un avenir proche. Mais l'expérience tourna court, parce que les principaux hommes politiques de la région boycottèrent l'entité, qui ne compta pas non plus sur un appui populaire enthousiaste. Au début des années 1960 la Fédération cessa d'exister, et le processus d'indépendance commença, de façon séparée pour chacune des anciennes colonies anglaises.

Porto Rico continua d'être sous la domination des États-Unis, bien que ses habitants eussent de plus grandes possibilités de s'exprimer. En 1947, on autorisa pour la première fois l'élection du gouverneur, qui devait entrer en fonction en 1950. Le vainqueur, Luis Muñoz Marín (réélu postérieurement), dirigea l'île entre 1950 et 1964 ; il organisa en 1951 un plébiscite pour décider de l'avenir juridique de Porto Rico. On approuva le statut d' « État libre associé » avec les États-Unis ; cette situation n'a pas changé depuis. Parallèlement, un mouvement nationaliste émergea, dirigé par Pedro Albizú Campos, qui aspirait à l'indépendance en plus de dénoncer les inégalités dans la propriété de la terre. Mais son action fut très limitée à partir de 1937, lorsqu'on l'accusa de conspiration contre les États-Unis et qu'on l'emprisonna par la suite durant de longues années.

Culture

La pensée

Cette période se caractérisa dans sa plus grande partie par une pensée de tendance nationaliste, dont les racines plongeaient évidemment dans la crise économique et dans le discrédit général du libéralisme, ce qui portait les intellectuels à s'interroger sur l'identité économique de la région. Parmi les auteurs très importants du courant nationaliste-identitaire, le Péruvien Haya de la Torre, mentionné plus haut, se distingua par l'influence qu'il exerça dans toute la région avec son œuvre *El antiimperialismo y el Apra*, écrite en 1928, mais publiée pour la première fois en 1935 seulement, au Chili. L'auteur y lançait un appel dans le but de former un mouvement continental de défense contre l'impérialisme des États-Unis et pour l'internalisation du canal de Panama. Cependant, Haya n'était pas marxiste et ne cherchait pas non plus un système socialiste pour le Pérou, arguant que les sociétés latino-américaines devaient s'industrialiser avant de penser à monter un autre type d'organisation. Un autre penseur de ce même courant, l'Argentin Raúl Scalabrini Ortiz, proposa la nationalisation des chemins de fer, contrôlés par des capitaux anglais. À Cuba, l'anthropologue Fernando Ortiz, dans son *Contrapunteo cubano del tabaco y el azúcar* (1946) offrit une vision originale de l'histoire de son pays, soulignant la nécessité de se libérer de l'économie coloniale qui y régnait. Dans d'autres pays, le nationalisme prit des traits conservateurs, qui glorifiaient l'héritage ibérique et qui ouvrirent la porte à des mouvements de type fasciste, comme celui du Brésilien Plinio Salgado (qui dirigea le mouvement intégraliste, mentionné plus haut) et celui de l'historien chilien Jaime Eyzaguirre.

D'autres écrivains développèrent ce qu'on peut désigner comme une réflexion critique sur le sens et l'existence de leur pays respectif, souvent dans une perspective historique. Deux d'entre eux jouirent d'une grande renommée internationale et leurs œuvres furent traduites dans plusieurs langues : le sociologue et anthropologue brésilien Gilberto Freyre, qui marqua les études des relations ethniques dans son pays avec *Casa grande e senzala* (1933) et ensuite avec *Sobrados e Mocambos* (1936), et le poète et philosophe mexicain Octavio Paz (lauréat du Prix Nobel en 1990), dont l'essai sur l'identité culturelle du pays, *El laberinto de la soledad* (1950) devint un classique. Avant lui, et en partie grâce à la diffusion des idées d'Ortega y Gasset[13], on avait commencé à développer au Mexique une philosophie basée sur la compréhension de l'autochtone. Un de ses principaux exposants, Samuel Ramos, publia *El perfil del hombre y la cultura en México* (1934), où il cherchait à « parvenir au subconscient de l'homme mexicain ». Par la suite, Emilio Uranga, Leopoldo Zea et Edmundo O'Gorman continuèrent dans cette voie, en essayant de développer une philosophie de la culture américaine. Les études de ce dernier sur la signification de l'apparition de l'Amérique dans l'histoire (*Fundamentos de la historia de América*, 1942, et *La invención de América*, 1958). D'autres auteurs proches de cette optique exercèrent une grande influence dans leur pays respectif : l'Argentin Ezequiel Martínez Estrada, avec sa *Radiografía de la pampa* (1931) et le Vénézuélien Mariano Picón Salas avec son essai *Comprensión de Venezuela* (1949). Dans le monde des Caraïbes francophones, la figure dominante fut Aimé Césaire (né en Martinique), qui forgea le concept de « négritude », revendication de la civilisation africaine face à la domination occidentale, idées qu'il exprima entre autres dans *Discours sur le colonialisme* (1955).

À côté de ces penseurs, à partir de la fin des années 1940 un courant « modernisateur » émergea, qui cherchait de nouvelles formules pour orienter le développement économique. Cette tendance résultait de l'influence de la CEPAL, dont on a analysé l'origine plus haut. Son principal théoricien, l'économiste argentin Raúl Prebisch, occupa le poste de secrétaire général de la CEPAL entre 1948 et 1962. Dans son

---

13. L'arrivée d'un grand nombre d'écrivains et de chercheurs espagnols comme réfugiés politiques après la guerre civile de 1936-1939, dans plusieurs pays latino-américains, contribua à la connaissance d'Ortega, comme ce fut le cas à travers l'œuvre du philosophe José Gaos au Mexique. En général, la présence de ces intellectuels espagnols fut un apport de grande valeur au développement de la pensée et des sciences sociales ainsi qu'à celui de l'édition, au Mexique comme dans d'autres pays, entre autres l'Argentine et le Chili.

principal ouvrage, *El desarrollo económico de América latina* (1950), il avait affirmé que la division internationale du commerce était préjudiciable pour la région ; c'est pourquoi il préconisait l'industrialisation et l'intégration régionale comme solutions à cette situation. Avant lui, des politiques et des sociologues avaient écrit dans le même sens sur la nécessité toute spéciale d'industrialiser l'Amérique latine comme moyen de sortir de la pauvreté. Parmi eux figuraient deux personnages qui accéderaient plus tard à la présidence de leur pays respectif, le Chilien Pedro Aguirre Cerda, auteur de *El problema industrial* (1933) et le Vénézuélien Rómulo Betancourt, ainsi que les Brésiliens Roberto Simonsen et Azevedo Amaral et l'Argentin Adolfo Dorfman. Ce dernier souligna le rôle que les pouvoirs publics devaient assumer dans le développement de l'industrie, dans son ouvrage *La intervención del estado y la industria* (1944). Ces auteurs coïncidaient d'une certaine façon avec les auteurs mentionnés parmi les « nationalistes », comme Scalabrini Ortiz et Haya de la Torre, étant donné qu'une des justifications de l'industrialisation se basait sur la nécessité de changer la relation avec les pays forts. Cela donna lieu, dans la pensée du CEPAL, à la distinction entre « centre » et « périphérie », qui était négative pour les pays latino-américains, entre autres raisons à cause de la détérioration des termes d'échange qui se posait entre les nations qui vendaient des matières primaires et celles qui leur vendaient des produits manufacturés.

La critique de la situation de pauvreté et du sous-développement (concept qui commençait à s'employer dans les années 1950) se fit à propos du retard de l'agriculture, dans l'ouvrage du géographe brésilien Josué de Castro, qui encourageait à surmonter la dualité entre le secteur industriel et l'agricole, dominé par la grande propriété foncière à monoculture, *Géographie de la faim* (1949, en français). L'économiste brésilien Celso Furtado se pencha sur le problème de la pauvreté du Nord-Est de son pays, à partir d'une perspective nationale de développement à outrance et on le nomma directeur d'une agence gouvernementale à cet effet en 1959. Le thème du sous-développement retint également l'attention des historiens qui s'inspiraient du marxisme, comme le Brésilien Caio Prado Jr., auteur de *Formaçao económica do Brasil contemporâneo* (1942) et le Chilien Julio César Jobet, avec son livre *Ensayo crítico del desarrollo económico y social chileno* (1951).

Les arts et la littérature

Né dans la période précédente, le cinéma s'épanouit dans celle-ci, au moins au Mexique et en Argentine. Dans le premier pays, le cinéma bénéficia de l'impact de la révolution, qui fournit les sujets, et du financement d'une banque créée spécialement par l'État pour l'industrie cinématographique. Des acteurs comme María Félix et Pedro Armendáriz jouirent d'une énorme popularité, tandis que Emilio Fernández et Alejandro Galindo s'affirmaient parmi les principaux metteurs en scène. L'attrait pour la révolution se manifesta aussi par le séjour du célèbre cinéaste soviétique Sergei Eisenstein, qui passa deux ans à filmer dans le pays. Le metteur en scène espagnol, Luis Buñuel, autre réfugié politique au Mexique du début des années 1940, tourna quelques-uns des films qui figurent parmi les classiques du cinéma latino-américain, comme *Los Olvidados* et *Nazarín*. En Argentine, le cinéma reçut aussi un appui gouvernemental, non sans produire parfois des conflits à l'époque de Perón. L'un d'eux provoqua l'exil de la grande actrice et chanteuse Libertad Lamarque, qui dut continuer sa carrière au Mexique, après sa fameuse dispute avec Eva Perón. Le Mexique et l'Argentine exportait leurs films dans toute l'Amérique latine ; en 1948, les deux pays occupaient 10% ou plus du marché cinématographique dans plusieurs pays, comme le Chili, la Bolivie, Cuba, l'Équateur et l'Uruguay. Le Brésil, qui possédait également une industrie cinématographique importante, produisit un des films latino-américains les plus vus au monde, *O Cangaceiro* (1953), de Lima Barreto, basé sur la vie des bandits du Nord-Est, qui remporta le prix du « Meilleur film d'aventures » au Festival de Cannes.

Le théâtre atteint un plus grand développement, favorisé par la présence d'un public de plus en plus nombreux, dans les villes (et qui pouvait inclure ceux qui ne savaient pas lire) et par l'apparition des premiers auteurs dramatiques professionnels, surtout au Mexique et en Argentine. L'auteur le plus célèbre de l'époque, le Mexicain Rodolfo Usigli, connut des difficultés avec son oeuvre la plus remarquable, *El gesticulador* : en effet le gouvernement s'opposait à la présentation de la pièce, qu'il jugeait subversive, parce qu'elle présentait une vision négative de la révolution. Par contre, le gouvernement mexicain favorisa le développement de cette activité par la construction de gigantesques théâtres en plein air, comme le « Venustiano Carranza », où on présenta la création de Efrén Orozco Rosales, *Liberación*, qui dramatisait l'Histoire du Mexique depuis le temps des Aztèques, avec une séquence qui glorifiait la révolution.

L'architecture latino-américaine connut un prestige mondial avec l'œuvre des Brésiliens Lucio Costa et Gerardo Niemeyer, qui planifièrent Brasilia, la nouvelle capitale du pays.

En peinture, plusieurs artistes se distinguèrent, qui représentaient la dichotomie tant de fois mentionnée, au sujet de la rivalité entre les tendances réalistes et nationalistes et les tendances plus complexes et universelles. L'Équatorien Osvaldo Guayasamín et le Brésilien Cándido Portinari appartiennent au premier groupe. Tous les deux s'inspirèrent des muralistes mexicains, montrant dans leurs œuvres les diverses ethnies du continent et les travailleurs ruraux. Rufino Tamayo, du Mexique, prolongea la tradition picturale de son pays, mais dans un style personnel. Trois peintres développèrent des styles beaucoup plus abstraits, s'éloignant du figuratif surtout le Chilien Roberto Matta

L'œuvre du peintre brésilien Cândido Portinari, influencée par les muralistes mexicains, fut consacrée en bonne partie aux thèmes sociaux, comme celui des travailleurs du café.

surtout et, dans une moindre mesure, l'Uruguayen Joaquín Torres-García et le Cubain Wilfredo Lam. Ce dernier témoigna dans sa peinture des origines chinoise et africaine de ses parents.

La littérature trouva un public de plus en plus grand avec l'apparition de maisons d'édition de diffusion massive, comme Fondo de Cultura económica, créé par le gouvernement mexicain, dont la production circula à travers tout le monde d'expression espagnole. Parmi les écrivains les plus remarqués, plusieurs développèrent une création « engagée », inspirée très souvent par le militantisme dans le Parti communiste. Un de ses plus grands représentants, le poète chilien Pablo Neruda, déjà connu dans l'époque précédente, connut une nouvelle célébrité internationale avec ses poèmes épiques, comme le *Canto general* (1950), immense fresque de l'histoire latino-américaine, et par ses poèmes sur la Guerre civile espagnole, événement dont il fut témoin. L'écrivain brésilien Jorge Amado, qui produisit une série de romans sur des sujets sociaux et politiques, présente un cas semblable Militant communiste comme Neruda, il publia en 1950 *Los subterráneos de la libertad*, roman épique sur la lutte des communistes contre la répression du gouvernement Vargas.

Dans les pays andins, la tendance à défendre ce qui était autochtone continuait, avec les romans *Huasipungo* (1934), de l'Équatorien Jorge Icaza, *El mundo es ancho y ajeno* (1942), du Péruvien Ciro Alegría et *Los ríos profundos* (1958) , d'un autre Péruvien, José María Arguedas. En Amérique centrale, le romancier guatémaltèque Miguel Ángel Asturias (plus tard Prix Nobel, 1966), aborda aussi le thème de la trace indigène, avec *Hombres de maíz* (1949) et dans les Caraïbes, le Cubain Alejo Carpentier donna une nouvelle dimension aux thèmes latino-américains dans un style qu'on appellerait par la suite le « réalisme magique », avec des romans comme *El reino de este mundo* (1956), dont l'action se situe à l'époque de la révolution des esclaves à Haïti en 1792 (1956). Le Mexicain Juan Rulfo, une figure d'exception, avec seulement deux livres, qui suffirent à lui conférer une célébrité mondiale, *El llano en llamas* (contes, 1953) et *Pedro Páramo* (roman, 1956), participa aussi de ce courant, dans lequel on présentait la réalité à travers des métaphores et des mythes.

Au Brésil, une nouvelle génération d'écrivains traita dans beaucoup de romans du Nord-Est, région caractérisée par la pauvreté et le fléau auteurs des sécheresses périodiques. Parmi les principaux figurèrent les romanciers Graciliano Ramos, avec *Vidas Secas* (1938), et Joao

Guimaraes Rosa, détenteur d'un langage poétique, avec *Buriti* et *Grande sertao* (1956, 1958). Jorge Amado, mentionné plus tôt, consacra aussi plusieurs de ses romans aux ambiances de cette région, en particulier celle de la ville de Bahía et celle du monde des plantations de cacao.

Dans le Rio de la Plata par contre, des écrivains arrivèrent avec une orientation très différente. En Uruguay, Juan Carlos Onetti écrivit des romans sur des personnages aliénés, avec une ambiance de contexte urbain de grandes villes. Mario Benedetti commença à se faire connaître dans cette période, avec la publication de son volume de contes, *Montevideanos*, en 1959, se faisant remarquer aussi comme poète et romancier. En Argentine, Jorge Luis Borges atteint une célébrité mondiale avec ses contes basés sur des éléments universels, frôlant souvent le fantastique. *Ficciones* (1944) et *El Aleph* (1949) se détachent de son abondante production. Dans ce même pays, l'écrivain Victoria Ocampo occupa une place de choix, non seulement par son œuvre à elle, mais aussi à cause de la fondation de la revue *Sur* (1931), qui profita de la collaboration des meilleurs écrivains de son époque. Cette publication, qui dura jusqu'en 1971, joua un rôle important dans la diffusion des écrivains européens en Amérique latine[14].

Miguel Angel Asturias, l'écrivain guatemaltèque, dont le roman le plus connu, *Monsieur le président*, porte sur le thème de la dictature.

---

14. Victoria Ocampo, comme Borges et d'autres intellectuels argentins, connut beaucoup d'ennuis avec le régime péroniste, et fut même arrêtée en 1953. Plus tard, sa revue subit les critiques des écrivains identifiés avec la révolution cubaine, qui la voyaient comme « bourgeoise ».

Xavier Cugat, directeur d'un des plus célèbres orchestres de rythmes *latinos*, triompha aux États-Unis.

La culture populaire

Celle-ci continua à s'exprimer fondamentalement à travers la musique et la danse. La diffusion de la radio et de l'industrie du disque donna une plus grande audience aux chanteurs populaires. L'Amérique latine pleura la mort du chanteur de tangos Carlos Gardel, qui périt dans un accident d'avion en 1935. Les chanteurs mexicains, comme Jorge Negrete, connurent une célébrité à la grandeur du continent et les « rancheras », avec des thèmes de la révolution, commencèrent à rivaliser avec la peinture des mœurs du folklore d'autres pays. Le compositeur brésilien Ary Barroso, auteur entre autres de *Acuarela do Brasil,* obtint une notoriété internationale, de même que la chanteuse et actrice Carmen Miranda, qui contribua à diffuser dans toute l'Amérique la *samba,* danse brésilienne d'origine africaine[15]. D'autres danses, celles des Caraïbes, acquirent une grande popularité, même aux États-Unis : le *merengue* de la République Dominicaine, la *rumba,* le

---

15. C'est le film de Walt Disney, *Los tres caballeros.* qui fit connaître mondialement Carmen Miranda et Ary Barroso. Tournée en 1944, cette production faisait partie du rapprochement des États-Unis avec leurs alliés latino-américains durant la Seconde Guerre mondiale.

mambo et le *cha-cha-chá* de Cuba. Deux musiciens se rendirent célèbres en faisant connaître ces rythmes : Xavier Cugat (né en Espagne, mais qui vécut à Cuba) et le Cubain Pérez Prado.

La folkloriste chilienne Violeta Parra se distingue parmi les chanteurs et les auteurs. Elle réalisa un travail remarquable de sauvetage de la musique traditionnelle de son pays, avec laquelle elle composa des chansons qu'elle interprétait elle-même, dans un style très personnel. Sa mort tragique (elle se suicida en 1967) la convertit en figure presque mythique pour ses admirateurs.

Le cinéma permit la projection de l'artiste populaire le plus connu dans tous les pays de l'hémisphère, l'acteur comique mexicain Mario Moreno, plus connu sous le nom de « Cantinflas », qui créa un style d'acteur, incarnant toujours des personnages ingénus. Son succès fut tel qu'il joua aussi aux États-Unis et en Espagne, devenant un des acteurs les mieux payés du monde.

Une nouvelle expression de la culture populaire fit son apparition avec les revues de bandes dessinées, ou celles qui racontaient des histoires par chapitres. La revue *Billiken*, d'Argentine, se répandit dans plusieurs pays de l'Amérique du Sud. Au Chili, la revue *El Peneca* devint une lecture obligatoire pour les enfants de tout le pays. Il en fut de même avec les hebdomadaires sportifs, qui consacraient beaucoup d'espace au football, comme la revue argentine *El Gráfico*.

Fondé en 1919 à Buenos Aires, *El Gráfico*, hebdomadaire consacré au sport, est le plus connu de l'Argentine et de l'Amérique du Sud. *El Peneca* fut la plus importante revue pour enfants au Chili, qui amusa de générations entre les années 1920 et 1960.

Synthèse

Entre 1930 et 1959, la société devint plus complexe, grâce aux progrès de l'urbanisation et des services offerts à la population, de l'éducation en particulier. Il se développa une plus grande mobilité sociale et des pays comme le Mexique et la Bolivie adoptèrent des politiques en principe plus favorables aux indigènes. L'Amérique latine parut commencer à abandonner la « société de conquête ». D'importantes transformations anti-oligarchiques s'instaurèrent, à mesure que l'État acquérait une plus grande place et que de nouvelles forces politiques se consolidaient, mais la démocratisation de la vie politique ne montra que peu d'avancement. Les interventions militaires furent beaucoup plus fréquentes que dans la période antérieure, et servirent dans une bonne mesure à rétablir un ordre qui échappait aux mains de l'oligarchie, dont les partis perdaient le contrôle d'un électorat grandissant. Les pressions des États-Unis, dans le cadre de la guerre froide, aggravèrent cette situation, par leur appui à des gouvernements autoritaires au nom de l'anti-communisme. Au niveau économique, les pays latino-américains, après avoir surmonté les effets de la crise mondiale, cherchèrent une voie de développement qui, sans rompre avec le secteur privé ni avec les exportations, représentait une variante par rapport à l'expérience des décennies antérieures, en donnant une présence accrue à l'État et au marché interne. L'apparition des penseurs qui se montraient partisans d'un nationalisme économique et la fondation de la CEPAL comptèrent pour beaucoup dans ce processus. Sans être négatifs, les résultats de la nouvelle politique économique furent inégaux et peu concluants, surtout à cause du fléau de l'inflation. Les taux de croissance apparurent en outre insuffisants par rapport à l'accroissement de plus en plus accéléré d'une population qui commençait à recevoir des bénéfices sociaux plus grands, mais répartis de façon très inégale. Tout cela créa un sentiment d'attentes frustrées. Cette situation, jointe aux interruptions du processus de démocratisation, provoquera de plus grandes tensions au cours des années suivantes, en particulier quand l'influence de la révolution cubaine se fera sentir.

CHAPITRE IV

La grande polarisation de 1960 à 1989

À partir de 1960, l'Amérique latine entra dans une phase critique de son histoire. Les dirigeants de chaque pays faisaient face à un défi complexe, comportant des exigences plus grandes de la part d'une population qui croissait à un rythme explosif. Au niveau politique, devant les blocages de la démocratisation, le modèle de la révolution cubaine apparaissait comme une option attrayante pour ceux qui pensaient que la voie occidentale n'avait pas d'avenir dans cette région du monde. Cette situation, ajoutée au fait que la guerre froide se transportait directement à la région latino-américaine à cause des événements de Cuba, devait générer de grandes tensions, beaucoup plus grandes que celles que la région avait connues jusqu'alors. Parallèlement, les insuffisances du modèle « latino-américain » de développement se faisaient sentir : si d'un côté cela fournissait des arguments aux partisans de transformations radicales, cette situation favorisait aussi de nouveaux projets de développement, de la part des défenseurs de l'économie de marché, basés sur la création de marchés régionaux et sur une plus grande participation du capital extérieur.

Les relations internationales :
l'impact de la décolonisation et les avatars de la guerre froide

La carte politique latino-américaine subit son plus grand changement depuis le début du XIXᵉ siècle lorsqu'un grand nombre d'anciennes colonies anglaises et hollandaises des Caraïbes, de l'Amérique centrale et du nord de l'Amérique du Sud accédèrent à l'indépendance. Treize nouveaux États furent créés : la Jamaïque (1962), Trinité-et-Tobago (1962), la Barbade (1966), la Guyane (1966), les Bahamas (1973),

Situations politiques conflictives, 1954-2001

États-Unis

HAÏTI (1957-1990 et 1991-1994)

RÉP. DOMINICAINE (1930-1961 et 1963-1966)

MEXIQUE

(1961)

CUBA

JAMAÏQUE

Porto Rico (É.-U.)

OCÉAN ATLANTIQUE

BÉLIZE

HONDURAS

GRENADE

(1965)

(1983)

GUATEMALA

(1979-1990)

NIC. (1935-1979)

SALVADOR

(1954)

COSTA RICA

VÉNÉZUELA
(1954-1958)

GUYANE

SURINAM (1980-1988 et 1990-1991)

Guyane française

PANAMA
(1968-1989)

(1989)

COLOMBIE
(1953-1957)

ÉQUATEUR
(1972-1978)

OCÉAN PACIFIQUE

B

BRÉSIL
(1964-1985)

PÉROU
(1962-1963)
(1968-1980)

BOLIVIE
(1964-1982)

PARAGUAY
(1954-1989)

CHILI
(1973-1990)

ARGENTINE
(1955-1958)
(1961-1963)
(1966-1973)
(1976-1983)

(1973)

URUGUAY
(1973-1984)

■ Pays qui ont connus de longues dictatures

▨ Pays qui ont connus des dictatures pendant de brèves périodes

▥ Gouvernement monopolisé par un seul parti

▤ Régime communiste

□ États-Unis / territoires dépendants

✕ Guerres A Honduras contre Salvador, 1969
        B Pérou contre Équateur, 1995
        C Argentine contre Angleterre, 1982

→ Interventions directes de É.-U.

⇢ Interventions indirectes de É.-U.

▬ Guérrilla importante

✕ C

Îles Malouines

Grenade (1974), le Surinam (1975), Dominica (1978), Saint-Vincent (1979), Sainte-Lucie (1979), Antigua (1981), le Bélize (1981) et Saint Kitts-Nevis (1983). Le nombre de pays souverains en Amérique latine et dans les Caraïbes passait ainsi à 33. Certains territoires se maintinrent unis aux métropoles, comme les anciennes colonies françaises érigées en départements d'outre-mer (la Martinique, la Guadeloupe, la Guyane française), ainsi que quelques-unes des possessions anglaises (les îles Vierges britanniques, les îles Caimán, Anguilla, Turks et Caico et les Bermudes), celles de la Hollande (les îles de Curaçao, Bonaire et Aruba, unies administrativement aux Antilles hollandaises, comme aussi Saint-Eustache, Saint-Martin et Saba) ; tous, cependant, obtinrent une autonomie administrative considérable. Les îles Malouines (connues dans le monde anglophone sous le nom de Falkland) conservèrent leur statut colonial anglais. Les îles Vierges des États-Unis demeurent sous le contrôle de ce pays, de même que Porto Rico.

L'arrivée d'une grande quantité de nouveaux États nationaux, coïncidant avec la victoire de la révolution cubaine, donna lieu à une situation de tension géopolitique. Les puissances dominatrices de la région, en particulier les États-Unis, craignirent que quelques-uns des nouveaux États ne fussent influencés par les événements de Cuba, spécialement la Guyane, dont le leader, Cheddi Jagan, ne cachait pas sa sympathie pour le régime de Fidel Castro. Washington redoutait aussi ce qui pouvait arriver dans des pays comme Haïti et la République Dominicaine, où les conditions politiques se prêtaient, en principe, à une révolution, puisque ces deux pays vivaient sous des dictatures comparables à celle de Batista. Cela donna plus d'importance aux bases militaires des États-Unis installées à Guantánamo, dans le canal de Panama et à Vieques (Porto Rico). La Guyane acquit une importance stratégique à cause de l'installation de la base de lancements spatiaux de la France et de ses alliés européens à Kourou, en 1966.

Durant la plus grande partie de cette période, ce sont les hauts et les bas de la guerre froide qui dictèrent les relations de l'Amérique latine avec le monde. L'Union soviétique occupa une place de choix à Cuba, bien sûr, à la suite de l'orientation socialiste de la révolution, et plus tard elle exerça une certaine influence sur le Nicaragua sandiniste, mais pas dans la même mesure que dans l'île des Caraïbes. Ses contacts avec le reste des pays de la région furent inégaux. La plupart tardèrent à renouer les relations qui s'étaient rompues au début de la guerre froide, ce qui commença à changer toutefois dans la seconde moitié des années

1960. Au début des années 1970, le régime de Velasco Alvarado au Pérou développa une relation plus étroite avec l'U.R.S.S., mais elle s'affaiblit par la suite. La Chine réussit aussi à établir un échange d'ambassades avec beaucoup de pays de la région dans les années 1960, les maintenant sous les dictatures ; par contre, ces régimes rompirent leurs relations avec l'U.R.S.S. et ses alliés de l'Europe orientale.

La fin de la dictature de Franco en Espagne, en 1975, contribua à rapprocher davantage ce pays et ses anciennes possessions, ce qui se refléta dans les nombreux voyages du roi Juan Carlos dans plusieurs pays. La visite au Mexique en 1979 prit un sens spécial, car les relations entre les deux pays avaient été rompues durant le franquisme. La France parut s'intéresser davantage à l'Amérique latine qu'auparavant, puisqu' à deux occasions ses présidents firent des tournées dans plusieurs pays de la région : Charles de Gaulle en 1964 et en 1968, et ensuite François Mitterrand en 1981. De Gaulle essaya de créer un mouvement commun autour de la « latinité », mais sans succès.

L'émergence du mouvement dénommé Tiers-Monde eut un impact plutôt faible en Amérique latine. Mis à part Cuba, qui avait un intérêt spécial à développer des liens avec l'Afrique et l'Asie, seuls quelques pays, dont le Pérou et la Jamaïque, participèrent aux conférences de ce mouvement dans les années 1960-1970. Le Canada se manifesta de plus en plus en Amérique latine. Plusieurs de ses ministres firent des tournées dans divers pays, surtout dans les Caraïbes et en Amérique centrale, soumettant des propositions pour rétablir la paix dans cette dernière région dans les années 1980. Cette politique culmina avec l'entrée du Canada dans la OEA à la fin de 1989.

Cheddi Jagan, leader gauchiste, qui dirigea le premier gouvernement de la Guyane indépendante.

Les États-Unis continuèrent à jouer un rôle hégémonique dans la région, qui acquit une grande importance pendant presque toute cette période pour la stratégie mondiale de Washington, étant donné l'impact de la révolution cubaine. La manifestation la plus évidente en fut la crise des missiles à Cuba, en 1962, qui mena le monde au bord d'une guerre nucléaire entre Washington et Moscou. Au niveau diplomatique, cette même année, les États-Unis forcèrent le vote majoritaire des pays membres de l'OEA en faveur d'une motion pour exclure Cuba de cette organisation.

Seul le Mexique vota contre la résolution ; quatre autres pays s'abstinrent, dont le Chili et l'Uruguay, mais ils suivirent la décision de la majorité. Les États-Unis offrirent en outre un appui ouvert aux anti-castristes cubains à l'occasion de la tentative d'invasion à Playa Girón, en 1961, et multiplièrent leurs programmes d'aide militaire aux gouvernements latino-américains afin de faire face à la menace des guérillas d'inspiration gauchiste. De plus, Washington prêta un appui à peine dissimulé à plusieurs des coups d'État des années 1960 et 1970, dirigés contre des gouvernements accusés de favoriser le communisme ; ils intervinrent ouvertement en Amérique centrale durant les années 1980, contre le gouvernement sandiniste au Nicaragua et contre la guérilla au Salvador. Enfin, on compta trois interventions militaires directes des États-Unis à cette époque : en République Dominicaine en 1965, sur l'île de Grenade en 1983 et au Panama en décembre 1989. Les deux premières interventions furent justifiées par Washington en alléguant la nécessité de freiner des mouvements politiques accusés de communisme, et la troisième, dans le but d'arrêter l'homme fort du Panama, le général Manuel Noriega, accusé de corruption et de trafic de drogues.

Les États-Unis essayèrent d'influer sur la région non seulement par des pressions politiques et militaires, mais ils offrirent en plus à leurs alliés latino-américains un plan de développement économique et social, qui complétait les pactes militaires destinés à faire front contre la subversion de gauche. Il s'agit du plan lancé par le président Kennedy au début de 1961, appelé « Alliance pour le progrès », qui devait éradiquer en dix ans la pauvreté du continent et promouvoir la démocratie dans tout l'hémisphère. Mis en pratique avec peu de conviction, le plan fut progressivement abandonné, surtout après l'assassinat de Kennedy en 1963, et à la fin de la décennie on n'en parlait plus du tout. Une autre attitude de plus grande coopération avec

L'invasion de Panama, à la fin de l'année 1989, dernière intervention militaire des États-Unis en Amérique latine, fit l'objet de multiples dénonciations (affiche mexicaine).

l'Amérique latine commença avec le président Jimmy Carter dans la deuxième moitié des années 1970, quand Washington s'éloigna un peu des dictatures militaires, développant une politique de plus grand respect des droits humains. De plus, Carter signa en 1977 avec Omar Torrijos les traités qui marquèrent le début de la restitution du canal au Panama. Bien que sous le président Reagan (1980 à 1988) les États-Unis aient repris un discours anti-communiste, ce qui les rapprocha de nouveau des régimes dictatoriaux, Washington favorisa à la longue la transition vers la démocratie, comme élément de sa nouvelle stratégie mondiale en faveur de la stabilité.

Si peu de divergences, dans les années 1960, différenciaient les États latino-américains face aux orientations imposées par les États-Unis, cela commença à changer graduellement dans la décennie suivante.

À partir du milieu des années 1970, plusieurs États se mirent à rétablir les contacts avec Cuba, tant diplomatiques que commerciaux, à tel point qu'en 1989 le blocus de l'île constituait déjà pratiquement une chose du passé, quoique maintenu par les États-Unis. Dans les années 1980, un autre effort pour développer une politique extérieure plus indépendante de Washington se manifesta par la création du « Groupe de Contadora » (appelé ainsi d'après le nom de l'île où se réunirent les participants) composé du Mexique, du Panama, de la Colombie et du Venezuela, qui présenta des propositions originales pour mettre fin aux conflits en Amérique centrale. En 1986, se forma le « Groupe de Rio », constitué par les pays sud-américains qui avaient surmonté l'étape de la dictature militaire et qui, comme le groupe de Contadora, mirent en commun leurs efforts pour promouvoir la démocratie et développer des relations commerciales plus ouvertes dans la région.

Les conflits entre les pays latino-américains furent peu nombreux et de courte durée, comme dans la période précédente. L'un d'eux s'appela la « guerre du football », en 1969, entre le Salvador et le Honduras, à cause de la présence de nombreux citoyens du Salvador dans le pays voisin, ce qui provoqua un conflit armé, qui dura quelques semaines. Il se produisit une forte tension entre le Chili et l'Argentine à la fin de 1978, quand les deux pays furent sur le point de se faire la guerre pour la souveraineté de trois petites îles au sud de la Terre de Feu, dans une zone que les deux pays revendiquaient. La médiation papale, qui favorisa finalement le Chili, évita le conflit armé.

Le plus grave conflit international de l'époque opposa l'Argentine et la Grande-Bretagne en avril et mai de 1982 pour la possession des îles Malouines. Le gouvernement dictatorial argentin de l'époque essaya de récupérer par la force ce territoire, croyant erronément que l'Angleterre ne réagirait pas. L'aventure finit mal, puisqu'elle coûta la vie à près de 1 000 personnes, la plupart du côté argentin, et les îles demeu-

Une vieille revendication argentine, la récupération des îles Malouines, causa la guerre de 1982 entre l'Argentine et la Grande-Bretagne.

rèrent en possession de la Grande-Bretagne. Cet épisode fut particulièrement amer pour l'Argentine, étant donné que son entreprise trouva peu d'appui dans l'hémisphère. Les États-Unis n'appliquèrent pas la doctrine Monroe, mais offrirent au contraire un soutien logistique aux Anglais. Le Chili adopta la même attitude. Des pays latino-américains, seul Cuba appuya ouvertement la revendication argentine.

L'économie :
la recherche de nouvelles stratégies de développement

Dans la période antérieure à 1959, la majorité des pays latino-américains avaient adopté une politique de développement « vers l'intérieur », dans laquelle l'industrie jouait un rôle important, et où l'État s'attribuait le rôle principal, sans toutefois annuler la présence de l'entreprise privée. Cela ne signifiait pas cependant la mise de côté de l'exportation de matières premières, qui constituaient toujours l'activité de base pour obtenir des devises. À partir de 1960, on chercha des alternatives à cette formule de développement, qui ne suffisait pas pour couvrir les besoins d'une population qui croissait à un rythme de plus en plus rapide et dont les demandes augmentaient.

Les activités productives

La tendance à l'industrialisation, commencée en force dans la période précédente, continua, mais à un rythme plus lent. Les pays qui avaient déjà progressé dans ce secteur maintinrent leur rythme ou avancèrent peu. Une exception est à noter dans les pays peu industrialisés, comme ceux de l'Amérique centrale. Dans cette zone, le pourcentage de l'industrie dans le PNB augmenta, passant de 11,5% en 1950 à 16,2% en 1990.

L'industrie reçut un nouvel élan grâce aux capitaux extérieurs, qui commencèrent à s'orienter de préférence vers ce secteur, au moins dans certains pays. Cela coïncida avec un mouvement des grandes entreprises de pays industrialisés qui cherchaient à créer des filiales dans d'autres pays pour augmenter leur production. Des secteurs comme la métallurgie, la pétrochimie, la production et l'assemblage d'automobiles commencèrent à se développer rapidement, en particulier au Mexique et au Brésil. Les capitaux des États-Unis, investis dans l'industrie de ces deux pays, représentaient en 1950 moins de 50% du total des investissements dans chacun de ces pays, tandis qu'en 1970 ce chiffre correspondait à plus des deux tiers. Dans quelques cas, on développa des secteurs qui furent emblématiques, comme l'industrie automobile au Brésil, grâce aux investissements allemands de la Volkswagen. Installée au Brésil depuis les années 1960, cette entreprise devint la principale exportatrice de voitures du pays et des États voisins. Au Mexique, favorisées par le voisinage avec les États-Unis, commencèrent à s'implanter les *maquiladoras* qui se développèrent rapidement dans la région frontalière entre les deux États. L'industrie fit alors des progrès réels, et en fait les produits manufacturés commencèrent à occuper une place de plus en plus importante dans les exportations latino-américaines. Cependant on fit peu de progrès dans la création d'emplois, à cause de l'utilisation de machinerie sophistiquée, et la crise des années 1980 mit un frein à la production industrielle, ce qui signifia un franc recul dans des pays comme l'Argentine.

L'agriculture connut des transformations importantes, qui lui injectèrent un nouveau dynamisme. À partir de 1960, on commença à enregistrer une augmentation générale de la productivité, grâce à l'emploi de nouvelles techniques (utilisation de fertilisants, de semences génétiques, de nouvelles races dans l'élevage…), d'une plus grande mécanisation (la quantité de tracteurs employés dans l'agriculture se multiplia par six), de travaux publics qui améliorèrent l'irrigation, et de l'emploi de nouvelles terres, qui firent passer le total de la superficie cultivée de 50 millions d'hectares en 1950 à 120 millions en 1980. À cet égard, on incorpora à la production de vastes zones de l'intérieur du Brésil.

Ces transformations s'expliquent par des raisons autant économiques que politiques. Parmi les premières, se trouvait la nécessité d'augmenter la production afin de répondre à une demande

la femme faisait partie du prolétariat industriel, comme dans l'usine de Volkswagen au Brésil.

interne croissante, consécutive à l'accroissement démographique, et au besoin d'exporter le plus possible, dans un contexte de forte concurrence internationale. Les pressions dérivées de la politique de réforme agraire (qui seront analysées plus loin), qu'on commença à mettre en œuvre dans la plupart des pays, produisirent un effet inégal, car l'application de la réforme varia beaucoup d'un pays à l'autre.

En général, les changements décrits apportèrent une importante augmentation de la production : entre 1960 et la fin des années 1980, la production d'aliments de base comme le blé, le maïs et les pommes de terre doubla, tandis que celle de la viande quadrupla. De plus, une nouvelle culture apparut, celle du soja, qui doubla sa production en quelques années. Malgré ces progrès, la majorité des pays importaient plus d'aliments qu'ils n'en produisaient, surtout du blé et du maïs ; l'accroissement de la production n'arrivait pas à suivre le rythme de la croissance démographique.

Ce développement se réalisa dans un cadre de transformation croissante de la structure sociale de l'agriculture, avec la formation de structures capitalistes de type industriel, qui utilisaient une main-d'œuvre salariée. Mais cela n'excluait pas l'emploi de travailleurs saisonniers, dont beaucoup ne vivaient pas toute l'année à la campagne. La petite propriété, qui ne comptait pas sur les mêmes progrès techniques ni sur les ressources financières des grandes entreprises agricoles, se retrouva dans des conditions précaires, ce qui renforça la migration de la campagne à la ville.

Le secteur énergétique continua à jouer un rôle important. La forte hausse du prix mondial du pétrole, en 1973, favorisa les pays producteurs, comme le Venezuela, l'Équateur, la Colombie et le Mexique. Ce dernier commença à exploiter de nouveaux gisements sur sa côte des Caraïbes. Par contre, ce changement affecta des pays importateurs, comme ceux de l'Amérique centrale et le Chili. Au Brésil, les mines aurifères prospérèrent, avec la découverte d'importants gisements dans la région amazonienne, dans les années 1980. Au Chili, avec l'apport de nouvelles mines et le rendement accru des plus anciennes, la production de cuivre, principale exportation du pays, augmenta de telle manière que dans les années 1980 le pays austral en devint le premier producteur mondial.

La création de marchés régionaux

L'insuffisance des marchés était une des limites principales au développement. Une solution parut consister en la création de marchés régionaux, phénomène en partie inspiré par l'exemple du Marché commun européen. On créa successivement le Marché commun centre-américain (MCC), en 1960, l'Association latino-américaine de libre-commerce (ALALC), qui réunissait les pays sud-américains (et qui finit par s'appeler ALADI en 1980) et le Mexique en 1961, et la zone de libre-échange des Caraïbes (CARIFTA), cette même année. À la fin de la décennie, en 1969, les pays andins de l'Amérique du Sud, sans se retirer de l'ALALC, formèrent le Pacte andin, pour accélérer l'intégration.

Ces initiatives connurent un succès inégal. Dans les pays de l'ALALC, le problème principal résida dans l'impossibilité d'en arriver à un accord pour diminuer les tarifs douaniers à un même rythme, ce qui empêcha d'arriver au but final, la formation d'une aire de libre-commerce. Malgré tout, l'échange entre les pays membres doubla entre 1960 et 1980, spécialement en ce qui concerne le commerce de produits manufacturés. Le Pacte andin donna un résultat semblable : on n'atteignit pas non plus les buts d'intégration, mais le commerce progressa entre les pays membres. C'est le MCC qui obtint le plus de succès, puisque l'échange de biens entre ses pays membres s'accrut énormément. Mais les bénéfices furent inégaux, et à la fin des années 1970, le Honduras imposa de nouveau des tarifs élevés au commerce, alléguant que le système ne le favorisait pas. En général, la crise pétrolière de 1973 affecta en plus tous les accords régionaux. Le Pacte andin perdit un de ses membres avec le retrait du Chili en 1976 : la dictature militaire avança qu'elle préférait mener une politique propre d'ouverture sur le commerce mondial, sans attendre l'accord de ses associés.

Malgré ces ententes qui ouvrirent de nouveaux marchés, le poids des exportations latino-américaines sur le marché mondial diminua. En 1946, la part de l'Amérique latine dans les exportations mondiales était de 13,5 %, chiffre qui était descendu à 10,7% en 1950, à 7,0% en 1960 et à 5,1% en 1970. Il faut attribuer cela au faible progrès des exportations de matières premières, qui représentaient jusqu'aux années 1980, en moyenne, plus de 70% des exportations latino-américaines. L'augmentation des exportations de produits manufacturés, pourtant importante, n'arriva pas à compenser suffisamment. Des gouvernements latino-américains exprimèrent leur griefs auprès des pays riches, dont les marchés ne s'ouvraient pas suffisamment aux exportations, comme c'était le cas des États-Unis, ou celui de l'Europe occidentale, qui accordaient des tarifs préférentiels aux anciennes colonies africaines de la France, créant ainsi une concurrence avantageuse dans l'exportation des bananes, par exemple. En 1969, les ministres des Affaires étrangères latino-américains réclamèrent une plus grande ouverture commerciale envers les États-Unis, dans le document appelé « Consensus de Viña del Mar ». Il est vrai que l'Amérique latine pratiquait le protectionnisme en faveur de ses industries, qui se développaient à l'intérieur de marchés protégés ; mais il était possible d'investir directement du capital extérieur dans l'industrie.

Les nouveaux mécanismes d'action du capital extérieur et le problème de l'endettement

La relation de l'Amérique latine avec le capital extérieur prit de nouvelles formes. Comme on l'a vu antérieurement, le capital étranger ne se dirigeait plus de préférence vers les secteurs primaires, mais visait plutôt l'industrie. Les montants augmentèrent périodiquement, malgré une baisse en pourcentage entre 1980 et 1990, qui s'explique par la crise qui frappa l'ensemble de la région. Le tableau 16 illustre cette situation.

L'afflux de capitaux étrangers, qu'on considère aujourd'hui non seulement comme un facteur positif, mais indispensable pour le développement, reçut des appréciations très différentes dans les décennies passées. En effet, beaucoup d'études démontraient que le montant des capitaux investis était inférieur à celui des gains obtenus

Tableau 16
Investissement étranger direct* en Amérique latine,
pays choisis, 1980 à 1999 (chiffres en millions de dollars américains)

Pays	1980	1990	1999
Argentine	5 344	9 085	62 289
Bolivie	420	1 026	4 843
Brésil	17 480	37 143	164 015
Chili	886	10 067	39 258
Colombie	1 464	4 904	19 521
Guatemala	701	1 734	3 190
Jamaïque	501	727	2 781
Mexique	2 090	22 424	72 016
Pérou	898	1 302	8 573
Rép.Dominicaine	239	572	4 276
Venezuela	1 604	2 260	21 736
Total A. latine**	44 095	118 300	485 604
% mondial	8,8%	6,7%	10,1%

* investissements en actifs, n'inclut pas les prêts
** y compris des pays qui ne figurent pas dans le tableau
SOURCE : *World Investment Report,* 2000

en profits nets, en intérêts et en paiement de « royalties » pour l'utilisation de marques. Cette situation renforça les analyses basées sur la perspective de la dépendance, qui dominèrent les études de nombreux sociologues et économistes sur l'Amérique latine entre 1960 et le début des années 1980. Cette approche (et l'influence de la révolution cubaine) inspira les tendances nationalistes de certains gouvernements par rapport à leurs richesses naturelles, comme celui du Chili par rapport au cuivre, et, dans un degré moindre, ceux du Venezuela, de l'Équateur et du Pérou (par rapport au pétrole), de la Jamaïque et de la Guyane (bauxite). Mais cette tendance n'allait pas durer.

À partir du milieu des années 1970, l'Amérique latine se vit sollicitée plus que jamais par un autre type de capitaux, les prêts offerts par des banques privées. C'était une nouveauté, puisque, depuis la fin de la Seconde Guerre mondiale, ce genre d'opération provenait surtout d'institutions comme la Banque Mondiale ou le Fonds monétaire international. Les deux grandes hausses du prix pétrole, en 1973 et

1979, rendirent possible cette nouvelle situation, qui entraîna la création de grands capitaux disponibles pour l'investissement, offerts à des taux d'intérêt bas et sans stipuler à quoi on devait les employer. Sans exception, les pays en voie de développement, sur tous les continents, contractèrent de grands emprunts[1], mais ce fut l'Amérique latine qui le fit sur la plus grande échelle.

Cela entraîna des conséquences graves pour l'ensemble de la région. En effet, au début des années 1980, il devint évident que la dette externe avait crû à un rythme qui dépassait les possibilités de paiement. La situation atteignit un point dramatique en août 1982, lorsque le gouvernement du Mexique, un des pays considérés les plus stables de la région, reconnut la crise de ses établissements bancaires et annonça l'étatisation de ceux-ci ainsi que la suspension des paiements de sa dette externe. Le tableau 17 montre l'évolution de l'endettement et sa signification pour les économies de chaque pays.

L'endettement se généralisa, affectant aussi bien les pays dominés par des dictatures que ceux dotés de gouvernements élus. Cette situation prit un tour dramatique dans les années 1980, quand la dette en vint à représenter plus de la moitié du PNB (en moyenne pour l'ensemble de la région), et son paiement commença à dévorer une partie croissante des exportations. Malgré tout, il ne s'organisa pas de mouvement tendant à ignorer la dette, mais plutôt de longues et difficiles négociations, pays par pays, pour obtenir de meilleures et de plus longues conditions de paiements. Presque tous les pays durent restructurer leur économie, suivant les recommandations (difficiles à refuser) du Fonds monétaire international ; on diminua la dépense publique, on dévalua la monnaie et on réduisit les subsides aux services publics. Quelques-unes de ces mesures pouvaient avoir un effet inflationniste, comme dans le fait de changer les prix des marchandises essentielles pour qu'ils concordent avec les prix internationaux. L'inflation atteignit des niveaux incroyables dans certains pays, comme la Bolivie en 1985, avec un taux de 8 170%, l'Argentine, le Brésil et le Pérou en 1989, avec 4 923%, 1 861% et 2 775% respectivement. Par

---

1. Il faut distinguer entre la dette publique et la dette privée. Dans des pays comme le Brésil et le Mexique, une grande partie de la dette fut assumée par le secteur public, qui agissait dans ces années-là comme le principal employeur du pays, et qui en plus — cas du Brésil — se lançait dans de grands travaux d'infrastructure. Dans d'autres pays, comme le Chili d'après 1973, la majeure partie de la dette avait été contractée par des particuliers.

Tableau 17
Endettement externe de l'Amérique latine,
pays choisis (chiffres en millions de dollars américains)

Pays	1950	% PNB	1970	% PNB	1988	% PNB
Argentine	400	n .d	5 170	23,8	49 500	58,6
Bolivie	50	n.d.	491	49,3	4 650	114,9
Brésil	1 380*	n.d.	5 130	12,2	101 300	29,6
Chili	355	n.d.	2 570	32,1	16 120	79,3
Colombie	157	n.d.	1 580	22,5	15 400	42,1
Costa Rica	12	n.d.	246	25,3	3 850	89,2
Équateur	32	n.d.	242	14,8	9,380	94,2
Guatemala	0,4	n.d.	120	6,5	2 240	28,3
Mexique	509	n.d.	5 970	16,2	88 660	52,4
Pérou	107	n.d.	2 655	37,3	13 900	56,1
Rép.Dominc.	10	n.d.	353	23,9	3 330	77,3
Venezuela	250	n.d.	954	7,5	30 300	49,0

*chiffre de 1956
SOURCE : *Statistical Abstract on Latin America*, vol.33 (1995), part 2, p.915 pour 1970 et1988 et *Peru : the Authoritarian Tradition*, de David S. Palmer (New York, Praeger, 1980), p.81 pour 1950.

contre, des pays comme le Chili, la Colombie, le Paraguay, la République Dominicaine et le reste de l'Amérique centrale maintinrent des taux relativement bas, inférieurs à 40% annuellement.

La performance générale de l'économie.
La fin du « modèle latino-américain » ?

L'endettement fut un des facteurs qui influa sur la chute du taux de croissance dans la décennie de 1980, passablement plus bas que dans les décennies précédentes. En effet, l'Amérique latine avait vécu une époque de croissance importante entre 1960 et une partie des années 1970, pendant laquelle son PNB augmenta à un rythme jamais atteint auparavant. L'augmentation se réalisa malgré les fréquentes crises politiques qui frappaient la majorité des pays. La croissance avait été spécialement importante au Brésil et au Mexique. Dans le premier cas, on alla jusqu'à parler du « miracle brésilien », ce qui permettait aux dirigeants de ce pays de faire oublier le fait que le Brésil se trouvait dominé par une dictature. Mais si les chiffres de l'augmentation du

PNB paraissaient satisfaisants en général, ils ne l'étaient pas autant dans la pratique, étant donné que pendant ces mêmes années, la population croissait aussi à un rythme très rapide, dans certains pays à plus de 3% par année, de sorte que les progrès réels restaient modestes. En plus, la situation commença à se détériorer à partir de 1973, pour atteindre son point le plus bas dans la décennie des années 1980, comme on le voit dans le tableau 18.

Tableau 18
Croissance du PNB en Amérique latine, de 1950 à 1990, en pourcentage (chiffres en moyennes annuelles dans chaque décennie)

Pays	1950-1960	1960-1973	1973-1981	1981-1990	1950-1990
Argentine	2,8	4,0	1,2	0,6	2,1
Brésil	6,8	7,5	5,5	2,3	5,8
Chili	4,0	3,4	3,6	2,5	3,4
Colombie	4,6	5,6	4,5	3,9	4,8
Mexique	6,1	7,0	6,6	0,8	5,3
Pérou	5,5	4,8	3,8	-1,7	3,3
Venezuela	7,6	4,7	-0,1	0,6	3,5
Autres	3,6	5,4	4,3	1,2	3,8
Total A.Latine	5,1	5,9	4,5	1,3	4,4

SOURCE : Bethell, Leslie: *The Cambridge History of Latin America*, op.cit., vol.6, part 1, p.189

Ainsi, à la fin des années 1980, prenait fin une période au cours de laquelle la région, après avoir connu certains progrès[2], était entrée dans une phase de stagnation, avec son cortège de conséquences sociales. Les taux de mises à pied augmentèrent de façon dramatique, frôlant ou dépassant les 20%. La situation vécue dans la première moitié de la décennie s'aggrava au point que beaucoup parlèrent de la pire crise

2. Mais ces progrès n'avaient pas suffi pour égaler le rythme des pays européens. En 1950, l'Irlande affichait un PIB per capita de 2 600 dollars (de 1985), l'Espagne de 2 405, le Portugal de 1 608 et la Grèce de 1 456. L'Argentine et le Chili se situaient au-dessus des deux premiers pays avec des chiffres un peu supérieurs à 3 000 p.c., tandis que la Colombie et le Mexique montraient des chiffres comparables à ceux du Portugal et de la Grèce. En 1989, l'Espagne avait un PIB de 10 081 dollars, plus du double de celui de l'Argentine (4 080) et presque le double de celui du Chili (5 404). L'Irlande, la Grèce et le Portugal avaient surpassé aussi les pays sud-américains, doublant le PIB du Mexique et de la Colombie.

depuis celle de 1929, plus grande même que cette dernière, selon certains.

Face à cette situation, ce qu'on appelle « l'économie informelle » occupa une place de plus en plus importante, comme porte de sortie pour les mis à pied et pour ceux qui détenaient des emplois précaires. Les migrants ruraux, poussés vers les villes par la crise de la petite agriculture, aggravèrent le problème. Beaucoup de ces personnes commencèrent à gagner leur vie comme vendeurs de rue, installant des ateliers de réparation, et d'autres se consacrant au recyclage des ordures. Le cas de Lima, où au milieu des années 1980 on comptait autour de 300 000 vendeurs ambulants, illustre bien la première de ces activités. Même si le phénomène n'était pas nouveau, historiquement, cette situation prenait des proportions énormes et illustrait l'échec de l'économie officielle pour donner de l'emploi à tous ceux qui entraient sur le marché du travail.

Une autre activité fleurit dans cette économie informelle : celle de la production et du commerce de la coca et de la cocaïne. Stimulée par l'augmentation de la demande dans les grands marchés consommateurs de l'Amérique du Nord, un véritable boom du commerce de la drogue se produisit entre 1970 et 1980. La production se développa surtout en Bolivie, encouragée par la dictature militaire qui dominait le pays dans les années 1970 et qui tirait un profit direct de cette activité. La production de cocaïne et son commerce furent monopolisés par des trafiquants colombiens, qui s'occupèrent de faire arriver la drogue aux États-Unis. Pablo Escobar, chef du cartel de Medellín, devint un personnage célèbre, de même que Roberto Suárez, le « parrain » de la drogue en Bolivie. Les sommes colossales qui dérivèrent du commerce de la drogue commencèrent à représenter un pourcentage important du PNB. Au Pérou et en Colombie, la valeur du commerce international de la drogue équivalait à 30 ou 40% de la valeur des exportations légales, tandis qu'en Bolivie son importance était encore plus grande, atteignant 200% en 1985 et 1987. Au total, dans ce pays, la drogue donnait de l'emploi à plus de 200 000 personnes.

À la fin des années 1980, tous ces éléments amenaient à se demander si le modèle latino-américain de développement, créé entre 1930 et 1950, basé sur la priorité d'une industrialisation qui se développait derrière des murailles protectionnistes, à laquelle l'agriculture s'était subordonnée, et qui comptait sur une présence importante de l'État,

La crise des années 1980 causa un chômage presque aussi grave que celui des années 1930. A Mexico, ces travailleurs offrent leurs services sur la place principale, le *Zócalo*.

ne se trouvait pas dans une impasse. Cela avait été sans doute la perception des militaires et des entrepreneurs qui conçurent la politique économique des dictatures, en particulier dans le cône sud depuis les années 1970. Cette politique mena, dans des pays comme l'Argentine et le Chili, à une réorientation de l'économie, où l'on donnait la priorité aux activités d'exportation de matières premières, au détriment de l'industrie, où l'on privilégiait la privatisation des entreprises de l'État et où l'on misait sur une répression implacable contre les syndicats et tout autre organisation de travailleurs.

La société : renforcement de l'urbanisation, nouveaux courants migratoires, réémergence de la question indigène

La société de cette période présente des éléments très dissemblables. Si le poids de l'urbanisation en constitua l'élément le plus évident, d'autres tendances émergèrent, qui n'en sont pas une conséquence logique, comme l'apogée et le déclin de la réforme agraire, la réapparition des mouvements indigènes et le renversement des courants migratoires, qui firent que le flux humain se dirigeât de l'Amérique latine vers l'extérieur, au lieu d'attirer les gens vers elle.

Tendances générales du comportement démographique

Dans cette période, la prédominance de la population urbaine s'accentua et finit par devenir le trait commun de la majorité des pays de la région. Bien que la croissance démographique deumeurât élevée par rapport à celle de pays comme ceux de l'Europe et de l'Amérique du Nord, le rythme décrut par rapport à la période précédente. Le tableau 19 montre ces éléments.

Tableau 19
Population urbaine et croissance démographique, 1960 et 1989

Pays	Taux annuel de croiss.dém.		Popul.urbaine, en %	
	1960	1989	1960	1989
Argentine	1,6	1,3	67,6	85,9
Barbade	n.d.	0,6	n.d.	44,2
Bolivie	1,4	2,8	29,9	50,7
Brésil	3,1	2,1	39,4	76,0
Chili	2,3	1,7	62,9	85,2
Colombie	3,2	2,1	46,1	69,7
Costa Rica	4,3	2,6	37,8	52,8
Cuba	2,1	0,8	54,6	74,3
Équateur	3,1	2,8	34,7	55,9
Salvador	3,6	1,9	32,6	44,1
Guatemala	3,3	2,9	31,0	41,6
Guyane	n.d.	1,7	n.d.	34,1
Haïti	2,3	1,9	12,6	29,7
Honduras	3,3	3,2	22,5	42,8
Jamaïque	n.d.	1,5	n.d.	51,7
Mexique	3,2	2,2	53,6	72,0
Nicaragua	3,1	3,4	33,9	59,2
Paraguay	2,6	2,9	33,8	46,9
Pérou	3,0	2,5	35,8	69,6
Porto Rico	n.d.	1,4	n.d.	73,3
Surinam	n.d.	1,5	n.d.	47,1
Uruguay	1,4	0,8	70,9	85,3
Venezuela	3,4	2,6	61,7	89,9

SOURCE : pour 1960, données dans Lambert, Jacques: *América latina. Estructuras sociales e instituciones políticas,* Barcelona, Ariel,1964,p.80-81. Pour 1989, *L'état du monde.*

La chute de la croissance démographique,
particulièrement notoire dans des pays comme le
Brésil, Cuba et le Costa Rica, s'explique par le
contrôle de plus en plus grand des naissances, qui
dans le cas de l'île caribéenne, s'accentua grâce
aux politiques sur la condition féminine, qui
permettaient l'avortement libre et gratuit.
D'autres pays affichèrent par contre un accroissement démographique, attribuable à une
mortalité inférieure. En général, l'Amérique
latine surpassa, en nombre, la population
combinée du Canada et des États-Unis (pour la
première fois depuis l'époque de l'indépendance), mais la tendance quant à la croissance
démographique, dans la majorité des cas,
commençait à ressembler à celle des deux pays de
l'Amérique du Nord.

Avec son architecture
moderne, Brasilia symbolise le
rêve de grandeur du Brésil.

Les mouvements migratoires internationaux adoptèrent de
nouvelles formes. Les flux traditionnels vers les pays voisins, comme
ceux de Porto Rico et du Mexique vers les États-Unis et, à une moindre
échelle, du Chili, de la Bolivie et du Paraguay vers l'Argentine,
continuèrent, mais de nouveaux circuits s'y ajoutèrent. Le Venezuela
devint un pays qui attira des gens de partout, étant un des rares pays
de la région qui, entre1970 et 1980, pouvait offrir une stabilité politique
et des possibilités d'emploi. À la suite des troubles politiques de 1960
et de 1970, dérivant de la révolution à Cuba et des coups d'État dans
de nombreux pays, le courant migratoire composé principalement de
réfugiés politiques vers l'Amérique du Nord s'accentua. Ce fut le cas
des Cubains et des Dominicains vers les États-Unis, ainsi que des
habitants des pays du cône sud vers ce même pays et aussi vers le
Canada, qui devint un nouveau pôle d'attraction. Dans ces mêmes
années, un important contingent d'Haïtiens laissa son pays d'origine,
fuyant aussi bien la dictature de Duvalier que la pauvreté. Dans la
décennie suivante, ce fut cette fois au tour de beaucoup de Centre-
Américains, en particulier du Nicaragua, du Guatemala et du Salvador,
de suivre ce même itinéraire.

Au total, ce processus fit qu'à la fin de cette période le nombre de
Latino-Américains, ceux de langue espagnole en particulier, formait
un noyau important, qui atteignait les 30 millions aux États-Unis dans

les années 1980. En outre, il y avait plusieurs dizaines de milliers de Latino-Américains au Canada et dans des pays plus lointains, comme l'Australie et l'Europe occidentale, en particulier la Suède. Ce phénomène, sans parallèle dans l'histoire de la région, marquait un virage fondamental par rapport à l'expérience historique antérieure, au cours de laquelle l'Amérique latine avait reçu des immigrants, tandis que maintenant se produisait le processus inverse.

L'urbanisation, déjà passablement visible au cours de la période précédente, prit des proportions plus grandes, à cause de l'accentuation des migrations campagne-ville. Ce processus continua à s'effectuer de manière anarchique, avec des concentrations humaines excessives dans les capitales. Cela se produisit dans tous les pays, à l'exception de la Colombie, du Brésil et jusqu'à un certain point du Mexique, où des métropoles se développèrent dans diverses régions, ce qui donna un certain équilibre à la croissance urbaine. Au Brésil, l'apparition d'une nouvelle capitale, Brasilia (inaugurée en 1960), créa en plus un pôle de croissance vers l'intérieur du pays.

Classes et protagonistes

• La société urbaine : changements dans la structure de classes. La marginalité

Les changements économiques décrits plus haut provoquèrent certaines transformations dans la structure de classes. Un des traits saillants apparaît dans le déclin du prolétariat industriel, qui passa de 41,3 à 36,4% des occupations en milieu urbain entre 1950 et 1980, à la suite de la mécanisation de plus en plus accentuée du travail, et de la baisse générale de l'activité manufacturière dans les années 1980, tandis que les emplois dans les services et dans le commerce acquéraient par contre plus d'importance. Les ouvriers non seulement diminuèrent en nombre, mais durant la seconde moitié de la période assistèrent à la réduction de leurs possibilités d'expression collective devant la répression dont furent l'objet les syndicats dans les pays dominés par des dictatures. Dans le cas du Chili, après le coup militaire de 1973, la Centrale unique des travailleurs fut dissoute et on interdit les élections syndicales, en stipulant que les postes vacants seraient occupés par les travailleurs les plus anciens. Le taux de syndicalisation, qui avait atteint un sommet historique de près de 40% de la force de travail en 1973, descendit à moins de 15% dans les années 1980. En Argentine et au Brésil, la situation ne fut pas aussi critique, mais on imposa de fortes restrictions à l'action syndicale. Au Brésil, à la fin des années 1970, le mouvement des ouvriers de la métallurgie et de l'industrie automobile réalisa de grandes grèves ; c'est dans ce contexte que commença la carrière de Luiz Inacio da Silva, plus connu sous le nom de Lula, qui deviendrait un dirigeant social et politique d'envergure nationale[3]. En Bolivie, la crise des mines d'étain au début de 1980 frappa durement la COB, la Centrale ouvrière bolivienne, dont le noyau principal se composait des ouvriers mineurs.

Par ailleurs les activités non reliées au travail manuel, d'employés, tant qualifiés (techniciens et professionnels) que non qualifiés, augmentèrent plus que les autres, ce qui renforça le secteur de la classe moyenne. La hausse des premiers s'explique, bien sûr, par les progrès de la scolarité générale de la population et en particulier par le nombre de diplômés des instituts techniques et d'universités. L'analphabétisme baissa fortement, comme au Mexique, où ceux qui ne savaient pas lire ni écrire, qui constituaient 34,5 % de la population de plus de 15 ans en 1960, passèrent à 9,7 % en 1985, tandis qu'au Pérou on passa de 39,9 à 15,2 %.

Les gouvernements devinrent le principal employeur, dans beaucoup de pays. Un cas extrême se manifesta au Mexique, où les employés d'agences et de services gouvernementaux augmentèrent à un rythme annuel de 12,5 % entre 1970 et 1980 ; un phénomène semblable se produisit au Brésil, où les employés publics passèrent de 3,4 millions en 1973 à plus de 5 millions en 1980. Cependant, à la fin de la décennie de 1980, le secteur public commença à décroître, avec le début des politiques de privatisation entreprises par la majorité des gouvernements, tendance qui avait commencé plus tôt au Chili, causant un appauvrissement relatif de la classe moyenne.

Le secteur patronal accentua sa présence dans la société au cours de cette période, favorisé par la nouvelle situation politique qui régna dans plusieurs pays. En effet, les dictatures militaires comptèrent sur l'appui

---

3. Lula (né en 1945), était originaire du Nord-Est, de l'État de Pernambuco. Il commença sa carrière comme dirigeant syndical des travailleurs métallurgistes, à San Bernardo, près de Sao Paulo, durant la dictature militaire. En 1975, il fut élu président du syndicat de ce secteur, et dut diriger les grandes grèves de 1978 et de 1979. Ce fut un des principaux créateurs du Parti des travailleurs. En 1986, il se fit élire député fédéral, avec la plus importante majorité de tout le pays. Par la suite, il sera candidat à la présidence de la République, en 1989, en 1994, en 1998 et en 2002, année où il remportera finalement la victoire.

ouvert de l'entreprise privée, dont les représentants furent souvent appelés à occuper des charges importantes dans l'orientation des politiques du gouvernement. Parmi les cas emblématiques figura Alfredo Martínez de Hoz, membre d'une des plus anciennes familles de l'oligarchie argentine, qui fut ministre des Finances sous la dictature du général Videla. Au Chili, l'interaction entre le pouvoir militaire et les grandes entreprises durant la dictature de 1973 à 1989 fut très claire. Le démantèlement ou la décélération de la réforme agraire renforcèrent l'élite économique, qui trouva de nouvelles possibilités de négoces.

Au Brésil, par contre, la relation ne resta pas toujours amicale entre l'État contrôlé par les militaires et l'entreprise privée, parce que celle-ci estimait que le secteur public accaparait trop de place dans l'économie. En fait, à la fin de la période, c'étaient les grandes entreprises du secteur public, Petrobras (pétrole) et la Banco do Brasil, qui figuraient en tête des plus grandes entreprises non seulement du Brésil, mais de toute l'Amérique latine. Dans toute la région, le patronat se rénova et se renforça grâce aux progrès de l'industrialisation et du Marché commun centre-américain. Dans le cas particulier du Nicaragua, malgré le triomphe de la révolution sandiniste, le patronat, bien qu'affaibli, résista au nouveau régime. Le secteur privé subit aussi des assauts au Pérou, au moins durant la période dominée par le général Velasco (1968-1975), qui essaya, sans grand succès, de favoriser la création de coopératives au détriment de l'entreprise privée. Un cas symbolique fut celui de la transformation de l'un des grands journaux, *El Comercio* de Lima, en coopérative, initiative qui toutefois ne dura pas très longtemps.

L'exode rural grandissant et l'explosion démographique contribuèrent à faire croître le secteur des marginaux urbains. Ceux-ci se définissaient non seulement par le fait de vivre dans les zones périphériques des villes, mais aussi par la précarité des travaux qu'ils accomplissaient, ce qui les laissait normalement en dehors de tous les circuits de bénéfices sociaux. Devant cet état de fait, des réseaux sociaux furent créés par les habitants eux-mêmes de ces périphéries, comme dans les populations marginales de Lima, connues sous différentes appellations (*pueblos jóvenes, barriadas*) et qui prirent des proportions énormes. Villa El Salvador, née en 1971, au sud de la capitale péruvienne, compte parmi les exemples les plus connus.

Le monde rural : les années de la réforme agraire

La réforme agraire se vit tout à coup propulsée dans l'actualité comme conséquence de la révolution cubaine. En effet, à l'intérieur du cadre de l'Alliance pour le progrès, le président John Kennedy exigea des gouvernements latino-américains la réalisation de réformes afin de faire face aux principales inégalités sociales et de freiner ainsi la montée du danger révolutionnaire. Soudain, ce qui ne s'était réalisé qu'au Mexique et en Bolivie, comme une œuvre de mouvements subversifs, devenait un projet non seulement respectable, mais souhaitable pour les gouvernements. Les analyses des experts internationaux, qui dénonçaient depuis des années les inégalités dans la répartition de la propriété agraire, furent alors écoutées et fournirent le fondement de la réforme : redistribuer la terre au bénéfice des déshérités. Le tableau 20 montre la répartition de la propriété agraire en 1960 :

Tableau 20
Répartition de la propriété agraire, 1960, pays choisis

Pays	Prop.sous-fam.*		Prop.familiale		Moyenne prop.		Grande prop.	
	A	B	A	B	A	B	A	B
Argentine	43,2	3,4	48,7	44,7	7,3	15,0	0,8	36,9
Brésil	22,5	0,5	39,1	6,0	33,7	34,0	4,7	59,5
Chili	36,9	0,2	40,0	7,1	16,2	11,4	6,9	81,3
Équateur	89,9	16,6	8,0	19,0	1,7	19,3	0,4	45,1
Guatemala	88,4	14,3	9,5	13,4	2,0	31,5	0,1	40,8
Pérou	88,0	7,4	8,5	4,5	2,4	5,7	1,1	82,4

A: pourcentage du type de propriété par rapport à la totalité
B: pourcentage de la superficie
* Propriété dont la production ne peut satisfaire les besoins d'une famille.
SOURCE : Barraclough, Solon: *Agricultural Structure in Latin America*, Lexington Books, 1973.

Dans la pratique, l'application de la réforme varia beaucoup d'un pays à l'autre, parce qu'elle dépendait en grande partie de la volonté politique. Il y avait beaucoup d'intérêts en jeu, de sorte que dans bien des cas la réforme devait se limiter à des transformations superficielles, comme ce fut le cas en Amérique centrale, en Colombie, au Venezuela et au Brésil. Dans ce dernier pays, à partir de 1966, on mit en marche un programme de défrichage de nouvelles terres, dans l'Amazonie, qui furent cédées aussi bien à des petits qu'à de grands producteurs, pour l'élevage, mais il ne s'agit point de réforme agraire dans le sens de redistribution de terre expropriée. Le Mexique, pays pionnier de la réforme, n'accéléra pas le processus de distribution de terres ; le président José López Portillo (1976-1982) distribua quelque 15 millions d'hectares, mais de faible valeur agricole.

Ailleurs, au Chili et au Pérou, il s'agit d'expériences plus sérieuses, œuvre de gouvernements ayant une vocation affirmée d'amélioration. Dans le premier de ces pays, la réforme commença avec le gouvernement démocrate chrétien d'Eduardo Frei Montalva (1964-1970) qui fit modifier la Constitution de l'État, quant au droit de propriété, afin de pouvoir exproprier un certain type de propriétés agricoles considérées comme mal exploitées ou trop étendues. Sous Salvador Allende (1970-1973), les expropriations se multiplièrent ce qui, dans l'ensemble, changea une bonne partie du paysage agricole chilien, par la distribution de milliers d'hectares à des dizaines de milliers de familles de paysans. Au Pérou, l'élan vint du gouvernement du général Juan Velasco Alvarado qui fit approuver une loi, en 1969, introduisant une réforme moins radicale que celle du Chili, mais qui affecta cependant les grandes plantations de coton et de sucre de la côte du nord du pays, et un certain nombre de grandes propriétés foncières de la sierra. Toutefois, le processus réformiste s'interrompit dans les deux pays au milieu des années 1970, à cause du coup militaire au Chili et du remplacement de Velasco par un gouvernement militaire plus conservateur, celui du général Francisco Morales Bermúdez (1975) au Pérou.

Les réformes les plus radicales vinrent de Cuba et du Nicaragua, comme un fruit de leur révolution respective. Dans le pays caribéen, on procéda à une première réforme, modérée, en 1959, qui expropriait seulement les plantations de plus de 400 hectares. En 1963, on en fit une seconde, qui affecta tous les domaines supérieurs à 65 hectares. De cette manière, Cuba effectua la réforme la plus radicale du continent, ne respectant que les petits propriétaires, en particulier les cultivateurs de café et de légumes. Au Nicaragua, à partir de 1979, la réforme concerna surtout les propriétés de Somoza et de sa parenté et respecta une bonne partie du secteur privé de l'agriculture, qui jusqu'en 1984 constituait les deux tiers de la propriété rurale.

L'impact de ces réformes fut très inégal, étant donné la dissimilitude des types de propriété qui en émergèrent. Au Mexique, on continua avec l'*ejido*, décrit au chapitre précédent. Au Pérou, on privilégia la formule des coopératives. Au Nicaragua, on opta pour une formule qui accordait une importance égale aux fermes étatiques, avec ouvriers salariés, et aux coopératives. Le Chili n'a jamais défini avec précision un type idéal de propriété : sous le gouvernement de la démocratie chrétienne, on créa la formule appelée *asentamiento*, où la terre était travaillée en commun, mais sans qu'on décide du type définitif de propriété. L'Unité populaire essaya de créer des types de propriété basés sur de grandes unités, mais sans établir non plus quel serait le destin final de ces terres. Cuba fut le seul pays où les fermes étatiques constituèrent la forme de propriété prédominante, conséquence logique de l'orientation socialiste du pays. Ainsi, la réforme donna lieu à une grande variété de situations, mais dans son ensemble on ne peut pas dire qu'elle ait transformé de façon radicale les relations de classe à la campagne. Dans les années 1980, la réforme perdit son élan initial, à mesure que les dictatures militaires se multipliaient.

• **Les mouvements indigènes**

Vers 1980, la présence indigène dans la population variait considérablement d'un pays à l'autre. Quatre États représentaient un pourcentage important sur un total d'environ 24 millions pour l'ensemble de la région : le Guatemala (54 %), la Bolivie (54 %), le Pérou (46 %) et l'Équateur (40 %). Dans deux autres pays, le Mexique et le Salvador, les indigènes constituaient 10 % de la population, tandis qu'au Chili, au Honduras et au Panama, le pourcentage n'était que de 5 %. Dans tous les autres pays, les Indiens équivalaient à 3 % ou moins du total. L'Uruguay représentait un cas extrême, puisqu'on n'y en trouvait pratiquement pas. On doit considérer ces chiffres avec prudence, étant donné la variation des critères servant à différencier, par exemple, la population indigène de la population métisse.

Après avoir traversé une période durant laquelle on parla peu de leur cause, les indigènes réussirent à se faire entendre avec force, en particulier à partir des années 1970. On peut attribuer cela en partie à l'évolution de l'ONU, qui avait favorisé jusqu'alors, dans ses textes de principe, l'idée d'intégrer les indigènes aux États nationaux. Cette position commença à changer durant la décennie, en faveur d'une plus grande autonomie pour les peuples indigènes. Dès le début de ces années, les autochtones de divers pays parvinrent à se donner un degré d'organisation supérieur à celui des années antérieures, se servant en outre des forums internationaux pour faire valoir leurs revendications ancestrales, avec l'action d'organisations non-gouvernementales (ONG) d'indigènes.

Les nouveaux mouvements indigènes visèrent à se donner une organisation propre, qui ne dépendît pas des partis politiques dirigés par des Blancs ou des métis de la ville. Ce fut le cas des Indiens de l'Équateur, qui formèrent diverses organisations, dont la CONAIE (Confédération de peuples indigènes de l'Équateur), et de ceux de la Bolivie, pays où se développa un courant appelé *katarismo* à la fin des années 1960. Ce mouvement, d'expression tant sociale que politique, agglutina les revendications au nom du droit à la terre, à l'éducation, au développement basé sur l'action communautaire et à l'autonomie administrative. Cependant, les divisions qui surgirent dès le début enlevèrent de la force au mouvement, qui ne put jamais se convertir en une véritable alternative du pouvoir.

Au Pérou, la réforme agraire, lancée en 1969, s'accompagna de gestes symboliques de la part du gouvernement de Velasco en faveur des indigènes, lorsqu'il proclama le quechua langue officielle du Pérou. Le mince succès de la réforme et le retrait postérieur de Velasco allait laisser ces mesures sans beaucoup d'effet. Au Mexique, le gouvernement du PRI créa en 1975 le Conseil national des peuples indigènes (CNPI), auquel participaient 56 conseils suprêmes indigènes. Malgré son affiliation au gouvernement, la CNPI ne fut pas un organisme inconditionnel du pouvoir, et d'autres ethnies maintinrent leurs propres organisations, comme les Tzotzils de l'État du Chiapas. Les revendications indigènes au Mexique ne comprenaient ni l'indépendance nationale ni l'incitation à la lutte armée. Par contre, les Mayas du Guatemala commencèrent, dans les années 1980, à participer aux groupes de guérilla contre la dictature, ce qui devait leur coûter très cher. Ce cas illustre en outre les difficultés d'unir les groupes politiques de gauche, généralement d'origine urbaine, aux revendications des autochtones. L'échec de la guérilla de Che Guevara en Bolivie, en 1967, vient renforcer ce constat.

Les Indiens Miskito, de la côte atlantique du Nicaragua, offrent un cas particulier. Cette ethnie, peu nombreuse et complètement ignorée des médias jusqu'alors surgit dans l'actualité au début des années 1980, quand ses membres refusèrent les réformes que le régime sandiniste voulait implanter dans cette région. Les milieux rattachés aux États-Unis et les opposants au sandinisme appuyèrent leur cause immédiatement.

Ainsi, dans la presque totalité des pays de la région, on assista à une résurgence de la question indigène, ce qui s'accentua à mesure qu'approchaient 1992 et la célébration du cinquième centenaire de l'arrivée de Colomb, date controversée pour les peuples autochtones. La lutte dans le but de dépasser la « société de conquête » continuait.

• **La femme**

La situation de la femme progressa de différentes manières, mais à l'intérieur de certaines limites quant à l'usage et au respect de ses droits. Dans la sphère politique, la femme avait le droit de voter et d'être élue dans tous les pays de la région; le Paraguay, qui demeurait le seul pays à ne pas avoir accordé ce droit, le fit en 1961. Toutefois le nombre de femmes élues était faible en général. En 1969, le Chili se situait au premier rang pour le nombre de femmes élues au Parlement, avec 12 (et en 1973 ce chiffre allait monter à 15), suivi par le Brésil et la Bolivie, avec 7 ; au Mexique, c'était seulement deux[4].

Dans toute la région, il n'y eut que deux femmes à occuper la charge de chef du gouvernement de leur pays, et dans les deux cas il s'agit de situations d'exception : María Isabel Martínez, la veuve de Perón, qui exerça la présidence de l'Argentine entre 1974 et 1976, parce qu'elle avait été élue vice-présidente en 1973, et Lidia Gueiler, qui fut présidente provisoire pendant quelques mois en Bolivie, en 1979, nommée pour cette charge par la Cour suprême. Une autre femme, qui ne parvint pas à la présidence, mais qui finit par avoir une certaine influence dans son pays, la Colombienne María Eugenia Rojas, exerça les charges de député et de sénateur, en plus de diriger pendant plusieurs années l'ANAPO (Alliance nationale populaire), le mouvement politique fondé par son père, l'ancien dictateur Gustavo Rojas Pinilla. En 1974, elle posa sa candidature à la présidence, mais ne remporta qu'un faible pourcentage du vote.

Les femmes participèrent activement à d'autres niveaux de la vie politique. Dans beaucoup de pays, elles constituèrent des pourcentages élevés de la guérilla, comme au Salvador et au Nicaragua, où l'on calcule qu'elles représentèrent plus du tiers des combattants. La Nicaraguayenne Dora Téllez finit par occuper un des postes de commandant des forces sandinistes, ce qui lui permit ensuite de participer

---

4. Cette même année, la situation n'était pas meilleure aux États-Unis, où les élues aux deux chambres du Congrès n'étaient que dix. Au Québec, c'est seulement en 1962 qu'une femme fut élue à l'Assemblée nationale, tandis qu'au parlement fédéral il fallut attendre jusqu'en 1972.

directement au noyau qui détenait le pouvoir. La guérilla du Sentier Lumineux au Pérou attira une forte participation féminine. Dans le camp opposé, Violeta Barros, veuve de l'entrepreneur Pedro Chamorro, se joignit durant la première année à la Junte nationale de gouvernement, pour renoncer ensuite à sa charge ; en 1990, elle sera la première femme élue présidente de son pays (et la première de toute l'Amérique latine). D'autres femmes jouèrent un rôle remarquable dans les pays dominés par des dictatures, dénonçant les abus de ces régimes et devenant des personnalités renommées sur le plan international. Les plus connues furent la Bolivienne Domitila Barrios et la Guatémaltèque Rigoberta Menchú. Cette dernière, d'origine indienne, devait remporter par la suite le prix Nobel de la paix. Les organisations créées par des femmes, comme l'Association des mères de la Plaza de Mayo, en Argentine, et l'Association de familles de détenus-disparus au Chili devinrent des références obligées en ce qui concerne la lutte pour le respect des droits humains. Au niveau social, la Péruvienne María Elena Moyano se distingua comme organisatrice des habitants de Villa El Salvador, dans les faubourgs de Lima (dont on a parlé plus haut), finissant par être élue au poste de sous-maire de la municipalité. Sa carrière et sa vie devaient connaître une fin tragique, car elle fut assassinée par le Sentier Lumineux, à cause de son refus de collaborer avec ce mouvement.

María Elena Moyano, leader des habitants de Villa El Salvador à Lima, dans les années 1980.

Dans les pays qui connurent des expériences révolutionnaires, les progrès de la femme furent inégaux. Dans le cas de l'Unité populaire chilienne, la question féminine passa toujours après les tâches jugées prioritaires, comme la création d'une aire économique dominée par l'État. Des promesses comme la loi sur le divorce et la création d'un ministère de la Famille ne parvinrent pas à se réaliser, et la femme n'atteignit pas non plus l'égalité légale avec l'homme. Cuba procéda à des réalisations beaucoup plus visibles, comme le Code de la famille de 1975, qui décrétait l'égalité de responsabilités dans les tâches domestiques pour l'homme et pour la femme ; on en fit autant au Nicaragua sous le régime sandiniste. En 1974, on approuva aussi des lois qui protégeaient la maternité, en particulier pour la femme au travail. Il faut souligner que dans le cas cubain la protection de la maternité s'est appliquée dans un univers de plus en plus réduit, étant donné qu'une autre mesure de la révolution en faveur de la femme, le droit à l'avortement libre et gratuit, contribua à la baisse spectaculaire de la natalité qui caractérise le pays depuis plusieurs années ; Cuba affiche le taux de croissance de la population le plus bas de l'hémisphère et un des plus bas au monde.

Sur le marché du travail, la présence de la femme se fit de plus en plus visible. Un des facteurs qui y contribua fut le nombre croissant de foyers monoparentaux dirigés par des femmes, fait attribuable aux migrations (autant internes qu'externes) et aux effets de la répression durant les dictatures, qui affecta davantage les hommes. En outre, les femmes accédèrent de plus en plus aux études supérieures, ce qui non seulement leur permit de solliciter des emplois meilleurs et plus nombreux, mais encore leur permit de sortir, au moins en partie, du confinement à certaines professions jugées féminines.

• Religion

À partir de 1970, une des principales nouveautés dans ce domaine, la célèbre « théologie de la libération », allait provoquer, sinon une division, au moins l'apparition d'un courant polémique à l'intérieur de l'Église catholique. Précédée par des mouvements sociaux dans les années 1960, elle s'exprima dans la décennie suivante dans les écrits du Péruvien Gustavo Gutiérrez, du Brésilien Leonardo Boff et de plusieurs autres. La nouvelle théologie allait acquérir une forte tonalité idéologique lorsqu'elle déclara que le péché le plus grave était celui de l'exploitation de l'homme par l'homme et qu'elle utilisa le marxisme

Deux des plus importants leaders du catholicisme proche des pauvres au Brésil: le théologien Leonardo Boff et le cardinal Paulo Evaristo Arns, accompagnés du futur président du Brésil, Lula, à l'époque dirigeant syndical à Sao Paulo.

comme instrument d'analyse pour comprendre les causes de la pauvreté. Cela rapprochait les catholiques d'une position politique de gauche, au moment où les groupes de cette tendance, aussi bien d'action institutionnelle qu'armée, étaient dans une phase ascendante. Dans ce contexte, de nombreux croyants adhérèrent à la lutte armée, surtout en Amérique centrale, avec des cas emblématiques comme celui du jésuite Ernesto Cardenal, qui devint ministre du gouvernement sandiniste ; avant lui, un autre prêtre, le Colombien Camilo Torres, était devenu un martyr de la gauche catholique, en mourant au combat pour l'une des forces de la guérilla de son pays, en 1966.

Auparavant, la haute hiérarchie de l'Église avait fait un sérieux effort pour se mettre à jour sur les problèmes sociaux du continent, surtout à cause de l'impact du concile Vatican II. La Commission épiscopale des évêques, CELAM, s'était réunie pour la première fois en 1955. En 1968, à Medellín, et en 1979, à Puebla, eurent lieu les réunions suivantes, au cours desquelles les évêques catholiques mirent l'accent sur l'option de l'Église catholique en faveur des pauvres. Plusieurs évêques traduisirent cette position de principe par des actions concrètes. Le cardinal chilien Raúl Silva Henríquez compta parmi les partisans les plus combatifs de l'application de la réforme agraire dans son pays, distribuant des terres de l'Église aux travailleurs ruraux ; par la suite, durant la dictature militaire, il joua un rôle très important dans la défense des droits humains, malgré les critiques et les attaques dont il fut l'objet. Un autre prélat adopta une attitude semblable : l'évêque de

Recife, Helder Cámara, critiqua lui aussi l'action répressive de la dictature brésilienne. Il ne faut pas croire cependant qu'on partagea cette attitude partout : la majorité des évêques argentins collaborèrent ouvertement avec la dictature de leur pays, et, au Nicaragua, le cardinal Miguel Obando compta parmi les principaux critiques du gouvernement sandiniste. De plus, le Vatican, surtout après l'élection du Polonais Jean-Paul II, déclencha une campagne implacable contre cette théologie, jugée subversive.

Le renforcement des Églises protestantes apporta un élément nouveau, de même que l'avènement d'autres organisations, comme celle des mormons, qui jusqu'alors s'étaient peu manifestées. En partie à cause de l'action de missionnaires venus des États-Unis et d'autres pays, les protestants gagnèrent du terrain. À la fin de la période, on estimait que plus d'un million de personnes au Pérou (sur un total de 25 millions) adhéraient à l'une des Églises protestantes. Le Guatemala aussi connut une augmentation significative de ces Églises, dont on compta parmi les fidèles le général Efraín Ríos Montt,

Le Pape Jean-Paul II ne cachait pas son mécontentement au sujet des catholiques qui collaboraient avec la gauche au Nicaragua. Ici, il fait la leçon au père Ernesto Cardenal, ministre de la Culture du gouvernement sandiniste, à son arrivée à l'aéroport de Managua, en 1987.

un des militaires qui dirigea la dictature dans ses moments-clés, au début des années 1980. Les pentecôtistes prirent un essor considérable à partir des années 1970 ; en Haïti, un des pays où ils progressèrent le plus, ce phénomène s'explique en partie par l'influence des États-Unis depuis le début du siècle.

La montée protestante contrastait avec la faiblesse croissante du catholicisme : le nombre de prêtres par rapport à la population ne cessait de diminuer. On essaya de corriger cette situation avec la venue de missionnaires canadiens, en particulier de langue française, parce que c'était la province de Québec qui regroupait la plus grande partie des catholiques du pays. Répondant à l'appel du concile Vatican II et à la demande des chefs de l'Église de plusieurs pays, des religieux canadiens, aussi bien des hommes que des femmes, commencèrent à aller dans des pays comme le Pérou, le Chili, la Bolivie et Haïti.

Introduit dans les Amériques aux temps coloniaux par les anciens esclaves noirs, le *candomblé* a survécu et gagne même de nouveaux adeptes au Brésil et ailleurs.

Beaucoup d'entre eux jouèrent un rôle important dans la protection des personnes pourchassées par les dictatures, facilitant la sortie de réfugiés politiques vers d'autres pays.

Enfin, un troisième aspect majeur dans cette période consiste dans l'essor des cultes religieux d'origine africaine, dont la *santería*. Ils se pratiquaient depuis longtemps, mais on commença alors à compter un nombre croissant de pratiquants de diverses origines ethniques, et pas seulement des Noirs. On a observé le phénomène au Brésil et à Cuba ; dans ce pays, il s'agit de quelque chose de particulièrement remarquable, étant donné l'hostilité marquée du régime communiste envers la vie religieuse.

• Diffusion du sport professionnel

Commencé à l'époque précédente, le sport professionnel prit un nouvel élan, surtout avec la participation victorieuse des équipes de clubs et de sélections nationales de football de certains pays dans des rencontres internationales. L'Argentine remporta deux fois le championnat mondial (1978 et 1986), et le Brésil en fit autant (1962 et 1970). La création de championnats continentaux pour les meilleures équipes de club (Coupe Libertadores en Amérique du Sud) mit les joueurs de cette région en contact annuel avec les meilleures équipes européennes, au moment de concourir pour un titre intercontinental. Beaucoup de joueurs latino-américains furent engagés en Europe, acquérant une célébrité mondiale, comme l'Argentin Diego Maradona. Le baseball continua à se développer dans la zone des Caraïbes et dans une partie de l'Amérique centrale, d'où sortaient des joueurs pour les États-Unis. Le Mexicain Fernando Valenzuela, le Portoricain Roberto Clemente et le Nicaraguayen Dennis Martínez figurèrent parmi les joueurs les plus remarquables de ce sport, jouant dans différentes équipes des États-Unis et du Canada.

Le « roi du soccer », le Brésilien Pelé, figure légendaire du sport latino-américain et mondial.

Le football (ou soccer) et le baseball ne furent pas les seuls disciplines sportives populaires. Des joueurs de tennis brillèrent aussi, comme les Argentins Guillermo Vilas et Gabriela Sabatini, des conducteurs de voitures de course, comme les Brésiliens Emerson Fittipaldi et Ayrton Senna ; dans la boxe, se distinguèrent le Panaméen Roberto Durán, connu sous le nom de « Main de pierre » et l'Argentin Carlos Monzón, tandis que dans le cyclisme, les représentants de la Colombie obtinrent plusieurs triomphes internationaux. La sélection nationale de volley-ball féminin du Pérou figura parmi les meilleures du monde dans plusieurs Jeux olympiques. Le sport prit aussi une dimension politique[5], avec les victoires des athlètes cubains aux Jeux panaméricains, où Cuba devint le deuxième

Parmi les têtes d'affiche les plus connues du sport latino-américain figure l'Argentine Gabriela Sabatini, qui fit partie de l'élite du tennis féminin durant les années 1990.

---

5. En 1978, la dictature militaire argentine se servit des succès de la sélection nationale de football, vainqueur du Mundial, qui se déroula dans ce pays, pour améliorer l'image de son gouvernement

pays le plus fort du continent, après les États-Unis, ce qui contribua à renforcer l'image du régime socialiste au niveau international. Les Cubains se distinguèrent également dans les Jeux olympiques. Parmi les champions les plus connus figurèrent le boxeur Teófilo Stevenson et le coureur du 400 mètres, Alberto Juantorena.

• Vie quotidienne

La vie de tous les jours se transforma à cette époque, non seulement à cause des changements sociaux et techniques dérivés d'une plus grande urbanisation, mais sous l'effet de nouvelles expériences politiques. Le pays le plus touché fut sans doute Cuba, où le régime installé en 1959 a continué durant toute la période, soit sur la vie de deux générations. L'un des aspects les plus notables dans la quotidienneté, à partir de 1962, fut l'instauration du fameux carnet *(libreta)* de rationnement, qui donnait accès aux Cubains à certaines rations de tous les aliments et de beaucoup d'autres produits. Il n'était pas facile pour l'étranger qui se trouvait dans l'île de comprendre le système, car il y avait divers types de vente : il existait la vente libre, c'est-à-dire sans coupons, la vente pour tous, celle de régime (pour les malades et les vieillards), ou les ventes de groupe. De plus, on ne pouvait pas acheter les produits dans n'importe quelle boutique, mais bien dans celle qui était désignée pour chaque personne. Une Française, qui vécut à Cuba entre 1976 et 1977, comme professeur, ne put jamais inviter ses amis à essayer un plat de la cuisine de son pays, parce qu'elle ne pouvait trouver tous les ingrédients nécessaires en même temps. Parfois il lui manquait les tomates, un autre jour c'étaient les aubergines, ou bien les oignons, qu'elle ne put jamais acheter durant toute l'année qu'elle passa dans le pays ; apparemment on n'en avait pas planté cette année-là[6].

Bien que de courte durée, l'expérience de l'Unité populaire chilienne (1970-1973) signifia pour beaucoup une nouvelle attitude civique. Cela se vit chez les simples sympathisants de ce mouvement, qui n'étaient pas des militants de parti, mais qui se virent animés d'un désir de participer et de se mettre en contact avec les voisins, comme le décrit le témoignage d'une femme résidente d'un quartier de classe moyenne basse, à Santiago :

---

6. Mottin, Marie-France : *Cuba quand même*. Paris, Seuil, 1983, p.64.

Durant l'Unité populaire, j'ai commencé à participer à beaucoup de choses : j'ai travaillé, par exemple, dans l'Assemblée de voisins ; son président, militant socialiste, m'a beaucoup aidée ; avec lui et d'autres personnes nous avons formé une équipe. Nous voulions accomplir des tâches plus politisées avec les Centres de mères, leur expliquant par exemple les raisons du *desabastecimiento* et faire de l'éducation populaire. J'ai participé à un projet de santé pour le quartier. Tout à coup je me suis retrouvée impliquée dans beaucoup de choses en même temps... Et je voulais connaître chacun des habitants de mon entourage, savoir ce que faisait chacun d'eux, leur parler, leur rendre visite...[7]

Par contre, les gens hostiles à l'expérience socialiste soulignaient les problèmes de l'économie : les maîtresses de maisons se plaignaient des files d'attente pour acheter les biens essentiels, de l'inflation qui commença à prendre des proportions très grandes à partir de 1972, ou des difficultés pour trouver une employée domestique, dont les demandes salariales avaient augmenté. Les personnes opposées à l'Unité populaire dénonçaient en général l'agressivité de l'ambiance, les grèves continuelles et les manifestations (quoique beaucoup d'entre elles fussent organisées par l'opposition) disant que « dans le Chili d'avant, cela n'arrivait pas ».

À partir de novembre 1973, après le coup d'État, il est apparu un élément qui changea la vie quotidienne : le *toque de queda* imposé par la dictature, qui limitait la circulation nocturne, interdite à certaines heures, à moins de posséder un sauf-conduit. Cette situation se prolongea au Chili durant la plus grande partie de la dictature, et aussi en Argentine et en Uruguay. Une revue féminine chilienne organisa, peu après l'entrée en vigueur de cette restriction, une enquête pour savoir si les lecteurs trouvaient des aspects positifs à cette mesure : un certain pourcentage de femmes répondit que oui, étant donné que grâce à elle, elles avaient davantage confiance en la fidélité des maris. Mais pour les commerçants et les artistes, par contre, le couvre-feu produisit un effet négatif pour les affaires.

La violence en Colombie se concentra dans des villes comme Medellín dans la décennie de 1980. Plusieurs facteurs firent fleurir les bandes de *sicarios,* ces jeunes qui gagnent leur vie – parfois de grandes

---

7. Del Pozo, José : *Rebeldes, reformistas y revolucionarios. Una historia oral de la izquierda chilena en la época de la Unidad popular.* Santiago, Ed. Documentas, 1992, p.212

sommes d'argent – en louant leurs services pour voler ou pour tuer. Enfants d'une génération de familles divisées, parfois décimées par la violence politique, obligés de fuir la campagne pour la ville, où ils arrivaient sans savoir de quoi vivre, il ne leur en coûtait guère de se décider à adopter ce style de vie. L'argent offert par les narcotrafiquants, qui les engageaient souvent, consolida leur mode d'existence. Les faits violents, les assassinats en plein jour commencèrent à atteindre des limites insupportables vers 1985. Devant l'inaction des pouvoirs politiques, les habitants de certains quartiers s'organisèrent pour se faire justice eux-mêmes, par groupes d'hommes armés qui agissaient encapuchonnés. Des commerçants participaient à l'organisation, parfois des policiers en dehors de leur service et des ex-guérilleros. On jugeait les sicaires en fonction de la gravité de leurs crimes. Les revendeurs de drogue recevaient d'abord un avertissement ; s'ils ne le respectaient pas, les miliciens lançaient une grenade près de leur domicile, et s'ils persistaient dans leur attitude, le châtiment suivant était la mort. Entre 1986 et 1987, on « nettoya » ainsi plusieurs quartiers de Medellín, ramenant le calme dans la vie quotidienne. Cela ne solutionna pas cependant le problème de la drogue et des enlèvements, qui continuèrent à assombrir le pays.

La vie politique : une ère de grande tension

Tendances générales

Si dans les époques antérieures les progrès en matière de démocratie politique avaient été minces, la période de 1960 à 1989 constitua un net recul. En effet, non seulement s'instaurèrent de longues périodes dominées par des dictatures dans la majorité des pays, mais encore celles-ci prirent un caractère assez différent de celui des expériences autoritaires qu'on a vues dans les chapitres précédents, avec des méthodes beaucoup plus brutales, et des effets de plus longue durée. Cette situation s'installa même dans les pays où la démocratisation de l'ancien régime oligarchique avait réussi à franchir des étapes importantes, comme au Chili et en Uruguay.

Cette radicalisation eut deux causes principales. La plus évidente provint de l'impact de la révolution cubaine, qui agit comme accélérateur pour les partis et les groupes qui désiraient une transformation de fond de la société, mais qui en même temps poussa les forces opposées aux changements à un durcissement de leurs

méthodes de résistance. L'attitude des États-Unis joua un rôle fondamental, car elle consistait à appuyer sans ambages les forces que
menaçait une révolution.

Cependant, la lutte anti-subversive ne constitue pas la seule
explication, et on utilisa cet argument à certaines occasions surtout
comme prétexte pour l'intervention militaire. Elle répondait aux
difficultés de l'élite à faire régner l'ordre dans des sociétés de plus en
plus complexes, comprenant une grande diversité d'acteurs sociaux et
politiques, avec des demandes plus exigeantes, et à faire face aux
problèmes économiques dérivés de l'enlisement dans lequel se trouvait
le « développement vers l'intérieur ». Dans ce contexte, les coups
militaires ne découlèrent pas seulement d'une action commandée par
l'élite, mais aussi de la décision d'un corps social qui disposait d'une
certaine autonomie, et qui se considérait comme le seul capable
d'imposer l'ordre et de guider le pays vers la croissance. L'absence dans
plusieurs pays d'un leadership idéologique clair de la part des partis
de la droite[8] constitue un autre facteur important : incapables de diriger

Depuis les années de la dictature militaire (1976-1983), les mères
des détenus-disparus exigent de nouvelles de leurs proches, en
marchant tous les jeudis sur la Place de Mai, à Buenos Aires.

---

8. Par exemple, en Argentine, depuis la victoire de Perón en 1946, la droite n'a
jamais pu occuper une place importante dans les élections et dut appuyer le
radicalisme (et parfois le péronisme lui-même) comme alternative. Au Chili, par
contre, la droite avait et a toujours une présence idéologique et partisane
consistante. La Colombie pourrait constituer un cas semblable à celui du Chili,
mais la faible participation et le discrédit des élections enlèvent de la valeur aux
victoires des libéraux et des conservateurs.

Ironie de l'histoire, en Amérique latine les militaires sont les garants du bon déroulement des élections, comme dans ce cas au Venezuela des années 1960.

ou au moins de maintenir un contrôle suffisant, les élites devaient recourir de plus en plus fréquemment à l'intervention militaire ou du moins l'appuyer.

La tendance révolutionnaire échoua dans la majorité des cas, sauf au Nicaragua et jusqu'à un certain point au Salvador. Dans tous les autres pays, les militaires triomphèrent ; ils décidèrent d'installer des régimes autoritaires qui atteignirent un degré de répression jamais vu jusqu'alors. Dans deux cas seulement on peut parler de *dictablandas*, régime militaire de basse intensité, comme au Pérou et en Équateur. La violence, soit celle de la répression contre l'opposition civile, soit celle des guerres révolutionnaires en Amérique centrale, de la guerre du Sentier Lumineux et d'autres groupes armés au Pérou et, finalement, de la guerre civile non déclarée en Colombie, causa un nombre élevé de victimes, qui se comptent par milliers. Le tableau 21 livre des chiffres sur le macabre héritage de ces années, qui comprennent des processus commencés un peu avant la présente période.

Ainsi, en un peu plus de quarante ans, environ un demi-million[9] de personnes perdirent la vie en Amérique latine pour des raisons politiques. Le chiffre n'est pas seulement important en soi, mais il l'est également par le fait qu'une grande quantité de victimes le furent par l'œuvre du terrorisme d'État contre des civils, non comme résultat de l'affrontement de groupes armés contre le pouvoir ni de guerres

---

9. Ce bilan est loin d'être complet, puisqu'il faut ajouter à ce chiffre les victimes des répressions contre des manifestations de protestation sociale, comme les massacres de mineurs en Bolivie, en 1967, ou les tueries de paysans et de syndicalistes au Brésil des 40 dernières années, responsables de plusieurs centaines de morts. On doit aussi considérer le résultat des agressions armées, appuyées ou effectuées par les États-Unis, comme l'invasion de la Baie des Cochons (1961) qui fit 1 700 morts ou l'attaque du Panama (1989), avec 700 victimes. Si on considère les conflits entre États, il faudrait ajouter les chiffres de la guerre entre le Salvador et le Honduras (1969), qui causa 2 000 morts, ou le conflit des Malouines (1982), avec 1 200 victimes.

Tableau 21
Victimes* de violence politique (dictatures et guerres internes), 1953-2000

Pays	Période	Nbre de victimes
Argentine	1976-1983	30 000
Bolivie	1971-1982	1 300
Brésil	1964-1985	300
Chili	1973-1989	3 100
Colombie	1964-2001	150 000
Cuba	1953-1959	3 000
Salvador	1979-1992	50 000
Guatemala	1961-1996	150 000
Haïti	1957-1986	50 000
Mexique	1970-1980	1 000
Nicaragua	1975-1979	50 000
Nicaragua	1981-1990	50 000
Paraguay	1954-1989	3 000
Pérou	1980-1995	20 000
Rép.Dominicaine	1965	5 000
Uruguay	1973-1984	300

| TOTAL : | | 567 000 |

* morts et détenus disparus

SOURCE: diverses organisations de droits humains et des rapports officiels

civiles[10]. C'est à cette époque qu'est née l'expression dramatique de *detenidos-desaparecidos* pour désigner les personnes dont on n'avait

10. Parmi les victimes les plus connues des diverses dictatures figurent des personnes de milieux divers, comme des leaders syndicaux (le Chilien Tucapel Jiménez), des dirigeants politiques (le Brésilien Carlos Marighella, le Chilien Baustista Von Schowen, le Bolivien Marcelo Quiroga), des journalistes (le Brésilien Vladimir Herzog), des religieux (les évêques Entique Angelelli, d'Argentine, et Oscar Romero, du Salvador). Les crimes commis à l'extérieur ne manquèrent pas, comme l'assassinat de l'ex-ministre du gouvernement d'Allende, Orlando Letelier, à Washington, ceux du sénateur uruguayen Zelmar Michelini ou de l'ex-président de la Bolivie, le général Juan José Torres, tous les deux en Argentine. Les groupes de guérilla tuèrent aussi quelques personnages, après les avoir séquestrés, comme le général argentin Pedro Aramburu, ou Dan Mitrione, expert américain en répression, envoyé en Uruguay par la CIA ; ils commirent aussi des assassinats pour résoudre certaines luttes internes, comme ceux de Roque Dalton et de Cayetano Carpio au Salvador.

plus de nouvelles, mais qu'on savait victimes d'agents du pouvoir. Toute la lumière n'a pas encore été faite sur le destin de la grande majorité de ces gens après la fin des dictatures. Beaucoup disparurent en tant que victimes d'une répression organisée de concert par plusieurs dictatures, dans l'« Opération Condor », de la seconde moitié des années 1970

Ce ne sont pas tous les pays qui subirent la domination de dictatures, et dans d'autres cas, les régimes de force alternèrent avec des périodes au cours desquelles se développa une vie politique permettant l'exercice du suffrage universel par les hommes et les femmes, y compris les analphabètes. Ainsi, dans les pays ou dans les moments où il y avait des élections, on observa un degré de participation assez élevé. Le problème, c'est que tout à coup on suspendait la consultation des électeurs ou encore elle s'exerçait dans des conditions inacceptables. Au Guatemala et au Paraguay, une seule élection fut digne de ce nom, celle de 1985 dans le premier pays et celle de 1989 dans le second, toute les deux après une longue époque de dictature. Le tableau 22 illustre l'ensemble de la situation.

Si on compare ce tableau avec d'autres semblables dans les chapitres précédents, il en ressort que les coups d'État furent beaucoup moins nombreux, mais que leurs effets, par contre, furent plus durables, étant donné la longue vie des dictatures comme celles du Brésil et du Chili, qui durèrent 21 et 16 ans, respectivement. En ce qui concerne l'existence de gouvernements élus, si on poursuit la comparaison, on observe un net recul dans les pays du cône sud, comme l'Argentine, le Chili et l'Uruguay. Le Venezuela et la République Dominicaine firent des progrès, tandis le Costa Rica maintenait une remarquable continuité dans sa démocratie. Au début de la décennie 1980, commença une période de déclin des dictatures qui culmina en 1989 avec la fin du régime de Stroessner au Paraguay et celui de Pinochet au Chili. Les facteurs qui jouèrent dans ce processus

Le 11 septembre 1973, les militaires attaquent le palais de La Moneda, symbole du pouvoir au Chili. C'est le coup d'état qui renverse le président Salvador Allende.

Tableau 22
Participation électorale et types de gouvernement, 1960-1989

Pays	Partic.électorale		Types de gouvernement			
	Min.	Max.	N.de gouv.	Élus	Par la force	Renversés provisoires démis.
Argentine	43,0	54,0	12	5	7	5
Bolivie	24,0	35,1	10	4	6	3
Brésil*	18,1	47,6	8	3	5	2
Chili	29,6	55,8	5	3	1	1
Colombie	14,2	25,2	8	8	0	0
Costa Rica	29,2	46,6	8	8	0	0
Équateur	15,1	32,0	10	6	2	3
Salvador*	15,2	54,2	10	6	4	4
Guatemala*	12,0	24,1	10	6	4	3
Honduras*	36,3	36,5	10	5	5	4
Mexique*	22,8	32,2	7	7	0	0
Nicaragua*	29,3	37,0	9	5	4	1
Panama*	22,8	30,6	9	6	4	2
Pérou	17,8	39,4	7	4	3	4
Rép.Dominicaine	22,3	35,1	13	7	6	4
Uruguay	38,9	64,5	7	6	1	1
Venezuela	38,2	41,1	7	7	0	0

* : Dans la majorité des cas, les élections se firent dans des conditions très restrictives. Haïti et le Paraguay ne sont pas pris en considération dans ce tableau parce qu'ils constituent des cas extrêmes à ce point de vue, et Cuba non plus, dont le système politique ne peut s'assimiler aux autres.
SOURCE : *Statistical Abstract of Latin America*, vol.25 ,1987, op.cit.,y divers sites web.

varièrent beaucoup d'un pays à l'autre. Ils eurent tous quelque chose en commun : à l'exception d'une certaine manière de l'Argentine, aucune des dictatures ne tomba brusquement, puisque dans tous les cas les militaires, même s'ils remettaient le pouvoir, s'arrangeaient pour le faire sans que les autorités civiles puissent leur porter atteinte. En réalité, dans plusieurs pays les militaires allaient garder une certaine forme de pouvoir, et très peu durent répondre en justice pour les crimes commis. À la fin de 1989, il restait des situations ambiguës, comme celles d'Haïti et du Mexique, tandis que Cuba maintenait le régime de parti unique, qui le séparait de tout l'évolution politique du reste du sous-continent.

Analyse de cas nationaux

• Les pays qui réussirent à maintenir l'État de droit : le Costa Rica et le Venezuela

De ces deux pays, c'est le Costa Rica qui offrit les conditions les plus démocratiques à sa population. Tous les chefs d'État furent élus et accomplirent intégralement leur mandat, et la participation électorale augmenta progressivement, passant de 29,2% en 1962 à 46,6% en 1986. Bien que la vie politique fût dominée par le parti libération nationale (PLN), créé par José Figueres après la guerre civile de 1948, qui gagna cinq des huit élections tenues durant la période étudiée, il y eut pluralité d'expressions, laquelle fut complète en 1970 quand le Parti communiste, jusqu'alors illégal, put participer aux élections sous le nom de Parti action socialiste. À cette occasion, Figueres fut élu pour une seconde fois président de la république. Sous son mandat, fut créée une nouvelle agence gouvernementale, IMAS (Institut mixte d'aide sociale), qui augmenta de façon substantielle le pourcentage de le population protégée par la sécurité sociale, qui passa de 46% en 1970 à 85% en 1978. En outre, on créa quatre nouvelles universités, ce qui élargit les possibilités d'éducation supérieure. Le pays réussit à se maintenir en marge des conflits centre-américains, malgré l'aide fournie aux rebelles sandinistes durant la révolution nicaraguayenne. En 1987, le président Oscar Arias élabora un plan pour en finir avec les guerres dans la région, ce qui lui valut le prix Nobel de la paix.

Tout ne fut pourtant pas positif pour le petit pays. La crise des années 1980 toucha le Costa Rica et quelques scandales graves affectèrent ses gouvernants, en particulier en ce qui a trait à l'aide apportée au financier américain Robert Vesco, accusé de blanchiment d'argent, et protégé par Figueres. En 1965, le Costa Rica appuya activement l'occupation militaire de la République Dominicaine par les États-Unis, en envoyant un contingent de sa Garde nationale à Saint-Domingue, ce qui mit en évidence l'extrême dépendance du pays vis-à-vis de Washington.

Le Venezuela maintint une vie politique assez stable à partir de 1958, lorsque Rómulo Betancourt, le leader de l'Action démocratique (AD) fut élu président, après la chute de la dictature de Marcos Pérez Jiménez.

Les commencements de l'ère démocratique furent difficiles. Le nouveau président dut affronter l'hostilité du dictateur de la République Dominicaine, Trujillo, qui essaya de le faire assassiner en représailles à la campagne que le Venezuela dirigeait contre lui dans les milieux diplomatiques. S'ajouta à cela une importante activité de guérilla, en partie appuyée par Cuba, qui trouva son principal leader en Douglas Bravo, et deux tentatives de rébellion militaire, inspirées par la gauche. Néanmoins Betancourt réussit à esquiver les obstacles et se cramponna au pouvoir. Un programme de réforme agraire, bien que modeste, renforça son appui électoral. Il obtint en plus la collaboration de l'autre parti important, le COPEI, version véné-zuélienne de la Démocratie chrétienne, sur la promesse d'assurer la stabilité institutionnelle du pays. L'un des mécanismes pour parvenir à cet objectif consista à consolider le contrôle civil sur l'armée. Depuis lors, les deux formations ont alterné au pouvoir. À l'élection de 1973, gagnée par Carlos Andrés Pérez, de l'AD, ce parti et le COPEI obtinrent 85% du total des voix, et 90% dans celle de 1978, laissant à peine 10% aux candidats d'une gauche qui ne parvenait pas à s'affirmer.

En 1975, Pérez procéda à la nationalisation de la principale richesse du pays, le pétrole. C'était un moment crucial, car avec la hausse des prix internationaux après le choc pétrolier de 1973, le pays pouvait aug-menter énormément ses gains. Cet événement historique eut lieu sans susciter de conflit avec les compagnies étrangères qui exploitaient cette richesse : le Venezuela paya une indemnisation adéquate et signa des contrats avec ces mêmes entreprises pour qu'elles prêtent une assistance technique à la société d'État chargée d'administrer le pétrole. De plus, le gouvernement de Pérez nationalisa aussi le fer. Le pays parut entrer dans un âge d'or. La dépense publique en éducation, dans la culture et les interventions sociales se multiplia et des milliers d'étudiants reçurent des bourses. Le Venezuela réussissait finalement à « semer le pétrole », comme l'avait demandé le célèbre écrivain Arturo Uslar Pietri. Caracas développa également une politique extérieure originale, renouant les relations avec Cuba en 1974, appuyant plus tard l'Argentine dans son conflit avec la Grande-Bretagne au sujet des Malouines, et participant au mouvement tiers-mondiste. Le Venezuela accueillit aussi plusieurs milliers d'exilés chiliens, argentins, uruguayens et un flux de plus en plus important de Colombiens, qui fuyaient la misère et la violence.

Ce panorama de bon augure s'estompa vers la fin du gouvernement de Pérez. De multiples accusations de corruption commencèrent à tomber sur les nombreuses agences publiques, mais très peu de cas aboutirent en justice. D'importantes inégalités sociales persistaient également. La crise de toute la région affecta aussi le Venezuela, et le gouvernement adopta des mesures d'austérité qui touchèrent durement les secteurs à plus faibles revenus. En février 1989, Pérez venant d'être élu pour la deuxième fois à la présidence, eut lieu une manifestation de mécontentement face à la situation sociale ; elle fut brutalement réprimée par la police, ce qui fit 300 morts. Cette période s'achevait mal pour ce pays, malgré l'accumulation d'importantes réussites.

• **Les démocraties apparentes : la Colombie,**
 le Pérou (à partir de 1980), **le Mexique et la République Dominicaine**

Dans ces quatre pays, les gouvernements se succédèrent dans des processus électoraux, soit une situation en partie comparable à celles des deux pays analysés plus haut. Cependant, dans chacun d'eux, certaines situations disqualifient en grande partie la nature du régime en principe démocratique.

Deux facteurs principaux jouèrent en Colombie. D'un côté, depuis le Pacte de 1957, les partis libéral et conservateur accaparèrent le pouvoir, en alternance, et cela dura jusqu'en 1974. Ce système empê-chait la victoire de troisièmes forces. À l'élection de 1970, l'ANAPO (Alliance nationale populaire), parti fondé par l'ex-dictateur Rojas Pinilla, obtint un appui électoral important et gagna peut-être, mais le compte des votes favorisa une fois de plus le candidat des partis officiels. Par voie de conséquence, cette situation provoqua une abstention très élevée dans les élections suivantes, souvent supérieure à 50%. En ce sens, la Colombie demeurait un pays oligarchique.

Le deuxième facteur, sans doute le principal, fut la résurgence de la violence politique, à partir de 1964, lorsque divers groupes de guérilla entrèrent en action. Deux d'entre eux se réclamaient d'inspiration gauchiste, que ce soit à cause de l'influence pro-soviétique (FARC), ou cubaine (ELN) ; un troisième apparut plus tard, le M-19, résultat de la frustration de la défaite électorale de l'ANAPO en 1970 ; il se différenciait clairement des autres, puisqu'il n'était pas marxiste et ne cherchait pas à prendre le pouvoir, mais à protester contre le blocage politique en Colombie. Les FARC et ELN prolongeaient d'une certaine manière l'expérience de l'époque de 1948-1957 et se nourrissaient de la frustration d'une partie de la société face à une situation politique paralysée, et aussi, bien sûr, de l'influence castriste. La guérilla acquit une force croissante dans les années 1980 et se rendit maître d'une partie du territoire du pays, situation qui contrastait avec les déroutes subies par les autres groupes armés semblables dans les pays voisins, entre 1960 et 1970. D'autre part, les groupes associés au commerce de la drogue acquirent un tel pouvoir qu'ils devinrent bientôt une force autonome dans le pays. Les noms des chefs du trafic de drogue, comme Pablo Escobar et Jorge Luis Ochoa devinrent familiers dans tout le pays. Ainsi, l'État perdit de plus en plus la capacité de contrôler son propre territoire, et la violence devint un élément de la vie quotidienne. Parmi les épisodes les plus spectaculaires de cette situation figure l'assaut du Palais de Justice à Bogotá, en novembre 1985, quand l'armé attaqua l'édifice pour libérer onze juges pris en otages par la guérilla du M-19, action qui se termina par la mort de tous les otages et de douzaines de personnes du commando guérillero. À la fin de la décennie, on calculait que la violence commencée au milieu des années 1960 avait fait plus de 100 000 victimes. Dans ces conditions, la démocratie colombienne ne pouvait prétendre à une existence réelle..

Le Pérou se retrouva dans une situation semblable dans les années 1980. Après que les militaires eurent remis le pouvoir aux civils, le pays fut gouverné successivement par Fernando Belaúnde Terry et par Alan García. Avec ce dernier, l'APRA arrivait pour la première fois au pouvoir, en 1985. Dans cette élection, la IU (Gauche unie) devint la seconde force politique du pays. Mais ce processus prometteur, qui paraissait ouvrir les portes à une démocratie à plusieurs partis, comme au Chili avant 1973, entra en crise avec l'apparition de deux groupes guérilleros, le Mouvement révolutionnaire Tupac Amaru (MRTA) et le Sentier lumineux. C'est ce dernier qui eut le plus d'impact. Dirigé par un professeur de philosophie, Abimael Guzmán, il commença ses actions armées en 1980. Il s'imposa rapidement dans les régions rurales

Abimael Guzmán, leader du Sentier lumineux, représenté dans un pamphlet qui souligne le lien entre la guerre populaire au Pérou et la révolution mondiale.

du sud du pays, et par la suite commença à menacer les villes. L'efficacité de ses méthodes, basées sur l'emploi d'une violence sans précédent, qui cherchait à « détruire l'État », provoqua une réponse brutale de la part du gouvernement, qui confia d'amples pouvoirs à l'armée. À la fin de la décennie, l'affrontement entre la guérilla et l'armée avait fait au moins 13 000 morts, dont beaucoup de civils, qui subissaient la répression tant des adeptes du Sentier que des militaires. À cette situation s'ajouta la crise économique qui frappa le pays, crise aggravée par les mesures excessivement audacieuses du gouvernement de García, comme la menace de nationalisation des banques (qui ne se réalisa pas) en 1987. Le Pérou terminait la décennie plongé dans un profond chaos.

Au Mexique, le PRI maintint le système politique basé sur l'emploi massif de la fraude, pour s'assurer le monopole du pouvoir. Cette situation provoqua des mouvements de protestation qu'on réprimaient parfois sans ménagements, comme dans le cas de la tuerie de la Place Tlatelolco, en octobre 1968, à la veille des Jeux olympiques de Mexico. Ce sanglant épisode, qui fit au moins 300 morts, se solda par une attaque de l'armée contre un mouvement organisé par les étudiants, qui critiquaient les méthodes violentes de la police. Cette action n'obtint pas cependant de grands résultats politiques, car la protestation demeura confinée au secteur étudiant. Quelques groupes armés se manifestèrent cependant, comme dans la guérilla de l'État de Guerrero, assez active entre 1967 et 1974, et la « Ligue 23 septembre », créée en 1973 à Guadalajara, mais qui perdit de son intensité à la fin

Cette pièce de l'art populaire illustre le drame des paysans déplacés au Pérou, coincés entre l'armée et les actions de Sentier Lumineux.

de la décennie. Fort de la richesse pétrolière qui donna un nouvel élan à l'économie après la dévaluation du peso en 1976, le PRI paraissait invincible. Mais dans les années 1980 commença pourtant un processus de désagrégation du parti du gouvernement, quand un groupe mené par Cuauhtémoc Cárdenas, fils du légendaire président des années 1930, abandonna le parti, pour fonder le Parti révolutionnaire démocrate. La crise de l'économie, provoquée par l'endettement excessif, affaiblit davantage le système. Le nouveau parti prit une grande ampleur, et, à l'élection présidentielle de 1988, Cárdenas, à la tête d'une coalition de partis, parut avoir triomphé. Mais une fois de plus la machinerie du PRI manipula les résultats en faveur du candidat officiel, Carlos Salinas. Le résultat officiel donna la victoire au PRI avec la marge la plus étroite depuis les années 1930 : 50,31% pour Salinas contre 31,12% pour Cárdenas. La démocratie mexicaine en était toujours une de façade et le pays demeurait dominé par l'oligarchie construite autour du parti du gouvernement.

La République Dominicaine ne put pas vraiment surmonter l'héritage de la dictature de Trujillo. En mai 1961, un groupe d'opposants assassina le « Benefactor », mettant fin à une dictature de trente ans, avec l'approbation de l'OEA et des États-Unis. Mais le pays ne devint pas une véritable démocratie. Pendant six mois, le fils aîné du dictateur, « Ranfis », dirigea une répression brutale, torturant et tuant la majorité des auteurs du tyrannicide avant d'aller vivre à l'extérieur du pays avec toute sa famille. En 1962, on organisa des élections, que remporta Juan Bosch, écrivain et homme politique, chef du parti opposé à la dictature, le PRD (Parti révolutionnaire dominicain), mais son gouvernement fut bref. En septembre 1963, l'armée renversa le président, accusé de sympathiser avec Cuba. Il s'ensuivit une période confuse, au cours de laquelle les militaires se disputèrent le pouvoir, lutte qui culmina en guerre civile en avril 1965 et qui fit environ 5 000 morts. Les États-Unis décidèrent alors d'intervenir militairement, sous prétexte de « sauver des vies et d'éviter que le pays ne tombe dans le communisme ». L'occupation se prolongea jusqu'en 1966, année de nouvelles élections, qui virent triompher un collaborateur connu de Trujillo, Joaquín Balaguer, qui en vint à dominer la scène politique, se faisant élire quatre fois président, dont trois de suite (1966, 1970, 1974 et 1986). L'une des causes de ses victoires résidait dans l'appui que lui offrait l'armée, où les ex-partisans de Trujillo étaient encore nombreux. En outre, plusieurs de ces élections s'accompagnèrent d'assassinats politiques. En 1978 et 1982, le pouvoir passa cependant au PRD, avec les victoires d'Antonio Guzmán et celle de Salvador Jorge Blanco, de sorte que le pays sembla entrer dans une ère plus démocratique. Blanco réussit à réformer l'armée, en la rendant plus professionnelle, ce qui donna plus de transparence aux élections. Mais le pays subit les effets de la crise économique ; en 1984 la répression d'une manifestation de protestation contre la hausse du coût de la vie fit 80 morts et des dizaines de blessés. Cela favorisa le retour au pouvoir de Balaguer, vainqueur de l'élection de 1986.

• Les dictatures du cône sud :
de la menace révolutionnaire à la dictature. Le cas chilien

Les dictatures de cette région peuvent s'analyser dans un même groupe, puisqu'elles sévirent dans des sociétés comparables, relativement industrialisées. Toutefois le cas chilien possède des caractéristiques spécifiques, qui exigent un traitement à part. Depuis le début de la décennie de 1960, le pays se trouvait dans une phase progressive de radicalisation des options politiques incarnées par la Démocratie chrétienne et l'alliance de la gauche (socialistes et communistes), qui aspiraient, dans une mesure différente, à changer la société. Cet état de choses ne s'explique pas tellement par la situation économique, qui sans être florissante n'était pas mauvaise, mais plutôt par l'accumulation de frustrations face à un développement qui n'allait pas de pair avec les aspirations de beaucoup de secteurs sociaux. En 1964, le candidat de la DC, Eduardo Frei, triompha, avec le soutien de la droite, qui voyait sa victoire comme un moindre mal devant la possibilité d'un triomphe de la gauche. Sous son gouvernement la réforme agraire se réalisa et le cuivre fut partiellement nationalisé, avec l'achat de 51% des actions des compagnies américaines par l'État chilien. L'effervescence se fit sentir aussi dans les classes universitaires, où s'imposa en 1967 un mouvement réformiste, qui donna aux étudiants le droit de voter à l'élection du recteur. En même

Trilogie de l'imaginaire populaire au Chili, en 1970 : Bernardo O'Higgins, symbole de l'indépendance de 1810, Allende et le chansonnier Salvatore Adamo.

temps, Frei essaya d'attirer des investisseurs étrangers, et chercha de l'aide dans l'Alliance pour le progrès. Tout cela ne suffit pas pour s'attirer les bonnes grâces de ceux qui, à droite, ne lui pardonnaient pas d'avoir attenté au droit à la propriété avec la réforme agraire, et parut peu de choses à ceux qui, à gauche, désiraient aller plus loin. Le résultat fut la victoire de Salvador Allende, qui, à la tête d'une alliance de divers partis de gauche (socialiste, communiste, radical, dissidents de la DC) remporta l'élection présidentielle de 1970.

Les trois années de l'Unité populaire (1970-1973) constituèrent peut-être l'expérience politique la plus complexe de l'histoire latino-américaine. Sans disposer de majorité au Congrès et ayant gagné par une majorité relative, de seulement 36,5% des votes[11], Allende se lança dans un ambitieux programme de transformations économiques qui cherchaient à tracer le « chemin vers le socialisme ». Le plan prévoyait en outre d'accélérer la réforme agraire déjà commencée et la nationa-lisation des industries jugées stratégiques, du cuivre et des banques. Ce programme fut réalisé, sauf dans le cas du cuivre, sans l'approbation du pouvoir législatif; on recourut plutôt aux « entrebâillements légaux » que permettait la Cons-titution. Malgré la critique fu-rieuse dont Allende fut l'objet de la part de l'opposition, la liberté de presse, la liberté d'expression et l'existence d'un grand nom-bre de journaux et de radios ad-verses au gouvernement furent rigoureusement respectées. De cette façon, Allende tenait sa

L'usine textile Yarur, expropriée en 1971 par le gouvernement Allende, devint un symbole de la formation de la nouvelle économie que l'Unité populaire voulait mettre en place.

---

11. Le Parlement se renouvelait à une date différente de celle de la présidence, de sorte que chaque nouveau mandataire héritait d'un Congrès élu dans un autre contexte. Si aucun candidat n'atteignait 50% ou plus des votes, la Constitution ne prévoyait pas de second tour électoral, laissant au Congrès le soin de choisir parmi les deux premières majorités relatives. Après une période d'ajournement, le Parti démocrate chrétien, juge du vote, décida de confirmer la victoire d'Allende, après que celui-ci eut promis que sous son gouvernement les libertés fondamentales seraient respectées.

parole de maintenir les institutions chiliennes et d'ouvrir le chemin à la nouvelle société, non selon le modèle cubain ou soviétique, mais en suivant une voie propre « avec *empanadas* et vin rouge », comme il aimait dire. Mais concilier l'ampleur de ces mesures, qui s'en prenaient à une grande partie du pouvoir de la classe patronale et du capital étranger, dans une ambiance pacifique et respectueuses des normes institutionnelles, c'était chercher la quadrature du cercle. L'opposition, d'abord surprise, réagit et organisa une campagne de déstabilisation économique, à laquelle coopéraient le blocus financier des États-Unis et quelques-unes des mesures du gouvernement, comme l'augmentation excessive de l'argent en circulation ; à partir de 1972, l'inflation se mit à galoper et les biens essentiels se firent rares, ce qui prépara le terrain au coup militaire qui mit un terme à l'expérience socialiste chilienne en septembre 1973. La dictature qui s'installait répondait alors à une menace révolutionnaire claire qui menaçait les fondements du système économique et social chilien, même si elle s'effectuait sans recourir aux armes.

- **La dictature en tant que porte de sortie à une crise d'hégémonie : le Brésil, l'Uruguay et l'Argentine**

Dans ces trois pays s'installèrent des régimes dictatoriaux qui, apparemment, se justifiaient par la nécessité de défendre le pays contre la subversion, comme au Chili. Cependant cette affirmation est discutable, comme nous allons le voir.

Le Brésil offre le premier cas, avec le coup militaire de 1964. Après la renonciation de Janio Quadros à la présidence en 1960, le gouvernement passa aux mains du vice-président, Joao Goulart, connu sous le nom de « Jango ». Formé à l'école populiste de Vargas, le nouveau mandataire esquissa une tendance vers la gauche, promettant une réforme agraire. Son beau-frère, le sénateur Leonel Brizola, entretenait des liens avec plusieurs partis et mouvements de gauche, qui, en ce début de décennie, sous l'impulsion de la révolution cubaine, paraissaient être en effervescence. Les ligues paysannes, formées dans les année 1950, redoublèrent d'activités. De plus, à l'intérieur des forces armées, il se forma un mouvement des sous-officiers et des hommes de troupe, les sergents de l'armée, qui aspirait à obtenir plus de droits, dont celui d'association. L'appui que Goulart accorda à ce mouvement fut, aux yeux des militaires, un facteur décisif et ils renversèrent son gouvernement le 1er avril 1964.

On ne peut toutefois voir le coup d'État comme une simple action contre-révolutionnaire. Goulart n'était pas un leader de gauche, et à aucun moment il ne montra des tendances favorables à la création d'un mouvement de masses en sa faveur. Il n'existait pas dans le pays de groupes armés susceptibles de constituer une menace sérieuse, comme les guérillas en Amérique centrale. On peut voir le coup de 1964 plutôt comme une action préventive, destinée à empêcher un éventuel mouvement révolutionnaire, mais ce fut aussi – et surtout – l'œuvre d'une armée habituée à intervenir dans la vie politique, qui assumait un leadership[12] dont le pays avait besoin, selon les militaires, pour faire face aux problèmes économiques, à l'inflation (qui serait de 91% en 1964) et à la faible croissance.

En Uruguay, le facteur principal qui mena à la crise un pays jusqu'alors très stable fut la détérioration de l'économie, qui, depuis le milieu des années 1950, face à la baisse des prix des principaux produits d'exportation, pouvait de moins en moins répondre aux demandes de la population et contrôler l'inflation. Mais contrairement au Chili, le pays ne disposait pas d'une force politique suffisamment solide pour proposer un changement d'orientation. Colorados et blancs demeuraient toujours les partis qui encadraient 80% ou plus des Uruguayens. Certes, au début de 1971, en partie sous l'influence de ce qui se passait au Chili, pour la première fois dans l'histoire du pays on assista à l'émergence d'une coalition de gauche, le « Front ample », qui parut devenir la nouvelle alternative en obtenant 18% des votes à l'élection de novembre cette année-là. Mais cette force ne représentait pas en soi un facteur susceptible de déstabiliser le pays. L'apparition des Tupamaros compta beaucoup plus : ce groupe armé avait réalisé des actions spectaculaires depuis 1968, en milieu urbain, comme l'assaut de banques et les enlèvements de personnages riches ainsi que de représentants de pays comme les États-Unis. Au départ ils

---

12. Depuis 1949, le Brésil disposait de l'École supérieure de guerre (ESG), où l'on donnait des cours (tant pour militaires que pour civils) sur les problèmes du développement national. Tous les militaires qui allaient diriger le pays par la suite durant la dictature y avaient étudié. Ce groupe entretenait une forte mentalité anti-communiste, comme l'exprima le général Golbery de Couto e Silva, connu pour ses écrits sur les menaces à la « sécurité nationale » ; cela créa un courant de pensée dans toute l'Amérique du Sud. Mais on y brassaient aussi des idées sur le développement économique et social, qui différaient autant de celles de la gauche que de celles qui étaient favorables à l'entreprise privée.

évitèrent l'affrontement armé direct avec les militaires, mais en 1972 ils se lancèrent dans une offensive qui échoua : au début de 1973, on avait écrasé la guérilla et freiné la menace révolutionnaire. Mais le pays ne fut pas plus stable, au contraire. Avec l'accord du président Bordaberry, du Parti colorado, les forces armées (qui n'avaient pas de traditions putschistes) en arrivèrent à diriger le pays, instaurant de fait, sinon de droit, la dictature. Cela ne s'explique pas sans la collaboration d'une partie des partis politiques traditionnels, qui coopérèrent avec les militaires, faisant peu de cas des traditions institutionnelles du pays. Comme au Brésil, on doit considérer alors la dictature comme une porte de sortie à la crise du système politique, et non comme une solution à une menace révolutionnaire.

L'Argentine présente un cas plus complexe. Le pays vivait une crise presque permanente depuis la chute de Perón, car les militaires avaient échoué dans leur objectif central, c'est-à-dire effacer de la carte politique du pays l'influence du leader renversé en 1955. Après cette date, les militaires avaient accepté les élections, mais sans qu'y participent les péronistes. Aucun des présidents élus (Arturo Frondizi, en 1958, et Arturo Illía, en 1963) ne parvint à compléter son mandat, puisque les militaires intervinrent de nouveau. Malgré cela, de grands mouvements sociaux de protestation se manifestèrent contre une situation économique qui se dégradait, et où l'inflation était un phénomène récurrent. En 1969, à Córdoba, éclata une grande grève, qui se transforma rapidement en une manifestation massive contre le régime militaire, manifestation qui fut baptisée « cordobazo ». En 1971, le général Alejandro Lanusse décida de faire la paix avec le péronisme, en acceptant le retour du leader, exilé en Espagne. Cela se produisit en juin 1973 : Perón effectua son retour historique, après 18 ans d'absence. Vainqueur de l'élection présidentielle pour la troisième fois, il ne put gouverner que jusqu'en juillet de l'année suivante, lorsqu'il décéda et fut remplacé par sa veuve, María Estela Martínez, « Isabelita ». La tâche n'était pas facile pour une femme dépourvue d'expérience politique et qui se trouvait à la tête d'un pays aux nombreux éléments

Le général Jorge Rafael Videla, premier chef de la junte militaire, sur la photo couverture d'une étude récente sur la dictature argentine

centrifuges. À une situation économique peu prometteuse, où l'inflation avait grimpé à 183% en 1975, et au milieu de grandes grèves, s'ajoutait la radicalisation de beaucoup de militants, dont quelques péronistes, qui avaient formé des groupes armés. L'un d'eux, appelé « Montoneros », avait séquestré le général Pedro Aramburu en 1970, un des chefs du soulèvement militaire de 1955, et l'avait assassiné parce qu'il le considérait responsable de la mort de beaucoup de péronistes. Personne ne se surprit qu'un nouveau coup militaire, dirigé par le général Rafael Videla, renverse « Isabelita » en mars 1976 et instaure de nouveau la dictature, qui devait se prolonger cette fois jusqu'en 1983. En ce sens, le coup d'État peut être considéré comme préventif, destiné à faire face à une situation dangereuse, potentiellement révolution-naire ; mais en plus, comme au Brésil, on peut le voir comme la prolon-gation d'une attitude interventionniste des militaires, attitude qui n'était pas nouvelle et qui était motivée aussi bien par la nécessité d'imposer un ordre politique que d'affronter une situation économique qui, aux yeux des élites, ne pouvait se résoudre dans le cadre de la démocratie.

• L'œuvre des **dictatures** et la lutte pour la démocratie

Une fois au pouvoir, les quatre dictatures présentèrent des traits communs, mais aussi quelques différences importantes. Si toutes elles exercèrent la répression, y compris l'assassinat, l'usage de la torture, les arrestations massives, la suppression de la liberté d'expression et d'autres mesures semblables, le bilan varia quant aux victimes, comme on pu l'observer au tableau 21. Le nombre élevé de morts en Argentine s'explique en bonne partie par l'importance de la résistance armée, ce qui donnait des arguments à la dictature pour parler d'une « guerre interne ». Une telle affirmation ne pouvait s'appliquer aux autres pays, où la lutte armée contre la dictature resta épisodique. Dans les quatre cas, par contre, la répression provoqua le départ de milliers de personnes, qui constituèrent un exode sans précédent. Proportion-nellement, le pays le plus affecté fut le Paraguay : on calcule que presque 10% de la population quitta le pays durant la dictature.

Les quatre dictatures cherchèrent à éliminer ou diminuer les partis politiques, mais sans parvenir à créer un nouveau parti pour encadrer la population, ni à développer un discours idéologique pour justifier le régime, qui se présentait plutôt comme un régime fort et dirigé par des « techniciens »[13]. En ce sens, on ne peut pas parler d'un fascisme

Caricature de Pinochet dans une revue d'opposition à la dictature, en 1987. Cette publication fut interrompue durant plusieurs semaines à la suite à ce numéro.

sud-américain. De plus, dans le cas uruguayen, on a déjà vu que les militaires collaborèrent avec certains secteurs de blancs ou de colorados, et, qu'au Brésil, le régime accepta la tenue d'élections parlementaires, y compris l'existence d'un parti d'opposition, le Mouvement démocratique brésilien (MDB), qui avait droit à une quote-part déterminée de charges dans le pouvoir législatif. Un autre fait caractérise le cas brésilien : le système de pouvoir fonctionna sur la base d'une rotation de militaires, qui gouvernaient par périodes de quatre ans. Au Chili par contre, le pouvoir se centra très tôt en la personne du général Augusto Pinochet, qui se fit nommer président de la République par les forces armées.

En politique économique (dont on a étudié les principales caractéristiques dans la section sur l'économie et sur les entrepreneurs), les dictatures en Uruguay et au Chili tendirent à privatiser les entreprises qui appartenaient à l'État et à chercher l'équilibre fiscal en réajustant les salaires. Ce processus s'accentua fortement au Chili, où il est légitime de parler, non d'une simple contre-révolution, dans le sens de retour à la situation antérieure au coup d'État, mais bien d'une transformation profonde du système capitaliste. Par contre, les militaires brésiliens maintinrent et même renforcèrent les entreprises de l'État, tandis que l'Argentine pratiquait une politique à mi-chemin entre le libéralisme à outrance du Chili et le modèle brésilien. Comme on l'a vu plus haut, les quatre pays tombèrent dans la politique d'endettement extérieur. La transition vers la démocratie, favorisée par des pressions externes, y compris celles des États-Unis, qui à la fin des années 1970 changèrent leur politique envers les dictatures, s'effectua aussi de façon différente. Ce n'est qu'en Argentine que les militaires durent abandonner le pouvoir dans de

13. Ce sont les deux éléments de l'État « bureaucratique-autoritaire » définis par le sociologue argentin Guillermo O'Donnell, qui forgea ce concept pour caractériser les dictatures du cône sud et qui, selon lui, pouvait s'employer aussi pour les cas du Mexique, de l'Espagne et de la Grèce. D'autres éléments-clés de l'État « bureaucratique-autoritaire » étaient l'exclusion des demandes populaires et la création d'une économie qui cherche à approfondir l'industrialisation, mais avec l'apport des multinationales, en laissant de côté le protectionnisme antérieur.

mauvaises conditions, à la suite de leur défaite face à l'Angleterre dans la guerre des Malouines de 1982. Cette perte de prestige explique que, après le retour des civils, les principaux chefs du régime (dont le général Videla et l'amiral Massera) ont été jugés et condamnés à la prison pour leurs agissements, cas unique en Amérique latine. Les Argentins purent retourner aux urnes en 1983, avec l'élection du radical Raúl Alfonsín comme président, à la déception des péronistes. Le nouveau président dut faire face à deux occasions à des tentatives de rébellion des militaires, qui craignaient d'affronter la justice, ce qu'il ne calma qu'avec la loi d' « obéissance due » de 1987, qui limitait énormé-

La violence au quotidien au Chili, durant les années de la dictature : la police en action lors d'une manifestation contre Pinochet.

ment le nombre d'officiers susceptibles d'être accusés. En 1990, le successeur d'Alfonsín, le péroniste Carlos Menem, allait prendre en plus des dispositions pour amnistier les condamnés.

Dans les trois autres cas, les militaires se retirèrent en arrêtant leurs conditions, et après avoir pris la précaution de faire des lois qui empêchaient les procès contre eux. En Uruguay, la transition commença de façon inespérée, quand à la fin des années 1980 les militaires perdirent leur plébiscite destiné à donner une nouvelle organisation politique au pays. Cela donna lieu à des négociations avec les hommes politiques qui aboutirent aux élections de novembre 1984. Au Brésil, le processus fut plus long et graduel, bien que pacifique. À partir de 1974 divers partis politiques se formèrent ; en 1978, on procéda à l'élection directe des gouverneurs d'État, et le processus culmina, en 1985, avec l'élection d'un président appuyé par les opposants à la dictature, encore que cette élection fut restreinte à un collège d'électeurs. Elle donna la victoire à Tancredo Neves comme président et à José Sarney comme vice-président ; la mort subite du premier fit de Sarney le premier chef d'État d'après la dictature, même s'il n'avait pas été élu au suffrage universel.

La transition chilienne fut la plus complexe et la plus coûteuse en vies humaines. En 1980, la dictature imposa une nouvelle Constitution, par l'entremise d'un plébiscite approuvé, selon les autorités, par 67% de la population. Favorisé par une brève période de prospérité économique, le régime parut légitime, malgré les critiques internes et celles de l'extérieur. Mais une grave crise de l'économie, amorcée en 1982, déclencha une vague de protestations massives, qui durèrent cinq ans, durant lesquelles les opposants durent affronter une répression responsable d'une centaine de morts et de beaucoup de blessés. En 1986, des opposants pensèrent que la dictature pouvait tomber, et le PC organisa un groupe armé qui essaya de tuer Pinochet. Après l'échec de l'attentat, le gros de l'opposition, dirigée par des démocrates chrétiens, des socialistes et des radicaux, concentra ses efforts pour trouver une issue par des moyens institutionnels, ce que l'on obtint par le plébiscite d'octobre 1988. Pinochet essuya une défaite lors de cette consultation, perdit le droit de rester au pouvoir et prépara le terrain pour les élections de décembre 1989, qui menèrent le démocrate chrétien Patricio Aylwin à la présidence. Mais les militaires se retiraient en ayant imposé une série de lois qui joueraient en leur faveur et empêcheraient un retour complet à la démocratie.

• Une révolution qui se désintègre et tombe dans la dictature : la Bolivie

La révolution de 1952 avait apporté la nationalisation des grandes mines d'étain et la réforme agraire, mais l'économie se dégradait et l'inflation était galopante. Dans ces circonstances, le MNR commença à perdre le contrôle du pays. Víctor Paz Estenssoro, réélu président en 1960, s'était mis à compter de plus en plus sur l'armée, en particulier sur un jeune général, René Barrientos. En août 1964, Paz fut élu pour une troisième fois, mais trois mois plus tard Barrientos le renversa lors d'un coup militaire non sanglant. Le nouvel homme fort demeura au pouvoir jusqu'en 1969, employant à la fois des méthodes autoritaires et politiques pour rallier l'appui populaire : il réduisit les salaires des mineurs, renvoya et exila des dirigeants syndicaux, et fut responsable de la tuerie dans la mine Siglo xx, en 1967, où moururent peut-être des centaines de mineurs. D'un autre côté, il créa le « pacte militaire-paysan » avec les milices rurales de Cochabamba, promettant de défendre les terres distribuées par la réforme agraire. Dans cette négociation, sa connaissance du quechua lui fut très utile. Comme il avait éliminé la menace de guérilla organisée par Che Guevara, en octobre 1967, son pouvoir paraissait solide, et en plus légitimé par une élection, en juillet 1966. Mais Barrientos mourut en avril 1969, dans un accident d'hélicoptère.

Le pouvoir passa alors aux mains du général Alfredo Ovando, et ensuite à celles du général Juan José Torres, en 1970. Ce dernier parut chercher l'appui de la gauche : entre autres mesures, il invalida un contrat signé par Ovando et une compagnie minière américaine, pour la prospection du zinc, et il annula les coupures salariales de Barrientos. Mais en août 1971, un coup d'État dirigé par le général Hugo Banzer, appuyé par le Brésil et par la fraction du MNR dirigé par Paz, le renversa.

Banzer resta au pouvoir jusqu'en 1978. Au début, il pratiqua une *dictablanda*, et en novembre 1974 il annonça des élections. Mais il ne respecta pas sa promesse et instaura ouvertement une dictature, suspendant tous les partis et les syndicats. En même temps, la conjoncture économique lui était favorable, car le PNB du pays s'accrut, grâce en bonne partie aux exportations pétrolières. En 1980, Banzer fut déposé par un autre coup militaire, dirigé par le général Luis García Meza, qui, une fois au pouvoir, agit avec plus de violence que Banzer, faisant assassiner plusieurs dirigeants syndicaux. L'enrichissement grâce au trafic naissant de la cocaïne est la clé qui permet de comprendre cette situation, qui dura jusqu'au milieu de 1981. À ce moment-là García Meza se vit obliger d'abandonner le pouvoir, devant la mauvaise situation économique du pays et l'opposition croissante. La Bolivie put alors retrouver un président élu, avec l'élection de Hernán Siles (pour la deuxième fois), en 1982, et plus tard celle de Víctor Paz Estenssoro (pour la quatrième fois), en 1985. Depuis lors la Bolivie a au moins évité de retomber dans la dictature, mais la situation économique se dégrada avec la baisse du prix de l'étain et la diminution des exportations de pétrole, ce qui tout ensemble entraîna une forte inflation.

• Le militarisme nationaliste :
le Panama, l'Équateur (jusqu'en 1976) et le Pérou (jusqu'en 1980)

Dans ces pays, les dictatures revêtirent un caractère différent de celles du groupe précédent. Un élément-clé se trouve dans un certain nationalisme, avec des aspects anti-oligarchiques, pratiqué par des régimes militaires qui prirent le pouvoir non dans le but de prévenir une subversion gauchiste, mais plutôt à la suite de crises politiques d'origines diverses. Les régimes qui s'installèrent constituèrent des dictatures, bien qu'elles fussent brèves et bien moins répressives que celles des pays du cône sud ou de l'Amérique centrale.

Au Panama, la situation politique évolua en fonction de la question du canal. Au début de 1964, il se produisit une violente manifestation nationaliste contre les États-Unis, qui se solda par 22 morts. Avant ces événements, le Panama avait essayé de signer un nouveau traité avec les États-Unis, dans le but d'obtenir un plus grand contrôle sur le canal, mais sans succès. À la fin de 1968, la Garde nationale, qu'on avait commencé à intégrer aux manœuvres politiques des divers candidats à la présidence, renversa le gouvernement d'Arnulfo Arias, ce qui ouvrit le chemin du pouvoir au colonel Omar Torrijos, qui allait dominer la scène politique jusqu'à sa mort en 1981. Affichant des tendances de gauche – il était ami de Fidel Castro – et ayant obtenu un appui considérable de la population paysanne, grâce à un programme d'écoles et de cliniques rurales, il gouverna sans les hommes politiques de l'élite, ordonnant en plus la dissolution des partis politiques. En 1977, il obtint ce à quoi les Panaméens aspiraient, un nouveau traité avec les États-Unis. Grâce à lui, le Panama récupérerait pleinement le contrôle sur la zone du canal à la fin du siècle.

Torrijos mourut dans un accident d'aviation, en août 1981. Après sa disparition, le pouvoir demeura en fait aux mains de l'un de ses collaborateurs, le général Antonio Noriega. Il avait moins de charisme que son prédécesseur. Noriega commença à avoir des problèmes avec les États-Unis, Washington l'accusant de participer au trafic de drogues et à la vente illégale d'armes en Amérique centrale. Cela mena à la plus grande intervention armée des États-Unis au cours des dernières décennies, quand en décembre 1989, 14 000 soldats envahirent le pays pour arrêter Noriega et l'emmener de force aux États-Unis, où il fut jugé puis condamné à la prison à perpétuité. Cette action brutale, qui fit des centaines de morts, tant dans la population civile que dans la Garde nationale, ne peut se comprendre uniquement par les accusations contre Noriega ; il faut y ajouter la volonté des États-Unis de compter sur un gouvernement qui ait leur confiance au moment où s'approchait la date de la remise totale du canal et de la zone aux Panaméens. Ainsi, le petit pays payait un prix élevé pour la récupération de cette partie de son territoire.

Le Pérou et l'Équateur connurent des expériences semblables. Dans le premier pays, en 1968, les militaires prirent le pouvoir à la suite d'un coup d'État non sanglant, accusant le gouvernement de Fernando Belaúnde Terry d'avoir préparé un traité trop avantageux pour l'International Petroleum Company (IPC), une entreprise américaine qui exploitait des gisements pétrolifères. On forma un junte dirigée par le général Juan Velasco Alvarado, baptisé le « Chinois », et elle commença à appliquer une politique à couleur nationaliste et réformiste. On nationalisa la IPC et on lança un plan de réforme agraire, mentionné plus haut. En plus, le régime de Velasco chercha à créer un mouvement de masses, le système national de mobilisation sociale (SINAMOS), quoique sans le concevoir comme un parti politique semblable au PRI du Mexique. On s'attaqua à un autre objectif, celui de promouvoir l'industrialisation, par des crédits accordés aux grands propriétaires expropriés disposés à investir dans l'industrie. Le nouveau gouvernement se proclama « ni capitaliste ni communiste », et essaya de développer une attitude « tiers-mondiste », qui comprenait la reprise des relations avec Cuba, l'intensification du commerce avec la Chine et l'Union soviétique, de laquelle on commença à acheter des armes. Malgré cela, le Pérou réussit à maintenir des relations normales avec les États-Unis, après avoir convaincu Washington que la nationalisation de la IPC avait été une action ponctuelle.

Mais le régime instauré en 1968 ne réussit pas à s'affirmer. La mobilisation populaire fut faible, malgré les gestes symboliques, comme le vocabulaire à saveur nationaliste et indigéniste pour désigner l'ensemble des réformes (Plan Inca) ; le secteur privé n'appuya pas le régime et les militaires commencèrent à se diviser. En août 1975, le général Francisco Morales Bermúdez chassa Velasco du pouvoir et ouvrit la « seconde phase de la révolution », au cours de laquelle on chercha le soutien de l'APRA et permit aux partis politiques de critiquer librement le régime. Morales dut encore céder devant les pressions du IMF, qui exigeait une réduction de la dépense publique si le Pérou voulait obtenir de nouveaux crédits. Finalement, le régime accepta l'organisation d'élections pour 1980, remettant le pouvoir aux civils dans le plus absolu discrédit : le même président renversé en 1968, Belaúnde Terry, reprit le pouvoir.

En Équateur, l'ère des expériences nationalistes fut beaucoup plus modeste. Elle commença après le coup d'État de 1972, lequel fit accéder au pouvoir une junte présidée par le général Guillermo Rodríguez Lara, qui s'y maintint quatre ans. Pendant cette période, on adopta des mesures à saveur nationaliste, surtout en rapport avec le pétrole, la nouvelle richesse du pays, qui avait dépassé les bananes en tant que principale exportation. Rodríguez créa une raffinerie d'État, acquit une partie des actions des gisements exploitée par Texaco-Gulf et acheta la concession de l'Anglo Ecuatorian Oil Fields. Il accéléra en même temps l'application de la réforme agraire, commencée timidement au cours de la décennie précédente, et adopta une politique fiscale favorable à l'industrialisation. Le gouvernement se proclama « révolutionnaire nationaliste ». Mais cette tendance dura peu. En janvier 1976, Rodríguez Lara fut déposé et remplacé par l'amiral Alfredo Poveda, qui freina la politique nationaliste, arrêta la réforme agraire et promit des élections libres. Le pays retourna à un gouvernement civil après l'élection de Jaime Roldós, candidat de la Coalition de forces populaires (CFP) en 1978, dont le gouvernement commença l'année suivante.

• **De la dictature à la tentative révolutionnaire :**
 le Nicaragua, le Guatemala et le Salvador

Dans ces trois pays de l'Amérique centrale, l'instabilité et le recours aux armes prédominèrent durant toute la période. À la différence des cas du cône sud, où la violence venait de la répression exercée par l'État contre une population civile généralement sans armes, le conflit éclata ici sous l'action de groupes armés révolutionnaires qui cherchaient à renverser des gouvernements dictatoriaux, comme seul moyen de changer une situation qui paraissait sans issue.

Le Nicaragua fut le cas le plus retentissant. La dictature de la famille Somoza exerçait un solide contrôle sur le pays. Au début des années 1960, de jeunes gauchistes, aidés par Cuba, formèrent le Front sandiniste de libération nationale (FSLN) et essayèrent de commencer une lutte armée. Pendant plusieurs années, leurs efforts furent vains et beaucoup de leurs militants furent tués ou emprisonnés. Au début de 1974, le FSLN réussit une action spectaculaire lorsqu'un commando prit comme otages une douzaine de collaborateurs notoires de la dictature, qui assistaient à une fête, obtenant ainsi la libération de beaucoup de prisonniers. Mais après ce succès, le FSLN subit de nouvelles défaites militaires. Ce n'est qu'en 1977, au moment où la guérilla unifia ses diverses fractions et que s'y ajoutèrent les actions de protestation de l'opposition civile, composée de beaucoup de personnages de droite, que le régime de Somoza commença à perdre le contrôle de la situation. L'assassinat de Pedro Joaquín Chamorro, propriétaire du journal *La Prensa*, opposant à la dictature, exacerba les esprits. Finalement, le 20 juillet 1979, la guérilla entra triomphante à Managua, tandis que Somoza et les siens s'enfuyaient du pays. L'année suivante, l'ex-dictateur allait être assassiné au Paraguay, où il avait obtenu refuge politique.

La révolution triomphante, bien qu'elle s'inspirât du castrisme, ne suivit pas exactement la voie cubaine. La première année s'instaura un régime où des éléments de droite collaborèrent avec les sandinistes, collaboration qui s'arrêta quand les premiers commencèrent à abandonner, alléguant l'impossibilité de s'entendre avec les ex-guérilleros. Mais, malgré le contrôle du pouvoir par les sandi-nistes, jamais un régime de parti unique ne s'installa. Bien qu'avec certaines limites, les autres partis et la presse hostile au gouvernement furent tolérés, et en 1984 on déclencha des élections que le FSLN remporta avec plus de 60% des voix. Daniel Ortega

La révolution sandiniste trouva un écho au Québec, à travers un livre sur les événements au Nicaragua publié à Montréal en 1980, et signé du journaliste Pierre Saint-Germain.

fut élu président. Un autre aspect particulier apparaît dans la relation avec l'Église catholique : même si beaucoup de catholiques étaient sandinistes, au point qu'on nomma deux prêtres ministres du gouvernement, la hiérarchie de l'Église se montra ouvertement hostile à la révolution.

La politique économique des sandinistes fut complexe. On expropria toutes les entreprises appartenant à Somoza et à ses principaux collaborateurs, et une réforme agraire bénéficia à des milliers de paysans. Mais l'entreprise privée continua d'exister et la plupart des entrepreneurs demeurèrent dans le pays, jouant en plus un rôle actif dans l'opposition politique au sandinisme.

Le Nicaragua se distingue de Cuba par sa vulnérabilité beaucoup plus grande face à ses ennemis. En plus d'être passablement plus pauvre en ressources et plus ravagé par les dommages de la lutte politique, le Nicaragua dut subir en outre la guerre non déclarée des États-Unis, qui financèrent et armèrent une guérilla, la *contra*, qui causa de grands dégâts matériels et humains. Une autre différence réside dans le fait que les Nicaraguayens ne comptèrent pas, comme Cuba, sur un soutien externe susceptible de les défendre. L'aide matérielle soviétique, même si elle exista, ne fut pas comparable à celle que reçut le régime de Castro. Ainsi, la situation économique se détériora, l'inflation atteignit des limites insoutenables et tout cela prépara la voie à la défaite électorale qu'Ortega et les siens subirent au début de 1990 et qui marqua la fin de la révolution.

Au Salvador, le pays subissait la domination des militaires, qui organisaient des parodies d'élections. Depuis 1971, plusieurs groupes guérilleros avaient surgi, qui se regroupèrent dans le Front Farabundo Martí de Libération nationale (FMLN). En 1979, sous l'influence des événements du Nicaragua, le pouvoir militaire sembla se réformer, avec la formation d'une junte qui réunissaient quelques militaires partisans de mesures démocratiques. Cependant ces éléments furent éloignés en peu de mois et dès 1980 une guerre ouverte éclata entre le pouvoir et le FMLN. Les guérilleros parurent s'approcher de la victoire durant « l'offensive finale » de 1981. Mais, avec l'appui massif des États-Unis, le régime parvint à se maintenir et même à organiser des élections, au cours desquelles les militaires espéraient légitimer leur pouvoir. L'élection de 1984 porta au pouvoir le démocrate-chrétien Napoleón Duarte, au préalable opposant des militaires. La lutte armée se poursuivit durant toute la décennie ; le conflit devait traîner jusqu'au début des années 1990, quand enfin on trouverait une solution grâce à une négociation politique.

Le Guatemala se trouvait sous une dictature presque permanente depuis le coup d'État qui avait renversé Arbenz en 1954. Depuis lors tous les chefs d'État, sauf un, avaient été militaires. Jusqu'aux années 1970, la dictature avait rencontré peu de résistance, malgré l'existence de groupes armés, dont l'un formé par des militaires de gauche. Au cours de la décennie suivante, d'autres groupes guérilleros apparurent et finirent par s'allier. Mais à la différence du Nicaragua et du Salvador, la lutte se faisait dans une société où la proportion d'indigènes constituait la moitié de la population. Il était fondamental pour les guérilleros d'obtenir son appui, mais la tâche était difficile. Les indigènes se méfiaient de tous ceux qui n'étaient pas des leurs, qu'ils fussent pour ou contre le gouvernement. Au début des années 1980, ils commencèrent à prêter un certain appui aux guérilleros, mais la répression gouvernementale fut terrible. Dans une opération qui constitua un véritable génocide, les militaires détruisirent systématiquement plusieurs villages accusés d'aider la guérilla, assassinant massivement les suspects. La famille de Rigoberta Menchú compta parmi les victimes de ces massacres ; les dénonciations de la jeune paysanne allaient faire d'elle un personnage célèbre par la suite.

La guérilla guatémaltèque ne réussit pas à menacer sérieusement le pouvoir militaire, mais la dureté de la répression attira des pressions internationales sur le gouvernement pour qu'il fasse des concessions. En 1985, se tinrent les premières élections qui portèrent un civil au pouvoir, Vinicio Cerezo. Malgré la poursuite des hostilités jusqu'en 1996, le Guatemala avança lentement vers une sortie négociée de la crise.

Cette femme guérillera, à l'air impassible, exprime bien la violence devenue quotidienne au Salvador durant les années 1980-1992.

**• Les dictatures non menacées par la révolution :
le Paraguay, Haïti et le Honduras**

Ces trois pays demeurèrent dominés par des dictatures, qu'elles fussent de type personnel ou institutionnel, qui ne laissèrent pas de place à des mouvements révolutionnaires comme ceux qu'on vient d'examiner. La plus ancienne et persistante fut celle du Paraguay, où le général Alfredo Stroessner, au pouvoir depuis 1954, abandonna finalement le gouvernement au début de février 1989. Son long règne reposa sur le contrôle qu'il exerça sur l'armée et le Parti colorado ; ce dernier le présentait comme son candidat aux élections qui se tenaient périodiquement tous les quatre ans, au cours desquelles Stroessner se présentait comme l'unique candidat. Le Parti Colorado s'organisa tel un système totalitaire, avec des comités dans chaque village et dans chaque quartier des villes ; il fallait appartenir au parti pour solliciter la plupart des emplois du gouvernement. Le régime n'affronta une opposition armée qu'au début, entre 1958 et 1960, avec la manifestation d'une guérilla discrètement appuyée par l'Argentine et le Venezuela, qui échoua totalement par manque d'appui de la paysannerie. Par la suite, Stroessner toléra l'existence de quelques partis d'opposition. Entre 1960 et les années 1970, le pays connut une certaine prospérité économique, basée sur les grands travaux publics qui permirent d'améliorer les routes commerciales vers le Brésil, et sur la construction de la grande centrale hydroélectrique de Itaipú, en collaboration avec ce pays. Beaucoup d'affaires illicites prospérèrent aussi, comme la contrebande. Mais la dictature tomba à cause de divergences internes, quand le général Andrés Rodríguez fit un coup d'État le 3 février 1989, pour empêcher que Gustavo, le fils du dictateur, colonel des forces aériennes, soit élu comme le successeur de son père au pouvoir, sous prétexte qu'il était homosexuel. Même si Rodríguez promit des élections et augmenta considérablement la liberté de presse, la chute de Stroessner, qui partit en exil au Brésil, ne changea pas fondamentalement ce que la dictature avait modelé pendant 35 ans.

Haïti vécut aussi la plus grande partie de cette période sous une dictature associée à une personne, celle de François Duvalier, dictature qui se prolongea avec son fils Jean-Claude. Bien que le premier fût élu à la présidence démocratiquement, en 1956, il devint bientôt évident qu'il n'accepterait pas de laisser le pouvoir, et à partir de 1961 le pays se trouva en fait sous une dictature. Duvalier gouverna jusqu'à sa mort, en 1971, et son fils Jean-Claude, « Baby Doc », lui succéda. Son style se caractérisa par la pompe et les gestes symboliques, avec lesquels il essayait de donner une apparence de gouvernant populaire, comme le changement de couleurs sur le drapeau national, où le noir remplaça le bleu, pour donner l'impression que maintenant c'étaient les Noirs qui détenaient le pouvoir. On attachait de l'importance à ce sujet en Haïti, où historiquement les mulâtres et les Noirs s'étaient disputé le gouvernement. Si au début Duvalier ne compta pas sur l'appui des États-Unis, il réussit finalement à faire accepter son régime, en faisant valoir son anticommunisme.

Jean Claude continua à gouverner de façon dictatoriale, sans affronter beaucoup d'opposition. Les *tontons macoutes*, officiellement appelés « Volontaires de la Sécurité nationale », faisaient régner la terreur. Des dizaines de milliers de personnes commencèrent à émigrer, aussi bien aux États-Unis qu'au Canada, ou en République Dominicaine, le pays voisin. Dans les années 1980, au moins un million d'Haïtiens vivaient en dehors du pays.

La dictature fut renversée en février 1986, épisode connu sous le nom de *déchoukage* (en créole, couper à la racine). Ce fut l'aboutissement d'un mouvement de protestations populaires, commencé en 1984, qui compta sur le soutien de l'Église catholique et dans sa phase finale sur la neutralité des militaires, qui décidèrent que Baby Doc n'était pas suffisamment compétent pour diriger le pays. Mais, comme au Paraguay, le pays demeura sous l'emprise de personnes adeptes de la dictature, qui ne changèrent pas du tout le style politique dominant. Quand en novembre 1987 on s'apprêtait à tenir une élection pour remettre le pouvoir aux civils, des groupes d'anciens *tontons macoutes* terrorisèrent la population, tirant des coups de feu et intimidant les électeurs dans tout le pays, de sorte qu'on dut annuler l'élection. En 1988, on organisa une nouvelle élection, au cours de laquelle très peu de gens votèrent. Leslie Manigat, un professeur d'histoire revenu d'exil, fut élu président, mais il allait demeurer peu de temps au pouvoir. Haïti allait rester sous la domination des militaires.

Le Honduras, après un bref intermède au cours duquel le pouvoir passa aux mains des civils, avec Ramón Villeda Morales (1958-63), reprit le sentier des gouvernements militaires avec le coup d'État du colonel Osvaldo López Arellano, en 1963. Ce coup fut motivé par la crainte de voir les civils réformer la Constitution et imposer leur contrôle sur les militaires ; il ne s'agissait pas d'une action contre un mouvement révolutionnaire. Quoique mal vu au début par les États-

Unis, le régime se fit accepter rapidement, en collaborant à l'invasion de la République Dominicaine. López Arellano obtint en plus l'appui du Parti national, qui représentait le secteur le plus conservateur du pays, ce qui légitima son pouvoir. En 1965, une Assemblée constitutionnelle, élue toutefois frauduleusement, confirma de nouveau l'autonomie des militaires et nomma López comme président pour six ans. La brève guerre avec le Salvador, en 1969, même si elle constitua une défaite militaire pour le Honduras, fut utilisée par le régime pour encourager l'unité nationale. Ce n'est qu'en 1981 que les militaires tolérèrent une élection plus ouverte, qui donna la victoire au libéral Roberto Suárez. Le nouveau président ne disposa pas de beaucoup de marge de manœuvre cependant, car les militaires et Washington firent des pressions sur lui pour l'obliger à coopérer avec les forces antisandinistes en territoire hondurien. À la fin de la période, avec un nouveau président libéral, José Azcona, le Honduras se prononça ouvertement en faveur du plan de paix Arias pour l'Amérique centrale et demanda le démantèlement de la *contra*.

• Cuba : dictature politique et démocratie sociale ?

La révolution triomphante de 1959 cherchait, en principe, à restaurer la Constitution de 1940. Bien que Fidel Castro eût annoncé des mesures pour une plus grande justice sociale, personne ou très peu pensaient que le nouveau gouvernement, qui regroupait des personnes d'idéologies politiques distinctes, déboucherait sur un régime communiste. Le destin de Cuba se joua entre 1959 et 1961, quand on définit la future orientation de la révolution. Même aujourd'hui, il est difficile de dire si l'orientation prise était planifiée ou si elle s'imposa comme le résultat d'un ensemble de circonstances, découlant pour beaucoup de la situation internationale.

Un fait fondamental demeure l'incompréhension des États-Unis face aux réformes qu'on commença à implanter à Cuba. L'une d'entre elles, la réforme agraire, bien que modérée (voir la section sur le monde rural), blessa les intérêts d'un certain nombre de propriétaires américains. Mentionnons aussi l'achat de pétrole brut à l'Union soviétique, et la décision de Washington de ne pas permettre son raffinement par les compagnies américaines toujours présentes à Cuba. Les États-Unis se méfiaient en plus de Cuba, voyant qu'on ne fixait pas de date pour les élections promises. Les déclarations hostiles du gouvernement d'Eisenhower incendièrent les esprits cubains, qui n'oubliaient pas les humiliations du passé. Cette escalade mena à la rupture des relations, décidée par Washington, et plus important encore, à la décision de ne pas continuer à acheter du sucre de Cuba. Pour l'île, cela équivalait à une déclaration de guerre. Finalement, en avril 1961, se produisit le fait majeur : l'invasion de la Baie des Cochons, par plusieurs centaines de Cubains exilés, ouvertement appuyés par le nouveau président des États-Unis, John Kennedy. L'échec de l'invasion scella le destin de Cuba. Le régime de Castro gagna un énorme prestige international, assura le contrôle du pouvoir et consolida son rapprochement avec l'Union soviétique, comme unique manière de compter sur un allié qui pût le protéger contre de nouvelles attaques. À la fin de 1961, Castro proclama ouvertement son idéologie marxiste-léniniste. À ce moment-là, on avait déjà écarté du gouvernement les éléments non gauchistes, comme l'économiste Felipe Pazos. Un processus semblable se déroula dans l'armée rebelle, où les commandants qui n'acceptaient pas le communisme furent mis de côté et même condamnés à la prison, comme Huber Matos, accusé de vouloir diviser les forces armées. En 1962, l'OEA expulsa Cuba, à la demande des États-Unis, de sorte que le pays se retrouva sans relations diplomatiques ni commerciales avec toute l'Amérique, à l'exception du Mexique (et du Canada, qui ne faisait pas partie de l'OEA). En octobre de la même année, durant la crise des missiles, Cuba confirma l'appui soviétique, bien que le régime de Castro subît l'humiliation de ne pas être consulté par Moscou sur les décisions qui mirent un terme à la crise. En mai 1963, Fidel Castro fit son premier voyage officiel en URSS. L'étape du communisme cubain commençait, pour se prolonger jusqu'à nos jours.

Le régime mit du temps à s'organiser. Entre 1961 et 1965, le parti du gouvernement s'appelait l'ORI (Organisations révolutionnaires intégrées), où s'étaient fusionnés les membres du M-26, ceux du PC et ceux du Directoire révolutionnaire. En 1965, on proclama la formation du nouveau Parti communiste cubain, unique parti politique de l'île. Ce n'est que dans les années 1970 qu'on créa des mécanismes pour institutionnaliser la participation, en créant le Pouvoir populaire, pour l'administration locale et régionale. En 1976 on réalisa les premières élections à l'Assemblée nationale, basées, naturellement, sur le parti unique : de plus, les députés élus ne touchaient pas de salaire, ils se contentaient de se réunir quelques semaines dans l'année et gardaient leur travail habituel. En réalité, pendant presque tout le temps, le pouvoir demeurait aux mains du Conseil d'État, formé dans

Les trois figures clés de la revolution cubaine: Fidel Castro, son frère Raúl et Ernesto « Che » Guevara, tous dans l'uniforme vert olive, devenu le symbole des guérilleros.

sa majorité par des membres du Comité central du PC, dirigé par Fidel Castro en tant que secrétaire général, et qui accumulait en plus la charge de premier ministre et de commandant en chef des Forces armées.

Ces caractéristiques, propres à un gouvernement ouvertement autoritaire, étaient justifiées par le discours officiel qui alléguait la nécessité de défendre la révolution face à l'hostilité des États-Unis. En outre, le régime connut une résistance interne de groupes armés qui luttèrent durant quelques années au centre du pays, dans les montagnes de l'Escambray, et diverses attaques depuis l'extérieur. Tout cela créa au milieu des années 1960 à Cuba, selon des chiffres officiels, autour de 20 000 prisonniers politiques, chiffre qui baisserait à 4 000 au milieu des années 1970. Une autre forme de résistance s'exprima par l'exil massif, à destination des États-Unis, de centaines de milliers de personnes, dont beaucoup de professionnels, de techniciens et d'entrepreneurs qu'on ne pouvait remplacer immédiatement. Enfin, à partir des années 1970, le gouvernement entra en conflit avec quelques intellectuels en vue, comme le romancier Hebert Padilla, dont on déclara les écrits anti révolutionnaires, et qu'on obligea à faire une auto-critique de son œuvre.

Les dirigeants cubains ont toujours fait ressortir leurs réussites sociales, que des organismes internationaux ont reconnues. Parmi ces principales réalisations, on trouve la campagne d'alphabétisation et la création de services sociaux gratuits en médecine et en éducation. Dans ce dernier domaine, par exemple, le pourcentage de la population qui avait complété l'instruction primaire passa de 20% en 1953 à 61% en 1981, et les places dans l'éducation universitaire furent décuplées. La femme fit des progrès importants, comme on a vu, et on mit fin à la discrimination envers les personnes de couleur. Pendant un certain temps, on implanta une politique de nivellement des revenus, non pas en accordant de meilleurs salaires, mais plutôt au moyen de récompenses basées sur les « encouragements moraux », idée de Guevara. Mais dans les années 1970, on dut abandonner ce système et le remplacer par des encouragements matériels, afin d'augmenter la productivité.

Dans la sphère économique, malgré quelques succès dans sa tentative de diversifier ses activités, Cuba continua à dépendre de ses exportations de sucre et de l'aide fournie par l'URSS. Les insuffisances de l'économie conduisirent à l'instauration de la *libreta* de ration-nement, en 1963, pour assurer les aliments de base à l'ensemble de la population. En 1972, le pays devint membre du COMECON, le marché commun des pays de l'Europe de l'Est, institutionnalisant ainsi son intégration économique avec l'URSS et ses voisins.

Malgré sa dépendance économique envers Moscou, Cuba se distingua par l'originalité de sa politique extérieure. La Havane appuya ouvertement des groupes de guérilla dans plusieurs pays, comme le Venezuela et le Nicaragua, et pendant un temps devint le leader du mouvement révolutionnaire du Tiers-Monde, en créant en 1966 l'OSPAAL (Organisation de solidarité avec les peuples d'Afrique, d'Asie et d'Amérique latine), avec siège social à La Havane, mais elle connut une existence brève. La mort de Guevara et l'échec de la tentative révolutionnaire en Bolivie, en 1967, n'arrêtèrent pas cette politique. De tels gestes soulignaient la différence de Cuba avec l'URSS, cette dernière étant plus intéressée dans ces années-là à nouer des relations commerciales avec les pays latino-américains qu'à appuyer la révolution. Bien qu'après l'invasion de la Tchécoslovaquie en 1968, approuvée par Castro, Cuba adoptât une attitude moins méfiante envers Moscou ; au cours de la décennie suivante les Cubains prêtèrent une aide militaire à plusieurs mouvements d'Afrique, surtout en Angola et en Éthiopie, pour montrer leur indépendance idéologique et entretenir la flamme révolutionnaire, quelque peu éteinte après les échecs de la guérilla en Amérique du Sud.

Dans les années 1980, Cuba dut faire face à deux crises : la première, en 1980, lorsque plusieurs milliers de personnes envahirent l'ambassade du Pérou, essayant de fuir le pays, ce qui amena la sortie massive de Cubains à partir du port de Mariel, avec l'autorisation du régime. La deuxième se produisit en 1988, lorsque le général Arnaldo Ochoa, héros des guerres en Afrique, fut jugé, déclaré coupable de trahison et de corruption et condamné à mort. Malgré ces faits traumatiques, la stabilité du gouvernement dirigé par Castro n'a jamais été réellement menacée, ni non plus à partir de 1986, quand les problèmes de l'économie s'aggravèrent, à la suite de la politique commerciale moins généreuse de l'URSS et de la crise qui allait provoquer l'effondrement du principal allié de Cuba.

À la fin de la période, il était évident que l'influence internationale de Cuba avait diminué, à mesure que l'option révolutionnaire perdait du terrain en Amérique latine. Mais le régime avait réussit à survivre malgré l'hostilité de son puissant voisin, facteur important pour la fierté des Cubains.

• Les nouveaux États et leurs voisins non émancipés

Comme on l'a indiqué au début du chapitre, une douzaine de nouveaux États nationaux émergèrent dans la zone des Caraïbes à partir des années 1960. À part le Surinam, ancienne possession hollandaise, tous les autres étaient des ex-colonies britanniques. Bien que les nouveaux États n'aient pas connu, il s'en faut de beaucoup, les graves tensions que nous avons vues pour le reste de l'Amérique latine, l'instabilité et un certain degré de violence ne les épargnèrent pas totalement.

En Guyane, à la veille de l'indépendance, le pouvoir reposait depuis 1957 entre les mains de Cheddi Jagan, dont les idées politiques de gauche faisaient peur à la Grande-Bretagne et aux États-Unis, qui redoutaient l'émergence d'un second Cuba. Avec l'appui de Londres et de Washington, qui aidèrent à organiser des grèves et des émeutes raciales, un politique, Forbes Burnham, réussit à remporter l'élection de 1964 et à écarter Jagan du pouvoir. De toute façon, le nouveau leader montra des tendances gauchistes dans sa politique économique, nationalisant les entreprises étrangères qui exploitaient la bauxite, principal produit d'exportation, entre 1971 et 1974, en plus de donner un élan à la formation de coopératives dans la pêche et l'élevage, mais cette politique ne donna pas de bons résultats et on y renonça par la suite. Burnham exerça le pouvoir, personnellement ou indirectement, jusqu'en 1985. En 1980, Walter Rodney, un intellectuel marxiste qui réunissait toutes les qualités pour accéder au pouvoir, mourut assassiné dans des circonstances qui n'ont jamais été éclaircies.

En Jamaïque, une grave crise politique en 1980 donna lieu à des affrontements armés entre des partisans du premier ministre socialiste, Michel Manley, et son successeur au pouvoir, le conservateur Edward Seaga, entraînant la mort de plusieurs centaines de personnes. Dans la petite île de Grenade, en 1979, le gouvernement tomba aux mains d'un mouvement appelé New Jewel Movement, dirigé par Maurice Bishop, qui s'inspirait de la révolution cubaine. L'expérience fut brève, car en octobre 1983 le pays subit l'invasion des troupes des États-Unis, sous prétexte de préserver la paix et la stabilité dans la région, apparemment menacées par les liens entre Cuba et Grenade.

La violence se manifesta au Surinam surtout à partir du 25 février 1980 lorsqu'un groupe de sous-officiers fit un coup d'État pour s'emparer du pouvoir. Après une année de situation confuse, le gouvernement tomba aux mains du sergent Desi Bouterse, admirateur de Cuba et du Nicaragua. Devant l'hostilité de la Hollande et des États-Unis, Bouterse rompit ses relations avec Cuba en 1983, mais cela n'assura pas une plus grande stabilité, puisque le pays tomba dans une demi-guerre civile à partir de 1986, avec l'apparition d'un mouvement armé dirigé par Ronnie Brunsjwik. Les divisions ethniques du pays constituaient un autre facteur d'instabilité. Brunsjwik s'appuyait sur la minorité noire, les *bushnegroes*, qui représentaient 8% de la population ; or ceux-ci se sentaient réprimés par les groupes majoritaires, ceux d'origine indienne (37%) et créole (31%). En Guadeloupe et en Martinique, des groupes favorables à l'indépendance entrèrent en scène ; ils firent exploser des bombes au début des années 1980, mais leur influence se limita à peu de choses.

Dans les autres pays et territoires, la situation demeura plus stable. À Dominica, en 1982, Eugenia Charles fut élue premier ministre : c'était la première femme à diriger un gouvernement dans les Amériques

Eugenia Charles, premier ministre de Dominica et première femme à devenir chef de gouvernement élue dans les Amériques.

après être arrivée au pouvoir à la suite d'une élection. Elle remporta encore les élections en 1985, puis en 1990. Un peu d'agitation politique troubla Trinité-et-Tobago en 1970, causée par des partisans du « Black Power », mouvement né aux États-Unis. Malgré cela, la vie institutionnelle continua, sous la direction du premier ministre et historien Eric Williams, qui fut réélu plusieurs fois et gouverna le pays jusqu'à sa mort, en 1986.

La plupart de ces pays ont participé à de nombreuses organisations régionales. À part les plus connues, comme la Carribbean Free Trade Association (CARIFTA, fondée en 1968), au moins six autres, dans le domaine économique, ont été créées entre les années 1970 et 1980. En 1982, le président des États-Unis, Ronald Reagan, lança la CBI (Caribbean Basin Initiative), programme d'aide financière aux pays de la région, appui fourni en fonction de divers critères politiques. L'existence de ces programmes reflète les problèmes sociaux et économiques des petits États, qui affichèrent durant presque toute la période des taux élevés de mises à pied, parfois frôlant les 50 %. Dans bien des cas, l'émigration vers les métropoles a atteint des chiffres très élevés : en 1980, 600 000 personnes originaires de la Guadeloupe, de la Martinique et de la Guyane vivaient en France, c'est-à-dire l'équivalent de la totalité de la population de ces territoires. Confrontée à une situation semblable, la Grande-Bretagne imposa des quotas à l'immigration en provenance des Caraïbes en 1961.

La culture

Pendant cette période, les activités culturelles eurent un impact social de plus en plus grand. La massification du public consommateur y contribua, avec la présence d'étudiants universitaires qui se comptaient par dizaines ou centaines de milliers dans chaque pays, sans compter la multiplication des moyens de communication, le développement croissant du cinéma, l'apparition de la télévision et la création de nouvelles maisons d'édition d'une ampleur internationale, comme

Siglo xxi (créée au Mexique en 1965, avec des filiales dans plusieurs autres pays de la région) et à une moindre échelle, Eudeba (Maison d'édition universitaire de Buenos Aires). Durant la brève période de l'Unité populaire au Chili, la maison d'édition de l'État, Quimantú, popularisa la lecture, offrant des livres de grande qualité à bas prix. Cuba donna un grand élan à la culture, avec la création de la maison d'édition Casa de las Américas, qui distribue des prix annuellement, et avec l'organisation d'un institut cinématographique qui participa souvent à des coproductions avec d'autres pays sud-américains.

La pensée

Encadrée par l'influence de la révolution cubaine et placée dans une situation tendue provoquée par les continuels coups d'État, la pensée latino-américaine de cette époque développa la « théorie de la dépendance ». Œuvre de différents sociologues et économistes, comme les Brésiliens Fernando Henrique Cardoso, Teotonio dos Santos et Ruy Mauro Marini, les Chiliens Aníbal Pinto et Osvaldo Sunkel, le Péruvien Aníbal Quijano et le Germano-Américain André Gunder Frank, ce concept influa sur toute une génération d'analystes, aussi bien en histoire qu'en sociologie et en économie, qui l'employèrent comme paradigme pour expliquer les problèmes de l'Amérique latine. Pour les « dépendantistes », le sous-développement ne correspondait pas à une situation de « retard » par rapport aux pays riches, ni à un problème qui se présentait dans des sociétés « traditionnelles » (qui contras-teraient avec les « modernes »), mais était le résultat d'un processus historico-structurel qui avait mis l'Amérique latine à la merci des décisions des économies hégémoniques du monde. Cependant, les analystes ne l'appliquèrent pas tous de la même manière : tandis que pour certains cette relation constituait un cul-de-sac, étant donné que l'Amérique latine aurait été continuellement sous la domination de l'Europe et des États-Unis, ce qui ne laissait pas d'autre possibilité que la révolution et la recherche du socialisme (Frank, Marini), d'autres pensaient que la dépendance n'excluait pas totalement le dévelop-pement à l'intérieur du capitalisme (Cardoso). En ce sens, quelques « dépendantistes » ne s'éloignaient pas beaucoup des analyses de la CEPAL, qui, rappelons-le, avait aussi critiqué la relation entre pays riches et pays pauvres, sans prêcher toutefois la rupture entre les deux.

Face à cette tendance qui préconisait, quoique de façons différentes, « une voie propre » de développement pour l'Amérique latine[14], d'autres penseurs offraient une analyse inspirée de l'expérience historique universelle. Par exemple, le sociologue argentin Gino Germani, dans son ouvrage *Política y sociedad en una época de transición* (1968), postulait la nécessité d'abandonner la société « traditionnelle » pour atteindre le progrès, dans un schéma d'avancement vers la « modernisation » qui, selon l'auteur, pouvait s'appliquer aux diverses sociétés du monde. Dans les années 1980, dans le nouveau contexte créé par les dictatures et la diminution de l'influence de la révolution cubaine, des économistes se mirent à critiquer âprement tant le point de vue « dépendantiste » que les concepts « étatistes » appliqués à la fois par des régimes populistes et socialistes dans les décennies antérieures ; ils préconisaient l'économie de marché, l'initiative privée et l'ouverture des économies nationales à la concurrence sur le marché mondial. Les économistes qui avaient conçu la politique économique de la dictature de Pinochet, connus sous le nom de « Chicago boys » du Chili, et le Péruvien Hernando de Soto (avec son ouvrage au titre suggestif, *El otro sendero*, publié en 1987) furent les principaux représentants de cette manifestation triomphale de la tendance « modernisante » dans l'économie. À la fin de la décennie 1980, une partie de ces postulats reçurent l'adhésion de théoriciens qui avaient défendu une vision opposée auparavant, comme les Chiliens Carlos Ominami et Sergio Bitar. Ce dernier, ex-ministre d'Allende durant l'Unité populaire, écrivait en 1988 que le remplacement des importations par des produits nationaux et l'encouragement des exportations ne devaient pas nécessairement constituer une mesure exclusive: « Le véritable conflit consiste à choisir la combinaison de politiques qui optimise la capacité productive propre et élève la compétitivité internationale », ajoutant en plus que pour atteindre un développement soutenable, « il faut concevoir une nouvelle alliance de l'industrie, qui se constitue sur la base d'un solide consensus social et politique...(comprenant) l'État, le secteur patronal, le mouvement syndical et la communauté scientifique-technologique »[15].

---

14. Dans le domaine de l'éducation, apparut un autre penseur original, le sociologue Paulo Freire. Son œuvre changea la méthodologie de l'éducation populaire, en la centrant sur la reconnaissance des éléments qui permettraient non seulement l'éducation formelle, mais la libération sociale. Jugé trop subversif, comme d'autres sociologues de sa génération, Freire dut s'exiler après le coup militaire de 1964 au Brésil.

Le Vénézuélien Carlos Rangel contribua à la vulgarisation de ces idées, avec son essai *Del buen salvaje al buen revolucionario*, publié aussi dans d'autres langues ; il y critiquait la propension des Latino-Américains à rendre l'impérialisme américain responsable de tous les maux. La droite latino-américaine répondait ainsi à l'essai de l'écrivain uruguayen Eduardo Galeano, *Las venas abiertas de América latina* (1971, avec de multiples éditions postérieures, qui devint un des livres les plus lus sur le continent, et traduit en plusieurs langues), dénonciation formelle de l'exploitation de la région par le système capitaliste mondial depuis la conquête européenne du XVIᵉ siècle, prolongée par les entrepreneurs et par la banque internationale.

Littérature. Cinéma et théâtre

Ce fut une brillante période pour l'Amérique latine avec ce qu'on a appelé la littérature du *boom*, terme par lequel on désigna un groupe de romanciers qui se fit connaître de façon simultanée : le Mexicain Carlos Fuentes (*La región más transparente*, 1958 et *La muerte de Artemio Cruz*, 1962), l'Argentin Julio Cortázar (*Los premios*, 1960 et *Rayuela*, 1963), le Péruvien Mario Vargas Llosa (*La ciudad y los perros*, 1963 et *Conversación en la catedral*, 1969), et le Colombien Gabriel García Márquez (*El coronel no tiene quien le escriba*, 1961 et *Cien años de soledad*, 1967). Le Chilien José Donoso (*Coronación*, 1960 et *El obsceno pájaro de la noche*, 1970) » connut un peu moins de notoriété. Dans une plus ou moins grande mesure, tous ces écrivains abordaient de manière critique les problèmes sociaux et politiques de leur pays, mais ils le faisaient dans une perspective qui différait énormément de l'ancien réalisme ou indigénisme. Il n'est pas facile toutefois de caractériser ces auteurs dans leur ensemble, car leurs styles sont assez différents. On a attribué à García Márquez l'emploi du « réalisme magique », dans sa création de personnages fantastiques et de lieux imaginaires, comme Macondo (style inauguré, comme on a vu, au cours de l'époque précédente), qui est devenu la marque de la littérature latino-américaine. Par contre, Vargas Llosa utilise une écriture plus réaliste, Fuentes tend à être labyrinthique et Cortázar est onirique, tandis que Donoso manifeste une évolution vers un certain surréalisme. Ce qu'ils partagent tous, c'est la qualité de leurs œuvres, dans lesquelles

---

15. Cité par Fernando Mires, *El discurso de la miseria o la crisis de la sociología en América Latina*, Caracas, Editorial Nueva Sociedad, 1993, p.64 et 65.

les thèmes spécifiques de l'Amérique latine acquièrent une valeur universelle, ce qui, ajouté au fait que cette Amérique était à la mode à cause de la révolution cubaine, leur donna une renommée mondiale.

À côté d'eux, beaucoup d'autres écrivains se firent connaître aussi internationalement, avec l'emploi de styles passablement différents : l'Argentin Ernesto Sábato (*Sobre héroes y tumbas*, 1961) d'un style labyrinthique, le Paraguayen Augusto Roa Bastos (*Hijo de hombre*, 1960, roman épique), la Chilienne Isabel Allende (*La casa de los espíritus*, 1984), qui adopte un peu le style de García Márquez, le Péruvien Manuel Scorza, que certains ont appelé « le dernier romancier indigéniste », avec son cycle de romans sur les luttes des indigènes pour leurs terres dans la sierra, *La guerra silenciosa*, et la Brésilienne Clarice Lispector, centrée sur la subjectivité féminine. À Cuba apparurent des écrivains comme José Lezama Lima (*Paradiso*, 1966) et Guillermo Cabrera Infante (*Tres tristes tigres*, 1967), qui employèrent un style basé sur la satire et l'érotisme, ce qui ne fit pas plaisir aux autorités cubaines, avec lesquelles ils entrèrent rapidement en conflit. Le succès commercial de tous ces auteurs, traduits en de nombreuses langues, s'accentua avec l'attribution du prix Nobel de littérature à trois écrivains latino-américains de cette période : le Guatémaltèque Miguel Ángel Asturias en 1967, Pablo Neruda en 1971 et Gabriel García Márquez en 1982. La création du prix Cervantes, attribué chaque année depuis 1976 au meilleur écrivain de langue espagnole, contribua à donner plus de présence à la littérature latino-américaine hispanophone.

Le cinéma latino-américain, en particulier ceux du Brésil, du Mexique, de Cuba et d'Argentine, acquit une certaine notoriété internationale. Le cinéma cubain se distingua non seulement par sa qualité, mais aussi par sa capacité à aborder des sujets sur la révolution sans tomber dans des visions simplistes. Tomás Gutiérrez Alea, avec *Memorias del subdesarrollo* (1968), se situe parmi ses meilleurs représentants. Dans le reste de la région, le Brésilien Glauber Rocha et l'Argentin Fernando Solanas figurent parmi les cinéastes les plus connus. Le premier fut le leader du « cinema novo », tendance qui cherchait à conscientiser le public sur les facteurs du sous-développement, bien que dans ses réalisations l'analyse de problèmes sociaux (du Nord-Est, par exemple) se fît dans un style extravagant, plein de métaphores, comme dans *Deus e o diabo na terra do sol* (1963). Nelson Pereira dos Santos et Rui Guerra s'affirmèrent comme de remarquables adhérents de ce courant, qui s'épuisa à la fin des années 1970. Solanas fit aussi un cinéma carrément engagé, avec le gigantesque documentaire *La hora de los hornos* (1968)[16]. Le Bolivien Jorge Sanjinés, avec son œuvre *El coraje del pueblo* (sur la tuerie ouvrière de 1967), et le Chilien Patricio Guzmán (connu surtout pour son documentaire *La Batalla de Chile*, sur la période de l'Unité Populaire) appartiennent à la même tendance. Les cinéastes ne suivirent pas tous cette ligne : la production du Mexicain Arturo Ripstein s'intéresse davantage aux thèmes psychologiques, à travers des personnages marginaux, comme dans *El lugar sin límites* (1977).

Pablo Neruda, le poète chilien, inclut dans son œuvre les objets de la vie quotidienne comme les aliments et les vins.

Deux Chiliens se montrèrent de remarquables cinéastes : Miguel Littin, avec *El chacal de Nahueltoro*, histoire d'un analphabète, condamné à mort, le film le plus vu au Chili à cette époque, et Raúl Ruiz, créateur de *Tres tristes tigres* (1968), qui sortit de son pays après le coup d'État de 1973 pour devenir l'un des principaux metteurs en scène en France. Durant cette période, les premières femmes cinéastes firent leur apparition, dont l'Argentine María Luisa Bemberg, qui aborda des sujets sur la femme (*Camila*, 1984, sur un drame historique du XIXe siècle, mentionné dans le premier chapitre, et *Miss Mary*, 1986, histoire d'une institutrice anglaise en Argentine) et la Brésilienne d'origine japonaise, Tizuka Yamasaki, auteur d'un film sur l'immigration de Japonais au Brésil au début du XXe siècle, *Gaijin*.

---

16. Fernando Solanas, né en 1936, étudia le droit, le piano et les arts plastiques avant de se consacrer au cinéma. Il milita dans le péronisme de gauche. Pendant qu'il tournait son premier long métrage de fiction, *Los hijos de Fierro*, en 1975, il reçut des menaces de mort des organismes répressifs du gouvernement d'Isabel Martínez et il dut partir en France. Il y tourna *Tangos, el exilio de Gardel*. En 1984 il revint en Argentine, et tourna *Sur*, l'histoire d'un ouvrier emprisonné durant la dictature (1988). Par la suite, malgré son vote pour Menem en 1990, il en devint l'un des principaux critiques, ce qui lui valu d'être victime d'un attentat, lorsque des inconnus tirèrent sur lui, le blessant aux jambes. Malgré tout, en 1992 il tourna *El viaje*, satire féroce contre la politique de Menem. En 1993 il fut élu député d'un parti de gauche.

Au théâtre, deux auteurs eurent un impact dans toute la région, et même au-delà. Ce fut surtout le cas du Brésilien Augusto Boal, créateur du « Théâtre de l'opprimé », au début des années 1960. Suivant l'approche de Paulo Freire, cette école monta des pièces qui exposaient les principaux problèmes sociaux contemporains, faisant en plus participer le public au développement des œuvres. Emprisonné et torturé par la dictature, Boal dut s'exiler, et il continua son travail, qui lui valut une célébrité mondiale. Un peu moins connu mais influent fut l'Argentin Osvaldo Dragún, auteur de *Historias para ser contadas*, qui donna un élan au théâtre basé sur les créations collectives. Un autre auteur important, le Chilien Egon Wolff, écrivit des pièces dans lesquelles les personnages exprimaient les tensions sociales et politiques des années 1960, comme *Los invasores* (1963). Après le coup d'État de 1973, surgit un auteur jusqu'alors inconnu, Juan Radrigán, dont les œuvres dénonçaient l'oppression et les changements culturels imposés par la dictature.

Culture populaire

Elle s'exprima, comme dans les époques antérieures, principalement par la musique et la danse. Aux rythmes déjà connus s'ajouta la *cumbia*, originaire de Colombie, qui acquit une grande popularité dans toute l'Amérique latine. Un autre élément nouveau fut la renommée atteinte aux États-Unis par des chanteurs latino-américains, comme la Cubaine Gloria Estefan, fille d'un anti-castriste exilé en Floride. Le *reggae*, un type de musique née en Jamaïque, devint populaire non seulement dans les pays de langue anglaise, mais aussi en Amérique latine. Cette musique qui mêlait les influences africaines avec le rock and roll américain, s'accompagna du mouvement *rastafari*, qui préconisait le retour en Afrique et la consommation rituelle de la marijuana. Bob Marley en fut l'un des interprètes les plus populaires.

Le contexte politique, marqué par les révolutions et les coups d'État, orienta la carrière des solistes et des groupes qui faisaient de la musique « engagée ». Parmi les plus connus internationalement, on trouve l'Argentine Mercedes Sosa, le Chilien Víctor Jara (assassiné durant le coup d'État de 1973) et les groupes chiliens Inti-Illimani et Quilapayún. Ces deux derniers, exilés après la chute d'Allende, continuèrent leur carrière artistique en Europe. Ils ne furent pas les seuls artistes à vivre cette expérience : on condamna les Brésiliens Gilberto Gil et Caetano Veloso à deux mois de prison en 1968, pour cause de musique subversive, et ils durent s'exiler à Londres. Par contre, les chanteurs cubains Pablo Milanés et Silvio Rodríguez purent non seulement atteindre une célébrité internationale, mais en plus la situation politique de leur pays ne bouleversa pas leur carrière

La télévision, qui ne se répandit pas massivement durant cette période, offrit un cadre pour un produit de masse: le téléroman. Ce genre se développa surtout au Brésil qui en devint un pays exportateur, aussi bien en Amérique latine que dans les pays européens où les émissions étaient traduites. Les animateurs de programmes de télévision à grand public devinrent des personnages célèbres. Parmi eux se distinguèrent la Brésilienne Xuxa (Maria da Graça Meneghel), l'Argentine Susana Giménez et le Chilien Mario Kreutzberger, alias «Don Francisco».

La télévision contribua à diffuser un autre élément de la culture de consommation de masse: les concours de beauté. Le Venezuela tira le meilleur parti de cette activité en devenant le pays d'une industrie productrice de gagnantes. Pas moins de six de ses représentantes gagnèrent dans les tournois de Miss Univers ou Miss Monde dans les années 1970 et 1980. Une des vainqueurs, Irene Sáenz, se fit connaître par la suite en politique: elle fut élue mairesse de Caracas et fut ensuite candidate à la présidence de la République.

L'animatrice de télévision brésilienne Xuxa, devenue très populaire avec ses émissions destinées aux enfants.

Synthèse

De 1960 à 1989, l'Amérique Latin vécut une époque turbulente au cours de laquelle l'histoire s'accéléra. Ce sont les problèmes politiques qui marquèrent le sous-continent, par l'affrontement entre les partisans de la révolution et leurs adversaires. Ce phénomène se manifesta spécialement en Amérique centrale, une zone jusque-là oubliée et qui prit une actualité subite. Les acteurs socio-politiques se multiplièrent, avec la réapparition des mouvements indigènes, la relative autonomie prise par les forces militaires dans quelques pays, la formation des groupes de chrétiens de gauche et la plus grande participation des femmes dans la politique et la société. Au niveau international, l'impact de la révolution cubaine, conjugué à la diffusion des théories sur l'indépendance et même à la littérature du *boom*, plaça l'Amérique latine dans l'actualité mondiale. L'apparition de nouveaux États nationaux à la suite de la décolonisation des années 1960 rendit plus complexe le panorama de la zone des Caraïbes.

Mais ce n'est pas seulement la politique qui s'accéléra. Même sans donner de grands résultats, la formation des premiers marchés régionaux et la présence de plus en plus grande des multinationales changèrent les paramètres de la vie économique, dans un effort pour donner une nouvelle tournure à la stratégie du développement. L'endettement gigantesque, qui éclata dans les années 1980, plongea la région dans une crise grave.

Les dictatures qui dominèrent la plupart des pays exercèrent une répression sans précédent, qui entraîna la mort et l'exil de dizaines de milliers de personnes. La démocratie, dans la majorité des pays, paraissait une illusion ou un luxe que la fragilité des systèmes politiques et les économies latino-américaines ne pouvaient se permettre, aux dires de certains. Quand les dictatures commencèrent à remettre le pouvoir à des régimes civils élus, cela coïncida, à l'échelle mondiale, avec la dégradation progressive des pays de l'Europe de l'Est, de l'URSS en particulier, et avec la nouvelle hégémonie mondiale des États-Unis. Cela créa un nouveau contexte, dans lequel il n'y avait plus de place pour les idées basées sur le changement rapide des sociétés. La reconstruction de la démocratie allait se faire dans un nouveau cadre régional et international lequel ouvrait une nouvelle époque.

CHAPITRE V

Le triomphe du néo-libéralisme ? De 1990 à nos jours

L'année 1990 marque le début d'une nouvelle étape dans l'histoire latino-américaine. Encadrés par la nouvelle réalité mondiale, dont la disparition de l'Union soviétique constitue le principal élément, les pays latino-américains s'orientent selon les principes de base du libéralisme, où l'entreprise privée, aussi bien nationale qu'étrangère, est le moteur de l'économie, et où les élections devaient remplacer les dictatures et les tentatives révolutionnaires. L'ancienne polarisation entre ceux qui cherchaient le changement global des sociétés, parfois à n'importe quel prix, et ceux qui s'accrochaient au statu quo en employant toute sorte de méthodes, y compris celles qui ne respectaient pas les droits humains les plus élémentaires, semble une chose du passé.

Cette perspective, qui rappelle un peu celle de la fin du XIXe siècle, lorsque le libéralisme paraissait s'imposer dans la totalité de la région, a donné lieu à un processus dont les caractéristiques – et surtout les résultats – ne sont pas encore pleinement définis. Quatorze années, c'est bien peu pour caractériser tout un sous-continent, où s'agitent des réalités qui, malgré des éléments communs, présentent aussi des différences parfois importantes. C'est pour cette raison que ce chapitre diffère un peu des autres. Bien que les sections de base restent les mêmes, leurs contenus sont présentés de façon plus schématique, et l'analyse laisse plusieurs points en suspens.

Le contexte international : un monde sans guerre froide

La fin de l'opposition entre le « camp socialiste » et l'occident capitaliste forme sans doute l'élément fondamental de la nouvelle scène internationale où évoluent les États latino-américains. La disparition

La décision du président Bush d'attaquer l'Irak ne fut pas appuyée par le Mexique, ce qui provoqua des tensions entre les deux pays. Le journal mexicain *Excelsior* montre Bush affirmant qu'il n'y aura pas de répresailles contre le Mexique et que les liens entre les deux pays sont plus forts que jamais...

de l'Union soviétique, le rapprochement en douceur de la Chine avec les pays occidentaux et l'affaiblissement matériel et idéologique de Cuba ont créé un contexte dans lequel les tensions internationales ont diminué notablement. Les relations entre les États-Unis et leurs voisins du Sud pouvaient se développer dans un climat de collaboration plus que de confrontation ou de reproches, ce qui amena même le président Bill Clinton, en 1999, à offrir ses excuses aux Guatémaltèques pour la responsabilité de Washington dans les massacres perpétrés dans ce pays depuis le coup d'État de 1954. Un autre signe de la nouvelle époque se manifesta dans la politique assumée par le gouvernement du président argentin Menem, qui changea l'attitude traditionnellement méfiante de son pays envers Washington par un appui ouvert à la puissance du Nord : celui-ci se matérialisa par la participation d'un contingent militaire argentin dans la Guerre du Golfe contre l'Irak en 1991. La remise définitive du canal de Panama au gouvernement de ce pays, en 1999, illustra aussi la volonté de Washington d'améliorer ses relations avec ses voisins du Sud[1]. Cette évolution comprend d'autres éléments importants : le projet d'intégration économique des Amériques, commencé en 1990 et qui a donné lieu à trois réunions continentales, et, sur une moindre échelle,

---

1. Cela ne signifie pas que les États-Unis ont mis de côté leurs plans de contrôle militaire et stratégique de la région. En plus de renforcer leur présence militaire à Porto Rico, dans l'île Vieques en particulier, et de garder la base de Guantánamo à Cuba, les États-Unis ont obtenu ces dernières années de nouvelles bases militaires à Manta (Équateur), à Aruba, à Curaçao et à Comalapa (Salvador). Au total, on compte plus de 7 000 militaires sur ces bases, la majorité à Porto Rico. De plus, Washington dispose de 17 bases où opèrent des radars, au Pérou et en Colombie. En fin, en août 2001 dans le nord de l'Argentine, des exercices militaires conjoints se sont déroulés avec la participation des armées de sept pays latino-américains et celle de militaires américains. Prélude à la formation d'une future armée panaméricaine ?

Groupes économiques régionaux, 1960-2001

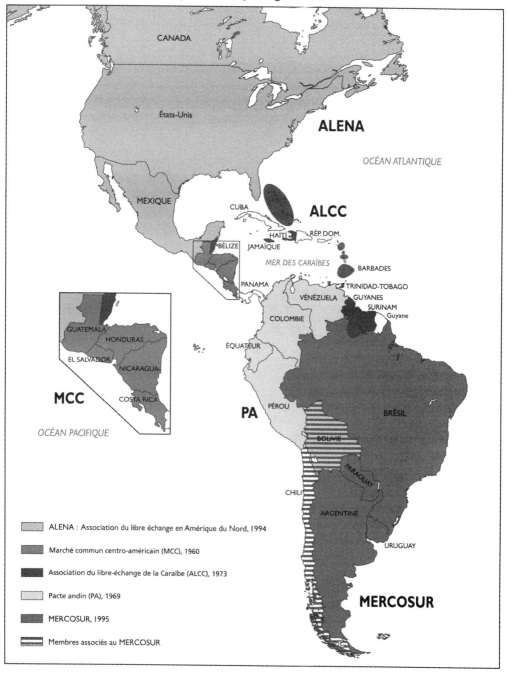

ALENA : Association du libre échange en Amérique du Nord, 1994

Marché commun centro-américain (MCC), 1960

Association du libre-échange de la Caraïbe (ALCC), 1973

Pacte andin (PA), 1969

MERCOSUR, 1995

Membres associés au MERCOSUR

la collaboration dans la lutte contre le trafic de drogue, ce qui s'est traduit par de nombreuses rencontres internationales entre les États-Unis et les pays producteurs de drogue.

Cette nouvelle atmosphère dans les relations inter-américaines n'est pas parvenue, cependant, à modifier la politique des États-Unis envers Cuba. Non seulement le blocus commercial et diplomatique persiste contre La Havane, mais il s'est encore aggravé avec l'adoption de deux lois, celle de Torricelli en 1992, qui étendait l'embargo commercial aux filiales des entreprises américaines, même si elles œuvraient dans d'autres pays, et surtout celle de Helms-Burton en 1996, qui infligeait de fortes amendes aux entreprises de tiers pays qui faisaient des affaires avec les Cubains dans des zones où des entreprises américaines avaient été expropriées. Les États-Unis n'ont pas abandonné non plus leur politique d'intervention dans certains pays, comme cela s'est vu dans le traitement que les gouvernements de Bush et de Clinton infligèrent au président renversé d'Haïti, Jean-Bertrand Aristide[2], qui n'était pas du goût de Washington. Bien qu'Aristide récupérât le pouvoir en 1994, grâce aux pressions américaines contre les militaires qui l'avaient renversé (exercées de façon peu convaincante), il ne put gouverner que quelques mois, car les États-Unis considéraient que, même renversé, durant les années qu'il avait passées en exil, il avait terminé son mandat. Le « Plan Colombia », approuvé en 2000 par le Congrès américain, pour aider le gouvernement de Bogotá à combattre le trafic de drogue et à rétablir l'ordre dans le pays, implique une certaine intervention directe des États-Unis, puisque, à part l'aide économique, on prévoit la participation de conseillers militaires de ce pays, ce qui fait craindre pour l'avenir. Il est possible que cette intervention acquière un caractère international, si Washington convainc d'autres pays de la nécessité de mener une opération conjointe afin de maintenir l'ordre dans le nord de l'Amérique du Sud, menacé par la guérilla et le commerce de la drogue.

---

2. Jean-Bertrand Aristide (né en 1953). Après des études de théologie et de sociologie, il fut ordonné prêtre de l'ordre des salésiens, en 1982. Il subit l'influence de la théologie de la libération. Il œuvra en tant que curé de paroisses pauvres de Port-au-Prince. Il commença à s'opposer à la dictature de Duvalier, échappant à plusieurs tentatives d'assassinat. En 1988, l'Église l'expulsa du sacerdoce. Il forma le mouvement Lavalas (avalanche, en créole) quand il se présenta à la présidence en 1990, qu'il remporta avec plus de 60% des voix. Il se maria durant son exil, en 1992.

La nouvelle ère des relations entre l'Amérique latine et les États-Unis n'a pas signifié l'abandon d'une politique autonome de la part des États latino-américains. Les instances créées dans les années 1980, comme le Groupe de Rio, se sont maintenues, et en 1991 il en est né une nouvelle, le Sommet ibéro-américain, qui réunit, en plus de tous les pays latino-américains, l'Espagne et le Portugal. Fait important, Cuba participe à cette réunion, qui se tient annuellement, et qui permet aux Latino-Américains de maintenir un lien avec deux pays membres de l'Union européenne. L'opposition du Chili et du Mexique aux projets d'intervention des États-Unis en Irak au début de 2003, quand les deux pays étaient membres non permanents du Conseil de sécurité des Nations unies, démontra la capacité de l'Amérique latine à faire entendre une voix propre dans le concert international et à affronter les pressions venues du pays le plus puissant du monde.

Les relations avec d'autres puissances mondiales, que ce soit celles d'Europe ou celles d'Asie, n'ont pas donné de résultats spectaculaires. Des contacts fréquents se sont établis entre l'Union européenne et l'Amérique latine, dont l'expression la plus manifeste, la réunion de Rio de Janeiro en 1999, s'est conclue par une déclaration d'intentions vague, dans laquelle les parties exprimaient leur désir d'un plus grand rapprochement. Le résultat le plus tangible de l'influence européenne a été de réussir à désamorcer l'application de la loi Helms-Burton en ce qui concerne les investissements de pays du Vieux continent à Cuba. L'Argentine a amélioré ses relations avec la Grande-Bretagne, refroidies après la guerre des Malouines de 1982. À l'intérieur de l'hémisphère, le Canada, qui est entré dans l'OEA à la fin de 1989, a intensifié sa présence dans les diverses instances régionales, et son premier ministre, Jean Chrétien, a effectué deux tournées dans divers pays latino-américains, en plus d'une visite à Cuba en 1998, très critiquée par les États-Unis. Le gouvernement de Castro obtint aussi un certain appui international avec la visite du pape Jean-Paul II cette même année, ce qui permit de plus une légère amélioration du traitement des catholiques par le gouvernement cubain. Cependant, la répression contre les opposants à l'intérieur de Cuba, en mai 2003, a suscité la réprobation de beaucoup de pays européens.

Les conflits internationaux armés ont été peu nombreux. Le seul dans toute la période fut la guerre non déclarée entre le Pérou et l'Équateur au début de 1995, dans un affrontement qui équivalait à ressusciter le vieux différent entre les deux pays à propos du tracé de la frontière après la guerre de 1942. Après un mois de guerre, les belligérants acceptèrent de suspendre les hostilités et de s'en remettre à un arbitrage international.

L'économie : succès et échecs du néo-libéralisme

À partir de 1990 s'est confirmée la tendance déjà esquissée à l'époque précédente, durant laquelle on commençait à concevoir une économie où le secteur privé, tant national qu'étranger, jouait un rôle de plus en plus dominant. Un tel processus s'est développé au moyen de politiques de privatisation d'entreprises publiques, aussi bien dans le secteur industriel que dans celui des services. Cette tendance a continué et s'est renforcée depuis 1989, quand des pays où les entreprises du secteur public constituaient une part importante de l'économie, comme le Brésil, entrèrent aussi dans la voie de la privatisation. Par exemple, la vente de la compagnie Vale do Rio Dolce, qui exploitait différents gisements miniers depuis des décennies, pour la somme de 3 milliards de dollars en 1997. L'année suivante, ce fut le tour de Telebras, conglomérat de télécommunications, vendu 18 milliards de dollars. L'Argentine fit la même chose, en privatisant la plupart de ses services publics, vendus à des intérêts espagnols et français. Mais peut-être le signe le plus spectaculaire de cette tendance a-t-il été la décision du gouvernement mexicain de mettre fin à la loi qui défendait aux membres de l'*ejido* (voir la réforme agraire mexicaine dans le chapitre III) de vendre leurs terres, ouvrant ainsi la porte à la privatisation de ce secteur agricole.

Un autre trait remarquable réside dans l'importance de plus en plus grande des traités commerciaux entre deux ou plusieurs régions, qui visent à augmenter le commerce international par leur libéralisation, en réduisant les tarifs douaniers. À ceux qui existaient déjà à l'époque précédente (ALADI, MCC, CARICOM, Pacte Andin) vint s'ajouter le Mercosur, créé au début de 1995 entre le Brésil, l'Argentine, l'Uruguay et le Paraguay, auxquels se joignirent ensuite le Chili et la Bolivie, ces derniers comme membres associés seulement, c'est-à-dire sans être obligés de suivre pleinement les mêmes orientations. En outre, en janvier 1994, le Mexique s'est joint à la zone de libre-échange créée entre le Canada et les États-Unis en 1989, ce qui a donné lieu à la naissance de l'Accord de libre-échange nord-américain (ALENA), plus connue sous son sigle anglais de NAFTA. Beaucoup de pays ont signé des traités bilatéraux de libre commerce, comme celui du Mexique avec le Chili, et celui du Chili avec le Canada en 1996, et plus récemment avec les États-Unis, qui devait entrer en vigueur en 2004. Quelques pays, comme le Mexique, le Pérou et le Chili, ont commencé à participer aux réunions du Forum de libre commerce de l'Asie-Pacifique (APEC).

Les résultats de ces initiatives (et de celles de l'époque précédente) se sont avérés inégaux. Bien que le commerce ait progressé en général entre les pays membres de chaque pacte régional, ce progrès a été irrégulier et dans le cas du MCC, il a stagné ou régressé entre 1995 et 1999. Plus significatif encore apparaît le cas de Mercosur, qui réunit deux protagonistes de poids, le Brésil et l'Argentine, qui n'ont pas réussi à se mettre d'accord sur une politique monétaire commune, ce qui compromet sérieusement l'avenir de ce marché.

La tendance à la libéralisation du commerce extérieur trouve sa plus grande expression dans les trois réunions au sommet consacrées à négocier la création de la ZLÉA, une zone de libre-échange pour toutes les Amériques : en 1994 à Miami, en 1998 à Santiago et en 2001 à Québec. Jusqu'à présent on maintient la date de 2005 comme objectif pour mettre le projet en application. Cette initiative, à laquelle

Les chefs d'état des pays membres du MERCOSUR lors d'une réunion en 1996 : de gauche à droite, le Bolivien Gonzalo Sánchez de Losada, le Paraguayen Juan Carlos Wasmosy, le Brésilien Fernando Henrique Cardoso, l'Argentin Carlos Menem, l'Uruguayen Julio Sanguinetti et le Chilien Eduardo Frei fils.

participent tous les pays de l'hémisphère, sauf Cuba (exclu parce qu'on le considère comme non démocratique), est aussi la plus polémique, puisque si beaucoup de pays latino-américains aspirent à un plus grand accès au marché des États-Unis et du Canada pour la vente de leurs produits, beaucoup craignent également les conséquences de ce pacte, qui donnerait une liberté d'action aux entreprises américaines pour placer leurs produits et leurs services en Amérique latine, ce qui pourrait entraîner la ruine des entreprises nationales. On redoute aussi la concurrence déloyale de l'agriculture américaine, qui reçoit de fortes subventions du gouvernement, et certains, le Brésil en particulier, dénoncent le protectionnisme que les États-Unis appliquent à des produits déterminés, comme les jus de fruit, ce qui limite les exportations latino-américaines. Ce n'est pas par hasard que le Brésil essaie de développer davantage le Mercosur, pour contrebalancer les effets de l'ALCA, dans une politique qui cherche à faire de ce pays le leader régional. Parmi les acteurs non gouvernementaux, plusieurs dénoncent le fait que les négociations ne se font qu'entre des groupes d'experts nommés par les gouvernements, sans que les parlementaires de chaque pays aient la possibilité d'intervenir sur l'adoption du texte final.

Le triomphe de la nouvelle pensée économique s'est manifesté dans d'autres domaines, comme dans l'emploi de recettes libérales pour freiner l'inflation, ce que l'on a obtenu au prix de la diminution de la dépense publique. Un cas fameux par son côté inattendu fut l'application du « fujishok » au Pérou, en août 1990, quand Alberto Fujimori, le président depuis peu élu, ingénieur agronome, descendant de Japonais, jusqu'alors inconnu, supprima du jour au lendemain les subventions de l'État à plusieurs produits et services de première nécessité, dont le coût augmenta brutalement. Un autre mécanisme fut utilisé pour mettre de l'ordre dans les finances : l'emploi du dollar comme monnaie nationale (ou son équivalent), mis en pratique par le Salvador en 2000 et par l'Équateur en 2001. L'Argentine, même si elle continue à employer le peso, avait dollarisé son économie en 1991, par l'adoption d'une loi qui mettait sa monnaie au pair avec le dollar, tandis qu'une autre loi défendait au gouvernement d'utiliser sans limites la planche à billets. En 1998, Cuba, ravalant son orgueil, dut accepter la libre circulation du dollar dans la vie quotidienne, créant ainsi deux marchés parallèles, l'un pour ceux qui possèdent la devise américaine et l'autre pour ceux qui payent avec le peso.

Même si elle a atteint une plus grande stabilité macro-économique, la région n'a pas été épargnée de fortes secousses qui ont frappé les principaux pays. En décembre 1994, éclata la crise mexicaine, traduite par une brusque dévaluation du peso, qui provoqua une panique financière dans le reste de l'Amérique latine, phénomène baptisé l'« effet tequila ». La crise brésilienne, de moindre ampleur, commença en 1998, et en 1999 l'Argentine entra dans un processus de croissance négative de son PIB, tombant dans un abîme dont elle ne semble pas pouvoir sortir, situation qui s'est aggravée à la fin de 2001, à tel point qu'elle a entraîné la chute du gouvernement de De la Rúa, la dévaluation du peso et l'abandon de la politique de la dollarisation. L'Équateur est entré dans une crise profonde ces dernières années, ce qui a amené, entre autres, la fin du sucre comme monnaie nationale ; l'Uruguay a dû compter sur une aide d'urgence du FMI en 2002 pour renforcer son économie et le Venezuela se trouve aussi dans une phase de croissance négative

Le remplacement de la monnaie nationale équatorienne, le sucre, par le dollar des États-Unis illustre la gravité de la crise économique dans ce pays sud-américain.

depuis les débuts de 2002. Bien que ces crises aient des origines diverses, comme la corruption des dirigeants politiques, l'évasion fiscale, la crise politique au Venezuela, l'impact des catastrophes naturelles (les inondations produites par le phénomène climatique connu sous le nom de *El Niño* en Équateur et au Pérou), la dévaluation de la monnaie brésilienne, le real (affectant les exportations argentines) et les conséquences des crises provenant d'ailleurs (crise asiatique), un élément s'y est retrouvé partout présent : le poids de la dette externe, qui continue à exercer une pression considérable sur certains pays, surtout en Argentine. Par contre, son impact est bien moindre ailleurs, puisqu'elle représente un pourcentage relativement bas des exportations. Le tableau 24 résume la situation macro-économique de la dernière décennie.

Les chiffres de ce tableau montrent une amélioration par rapport à la décennie de 1980, puisque quinze des vingt-trois pays considérés affichent une croissance du PIB égale ou supérieure à 3 % annuellement entre 1990 et 2000. Bien que la dette externe constitue toujours un

Tableau 24
Indices de la situation économique, 1990-2001

Pays	PIB/hab. dollars PAP 2001	Croiss. Moy. PIB 1990-2000	Dette ext. G$US	Service dette export. en %	Taux d'inflation
Argentine	12 377	4,2	142 300	68,3	-1,1
Bahamas	17 012	1,9	386	nd	1,0
Belize	5 606	4,3	499	13,4	1,2
Bolivie	2 424	3,8	4 465	32,2	1,6
Brésil	7 625	2,7	226 820	92,8	6,8
Chili	9 417	6,4	37 060	22,9	3,6
Colombie	6 248	2,7	38 170	33,6	8,0
Costa Rica	8 650	5,0	4 225	7,4	11,0
Cuba	1 714	-1,8	11 200	nd	nd
Équateur	3 203	1,8	13 440	24,4	37,0
Salvador	4 497	4,5	3 900	8,0	3,8
Guatemala	3 821	4,1	3 900	9,9	8,7
Guyane	3 963	5,0	1 250	17,1	2,4
Haïti	1 467	0,0	1 190	8,5	16,7
Honduras	2 453	3,2	4 650	19,4	9,7
Jamaïque	3 639	0,3	3 200	13,5	5,0
Mexique	9 169	3,3*	146 100	30,2	6,4
Nicaragua	2 366	3,3	6 340	21,1	8,3
Panama	6 000	4,5	6 330	8,7	30,0
Paraguay	4 426	2,0	2 450	7,3	7,7
Pérou	4 799	4,0	28 240	38,7	2,0
Porto Rico	9 962	nd	nd	8,2	nd
Rép. Dominic.	6 033	5,9	3 800	4,3	8,9
Uruguay	9 035	3,1	5 800	26,0	4,4
Venezuela	5 794	2,0	30 000	22,5	12,5

PAP : pouvoir d'achat en parité de change, système qui consiste à calculer le revenu d'un pays, non en chiffres bruts, mais en pouvoir d'achat de chaque monnaie.
*données de 1989-1999
SOURCE: *L'État du monde,* édition 2003

obstacle important au développement, dans plus de la moitié des pays son service annuel demeure inférieur à 25% des exportations, ce qui est supportable. Le Mexique a surmonté les problèmes de sa crise financière de 1994-1995, et les taux de croissance des dernières années sont satisfaisants, même si en 2001 le taux fut négatif, avec –0,3%, ce qui indiquait une récession. Même s'il ne maintient plus le haut taux de croissance qu'il a affiché jusqu'en 1997, le Chili continue à jouir d'une économie relativement prospère et semble à l'abri des crises financières. Un autre objectif important a été de freiner ou de faire diminuer l'inflation dans la majorité des pays. Il ne s'agit pas de quelque chose de négligeable, surtout dans des pays où l'inflation avait atteint des chiffres surréalistes dans les décennies antérieures, frappant spécialement les secteurs à faibles revenus. Cela explique dans une large mesure le triomphe de Fernando Henrique Cardoso à l'élection présidentielle brésilienne de 1994, défaisant avec une marge considérable le candidat du Parti des travailleurs, Luiz Inacio da Silva (Lula). Cardoso pouvait se vanter d'avoir conçu le « plan real » qui avait arrêté l'inflation dans les années précédentes, quand il était ministre des Finances et qu'il créa la nouvelle monnaie qui porte ce nom.

Ces réussites ne font pas oublier l'existence d'aspects négatifs. L'un d'eux se manifeste dans la persistance des inégalités de revenu, comme on va le voir plus loin. En outre, deux des plus grandes économies, le Brésil et l'Argentine, montrent une situation d'extrême vulnérabilité quant au paiement de leur dette, et dans le cas de l'Argentine, son taux de croissance dans les quatre dernières années a été négatif : -3,1 % en 1999, -0,5 % en 2000, -3,7 % en 2001 et -11 % en 2002. Étant donné le poids de ces deux pays pour l'ensemble de la région, cette situation constitue un facteur d'instabilité énorme. Deux autres pays d'un poids démographique et économique respectable, la Colombie et le Venezuela, se trouvent dans une situation peu prometteuse depuis quelques années. Ainsi, au début du XXIe siècle, l'économie latino-américaine, tout en montrant une amélioration visible par rapport à la décennie précédente, révèle aussi des déséquilibres importants.

Le cas de Cuba se distingue de tous les autres, à cause des particularités de son système économique et aussi à cause du poids de sa dépendance de l'ex-URSS. Avec la disparition de celle-ci, en 1991, le pays caribéen perd son principal client en matière de commerce international et son principal fournisseur de pétrole et de machines. Entre 1991 et 1995, l'économie cubaine est passée par une crise très grave, avec des taux de croissance très négatifs et d'énormes restrictions à la consommation interne, déjà limitée. Les autorités se virent obligées de faire des concessions en matière de politique économique. À part l'ouverture vers l'emploi libre du dollar, la principale modification a été l'impulsion donnée à la création d'entreprises mixtes avec des capitaux étrangers, ce qui s'est fait surtout dans le secteur minier et dans l'hôtellerie. Celle-ci vise à développer le tourisme, principale source de devises pour Cuba, avec les traditionnelles exportations de sucre. On a fait montre d'une plus grande tolérance envers la petite entreprise, comme les restaurants, mais avec d'énormes limitations dans leur fonctionnement (pas plus de dix tables par établissement), mais tout cela sans laisser de côté la traditionnelle hostilité envers l'entreprise privée. Enfin, on a réintroduit la vente libre de produits agricoles, interdite pendant un certain temps. La persistance et l'aggravation du blocus commercial de la part des États-Unis ont accentué les problèmes, que Cuba a cependant commencé à surmonter depuis 1996, année où le PIB s'est mis à montrer des taux positifs. L'intérêt manifesté par des entreprises américaines pour investir à Cuba peut mener à un relâchement du blocus dans les prochaines années, mais peut aussi dénaturer encore plus le système socialiste que les dirigeants de l'île disent vouloir préserver, système déjà modifié en bonne partie depuis qu'une partie de la population peut consommer avec des dollars et qu'une autre doit continuer à payer en pesos.

La société : aggravation des inégalités

La structure de classes et la répartition de l'emploi n'ont pas changé fondamentalement dans les années suivant 1989. La plupart des gens continuent à vivre en milieu urbain et concentrés dans le secteur des services, à l'exception des pays centre-américains, où la population rurale demeure importante.

Ce qui constitue le fait saillant dans ce domaine c'est le mince progrès – et même on peut parler d'échec – des politiques de développement social à travers le sous-continent dans la dernière décennie : malgré l'amélioration relative de la situation économique et les progrès en matière de démocratie politique, la situation d'importants secteurs de la société reste précaire. L'effet de certaines catastrophes naturelles, comme les pluies diluviennes qui ont ravagé la région de Caracas et la côte nord du Venezuela à la fin de 1999, l'ouragan « Mitch » au Salvador et dans les pays voisins en Amérique centrale en 1998, et auparavant l'épidémie de choléra qui affecta le Pérou en 1991, ont mis en évidence l'ampleur de la pauvreté dans ces pays. On peut en dire autant de phénomènes non causés par la nature, mais par les politiques libérales, comme les protestations de la population rurale dans beaucoup de régions de la Bolivie, en 1999, contre le projet de privatisation de l'eau et les diverses explosions de protestation en Argentine à la suite de la grave crise économique dans laquelle s'est enfoncé le pays en 2001, ce qui a mené à l'apparition de *piqueteros*, véritable symbole des actions de protestation populaire contre les mises à pied et la faim.

Ces événements se traduisent, en chiffres, par des pourcentages importants de la population plongée dans la pauvreté et le chômage. Par contre, un indice positif apparaît : la diminution dans tous les pays, parfois à un degré important, de la mortalité infantile. Le fait que la majorité des pays affichent une augmentation de la dépense publique consacrée à l'éducation représente un autre indice positif. Le tableau 25 résume cette situation.

L'impossibilité de surmonter la pauvreté constitue sans doute la pire défaite de la nouvelle ère historique encadrée par le libéralisme. Les progrès de quelques rares pays, comme le Chili, n'arrivent pas à compenser les importants reculs de pays comme la Colombie, le Mexique, le Venezuela et l'Argentine ; dans ce dernier pays, à la fin de 2001, on considérait que près de 40% de la population vivait dans la pauvreté. Cela explique sans doute le maintien du flux migratoire vers l'Amérique du Nord et l'Europe, dans lequel n'entrent pas seulement les Centre-Américains et les Mexicains, comme cela se fait depuis des décennies, mais aussi les pays dont les habitants ne participaient pas massivement à ce phénomène, comme le Pérou et l'Équateur, qui ont commencé à fournir des contingents importants, dans la dernière décennie, de l'immigration vers l'Espagne et, dans une moindre mesure, au Chili. Des Argentins et des Uruguayens, surtout parmi les descendants d'Européens, ce qui leur donne accès à un passeport, cherchent à entrer dans le Vieux continent. En Colombie, ces dernières années, des centaines de milliers de personnes, les *desplazados*, ont dû s'en aller vivre dans d'autres régions, et l'émigration a pris de grandes proportions : en effet, si l'on ne considère que les années de 1996 à 2000, 1,1 million de personnes ont abandonné le pays. Tout cela non seulement pour des raisons économiques, mais aussi à cause des différents types de violence (guérillas, criminalité, trafic de drogue) qui affectent la vie quotidienne. Les problèmes économiques de Cuba provoquèrent en 1994 un important exode de personnes qui essayaient de passer illégalement aux États-Unis, épisode connue sous le nom de crise des *balseros*. Ce problème, qui eut des côtés politiques, puisqu'il suscita, pour la première fois, l'apparition de critiques envers le gouvernement (exprimées par des graffiti, en l'absence de moyens de

Tableau 25
Taux de développement social, 1980-1998

Pays	Taux de chômage*		Taux de mort. inf.**		Dépense pub. éduc.#		Foyers pauvres##	
	1980	1999	1980-1985	1995-2000	1980	1997	1980	1998
Argentine	2,6	14,5	32,2	21,8	1,9	3,8	7+	12+
Bolivie	7,1	6,1	109,2	65,6	3,8	5,9	s.i.	47+
Brésil	6,3	7,6	64,4	42,2	0,7	5,1	39	29
Chili	11,7	10,8	23,7	12,8	4,1	3,3	39~	18
Colombie	10,0	19,4	48,4	30,0	2,5	4,5	39	45
Costa Rica	6,0	6,2	19,2	12,1	6,2	10,0	22	20
Cuba	s.i.	6,0	17,0	9,0	s.i.	10,0	s.i.	s.i.
Équateur	5,7	14,4	68,4	45,6	5,3	3,5	s.i.	50+
Salvador	s.i.	6,9	77,0	32,0	3,4	2,5	s.i.	48
Guatemala	2,2	5,9	78,8	46,0	1,8	1,8	65	s.i.
Haïti	s.i.	s.i.	122,0	66,1	1,0	s.i.	s.i.	s.i.
Jamaïque	s.i.	15,7	31,0	22,0	7,5	7,4	s.i	s.i.
Mexique	4,5	2,5	47,0	31,0	3,1	5,1	32	38
Nicaragua	s.i.	10,7	79,8	43,4	3,5	5,1	s.i.	66+
Pérou	7,1	9,1	81,6	45,0	2,5	2,0	46	37
Rép.Dom.	s.i.	13,8	71,5	33,6	2,1	2,5	s.i.	32
Uruguay	7,4	11,3	33,5	17,5	1,9	3,0	11	s.i.
Venezuela	6,0	14,9	33,6	20,9	4,1	4,4	22	42
Total	-	-	58,3	36,1	-	-	35	36

* : calculé en milieu urbain
** : calculé en moyennes quinquennales, par milliers
# : en pourcentage du PIB
: pourcentage de foyers dont le revenu est inférieur au double du coût d'un panier de base de provisions. Inclut les secteurs dans l'indigence (foyers dont le revenu est inférieur au coût du panier)
+chiffres de foyers urbains uniquement
~ : chiffre de l'année 1987
SOURCE : Annuaire statistique de la CEPAL, 2000

presse), trouva sa solution quand les États-Unis acceptèrent de remettre 20 000 visas annuels aux Cubains candidats à l'émigration. En général, le processus migratoire de cette période contraste avec celui des décennies antérieures, pendant lesquelles le principal motif de sortie était de fuir la répression et les guerres ; maintenant les raisons sont nettement économiques.

Un autre problème fondamental apparaît dans le fait que la société n'est pas plus égalitaire que durant la période des dictatures, comme le signalent les statistiques sur la répartition du revenu, qui indique plutôt un recul sur ce point, surtout dans les cas du Brésil, du Mexique et du Venezuela. Le tableau 26 illustre cette situation, en comparant diverses années.

Tableau 26
Distribution du revenu, pays choisis

Pays	Année	Distribution du revenu par quintiles*		Q1/Q2**
		Q. 1(plus pauvre)	Q. 2 (plus riche)	
Argentine	1980	6,8	45,3	
	1997	5,4	51,9	n.d.
Brésil	1979	3,9	56,0	
	1996	3,4	60,9	25,5
Chili	1987	4,4	56,1	
	1998	4,7	54,9	17,4
Colombie	1980	3,4	58,8	
	1997	4,3	54,7	20,3
Costa Rica	1981	6,8	40,1	
	1997	6,1	42,2	13,0
Honduras	1990	4,0	54,9	
	1997	4,5	51,7	17,1
Mexique	1984	7,9	41,2	
	1998	6,8	49,9	16,2
Panama	1979	4,7	45,9	
	1997	4,3	52,7	14,7
Paraguay	1986	5,8	48,9	
	1996	6,5	47,8	23,0
Uruguay	1986	n.d.	n.d.	
	1996	n.d.	n.d.	8,9

*: en milieu urbain, en pourcentage
** : Données de la moyenne des années 1987-1998
SOURCE : *Annuaire statistique de la CEPAL,* 2000 et *Rapport sur le développement humain,* 2000

La tendance à la concentration du revenu en peu de mains se mesure par l'existence d'une élite de multimillionnaires, qui commence à figurer dans toutes les statistiques mondiales sur les grandes fortunes. Au Mexique, elles se concentrent surtout dans le secteur financier ; il s'est développé un processus de concentration de banques avec des caractéristiques très accentuées : on est passé de 248 banques dans les années 1960 à 13 à peine en 1996. Cela a favorisé des personnages comme Carlos Slim Helú, propriétaire de Banamex, la plus grande banque du Mexique et dont la fortune s'évaluait en 1995 à 6,1 milliards de dollars. Son cousin Alfredo Harp Helú et un de ses associés, Roberto Hernández, possèdent une fortune d'un milliard de dollars chacun. Au total, 25 Mexicains figurent parmi les multimillionnaires du monde, dont des représentants de familles traditionnelles, comme Eugenio Garza (de l'ancienne dynastie Garza-Sada, née au début du XXᵉ siècle), maître de Bancomar, la seconde banque du Mexique. En tout, la concentration du revenu est telle au Mexique que l'on calculait en 1994 que 183 000 personnes, qui constituaient 0,2% du total de la population, détenaient des fortunes équivalant à 51% du total du PIB du pays, situation pas tellement différente de celles du Chili et du Brésil. Le Mexique compte parmi les pays qui exhibent les plus grandes inégalités de revenu non seulement en Amérique latine, mais dans le monde[3].

Au Chili, depuis plusieurs années, trois noms apparaissent sur la liste des puissants, dont la fortune égale ou surpasse le milliard de dollars : Andrónico Luksic, un immigrant d'origine croate, avec des investissements dans la distribution du pétrole, dans la cellulose, la pêche et l'industrie forestière, Anacleto Angelini (né en Italie) et la famille Matte,

---

3. En Jamaïque et au Guatemala, qui n'apparaissent pas dans le tableau, le revenu des 20% les plus riches de la population était de 44,1 et 30 fois supérieur, respectivement, au revenu des 20% les plus pauvres. Ainsi, il ne s'agissait pas seulement des deux pays avec la pire distribution du revenu en Amérique latine, mais, à l'échelle mondiale, ils se classaient en deuxième et quatrième place à cet égard, suivis de près par le Paraguay et le Brésil, en sixième et septième place mondiale. À l'échelle mondiale, les plus grandes inégalités se trouvaient au Sierra Leone, avec un rapport de 57,6, tandis que parmi les pays les plus égalitaires figurent l'Autriche, avec 3,2, le Japon, avec 3,4, et la Suède, avec 3,6. Derrière, venaient le Canada, avec 5,2, et les États-Unis, avec un chiffre de 8,9. Données du *Rapport mondial sur le développement humain*, années 1999 et 2000.

propriétaire, entre autres, de la principale industrie manufacturière de papier. Le succès des entrepreneurs chiliens, qui a été cité en exemple non seulement pour la région mais au niveau mondial, se manifeste encore dans l'investissement de capitaux dans d'autres pays de l'Amérique latine (surtout en Argentine) et du monde ; en 2000, le chiffre total de ces investissements approchait les 14 milliards de dollars.

Parmi les multimillionnaires d'autres pays, il est intéressant de remarquer que plusieurs ont construit leur fortune principalement dans les moyens de communication, ce qui leur confère en plus un énorme pouvoir politique. Roberto Marinho, propriétaire de la chaîne de télévision *O Globo* au Brésil, la famille Cisneros, propriétaire de chaînes de télévision au Venezuela et dans d'autres pays (y compris des investissements à Miami) et le Colombien Julio Mario Santodomingo, propriétaire de la principale station de télévision du pays, ainsi que de la plus grande entreprise de téléphones cellulaires et d'Avianca, première compagnie aérienne de Colombie, sont parmi les plus connus.

Malgré cette énorme concentration du revenu, les secteurs moyens et les ouvriers qualifiés continuent de représenter des segments importants de la population, bien que leurs conditions de vie tendent à se détériorer. La privatisation de beaucoup de services sociaux a élevé les coûts de l'éducation et des soins médicaux, mais cela varie d'un pays à l'autre. Les services médicaux gratuits ou à bas prix, offerts par l'État, n'ont pas disparu, et en Argentine les études universitaires sont toujours gratuites, ce qui contraste avec la situation au Chili, où les universités publiques, comme les institutions privées, touchent des sommes d'argent pas tellement différentes de celles des universités américaines. La lutte pour maintenir l'accessibilité aux études supérieures explique des événements comme la longue grève des étudiants de l'Université nationale autonome de Mexico (UNAM), qui occupèrent les campus pendant des mois en 2000 pour s'opposer à une hausse annoncée du coût des inscriptions. La modification des lois du travail, par exemple au Brésil, pour légaliser les contrats à temps partiel et le travail à des heures irrégulières, a contribué à atomiser la classe ouvrière, sans améliorer ses conditions de vie.

La femme a continué à jouer un rôle actif dans des mouvements sociaux et dans des organismes de droits humains, elle a réussi à s'affirmer dans des milieux traditionnellement masculins, comme le football[4] (soccer), elle a progressé de façon notoire dans plusieurs pays par sa présence dans des postes électifs et a amélioré légèrement sa part de revenu comme le montrent les chiffres du tableau 27.

Tableau 27
La femme entre 1988 et 1999 : revenu et participation au Parlement

Pays	Pourcentage du revenu de la femme par rapport à celui de l'homme		Élues au Parlement en pourcentage du total	
Argentine	1990	82,6	1988	5,0
	1997	89,6	1999	21,3
Brésil	1990	67,2	1988	6,0
	1996	70,2	1999	5,9
Chili	1990	70,0	1989	5,7
	1998	77,5	1999	8,9
Costa Rica	1990	81,0	1988	14,0
	1997	93,7	1999	19,3
Cuba	1990	n.d.	1988	51,0
	1997	n.d.	1999	27,6
Mexique	1992	77,2	1988	12,0
	1996	75,6	1999	18,0
Panama	1991	90,0	1988	6,0
	1997	83,4	1999	9,9
Trinité-et-Tobago		n.d.	1988	20,0
		n.d.	1999	19,4
Venezuela	1990	80,4	1988	4,0
	1997	85,8	1999	28,6

SOURCES : pour le revenu, *Annuaire statistique de la Cepal,* édition 2000. Pour la participation aux Parlements, *Rapport mondial sur le développement humain,* éditions des années 1991 et 2000.

Les régions rurales demeurent les plus touchées par les mauvaises conditions de vie, en particulier là où se trouvent les populations indigènes. Il n'est donc pas surprenant que deux des principaux

---

4. Dans la décennie de 1990, on a commencé à effectuer les premiers championnats sud-américains de football féminin, et quelques pays, surtout le Mexique et le Brésil, participent aux tournois mondiaux. Dans les autres, c'est encore une activité naissante, et il n'y a pas de championnats professionnels dans ce sport pour les femmes.

mouvements sociaux de la dernière décennie aient surgi, l'un dans l'État de Chiapas, au Mexique, avec l'apparition du zapatisme en janvier 1994, comme expression de protestation des ethnies du sud de ce pays, et l'autre en Équateur avec les actions des indigènes, surtout en mai et en juin 1990, pour la défense de leurs terres, et plus tard en janvier 2000. Il est important de remarquer que dans ce pays, bien que le mouvement ait commencé à la campagne sur une initative indigène, l'action s'est ensuite transportée dans les villes. En 2000, les Indiens n'intervenaient pas seulement pour défendre leurs terres, mais aussi pour les problèmes de l'ensemble du pays, en s'opposant à la dollarisation de l'économie. On doit aussi considérer ici les mouvements revendicatifs des indigènes Mapuche et Pehuenche au Chili, malgré leur impact international moindre. La célébration du cinquième centenaire de la « découverte » de l'Amérique, en 1992 (qu'on appelle maintenant « rencontre de cultures », appellation plus équitable), donna lieu à beaucoup de forums de discussion sur la condition des indigènes. Ce phénomène se poursuivit en avril 2000 à l'occasion de célébrations de même type au Brésil. Un autre fait a contribué à donner plus d'actualité à la question indigène : la discussion autour de la défense de l'environnement, qui a amené beaucoup d'écologistes à défendre les autochtones en qui ils voient des alliés de leur cause. Le Sommet mondial sur l'avenir de la Terre de Rio de Janeiro, en 1992, constitua un événement important à cet égard. L'attribution du prix Nobel de la paix à l'indigène

Surgi au début de 1994, le mouvement zapatiste constitua une surprise pour le gouvernement mexicain et eut un impact important dans l'imaginaire populaire.

guatémaltèque Rigoberta Menchú en 1992, dont la famille compte parmi les victimes de la répression militaire dans les années précédentes, revêtit aussi une forte signification symbolique et donna une autre tribune aux autochtones.

Quelques gouvernements ont reconnu les droits indigènes dans leur législation, enchâssant même ces droits dans la Constitution. La Colombie, notamment, au moment d'adopter la nouvelle charte fondamentale du pays en 1991, définit pour la première fois le pays comme composé de diverses nationalités et elle attribua un certain nombre de charges de députés et de sénateurs aux représentants des peuples indigènes, en plus de reconnaître leurs droits territoriaux. Au Chili, la nouvelle loi indigène de 1992 reconnut l'existence de différentes ethnies dans le pays, donna un pouvoir juridique à leurs organisations, créa un fonds pour acheter des terres pour les communautés et les personnes indigènes et instaura l'éducation bilingue. Au Guatemala, on débattit d'une loi sur la reconnaissance des peuples indigènes, en tant que partie des Accords de paix. Et en Bolivie, la réforme constitutionnelle de 1994 définit le pays comme « multiethnique et pluriculturel », ouvrant la porte à d'autres projets de loi, dont on débat toujours, sur la signification de la nation bolivienne. Même si tous ces faits n'ont pas changé fondamentalement la situation inférieure des autochtones, ils impliquent une reconnaissance de leurs droits, alimentant les débats sur le degré d'autonomie que ces peuples cherchent à atteindre. Fait important, à l'exception du zapatisme (et seulement dans ses débuts) aucun des mouvements revendicatifs indigènes n'a effectué d'actions armées, sauf dans des situations sporadiques, et de manière limitée.

De tous ces mouvements qu'on vient de mentionner, c'est le zapatisme qui a eu le plus grand retentissement international. Même si son leadership repose entre les mains d'un Blanc, puisque le fameux chef connu sous le nom de « sous-commandant » Marcos vient de la ville (son véritable nom est Rafael Sebastián Guillén), ses origines sont nettement rurales et indigènes. Un des éléments majeurs d'explication de son apparition tardive réside dans la formation du Congrès indigène du Chiapas en 1974, avec l'aide de Samuel Ruiz, évêque de San Cristóbal, qui permit l'établissement de diverses organisations des ethnies mayas de la région. Par la suite, on commença à déloger beaucoup d'indigènes de leurs *ejidos* par décisions légales de l'État fédéral, dans un processus d'expulsion qui constitua le bouillon de culture du zapatisme. Le mouvement, préparé de longue date, avait réalisé en 1992 une importante marche sur Mexico et il s'est fait connaître le 1ᵉʳ janvier 1994, date choisie parce qu'elle indiquait aussi l'entrée en vigueur de l'Accord de libre-échange nord-américain, ce qui symbolisait l'accès du Mexique au monde développé. En agissant ainsi, les indigènes ont voulu faire ressortir l'incongruité entre le triomphalisme des dirigeants nationaux du pays et l'existence d'un problème qui traînait depuis de nombreuses années, ignoré du pouvoir.

Le zapatisme a fait montre de qualités spécifiques. D'abord, il a accordé une grande diffusion aux langues indigènes, ses premiers manifestes étant rédigés en tzotzil. En deuxième lieu, malgré les combats armés des premières semaines, il a adopté rapidement la stratégie de l'action par la négociation. Enfin, il a fait un grand usage des communications, obligeant le pouvoir à reconnaître l'existence du mouvement, cherchant (et obtenant) des appuis dans le reste du pays et à l'extérieur. On signa en 1996 les accords de San Andrés avec le gouvernement mexicain, dans lesquels était soulevée la question de la reconnaissance des peuples indigènes et de leur droit à l'autonomie, qui devaient être ratifiés par la Constitution. Mais, malgré les succès médiatiques du zapatisme et de la renommée personnelle de Marcos, devenu un personnage de stature internationale, on n'a pas fait de progrès depuis la signature de ces accords, parce que les autorités mexicaines se sont livrées à des tergiversations pendant des années. Lorsque, finalement, après l'élection de Fox à la présidence, on parvint à un vote au congrès en 2001, la loi adoptée remit aux indigènes beaucoup moins que ce qui corres-pondait à leurs attentes, leur accordant une autonomie très limitée, dans laquelle on leur refusait, par exemple, le contrôle sur les richesses du sous-sol, point important à Chiapas, où il existe des gisements de pétrole considérables. Ainsi, beaucoup des reven-dications indigènes sont demeurées en sus-pens au Mexique, comme dans le reste de l'Amérique latine.

Vicente Fox, élu président du Mexique en 2000, mit un terme à 70 ans de monopole du pouvoir par le PRI. Tous les moyens étaient bons pour gagner des voix, y compris le soccer.

Un autre mouvement social plonge aussi ses racines dans la campagne, celui des paysans sans terre du Brésil (MST). Même si cette organisation existait déjà, puisque sa fondation remonte à 1984, c'est au cours de la dernière décennie qu'elle a reçu une plus grande publicité, lorsque le problème s'est aggravé. Les protestations des gens sans terre, au nombre de 4 millions environ, ont reçu jusqu'à présent une réponse partielle des autorités, qui ont distribué des terres avec beaucoup de parcimonie. Par contre, on estime que plus de 200 paysans ont perdu la vie entre 1985 et 2000 dans des affrontements avec la police ou les gardiens privés des grands propriétaires. Dirigé par Joao Stedile, le MST est devenu une force sociale importante au Brésil, à la suite de l'appui qu'il a reçu du Parti des travailleurs et de l'Église catholique, dont les évêques ont appuyé unanimement les revendications.

Non seulement les indigènes ont bénéficié d'une certaine reconnaissance, mais aussi les Noirs. C'est encore la Colombie qui a consacré les droits sur ce point dans la Constitution de 1991, en reconnaissant la propriété historique de la terre aux communautés noires de la région de l'Atlantique. Plus tôt, en 1988, on avait inscrit dans la Constitution brésilienne une clause provisoire qui pouvait permettre à l'État d'attribuer des titres de propriétés aux héritiers des anciens *quilombos,* bien que son application ait été extrêmement lente. Diverses personnalités noires se sont aussi fait remarquer au Brésil, comme Benedita da Silva, première femme de couleur élue député (en 1987) et Celso Pitta, première mairesse noire à Sao Paulo (en 1996).

Malgré ces avancées, la société latino-américaine affiche toujours un haut degré de violence, fruit des tensions et des inégalités. Bien que le phénomène ne soit pas entièrement nouveau, dans la majorité des grandes et moyennes villes, la crainte de la délinquance s'est amplifiée et constitue aujourd'hui un des sujets de discussion des hommes politiques. Cela s'aggrave parfois avec l'augmentation de la criminalité pour des raisons politiques, de sorte que certains pays latino-américains apparaissent parmi les plus violents du monde[5].

---

5. En Amérique latine, la Colombie était en tête de liste, en 2000, des pays les plus violents, avec 78 morts pour 100 000 habitants, suivie du Honduras et de la Jamaïque (tous les deux avec 64), et du Brésil. Là, dans la ville de Rio de Janeiro il y a eu 69 assassinats en 1997 pour 100 000 habitants, chiffre neuf fois supérieur à celui de New York. La Colombie occupe aussi la première place mondiale pour les enlèvements contre rançon, avec 972 en 1999, suivie du Mexique avec 402 et de la Russie avec 105. Données de la presse brésilienne, citées dans *La Presse*

La vie politique :
une démocratisation avec des hauts et des bas

Le trait le plus remarquable de la vie politique depuis 1990 a été le maintien du cycle de démocratisation commencé dans les années 1980, avec des épisodes-clés comme les accords de paix au Salvador en 1992 et au Guatemala en 1996, qui signifièrent la fin de la guerre civile dans les deux pays, et la défaite historique du PRI lors de l'élection présidentielle de juillet 2000 au Mexique, mettant un terme au système que quelques-uns ont appelé « la dictature parfaite ». Avec la seule exception de Cuba, tous les pays de la région ont développé leur vie politique à l'intérieur des paramètres du caractère institutionnel basé sur les partis multiples et sur le respect des résultats des élections comme base de la gestion du pouvoir. La lutte armée pour le pouvoir, exprimée à travers des guérillas, existe toujours – et sur une grande échelle – en Colombie, et jusqu'à un certain point au Pérou, mais dans le reste de la région ce phénomène a diminué remarquablement ou a disparu complètement. On peut en dire autant des coups d'État perpétrés par des militaires, qui se produisent beaucoup moins fréquemment. Sauf exception, les présidents complètent leur mandat et remettent les rênes du pouvoir à leur successeur, élu dans des élections ouvertes (dans la grande majorité des cas). Tout ceci constitue un fait historique, puisque pour la première fois depuis l'indépendance la presque totalité des pays convergent vers un même style de vie politique, basé sur le pluralisme idéologique et montrant un certain progrès dans le respect du résultat des élections, des droits humains et des libertés de base.

Si tous ces éléments constituent un progrès évident par rapport aux époques antérieures, il n'en est pas moins vrai qu'un bon nombre de situations illustrent les faiblesses et les limites de la démocratisation. Ainsi, la vie politique depuis 1990 présente une mosaïque de lumière et d'ombre.

Parmi les aspects positifs de la période, on constate que dans la presque totalité des pays, ce sont les élections qui ont réglé le passage d'un gouvernement à un autre, même lorsque, dans certaines occasions, le résultat des urnes impliquait des changements fondamentaux dans l'exercice du pouvoir. Bien qu'ils représentent des

---

(Montréal, 6-06-2000), article « Record de violence au Brésil : un meurtre toutes les 13 minutes ».

situations opposées, le Nicaragua, le Chili et le Mexique illustrent cette situation. Dans le premier de ces pays, on a enregistré en février 1990 la surprenante défaite des sandinistes à l'élection présidentielle, qui porta au pouvoir Violeta Barros veuve de Chamorro, candidate de la coalition opposée aux révolutionnaires. Pour les vaincus, il s'agit d'une expérience amère, qu'aucun sondage n'avait prévue. Cependant, comme au Chili, les gouvernants perdants ont remis le mandat aux nouveaux dirigeants, respectant le résultat de l'élection. Dans ce processus, l'énorme pression des États-Unis contre le sandinisme a sans doute joué un rôle, de même que l'état chaotique de l'économie du petit pays, après les années de guerre et d'actes de sabotage perpétrés par la *contra*, financée par Washington. Les sandinistes ont essayé de récupérer le pouvoir dans les élections suivantes, en 1996 et en 2001, et si leur candidat, Daniel Ortega, a de nouveau été battu, cela n'a pas altéré l'ordre institutionnel du pays.

Dans le deuxième cas, en mars 1990, le général Pinochet, en accord avec les résultats de l'élection réalisée trois mois plus tôt, remit le commandement suprême du pays à Patricio Aylwin, le candidat vainqueur, qui représentait la Concertation, la coalition de partis[6] qui s'était opposée à la dictature militaire dans ses dernières années. Plusieurs des ministres et des parlementaires des partis du gouvernement avaient connu la prison ou l'exil ; c'était la revanche des vaincus d'hier, mais qui ne revenaient pas dans un esprit d'affrontement. Durant le reste de la période, la Concertation a de nouveau remporté les élections, en 1993 et en 1999.

La défaite du PRI aux élections présidentielles de 2000 constitue un cas frappant, puisque pour la première fois le parti qui avait monopolisé le pouvoir depuis 1929 en perdait le contrôle suprême. On annonçait ce fait depuis quelque temps, mais à cause de l'expérience et du manque de scrupules du PRI, personne ne pouvait être certain de ce qui arriverait. Dans les dernières années, le PRI avait subi des défaites partielles dans les élections de gouverneur d'État ; de plus, il avait perdu

---

6. Essentiellement, les partis démocrate-chrétien et socialiste, unis à une nouvelle formation, le Parti pour la démocratie (PPD), et le vieux Parti radical, maintenant associé au social-démocrate. Le Parti communiste n'a jamais participé à cette coalition et se maintient de manière indépendante, comme alternative critique à la Concertation. À l'occasion, ses militants ont voté en faveur de cette dernière, lorsqu'il s'est agi d'assurer la défaite de la droite, qui constitue la principale force d'opposition.

en 1997 la mairie de villes importantes, comme celle de Mexico, gagnée par Cuauhtémoc Cárdenas, du PRD. La crise économique de 1995, les scandales reliés à l'assassinat de Donaldo Colossio en 1994 et l'apparition du zapatisme minèrent encore davantage la crédibilité du PRI : tout cela prépara la voie au triomphe de Vicente Fox, candidat du Parti de l'action nationale (PAN) en 2000, qui représente la droite et les catholiques.

Un autre élément positif apparaît dans l'émergence ou le renforcement de nouvelles forces politiques qui ont donné une voix aux secteurs les plus ignorés durant la période des dictatures. La plus importante a été le Parti des travailleurs (PT) au Brésil, fondé en 1980, comme on a vu dans le chapitre précédent. Son leader, Lula, après avoir perdu trois fois l'élection présidentielle, fut élu dans la quatrième tentative, en octobre 2002, événement qui a fait date dans l'histoire du pays, puisque c'était la première fois qu'un candidat d'un tel parti arrivait au pouvoir. Avant cela, le PT avait remporté la mairie de plusieurs villes importantes, dont celle de Sao Paulo en 1988, et le gouvernement de trois États, en particulier celui de Rio Grande do Sul, en 1998. Porto Alegre, la capitale de cet État, est depuis deux ans le centre des mouvements opposés à l'ALCA et à la mondialisation de l'économie. Même s'il incarne une espérance d'importants changements sociaux, Lula arrive au pouvoir dans un contexte moins radical que dans les années antérieures, avec un discours plus modéré et appuyé par les votes de quelques-uns des partis de la droite.

Au Salvador, après la fin de la guerre civile, la vie politique s'est rénovée par l'entremise du Front Farabundo Martí de libération nationale (FMLN), qui, constitué en parti politique, a pu se présenter aux élections, dans un pays jusqu'alors totalement dominé par les partis de droite. Bien qu'il n'ait pas accédé à la présidence du pays, il est devenu une force digne de considération. En 1997, le FMLN remporta la mairie de San Salvador et de 53 autres villes. Un troisième exemple, le renforcement de la gauche en Uruguay, composée de la coalition « Rencontre progressiste – Front ample », fut sur le point de gagner l'élection présidentielle de 1999, mettant ainsi fin au bipartisme de blancs et de colorados, qui monopolisaient le pouvoir depuis plus d'un siècle. Au Mexique, par contre, après un début prometteur à la fin des années 1980, le Parti révolutionnaire démocrate (PRD), qui regroupait les secteurs les plus rénovateurs du PRI, autour de Cuauhtémoc Cárdenas, a perdu son élan, et a terminé troisième dans l'élection présidentielle de 2000, à une bonne distance du PAN de droite et du PRI, qui finit deuxième. Par ailleurs, le zapatisme, tout en constituant un mouvement atypique, puisqu'il ne s'érige pas en parti politique, ne participe pas aux élections et n'aspire pas non plus à prendre le pouvoir par la lutte armée, a contribué, comme on a vu, à rénover le milieu politique, par l'usage d'un nouveau langage dans les communications et en suscitant d'amples débats sur des sujets-clés, non seulement pour le Mexique, mais pour beaucoup de pays, comme la condition des indigènes et la recherche de nouvelles manières d'exercer la démocratie.

L'apparition du mouvement mené par le colonel Hugo Chávez au Venezuela, et la carrière politique spectaculaire de ce militaire jusqu'à son arrivée au pouvoir, constitue un cas spécial, qu'il n'est pas facile de cataloguer. Ce militaire a fait la une des journaux avec sa tentative ratée de coup d'État en février 1992, contre le gouvernement du président Carlos Andrés Pérez, qu'il accusait de corruption. Malgré sa déroute et son emprisonnement, il reçut un vaste soutien de l'opinion publique, à tel point qu'il fut libéré peu de temps après. Depuis lors il s'est lancé en politique, créant son propre parti, le Mouvement de la Ve République, qui avec l'appui de quelques formations de gauche remporta l'élection présidentielle en décembre 1998. Un an plus tard, il fit adopter une nouvelle Constitution, qui reçut l'appui de 70% des participants, et qui changea le nom du pays en « República bolivariana de Venezuela ». La nouvelle charte fondamentale donnait des pouvoirs étendus au chef du gouvernement (comme celui de dissoudre le Parlement), incluant en outre de nombreuses dispositions qui impliquaient un progrès démocratique réel, comme la reconnaissance des droits des indigènes (à l'autonomie territoriale, au respect de leurs langues), des mesures pour mettre un

Hugo Chávez, le controversé président vénézuelien, au moment de parler à la nation au lendemain de la tentative de coup d'État contre son gouvernement, en avril 2002, fit preuve de modération et se fit entourer de symboles : le crucifix et le portrait de Simón Bolívar.

frein à la corruption, comme l'interdiction d'accumuler plusieurs retraites, et d'autres qui essaient de donner à l'électorat un plus grand contrôle sur les élus, comme la clause qui permet de destituer un parlementaire si ses électeurs rassemblent un certain nombre de votes. En juin 2001, Chávez fut de nouveau élu président. Sa victoire rénovait la vie politique vénézuélienne, en renversant les deux partis qui monopolisaient le pouvoir dans le pays depuis 1958, l'Action démocratique et le COPEI, accusés en plus de corruption. Chávez promettait aussi une action rapide en faveur des pauvres (plans d'habitation, de santé…) et ne cachait pas son amitié pour Fidel Castro. Sa politique économique manquait de clarté, puisque malgré son discours contre les entrepreneurs, il ne postulait pas une politique de nationalisations ni ne se prononçait contre le capital étranger. À la fin de 2001 son gouvernement affronta de sérieux obstacles, devant faire face à une forte résistance des secteurs patronaux et d'une partie de la population, qui organisèrent des protestations continuelles contre lui, spécialement après une série de lois qui activaient la réforme agraire et permettaient au gouvernement d'intervenir dans la direction de plusieurs entreprises, qui le traitaient de dictateur. La situation rappelait l'ambiance précédant la chute d'Allende au Chili. Tout cela parut arriver à son terme avec la tentative de coup militaire d'avril 2002. Elle échoua, et, après une journée d'absence du pouvoir, le président en reprit les commandes. La stabilité n'est pas revenue au pays pour autant : l'opposition continue d'exiger sa démission, dans une ambiance de grèves continues qui a placé l'économie dans une situation difficile.

Le gouvernement de Chávez, l'élection récente de Lula au Brésil et, auparavant, celle du colonel Lucio Gutiérrez comme président de l'Équateur, qui compte sur le soutien des indigènes, ainsi que l'émergence du dirigeant indigène bolivien Evo Morales, qui a obtenu la deuxième majorité en importance au cours d'une élection présidentielle, en 2002, ont fait naître l'impression qu'une « nouvelle gauche » est en train de se former en Amérique du Sud, qui pourrait faire dévier de sa route le néolibéralisme triomphant. Mais il est encore tôt pour faire une affirmation semblable.

Bien que la plupart de ces faits représentent un progrès pour la démocratie, dans une plus ou moins grande mesure, beaucoup d'éléments négatifs persistent encore. Par exemple, la participation aux processus électoraux présente des hauts et des bas. Il y a des pays qui exhibent une situation comparable à celle du Canada ou d'autres pays occidentaux, et supérieure à celles des États-Unis (où l'abstention tourne autour de 50%), tels ceux du cône sud, le Pérou et le Brésil alors que dans d'autres, l'intérêt pour exercer le droit de suffrage est assez faible, comme le cas du Guatemala, El Salvador, la Colombie et le Venezuela. Dans les cas des pays centro-américains, l'absence d'une culture électorale, causée par l'impact de la violence politique et l'héritage des dictatures, peut expliquer le peu d'importance que les citoyens attribuent aux élections[7]. Mais la situation n'est guère meilleure dans les anciennes colonies anglaises, qui n'ont pas ce handicap. La Bolivie constitue une situation particulière, car si le taux de participation semble élevé, il en va autrement lorsqu'on regarde le chiffre de participation par rapport au total des électeurs potentiels. Enfin au Mexique la participation a augmenté depuis 1994 (en 1988 l'abstention s'élevait à près de 50%) grâce aux réformes électorales qui ont assuré un processus plus limpide que dans les décennies antérieures. Le tableau 28, avec les chiffres sur les deux modes de calculer la participation, fournit des données sur ce sujet.

D'autres situations de faible participation sont survenues dans des occasions où on convoquait l'électorat à un plébiscite, comme ce fut le cas lors de la ratification de la nouvelle Constitution en Colombie[8], en 1990, avec une abstention de 70% ; au Guatemala une situation inquiétante est apparue au moment du referendum de 1999, qui devait consacrer les réformes constitutionnelles afin de mettre en application les accords de paix qui avaient mis fin à la guerre civile, lorsque 18,5% à peine de l'électorat se présenta aux urnes, et que la proposition fut rejetée par 55% des participants. Dans l'élection parlementaire

---

7. Il faut préciser ici que les pays avec le plus haut taux de participation sont ceux qui ont rendu le vote obligatoire, avec des amendes prévues pour ceux qui ne se présentent pas aux urnes. Par contre, dans les pays où la participation est plus faible sont ceux qui font du vote un droit et pas une obligation. Une forme particulière d'abstention consiste à ne pas s'inscrire pour aller voter, problème qui affecte particulièrement le Chili et la Bolivie, comme on peut le voir en comparant les deux façons de mesurer la participation qui apparaissent dans le tableau, l'une par rapport à l'électoral potentiel et l'autre, par rapport à l'électorat inscrit.

8. Dans ce pays les taux élevés d'abstention, d'environ 50%, remontent à plusieurs années, en partie à cause du monopole du pouvoir entre conservateurs et libéraux et plus tard à cause de la situation chaotique qui prévaut depuis les années 1990.

d'Argentine d'octobre 2001, près de 40% des électeurs s'abstinrent, votèrent blanc ou annulèrent leur vote. Cette situation découlait de façon évidente du découragement des citoyens face à la crise économique dans laquelle était plongé le pays, où il y avait une perte de confiance dans les dirigeants, après la démission du président Fernando de la Rúa et la politique du gel des avoirs bancaires, appelée *corralito*. Cependant, dans l'élection présidentielle de mai 2003, qui donna la victoire au péroniste Néstor Kirchner, la participation électorale fut plus élevée, contrairement à ce qu'on attendait.

Cuba représente une situation spéciale, étant donné la participation très élevée des électeurs, dépassant toujours 90%, depuis qu'on a implanté dans le pays la Constitution de 1976, avec l'élection de députés à l'Assemblé nationale du pouvoir populaire (nom officiel du Congrès). Le système électoral cubain n'a aucun rapport avec les autres pays. D'un côté, il offre de grands espaces à la discussion, puisqu'un long processus précède les débats en vue de choisir les futurs candidats. Des représentants d'organisations sociales, comme les femmes et les étudiants, participent aux instances d'organisations sociales (tribunal électoral, etc.). Mais, d'un autre côté, l'existence du parti unique limite énormément le système, parce que, si les députés ne sont pas obligés en théorie d'être militants du parti, dans la pratique ils le sont presque tous. De plus, les députés ne se réunissent que quelques semaines par année, et ils conservent leur travail régulier. De cette manière, le pouvoir demeure en réalité entre les mains du Conseil d'État, dont les membres, élus par l'Assemblé nationale, fonctionnent de façon permanente. Enfin, aucune disposition ne limite les mandats, permettant ainsi la réélection de Fidel Castro et d'autres personnages connus pendant des décennies. L'existence d'une presse ou de n'importe quel groupe d'opinion indépendante des instances créées par le système demeure précaire, ce que le gouvernement justifie toujours au nom de l'union sacrée de la nation cubaine face à l'impérialisme. Ainsi il est probable que Cuba continuera à maintenir un système politico-électoral *sui generis*, basé sur le parti unique, et qui admet peu de gestes d'ouverture, comme la diminution de la discrimination envers les croyants, par exemple[9].

---

9. Selon des chiffres de 1998, il y avait à Cuba « au moins » 100 000 personnes en prison, ce qui ferait de ce pays un de ceux qui ont le taux le plus élevé d'incarcération au monde, avec 910 pour 100 000 habitants (contre 546 aux États-Unis et 84 en France), selon des données du *Monde Diplomatique* de juillet 1998. Mais

Tableau 28. Élections présidentielles * et participation, pays choisis

Pays	Année	Gagnant	2e	3e	Taux de participation A	B
ARGENTINE	1995	Menem	49,8	29,2	1,8	79,8	82,0
	1999	De la Rúa	48,5	38,1	10,1	81,3	81,9
	2003	Menem**	24,3	22,0	16,3	n.d.	77,5
BOLIVIE+	1993	Sánchez	36,6	21,1	14,2	45,7	70,8
	1997	Banzer	22,3	18,2	17,2	54,6	71,9
	2002	Sánchez	22,5	20,9	20,9	n.d.	71,9
BRÉSIL	1994	Cardoso	54,2	27,0	7,4	75,5	82,2
	1998	Cardoso	53,6	31,7	10,9	73,7	78,5
	2002	Lula	46,4	23,2	17,9	n.d.	81,1
CHILI	1993	Frei	57,9	24,5	6,2	82,9	91,3
	1999	Lagos	47,9	47,5	3,2	72,9	89,9
COLOMBIE	1994	Samper	45,6	45,3	3,8	26,0	33,9
	1998	Serpa**	35,2	34,8	27,1	43,4	51,4
	2002	Uribe	53,1	31,8	6,2	n.d.	46,4
COSTA RICA	1994	Figueres	49,6	47,7	1,9	73,0	81,1
	1998	Rodríguez	46,9	44,6	3,0	61,6	70,0
	2002	Pacheco	38,6	31,0	26,2	n.d.	68,8
EL SALVADOR	1994	Calderón	49,0	24,9	16,4	46,1	50,0
	1999	Flores	51,9	29,7	7,5	34,9	39,1
	2004	Saca	57,7	35,6	3,9	n.d.	66,2
GUATEMALA	1995	Arzú	36,5	22,0	12,9	35,7	45,9
	1999	Portillo	43,6	27,7	11,2	44,1	54,5
	2003	Berger	34,3	26,4	19,3	n.d.	55,9
JAMAIQUE	1997	Patterson	55,7	38,5	4,7	n.d.	65,0
	2002	Patterson	52,2	47,2	n.d	n.d.	56,8
MEXIQUE	1994	Zedillo	50,1	26,7	17,1	69,6	72,2
	2000	Fox	43,4	36,9	17,0	62,4	63,9
PÉROU***	1995	Fujimori	64,4	21,8	4,00	64,7	73,9
	2000	Fujimori	51,0	41,1	3,1	76,5	85,3
	2001	Toledo	36,53	25,8	24,2	n.d.	82,8
URUGUAY	1994	Sanguinetti	32,3	31,1	30,8	n.d.	91,4
	1999	Vásquez**	38,2	31,0	21,8	n.d.	91,2
VENEZUELA***	1993	Caldera	30,5	23,6	22,7	48,9	60,8
	1998	Chávez	56,2	39,9	2,1	51,0	63,8
	2000	Chávez	59,0	38,0	—	45,7	56,6

SOURCE : www.observatorioelectoral.org, www.ifes.org/eguide/elecguide.htm
A : chiffre calculé par rapport au nombre d'électeurs en âge de voter, qu'ils soient inscrits ou non.
B : chiffre calculé par rapport au nombre d'électeurs inscrits pour voter
* On a considéré dans ce tableau les résultats du premier tour de chaque élection, même dans les pays qui prévoient un deuxième tour si aucun candidat n'atteint la majorité absolue en première ronde.

** Cas où le vainqueur de la première ronde ne put confirmer sa victoire lors de la deuxième. En 2003, en Argentine, Carlos Menem ne se présenta pas à la deuxième ronde, concédant la victoire à Néstor Kirchner, qui avait eu la deuxième majorité. En Uruguay en 1999, Jorge Batlle devança Tabaré Vásquez lors du deuxième tour et en Colombie, en 1998, Andrés Pastrana remporta le deuxième tour après avoir été dévancé par Horacio Serpa lors du premier.
*** Au Venezuela il y eut élection présidentielle en 2000, seulement deux ans après la précédente, à cause de l'entrée en vigueur d'une nouvelle constitution, et au Pérou, une élection fut nécessaire en 2001 après que Fujimori eut quitté le pays, quelques mois après avoir gagné l'élection de 2000.
+ La Bolivie et l'un des rares pays dont la loi électorale ne prévoit pas de deuxième ronde et n'exige pas que le candidat vainqueur ait atteint au moins 50% des suffrages.

Un autre élément négatif, qui n'est pas une nouveauté en soi, puisque la même situation s'est souvent produite dans des époques antérieures, a été la tendance à la personnalisation du pouvoir, dont les cas les plus illustres sont Balaguer en République Dominicaine, Fujimori au Pérou, Menem en Argentine, et dernièrement, Chávez au Venezuela (comme on peut le voir au tableau 28). Cela se trouve aussi dans les nouveaux pays provenant de la colonisation anglaise, comme à Antigua-et-Barbuda, où la famille Bird a accaparé le pouvoir avant même l'indépendance, au Bahamas, où Lynden Pindling gouverna sans interruption de 1967 à 1992, en Jamaïque, gouvernée depuis 1992 par le premier ministre P. J. Patterson, ou en Guyane, où Cheddi Jaggan dirigea le pays durant plusieurs périodes. Dans les cas du Pérou, de l'Argentine et du Venezuela, les hommes politiques en question ont réussi à demeurer au pouvoir pendant longtemps, non pas au moyen de coups d'État comme dans le passé, mais plutôt en réformant la Constitution pour permettre une réélection qui en principe ne devait pas s'effectuer, ce qui ouvre la porte à des situations de corruption, de

---

il faudrait savoir combien de ces personnes sont détenues pour des raisons politiques. Selon les dernières informations d'Amnistie Internationale, en 1998 il y avait à Cuba un total de 350 prisonniers politiques. Le chiffre peut être supérieur, étant donné qu'il est très difficile d'avoir de l'information digne de foi sur ces sujets à Cuba, mais cette dernière donnée contraste fortement avec le premier chiffre, qui donne l'image d'un immense Goulag tropical. Bien qu'il ne contienne pas de données pour tous les pays, selon les chiffres cités par le *Rapport mondial sur le développement humain* de 2000, rapportant des données de 1994, le pays avec la plus grande population carcérale du monde était la Russie, avec 1530 prisonniers par 100 000 habitants, et le Chili venait en deuxième lieu, avec 931.

caudillismo et de semi-dictature[10]. Cette situation a entraîné un appauvrissement des programmes et des idéologies, pour mettre en vedette la personnalité du candidat principal. Il faut ajouter à cela le fait que dans certains pays, en particulier au Pérou et au Venezuela, les partis politiques traditionnels ont perdu une grande partie de l'influence qu'ils exerçaient à d'autres époques et sont remplacés par des formations faites sur mesure pour un leader comme pour les cas de Fujimori[11] et de Chávez. En Argentine, bien que le péronisme demeure un parti puissant, il est évident que sous Menem l'orientation néo-libérale de ses deux gouvernements (1989-1995 et 1995-1999) a changé complètement le contenu de cette formation, qui la rapprochait dans une certaine mesure d'une force de gauche. Au Chili enfin, si en principe il s'agit du pays où les anciennes forces politiques présentent le plus haut degré de survivance, il est très clair qu'il s'est produit un changement important dans le langage politique, qui efface en grande partie les différences entre droite et gauche ; une preuve en est que presque tous les politiques ont cessé de parler du « peuple », pour employer plutôt le terme « les gens », dépourvu de connotation de classe sociale.

Plus grave encore apparaît l'emploi de la violence, qui persiste malgré une diminution sensible. La Colombie représente un cas extrême : entre la fin des années 1980 et le début des années 1990 on a procédé à une tuerie systématique de milliers de militants de l'ancienne force des guérilleros M-19 (voir chapitre précédent), qui était devenue un parti politique et comptait sur un appui électoral important, selon les sondages. Son candidat présidentiel, Carlos Pizarro, mourut assassiné en 1990, peu avant l'élection et Bernardo Jaramillo, le candidat d'une coalition organisée par les communistes, connut le même sort. De cette façon, on élimina physiquement la gauche

---

10. Le Panama offrit l'expérience contraire, puisque l'électorat rejeta, en 1998, la réforme constitutionnelle proposée par le président Ernesto Balladares, qui cherchait la possibilité de se faire réélire pour obtenir un deuxième mandat consécutif.

11. Au Pérou, les deux principaux opposants à Fujimori, Javier Pérez de Cuellar en 1995 et Alejandro Toledo en 2000, furent appuyés par des partis *ad hoc*, Union pour le Pérou et Pérou possible, respectivement. Des partis traditionnels comme l'APRA ont perdu beaucoup de leur influence, bien que cette dernière connût un succès inespéré quand son candidat, l'ex-président Alan García, fit la lutte à Toledo en 2001 (Fujimori avait déjà abandonné le pays), et arriva en deuxième place, passablement près du vainqueur.

colombienne, probablement avec l'accord tacite des autorités. Presque en même temps, la bataille commença contre les trafiquants de drogue et contre l'État, tandis que se maintenait la pression des guérillas (FARC et ELN) et qu'apparaissait plus tard la Force des autodéfenses unies de Colombie (AUC), formée par des groupes de propriétaires agricoles, constitués en groupes armés de droite, qui collaboraient souvent étroitement aux tâches répressives effectuées par le gouvernement. Depuis plusieurs années le gouvernement a perdu le contrôle sur son territoire. Le degré de violence est extrêmement élevé : on ne doit pas considérer seulement les combats entre hommes en armes, mais aussi les massacres de civils, de paysans en particulier, et les enlèvements de riches, moyen de choix pour financer la guérilla. La situation se complique à cause de l'existence toujours omniprésente du trafic de drogue, qui incite à la violence pour contrôler les territoires où se produit la cocaïne, autre source de revenus, dont les bénéfices alimentent aussi la guérilla. Dans ce contexte, les conversations de paix entre le président Andrés Pastrana et les FARC, qui traînent depuis 1998, n'ont pas donné de résultats, et cela a préparé la voie à la victoire du conservateur Álvaro Uribe en 2002, qui promettait d'écraser les groupes armés et de ne pas courber l'échine devant les groupes subversifs.

Au Pérou, bien que les deux principales forces de guérilla, le Sentier Lumineux (SL) et le Mouvement révolutionnaire Tupac Amaru (MRTA), soient encore actives, leur force a diminué notoirement par rapport à la décennie précédente. L'arrestation du leader et fondateur du SL, Abimael Guzmán, le « camarade Gonzalo », en 1992, et l'échec de la spectaculaire opération de prise d'otages dans l'ambassade du Japon par un commando du MRTA, à la fin de 1996, symbolisent cette situation qui a fortement contribué à la popularité d'Alberto Fujimori, perçu comme l'homme qui avait rendu la tranquillité au Pérou, malgré l'emploi de méthodes douteuses.

Les coups d'État se produisent encore, comme cela est arrivé au président Ramsewan Shankar du Surinam, renversé par les militaires en 1990, au président Aristide en Haïti, déposé et envoyé en exil par le général Cendras en septembre 1991, sans compter les tentatives putschistes déjà mentionnées au Venezuela en 1992 (et plus tard en 2002), le coup monté de Fujimori contre lui-même au Pérou cette même année, quand le président, de connivence avec les militaires, ferma le Congrès pendant plusieurs mois, et enfin la tentative du coup

Alberto Fujimori gouverna le Pérou durant onze ans, mais dut quitter le pouvoir en catastrophe en 2001.

d'État du général Lino Oviedo au Paraguay, en 1996. Au Chili, sans en arriver au coup d'État, l'armée, encore dirigée par le général Pinochet, exécuta à deux reprises des manoeuvres menaçantes, en 1990 et en 1993, quand des révélations ont commencé à surgir sur des paiements frauduleux faits par l'ex-dictateur en faveur de son fils aîné avec de l'argent de l'État, réussissant ainsi à faire avorter l'enquête. La violence s'est exercée aussi sous la forme d'assassinats politiques, comme on l'a démontré à l'occasion de l'assassinat du candidat du PRI aux présidentielles, Donald Colossio, au Mexique, tombé sous les balles en avril 1994, acte vraisemblablement attribuable aux trafiquants de drogue, celui de Francisco Ruiz Massieu, autre politique mexicain en vue, la même année, ou encore celui du vice-président du Paraguay, Luis Argaña, en 1999, par des partisans du général Oviedo, alors en prison. Ce fait entraîna la démission du président Raúl Cubas, étant donné sa complicité dans l'épisode sanglant, et il dut partir en exil. Dans d'autres pays, de nombreuses personnalités sont mortes assassinées aussi, à cause de leur travail en faveur des droits humains ou simplement pour leurs dénonciations de responsables de crimes : l'évêque du Guatemala, Juan Gerardi, paya de sa vie en 1998 le fait d'avoir publié un rapport sur la violence politique de son pays, où il concluait que l'énorme majorité des crimes perpétrés durant la guerre civile avaient été commis par des militaires ; le journaliste argentin José Luis Cabezas, périt assassiné également pour avoir fait des reportages sur la corruption. En Colombie, la liste de personnes tuées, chez les dirigeants tant politiques que sociaux, est impressionnante, comme on l'a déjà dit, et elle ne cesse de s'allonger.

Les destitutions de chefs d'État après des accusations de corruption offrent d'autres situations irrégulières, mais fréquentes : Fernando Color de Mello au Brésil, en 1992, Carlos Andrés Pérez au Venezuela en 1993, Jorge Serrano au Guatemala, la même année, et Abdalá Bucaram en Équateur en 1997. Dans ce pays, en janvier 2000, le successeur de Bucaram, Jalil Mahmud, fut destitué, non pas pour cause de corruption, mais à la suite du mécontentement provoqué par la situation économique, ce qui amena aussi la démission du président argentin, De la Rúa, en décembre 2001. Le cas le plus spectaculaire de la série reste la destitution d'Alberto Fujimori de la présidence du Pérou en novembre 2000, après sa victoire contestée peu de mois auparavant, quand on l'accusa d'avoir organisé une fraude. La révélation des manœuvres obscures du chef des services d'espionnage, Vladimiro Montesinos, qui comprenaient plusieurs actes de corruption de parlementaires, précipita la chute de celui qui gouvernait le Pérou depuis 1990. Fujimori envoya sa démission du Japon ; ce voyage constituait son dernier acte de gouvernant et il est resté dans le pays de ses ancêtres, sans oser retourner au Pérou pour répondre aux accusations portées contre lui, à propos d'enrichissement illicite et de fraude électorale[12]. Enfin, en Bolivie, en octobre 2003, le président Gonzalo Sánchez de Losada dut fuir le pays à la suite des protestations massives contre son gouvernement, épisode qui coûta la vie à 80 personnes, tuées par les militaires.

Les minces résultats obtenus jusqu'à maintenant contre les responsables de crimes et d'autres violations des droits humains durant les dictatures constituent un autre des aspects les plus négatifs de la démocratisation. Depuis le début de la « transition vers la démocratie », très peu de personnes ont été jugées et condamnées pour leur responsabilité dans les actions répressives[13]. Comme on a vu dans le chapitre précédent, seuls les dirigeants de la dictature argentine subirent des condamnations à la prison et purgèrent quelques années de leurs peines, avant d'être amnistiés. Dernièrement, ces mêmes personnages, dont l'ex-général Videla, ont de nouveau fait l'objet d'une

---

12. Fait capital : aucun de ces épisodes n'a donné lieu à des luttes armées, à des tentatives de coup d'État ou de révolution, chose impensable dans les décennies passées et encore moins au XIX⁰ siècle, lorsque toute destitution d'un chef d'État était accompagnée d'une action violente. Dans le nouveau contexte, chaque crise s'est résolue par des moyens institutionnels, sans épanchement de sang. Acceptation de la démocratie ou épuisement des forces antagonistes ?

13. Cela correspond à la théorie de la « transition » élaborée par des politologues comme Manuel Antonio Garretón et Guillermo O'Donnell, pour qui le passage de la dictature au pouvoir des civils était un compromis entre des élites modérées, qui excluait de tout procès les responsables des violations des droits humains. Le cas Pinochet constituerait un cas exceptionnel, bien que finalement il n'ait pas été traduit en cour.

enquête et d'arrestation à domicile pour leur responsabilité dans l'enlèvement de nouveaux-nés, crime qui n'est pas prescrit. Au Mexique, sous le gouvernement du président Zedillo, il se produisit un fait historique lorsque, au début de 1999, on condamna à 50 ans de prison Raúl Salinas, frère de l'ex-président Carlos Salinas, pour l'assassinat de Francisco Ruiz Massieu. C'était la première fois qu'un président, porté au pouvoir par le PRI, osait arrêter et faire juger un membre en vue du gouvernement précédent, ce qui annonçait l'intention sincère de la classe politique mexicaine d'accepter l'idée de démocratiser le pays.

Par contre, dans tous les autres pays, que ce soit au Brésil, en Bolivie, en Uruguay, au Chili, au Paraguay, au Guatemala ou au Salvador, les militaires ont réussi à faire accepter diverses lois d'amnistie en leur faveur. Pire encore, plusieurs des ex-dictateurs ou de leurs collaborateurs proches ont continué à oeuvrer en politique, remportant des postes importants dans des élections démocratiques. Au Guatemala, l'ex-dictateur et général Efraín Ríos Montt non seulement a réussi à échapper à la justice, mais continue de participer très activement à la vie politique, et c'est l'un des principaux dirigeants du Front républicain guatémaltèque (FRG), le plus important du pays[14]. L'ex-dictateur bolivien, Hugo Banzer, après avoir juré foi en la démocratie, remporta l'élection présidentielle dans son pays en 1997[15]. Au Paraguay, bien qu'on ait commencé récemment à rendre publiques les « archives de la terreur », où apparaissent les nombreux crimes commis par les organes répressifs de la dictature de Stroessner, ce dernier vit toujours sans être dérangé au Brésil, où il a obtenu l'asile politique, et beaucoup de ses collaborateurs continuent d'exercer des charges importantes dans l'administration publique.

Dans le cas chilien, qui est l'un de ceux qui ont obtenu le plus de publicité à travers le monde, seulement deux officiers supérieurs de l'armée et quelques membres de la police avaient été condamnés pour

---

14. Le candidat du FRG, Alfonso Portillo, fut élu président en 1999. Après plusieurs manœuvres politiques et juridiques, Ríos Montt fut autorisé à devenir candidat présidentiel en 2003, mais il échoua dans sa tentative, arrivant en 3e place.

15. Banzer fut élu malgré l'obtention d'à peine 22,3% des suffrages, dans une lutte où le vote s'est divisé entre plusieurs candidats. Comme la Constitution bolivienne ne prévoit pas de second tour, le Congrès ratifia sa victoire pour qu'il accède à la présidence. Au milieu de 2001, il dut cependant renoncer à sa charge pour des raisons de santé, pour décéder peu après.

leurs crimes jusqu'en 1998[16]. Le général Pinochet n'avait jamais été accusé jusqu'alors, et il jouissait d'une immunité parlementaire grâce à la charge de sénateur à vie qu'il s'était attribuée lui-même, après s'être retiré de son poste de général en chef de l'armée. Son arrestation spectaculaire à Londres, en octobre de cette année-là, grâce à l'initiative du juge espagnol Baltazar Garzón, ouvrit la porte à une avalanche d'accusations contre lui, qui culminèrent dans un procès à son retour au Chili, où on le dépouilla de son immunité parlementaire et où on commença à le mettre en accusation pour sa responsabilité dans l'une des grandes tueries commises au début de la dictature, la « Caravane de la mort[17] ». Malgré la suspension du procès en juin 2001, à cause des problèmes de santé de l'ex-dictateur, son image politique est apparue nettement détériorée et il n'est pas retourné occuper son poste au Sénat. En même temps, grâce à ce nouveau contexte, on a jugé et condamné quelques officiers coupables d'autres crimes, et les militaires se sont vus obligés de reconnaître que plusieurs personnes étaient mortes et disparues, parfois lancées à la mer, quoique sans identifier les responsables de ces crimes.

Ces faits, même s'ils indiquent certains progrès, entrent en contradiction avec l'élection de nombreux collaborateurs de Pinochet, tant civils que militaires (ces derniers, après s'être réfugiés dans leur retraite), à des charges publiques, à la Chambre des députés, au Sénat ou dans des mairies. Cette situation, qui se répète dans d'autres pays,

---

16. Parmi les plus connus des condamnés figure le général Manuel Contreras, qui avait été chef de la DINA, principal organe répressif durant la dictature. Il fut condamné à sept ans de réclusion (sa peine s'est terminée en 2001) ; cela fut rendu possible parce qu'on le déclara responsable du meurtre de l'ex-ministre du gouvernement d'Allende, Orlando Letelier, qui, en étant perpétré à l'extérieur du Chili (à Washington), demeurait en dehors de la loi d'auto-amnistie. Les gendarmes condamnés le furent parce que leur crime avait été commis après 1978, année jusqu'à laquelle la loi protégeait ses auteurs. La petite quantité de criminels jugés traduit en actes les paroles du président chilien Patricio Aylwin, qui dit, peu avant de commencer son gouvernement en 1991, que face au problème de la violation des droits humains on ferait justice « dans la mesure du possible », jugement qu'on peut très bien appliquer à l'ensemble de l'Amérique latine.

17. Cette expression se réfère au cortège mené par le général Sergio Arellano Stark, qui parcourut plusieurs villes de province, à travers le pays, en octobre 1973, donnant l'ordre de fusiller une soixantaine de personnes qui se trouvaient prisonnières, dont plusieurs n'avaient pas été jugées. On présume qu'Arellano agit sous l'ordre direct de Pinochet.

indique jusqu'à quel point la démocratisation s'est trouvée limitée en Amérique latine et de quelle manière ceux qui exercèrent la répression naguère ont réussi à développer un langage politique qui leur donne un air de responsabilité devant l'électorat, qui ne fait pas la différence entre les partisans et les adversaires des anciennes dictatures. Il n'y a pas de doute que le contexte économique, où le néolibéralisme règne partout, sans qu'apparaisse un projet capable de constituer une alternative, favorise les dictateurs d'hier. Le contrôle, pour ne pas dire le monopole, que l'entreprise privée exerce sur les moyens de communication, des canaux de télévision en particulier, constitue un autre facteur responsable de cette situation. Le résultat global a été d'empêcher toute réconciliation véritable entre les ennemis d'hier : aujourd'hui, ils se tolèrent et dialoguent entre élites, mais on est loin d'une entente au niveau collectif[18].

La culture

Au cours de cette période, la production culturelle reflète l'influence de la nouvelle situation politique et économique mondiale, caractérisée par le recul de la pensée nationaliste. Dans les activités culturelles de consommation de masses, la mondialisation a contribué à alléger un peu la pression des régionalismes pour se conformer davantage au public international.

Ainsi, dans le domaine de l'essai, le poids acquis par l'économie néolibérale dans la dernière décennie a favorisé la circulation d'études où les défenseurs de cette idéologie ont pris la parole pour dénoncer les « mythes » de la gauche et pour expliquer aux Latino-Américains comment, dans un passé récent, des politiques et des intellectuels de cette tendance (ou influencés par elle) ont donné une vision déformée et erronée de la réalité latino-américaine, accusant à tort les États-Unis de tous les maux qui affligeaient la région et persistant à suivre des recettes basées sur l'étatisme, qui ne pouvaient, selon eux, apporter de développement. Un livre s'est distingué dans cette entreprise, celui écrit par Álvaro Vargas Llosa (fils de l'écrivain péruvien), en collaboration

---

18. En Afrique du Sud, après la fin de l'*apartheid*, la réconciliation a beaucoup plus progressé grâce à l'intervention de l'Église, par l'intermédiaire de l'archevêque anglican Desmond Tutu. Ainsi, une dimension religieuse et éthique a mené à la création d'un langage commun entre les antagonistes d'hier, ce qui est absent dans l'expérience – jusqu'à maintenant ratée – de la réconciliation latino-américaine. Je dois cette observation à André Corten, professeur de science politique de l'UQAM.

avec le Colombien Plinio Apuleyo et le Cubain Carlos Alberto Montaner, et rédigé dans un style polémique, *Manual del perfecto idiota latinoamericano* (1998). Le Mexicain Jorge Castañeda a présenté en 1994 une approche critique de la gauche, bien que sur un ton différent, dans son essai *La utopía desarmada*. L'auteur y lançait un appel à un plus grand respect de la démocratie de la part des groupes et des partis qui s'opposaient jusqu'à il y a peu de temps à l'ordre « bourgeois », les invitant à s'opposer aux maux découlant de la mondialisation de l'économie, tout en acceptant la « logique du marché ».

Cela n'a pas fait taire les critiques du système néo-libéral, qui se sont manifestés principalement dans les écrits du sociologue américain James Petras, présents dans toute l'Amérique latine. Au Chili, l'essai de Tomás Moulián, *Chile actual. Anatomía de un mito,* qui parut en 1997, constitue une critique acerbe, non seulement de l'œuvre de la dictature, mais aussi de l'orientation que les gouvernements élus depuis 1990 ont donnée au pays, trop centrée sur la surconsommation. Le livre est devenu un best-seller : rien qu'en 1997 il a été réédité 15 fois, fait inhabituel au Chili ou dans n'importe quel autre pays de la région.

Dans la dernière décennie, l'Amérique latine a beaucoup fait parler d'elle grâce à ses écrivains et à ses artistes, de renommée internationale croissante. Une des raisons de ce succès réside dans l'accueil de plus en plus grand fait à la langue espagnole et aux artistes d'origine latino-américaine aux États-Unis, l'une des facettes positives de la mondialisation. On l'a vu dans la popularité acquise par deux artistes d'origine portoricaine, devenus des idoles à la fin des années 1990 : le chanteur Ricky Martin et l'actrice Jennifer López (née à New York de parents portoricains). Avant eux, la chanteuse Selena, née au Texas dans une famille d'origine mexicaine, connut une carrière fulgurante qui se termina brusquement par son assassinat, en 1995. Le film de Ray Cooney, *Buenavista Social Club*, rendit célèbre plusieurs cubains dont Compay Segundo (Francisco Repilado).

Le cinéma (européen ou américain) a fait connaître quelques écrivains, comme la Mexicaine Laura Esquivel, auteur de *Como agua para chocolate*, qui connut une grande diffusion. La même chose s'est produite pour deux écrivains chiliens. L'un d'eux, Ariel Dorfman, installé aux États-Unis, a écrit une pièce de théâtre, *La muerte y la doncella*, dans laquelle il raconte la rencontre d'une femme et de son ancien tortionnaire ; la pièce a connu un succès mondial, grâce à son adaptation en anglais sur Broadway, et à sa mise en scène au cinéma ensuite en Angleterre. L'autre, Antonio Skarmeta, avait écrit le roman *El cartero de Neruda*, porté à l'écran en Italie, sous le titre de *Il Postino*, avec grand succès.

Les grands noms de la littérature latino-américaine continuent à bénéficier d'une ample diffusion, dans la région et dans le reste du monde. Aux noms déjà consacrés et à ceux mentionnés antérieurement s'en sont ajoutés d'autres qui ont atteint une grande popularité, dont ceux de plusieurs femmes, comme la Chilienne Marcela Serrano et les Mexicaines Ángeles Mastretta et Elena Poniatowska et la Cubaine résidant aux États-Unis Cristina García, qui écrit en anglais. Un auteur déjà connu est parvenu à la consécration mondiale en gagnant le prix Nobel de littérature de 2001, V.S.Naipaul, originaire de Trinité, de parents indous et élevé en Angleterre, dont les romans décrivent le contexte multiculturel des Caraïbes, l'Amérique espagnole et l'influence britannique. Avant lui, en 1992, un autre écrivain anglophone des Caraïbes, le poète né sur l'île de Sainte-Lucie, Derek Walcott, avait aussi remporté ce prix. Le romancier chilien, Luis Sepúlveda, dans les œuvres duquel se mêlent l'écologie, le respect des cultures indigènes et l'exil, s'est révélé au monde avec son livre *El viejo que leía novelas de amor* (1992) et devint immédiatement un auteur à succès mondial.

V.S.Naipaul, romancier né à Trinité, a écrit sur les thèmes du colonialisme et du néo-colonialisme dans les Caraïbes.

Plusieurs des meilleures productions et des plus connues du cinéma latino-américain portent sur des sujets de la politique récente, comme le poids des dictatures, l'exil et les problèmes de la transition de la dictature à la démocratie. En ce sens, des metteurs en scène continuent à pratiquer un art basé sur des sujets spécifiques de l'Amérique latine. Au Chili, pays dont le cinéma a moins d'envergure internationale que celui de l'Argentine ou de Cuba, quelques films dignes de mention ont abordé ces sujets, comme *Caluga o menta*, de Gonzalo Justiniano

(1990) dans lequel le metteur en scène décrit les insuffisances de la
« transition » à travers des personnages marginaux, qui tombent dans
la délinquance. Le film *La frontera,* de Ricardo Larraín (1994) analyse
le thème de l'exil, aussi bien externe qu'interne. En Argentine, en plus
des films de Fernando Solanas (analysés dans le chapitre précédent),
on a tourné des films sur des sujets universels, bien qu'avec des allusions
au contexte historique, comme *El lado oscuro del corazón,* d'Eliseo
Subiela, histoire d'amour où le principal personnage féminin s'avère
être la veuve d'un disparu pendant la dictature. Le cinéma cubain a
maintenu un haut niveau, et il a produit des films qui critiquent les
aspects bureaucratiques du système politique cubain et l'intolérance
envers les homosexuels, ce dernier point dans *Fresas y chocolate,* de
Tomás Gutiérrez Alea (1994). Le cinéma mexicain, par contre, a produit
des films sur des thèmes plus universels, que ce soit sur la recherche
d'indépendance d'une femme, avec María Novaro et son film *Danzón*
(1991) ou dans une comédie érotique comme *La tarea* (1990), de Jaime
Humberto Hermosillo.

La mondialisation s'observe dans les téléromans, où les ambiances
et les personnages se font moins locaux et finissent par devenir des
objets de consommation internationale, achetés par des pays aussi
éloignés que la Russie et la Bulgarie. Inversement, on a diffusé dans des
pays latino-américains des téléromans canadiens, comme *Lance et
compte,* une histoire située dans le milieu des joueurs professionnels
de hockey, chose impensable il y a vingt ou trente ans.

Les Latino-Américains
continuent à s'illustrer dans le
baseball en Amérique du Nord.
Vladimir Guerrero, originaire
de la République Dominicaine,
fut un joueur étoile des Expos
de Montréal entre 1998 et 2003.

Synthèse

Depuis 1990, les grandes tensions qui avaient caractérisé l'Amérique latine dans les décennies précédentes ont diminué, mais cela n'a pas signifié la solution des grands problèmes de la région. S'il y a effectivement une plus grande stabilité politique en ce moment, aussi bien sur le plan interne que dans les relations internationales, et bien que presque tous les gouvernements de la région convergent vers une même politique économique, en ayant en vue l'objectif de l'intégration continentale, beaucoup de zones de conflit subsistent sur d'autres plans. Dans aucun pays, on n'est parvenu à une véritable réconciliation nationale après les années de dictature et rien ne laisse prévoir que cela se produira à court terme. La corruption de beaucoup de hauts dirigeants est devenue l'un des principaux obstacles à une vie démocratique authentique. La faillite récente de l'économie argentine, bien qu'il s'agisse d'un cas extrême dans l'ensemble de la région, montre les excès auxquels on peut arriver si on continue d'appliquer le modèle néo-libéral sans adopter un minimum de précautions face aux changements survenus dans l'économie ces 20 dernières années, alors que les modèles populiste, nationaliste ou socialiste ont été mis au rancart. Les inégalités sociales non seulement subsistent, mais elles se sont encore aggravées dans quelques pays. Le flux croissant de milliers et de milliers de personnes qui abandonnent leur pays d'origine pour chercher un sort meilleur illustre la contradiction d'une région qui a choisi, apparemment de façon presque unanime, un modèle de développement et qui ne réussit pas à le faire fonctionner pour la satisfaction de la majorité de ses habitants. L'hégémonie de plus en plus grande que les États-Unis exercent sur la région, sinon sur le monde entier, et l'effondrement des pays soi-disant socialistes rendent plus complexe et plus difficile l'apparition de propositions alternatives crédibles. Ainsi, si le néo libéralisme semble triomphant, il est douteux qu'il ait la capacité de répondre aux multiples insuffisances sociales, économiques et politiques qui persistent toujours, capacité sans laquelle il faut prévoir l'avènement de nouvelles tensions ou la réapparition de vieux conflits jamais résolus, comme celui de la question indigène.

Conclusion

D ans un texte de 1987, l'écrivain français Alain Rouquié avait qualifié l'Amérique latine d' « Extrême-Occident ». L'expression avait le mérite de synthétiser de façon concise la place de cette région dans le monde : pour des raisons sociales et économiques, elle faisait peut-être partie de ce que d'autres avaient appelé il y a plusieurs années le « Tiers-Monde », mais, si l'on considérait les facteurs culturels et institutionnels, et même selon les statistiques socio-économiques de ses principaux pays, elle s'éloignait dans une bonne mesure de la plupart des nations de l'Afrique et de l'Asie, et on pouvait très bien la situer dans la périphérie de l'Occident capitaliste et développé, en tant que membre de la « classe moyenne planétaire ».

Cette difficulté d'identifier le monde latino-américain constitue un thème fondamental sous-jacent dans les pages de ce livre. Comme nous l'avons vu, depuis le début s'est posé le problème de savoir comment adapter à la réalité des nouveaux États l'ensemble des institutions et des concepts de l'Occident. Durant presque un siècle, les forces favorables à cette influence, qui s'identifiaient avec le libéralisme, se sont opposées aux partisans de l'ordre hérité de l'époque coloniale, jusqu'à parvenir à s'imposer dans la majorité des pays. Cela ne signifia pas, cependant, la démocratisation des sociétés, qui demeuraient sous la gouverne d'une oligarchie.

Dans les étapes suivantes, le grand problème de l'élite libérale résida dans sa difficulté, ou plutôt son manque d'intérêt pour légitimer son leadership social et politique aux yeux des masses. Le seul grand progrès social réalisé au XIXe siècle avait été la fin de l'esclavage, bien que ce fait ne signifiât point une amélioration significative du niveau de vie des Noirs. Mais au début du XXe siècle, les indigènes, les ouvriers et les artisans pouvaient difficilement s'identifier avec ceux qui les dirigeaient, et on pouvait en dire autant de la classe moyenne naissante.

Cette situation problématique entra dans une crise quasi permanente quand, vers le premier tiers du XXᵉ siècle, un nouvel acteur monta sur scène : il s'agissait des militaires, qui commencèrent à arbitrer les conflits sociaux et politiques, de plus en plus graves face à l'attitude de l'oligarchie, laquelle, sauf dans de rares exceptions, n'accepta pas une alternance du pouvoir avec les nouvelles forces politiques. Les actions de généraux et de colonels, puis l'avènement des leaders populistes (qui pouvaient aussi provenir des forces armées, comme Perón) contribuèrent à brouiller la carte politique latino-américaine, de sorte que les forces de la droite, dans la plupart des cas, entrèrent dans une crise de représentation. Les interventions de plus en plus fréquentes des États-Unis, surtout dans la zone des Caraïbes, compliquèrent encore davantage le panorama, par la remise du pouvoir à des dictateurs qui le monopolisaient au bénéfice des membres de leur famille. La gauche naissante subit aussi les effets de ce processus, bien que dans une moindre mesure. Le libéralisme perdit le terrain gagné au cours du XIXᵉ siècle, ce qui est une des causes majeures de l'instabilité chronique de la vie politique latino-américaine.

Parallèlement, le développement économique ne permettait pas non plus une grande marge de manœuvre à ceux qui détenaient le pouvoir, bien qu'on ne doive pas sous-estimer les progrès dont certains pays ont fait montre jusqu'à la crise mondiale de 1929. L'effort d'industrialisation que l'on fournit entre 1930 et 1960, même s'il ne fut pas infructueux, ne put pas aller bien loin face aux insuffisances du marché interne et devant son incapacité à constituer une activité d'exportation. Par contre, sauf en Bolivie, à Cuba, au Chili, au Nicaragua et au Mexique (et ce dernier avec des restrictions), on n'a jamais essayé de résoudre le problème agraire, là où la concentration de la propriété de la terre constituait un obstacle fondamental au développement social. Enfin, trait important de ces décennies, l'intervention croissante de l'État dans l'économie reflétait les limites de l'entreprise privée, qui n'arrivait pas à devenir l'agent-clé de la croissance.

Tout cela justifia et créa les conditions pour que divers secteurs latino-américains cherchent un chemin propre de développement économique et d'organisation politique, différent, en partie ou totalement, de la voie occidentale. Le péronisme argentin, le régime créé par la révolution mexicaine, le MNR en Bolivie et plus tard la révolution cubaine, la brève expérience de l'Unité populaire chilienne et le sandinisme au Nicaragua fournissent quelques-uns des exemples qui illustrent ce phénomène.

Cette tendance s'accéléra à partir de 1960, quand l'Amérique latine vécut la période la plus agitée de son histoire depuis l'indépendance. La clé se trouve dans l'impact de la révolution cubaine, qui eut un double effet. Elle servit à rendre d'actualité tous les problèmes sociaux en cours, dont la nécessité de la réforme agraire, et donna une plus grande force aux revendications nationalistes face à la domination des États-Unis. L'*aggiornamento* de l'Église catholique constituait un autre facteur favorable à des mesures facilitant le progrès et la justice sociale. Tout cela aurait pu contribuer à une démocratisation de la région, si on avait pu compter sur des protagonistes disposés au dialogue. Ce n'est pas ce qui est arrivé, mais le contraire, puisque les défenseurs civils et militaires de l'ordre ainsi remis en question s'opposèrent farouchement à tous les projets qui pouvaient entraîner des transformations fondamentales, même s'ils furent présentés à travers des voies institutionnelles. L'apparition de groupes de guérilla qui, dans beaucoup de pays d'Amérique centrale, était la seule manière de remettre en question le *statu quo* devant l'absence de tout dialogue possible, radicalisa encore plus le climat. Il s'ensuivit une polarisation extrême de la vie politique, qui mena à une implacable répression militaire, ce qui signifia la mort, la torture et l'exil de centaines de milliers de personnes, bien qu'elle permît aussi la fin de certaines dictatures. Les gouvernements dictatoriaux émergèrent non seulement dans les cas où se présentait une menace révolutionnaire, qui ne correspondait pas toujours aux apparences, mais comme un moyen de remplacer les civils qui se montraient incapables de définir les politiques pour résoudre les problèmes chroniques du pays, qu'il s'agisse de l'inflation ou des insuffisances du développement. Le soutien des États-Unis à cette répression, qu'on justifiait au nom de la défense de l'Occident au milieu de la guerre froide, constitua un facteur important, bien que pas toujours crucial, dans le renforcement de ce processus.

Si tout cela asséna un coup presque mortel aux expériences des régimes populistes ou socialistes, cela ne donna pas lieu à l'apparition d'un modèle digne d'être suivi. Au milieu des années 1970, parler de libéralisme en Amérique latine semblait une plaisanterie d'un goût douteux, et ce n'est pas l'arrivée d'une douzaine de nouveaux États dans les Caraïbes, où l'on jouissait de certaines traditions institutionnelles, qui ferait changer cette situation, vu son faible poids géopolitique. Dans le domaine économique, malgré la mise en œuvre des premiers marchés régionaux, et bien que le PIB augmentât de manière honorable entre 1960 et 1973, la crise économique qui éclata en 1982 constitua une gifle pour les partisans de la libre-entreprise, qui en plus devaient justifier leur collaboration ouverte avec les dictatures militaires.

Et cependant, depuis la deuxième moitié des années 1980, on a assisté à un nouveau scénario. L'effondrement des pays soi-disant socialistes en Europe de l'Est, la transition graduelle, mais constante, des dictatures vers des régimes élus, la fin (sauf exception) des guérillas et une relative amélioration de l'économie, constituent les facteurs qui ont donné une seconde chance au libéralisme. Tout à coup, les idéologues et les politiques de droite occupèrent les espaces publics, se déclarant en faveur de la défense des droits humains et de la démocratie, et assurant que le cadre de l'économie internationale, basée sur l'ouverture des marchés et sur l'intégration, assurerait un avenir meilleur à toute la population. À cette tâche, en plus du rôle clé des États-Unis, maintenant favorables à la « transition », coopérèrent plusieurs des anciens politiques de gauche, convertis en partie ou totalement aux vertus du néolibéralisme. Le résultat fut que pour une rare fois dans l'histoire du xxᵉ siècle, la grande majorité des hommes politiques, fussent-ils populistes, ex-marxistes, sociaux-démocrates ou de droite, s'accordaient sur le langage propre à désigner et analyser les principaux sujets. L'Amérique latine parut entrer dans une étape de concorde sociale et d'unanimité quant à ses objectifs de développement économique et institutionnel.

L'illusion a duré peu d'années. Au tournant du siècle, il est évident que le libéralisme, nouveau ou ancien, sauf en de rares exceptions et seulement dans une certaine mesure, n'a pas réussi à donner une réponse moyennement satisfaisante aux nécessités de base des populations de la région. L'aggravation des inégalités sociales, l'ampleur de la population en situation de pauvreté, le manque de solutions aux revendications des peuples autochtones, l'incapacité ou le manque de volonté de faire justice dans les cas de violations des droits humains, ce qui rend impossible une véritable réconciliation nationale, et la persistance de la dette extérieure présentent autant d'autres problèmes qui demeurent sans solution. Il est plus que douteux que l'intégration continentale, patronnée par Washington (si jamais elle se réalise), change cet état de choses.

Il est certain qu'il y a eu des progrès d'autre part. Si on considère les choses à long terme, soit dans le domaine de l'espérance de vie (presque égal à celui des États développés de plusieurs pays), des droits de la femme et de l'accès à l'éducation, la situation actuelle est meilleure qu'il y a cinquante ans ou plus. Dans cette même perspective, dans un certain nombre de pays, l'économie est passablement plus diversifiée. Dernièrement, un des problèmes économiques traditionnels, l'inflation, a été surmontée et l'intégration régionale ou entre pays voisins, autrefois un sujet très souvent mentionné mais jamais mis en pratique, est en marche. Les conflits armés entre pays latino-américains sont depuis longtemps chose du passé, et à l'intérieur de chaque pays les crises politiques se résolvent par des moyens institutionnels. La qualité de la production culturelle latino-américaine est de plus en plus reconnue dans le reste du monde.

Toutefois cela ne paraît pas suffisant. S'il fallait mesurer et illustrer par des exemples dans quelle mesure l'Amérique latine a connu plus d'échecs que de réussites, l'orientation des courants migratoires internationaux constitue un indice révélateur : à la fin du XIXe siècle et au début du XXe, des pays comme Cuba, le Brésil, l'Uruguay, l'Argentine et dans une moindre mesure le Chili attiraient les émigrants de divers coins du monde, en concurrence avec l'Australie, le Canada et les États-Unis, mais aujourd'hui il est évident que cela n'est plus. Au contraire, les Latino-Américains quittent leur pays d'origine, pour redécouvrir l'Europe ou pour habiter dans les pays du nord du continent, tandis que ceux qui arrivent en Amérique latine sont pratiquement des cas isolés.

En 1969, l'historien Halperin Donghi concluait sa fameuse *Histoire contemporaine de l'Amérique latine* par une vision plutôt négative lorsqu'il constatait la crise de la démocratie représentative dans l'ensemble de la région, et le fait que sur le plan mondial l'Amérique latine ne fut pas maître de son destin. En 1987, Rouquié terminait son livre par une conclusion dans laquelle, quoique avec des réserves, pointait un certain optimisme par rapport à l'avenir de la région, compte tenu de la récupération de la démocratie à la fin des années 1980 et de l'attitude un peu plus autonome que l'Amérique latine adoptait en politique internationale. Aujourd'hui, quand on observe les limites de cette démocratisation, quand on constate la persistance de la pauvreté dans la majeure partie de l'Amérique centrale et en Haïti, les déboires économiques de l'Argentine et de l'Uruguay, et si l'on considère l'état critique permanent de la Colombie, les tensions au Venezuela et les derniers bouleversements politiques en Bolivie et récemment en Haïti, il est inévitable de conclure que la frustration (et peut-être l'échec) forme le sentiment dominant lorsque l'on envisage l'ensemble de l'expérience historique latino-américaine.

Note sur les classes sociales
en Amérique latine

La terminologie employée pour désigner les classes sociales à travers l'histoire latino-américaine implique un problème théorique important, non exempt de nuances idéologiques. Le problème principal réside dans le fait de décider si les différents protagonistes correspondent au modèle de la société capitaliste occidentale ou s'il faut chercher un modèle particulier. Cette section ne prétend pas analyser à fond le problème, mais donner au moins quelques éléments pour sa compréhension, ainsi que pour justifier la terminologie employée tout au long de cette étude, qui comprenait des notions volontairement vagues, comme « élites » et « masses » (ce dernier terme pour l'époque du XIXe siècle).

Pour désigner la classe dirigeante, à laquelle je me suis souvent référé comme à l'élite, beaucoup d'études ont employé le concept d' « oligarchie ». Mais le terme renferme différentes acceptions. Pour certains, « oligarchie » ne fait allusion qu'à un groupe de notables, généralement propriétaires terriens, qui exercent le pouvoir de façon égoïste et sans grande efficacité économique, animés par des valeurs traditionnelles, où le prestige est plus important que la rentabilité des activités, et qui maintiennent souvent des systèmes de travail plus proches de la servitude ou de l'esclavage que de celui basé sur le salaire[1]. D'autres, par contre, lui donnent une connotation plus précise, faisant ressortir

---

1. Jacques Lambert s'est servi de cette approche, allant jusqu'à qualifier ce groupe d'« aristocratie », y joignant le terme de « propriétaire foncier », puisqu'il basait son pouvoir sur le contrôle de la terre. Il décrivait ses membres comme inefficaces, à cause de la thésaurisation de la terre et du sous-emploi des ressources, et animés d'un esprit « féodal ». Dans son analyse il y avait très peu de références au rôle des propriétaires fonciers dans l'économie d'exportation. *América Latina. Estructuras sociales e instituciones políticas*, Barcelona, Ediciones Ariel, 1970.

son insertion dans le commerce international, comme exportateurs de matières premières et d'aliments, de sorte que l'oligarchie est définie comme une partie du système capitaliste, avec une dynamique innovatrice sur le plan technique, et comme groupe capable en plus de mener à bien un projet de développement national. Ce serait le cas de l'oligarchie argentine, surtout entre 1880 et 1930, époque de progrès économique. Que ce soit l'une ou l'autre des acceptions, ce qui les unit, selon Rouquié, c'est leur continuité historique, à travers un processus de concentration du pouvoir, à l'intérieur d'un circuit restreint de personnes[2]. Il y a ici une identité directe entre le pouvoir économique et le politique, et c'est dans ce sens que, dans le premier chapitre et dans les suivants, on a parlé de « style oligarchique ». Mais il peut y avoir des oligarchies qui ne gouvernent pas directement, qui acceptent l'intervention d'hommes politiques d'autres origines, et qui continuent à exercer une forte influence sur le pays, par la diffusion de certaines valeurs (religieuses, patriotiques…) et par le contrôle d'une partie considérable de l'électorat. Ce serait le cas du Chili, où les partis Libéral et Conservateur[3], malgré la perte depuis 1938 du contrôle de la présidence de la République (un seul de leurs candidats gouverna le pays, entre 1958 et 1964), conservèrent un poids important dans le Congrès et dans l'opinion publique. Le cas du Mexique est unique, puisque la révolution brisa la domination oligarchique et donna lieu à la formation de nouvelles élites à partir de 1917.

Pourquoi ne pas parler de « bourgeoisie » pour désigner l'élite ? Certains pensent que ce terme convient mieux pour désigner la classe patronale qui développa le secteur industriel et qui eut une origine étrangère dans beaucoup de pays latino-américains. La bourgeoisie serait alors un secteur de formation récente, surtout depuis le début du xxe siècle, composée de personnes très distinctes de celles de l'oligarchie de l'élevage, de l'agriculture ou de la banque. Mais à cela s'ajoute un élément idéologique : des historiens, surtout parmi ceux de tendance marxiste et d'orientation communiste classique, ont cru voir dans la bourgeoisie ainsi conçue un secteur nationaliste, avec des intérêts non seulement différents mais opposés à l'oligarchie, et qui pouvait jouer un rôle politique contraire à cette dernière. Cela serait

---

2. Alain Rouquié, *Amérique latine. Introduction...* op.cit., p.135.

3. Ces deux partis n'existent plus aujourd'hui, la droite politique ayant créé deux nouvelles formations, Rénovation nationale et Union démocratique indépendante, cette dernière formée par des anciens partisans de Pinochet.

attribuable au fait que l'industrie visait d'abord le marché interne, ce qui la rendait alors partisane d'une politique protectionniste, tandis que l'oligarchie se tournait vers le marché mondial, favorisant ainsi le libre-échange. Mais d'autres analystes, utilisant le marxisme sous un autre angle, ont appliqué le terme de bourgeoisie à toute la classe propriétaire, à diverses époques, sans recourir à ce type de distinctions, faisant valoir que tous, qu'ils fussent industriels, exploitant de mines ou agriculteurs, coïncidaient dans un même type de valeur (la recherche du luxe) et que d'une manière ou d'une autre ils cherchaient une alliance avec le capital étranger, y compris les industriels[4].

Alain Touraine[5] propose une autre approche, avec des implications pour toutes les autres classes sociales. Selon lui, l'importante participation de l'État dans le développement du capitalisme dans la région et l'omniprésence du capital extérieur font qu'il est très difficile d'identifier une véritable classe dirigeante latino-américaine. C'est pour cela qu'il emploie le terme « oligarchie » pour désigner ce qu'il appelle l'« élite dirigeante », une alliance de groupes impliqués dans diverses activités économiques, qu'elles soient industrielles, agricoles ou commerciales, où s'effectue un déplacement constant des investissements ; d'autre part, cette alliance ne cherche pas à modifier l'existence de systèmes de travail non capitalistes, raison pour laquelle elle entretient aussi des liens avec les secteurs les plus traditionnels, généralement des grands propriétaires terriens de l'intérieur[6].

Quant aux autres classes, Touraine applique une analyse semblable : il pense que la classe ouvrière est faible et désunie, à cause de l'hétérogénéité de l'économie[7], où cohabitent des entreprises (minières ou industrielles) de grande taille, quelques-unes consacrées à l'exportation (le cuivre au Chili, le pétrole au Venezuela), avec de petites

---

4. Luis Vitale, dans son *Interpretación marxista de la historia de Chile*, plusieurs tomes, défend cette position.

5. *La parole et le sang*, Paris, Éd. Odile Jacob, 1988, chap. 2: « Existe-t-il des classes sociales en Amérique latine? », p.50-96.

6. Personnellement, je me sens plus près de cette approche, et c'est pour cela que j'ai utilisé le terme général d'« élite », réservant celui d'« oligarchique » pour désigner un style de politique.

7. Si l'on transpose cette analyse au XIXe siècle, où les relations de production n'étaient pas encore clairement basées sur le salaire, il est plus facile de comprendre pourquoi j'ai utilisé le terme de « masses » pour désigner l'ensemble des travailleurs de cette époque.

industries nationales, orientées vers le marché interne, et un secteur informel, de petites unités. On observe une situation semblable dans l'agriculture, où souvent les travailleurs agricoles vivent au milieu de relations pré-capitalistes, au service de grands propriétaires, et agissent en même temps comme de petits producteurs, de manière personnelle, de sorte qu'ils se rapprochent de la situation des petits propriétaires. L'importance des mécanismes de coercition extra-économiques, leur longue durée dans le temps, rendent difficile la constatation d'un prolétariat rural.

La classe moyenne, enfin, ne se laisse pas définir facilement non plus. Certains analystes ont employé le terme comme synonyme de bourgeoisie, la considérant comme la classe porteuse de progrès, en opposition à la classe dominante traditionnelle (qu'on l'ait appelée oligarchie ou même aristocratie). Dans cette approche, on faisait entrer dans la classe moyenne une grande quantité de protagonistes, depuis les employés publics jusqu'aux militaires et aux industriels[8]. Touraine lui donne un sens moins défini : la classe moyenne ne serait pas une classe, mais plutôt un groupe qui agit au niveau politique et culturel, composé de personnes d'une certaine éducation, en particulier les professionnels, en alliance étroite avec l'État, pour devenir agent d'intégration et de développement de la société. Rouquié signale l'hétérogénéité de ce secteur, dont feraient partie tous ceux qui n'appartiennent ni à l'oligarchie, ni à la classe ouvrière, de sorte qu'il lui semble plus licite de parler de classes moyennes, au pluriel. Finalement, il est difficile d'identifier les objectifs de ce secteur. Certains croient que ces classes constituent un solide pilier de la démocratie et de l'industrialisation, et qu'elles favorisent un rôle important de la part de l'État ; Lambert leur attribue un rôle extrêmement progressiste, en les décrivant comme nationalistes, désireuses de transformer leur pays, et en conflit direct avec les anciennes classes dirigeantes (l'aristocratie), qu'elles « détestent »[9]. Par contre, Touraine définit ce secteur comme fluctuant politiquement, alléguant qu'il s'est parfois allié avec l'oligarchie, parfois contre, et Rouquié fait remarquer son appui aux derniers coups d'État dans les années 1960 et 1970.

---

8. John Johnson, dans *La transformación política de América Latina...* op. cit.

9. Lambert, *América Latina...* op.cit., p.136, passim. Cette appréciation, trop catégorique, n'a pas été confirmée par tout ce qui est arrivé après la parution de son livre (1963, dans la version originale française).

Glossaire

Alcabala : Impôt sur les activités d'achat et de vente, d'origine coloniale.

Audiencia : Dans l'empire espagnol, institution collégiale, qui avait des attributions variées (judiciaires, administratives...) et qui conseillait le vice-roi ou le capitaine général dans l'administration de la colonie.

Asentamiento : Durant la réforme agraire appliquée par le gouvernement de Frei au Chili (1964-1970), mot pour désigner la terre qu'on remettait aux bénéficiaires, qui était travaillée en commun pendant quelques années, après quoi on devait décider de la forme définitive de propriété.

Balseros : On appelle ainsi ceux qui quittent l'île de Cuba, sur des embarcations précaires (balsas), pour essayer d'aller aux États-Unis.

Barracón : Barraquement des esclaves.

Barriadas : Secteurs périphériques, habités par des pauvres, au Pérou.

Batey : À Cuba, habitation des esclaves noirs.

Boom, littérature du : Désigne le groupe d'écrivains qui firent parler mondialement de la littérature latino-américaine dans la décennie de 1960.

Bushnegroes : Au Surinam, on appelle ainsi les descendants des esclaves noirs en fuite, qui vivent aujourd'hui à l'intérieur du pays. On calcule que ce groupe compte 50 000 personnes, soit 10% du total de la population.

Cachiporros : Nom donné aux libéraux en Colombie durant la « violence ».

Cacique : Mot d'origine caraïbe, des temps pré-colombiens, qui a servi après l'indépendance pour désigner un personnage dominant au niveau régional, souvent avec un sens péjoratif.

Callampas : Au Chili, demeures précaires, construites sur des terrains occupés parfois illégalement par des personnes sans maison, dans la périphérie des villes.

Candomblé : Religion d'origine africaine qui se pratique au Brésil et ressemble assez à la santería.

Cangaceiros : Bandits qui opéraient dans la région rurale du Brésil.

Capitanía : Dans le Brésil colonial, territoire de grande étendue, attribué à un particulier qui s'engageait à le coloniser et à l'administrer au nom de la Couronne portugaise. On fit cette expérience au XVIᵉ siècle, sans grand succès.

Capitanía general : Division administrative de l'époque coloniale ; elle s'appliquait aux territoires de seconde importance, dans l'empire espagnol, qui dépendaient d'un vice-royaume.

Carabineros : Nom donné à la police au Chili, qui tire son origine de l'usage d'une carabine à l'époque de sa fondation, en 1927.

Castas : À l'époque coloniale, nom générique pour se référer aux divers croisements ethniques.

Cha-cha-chá : Danse originaire de Cuba, qui devint populaire dans les années 1950, dérivée du *mambo*.

Chicha : Boisson alcoolique qu'on obtient de la fermentation du maïs ou de fruits.

Chingana : Au Chili, en Argentine et dans les pays des Andes, lieu d'amusement où l'on mangeait, buvait et dansait (XIXᵉ siècle). Au Chili il était mal vu des autorités, qui le considéraient immoral.

Cholo : Au Pérou et en Bolivie, désigne l'Indien qui essaie d'abandonner sa condition pour devenir métis. Parfois on l'emploie comme synonyme de ce dernier mot.

Científicos : Appellation donnée aux ministres du gouvernement de Porfirio Díaz au Mexique, dont l'origine s'explique par l'influence du positivisme.

Colas : Files de personnes qui se forment pour l'achat de biens ou pour des services.

Comadre, compadre : Appellations pour s'appeler entre la marraine et le parrain d'un enfant et les parents de ce dernier, ce qui crée un lien d'amitié particulière entre ces personnes. Elles sont aussi utilisées pour s'adresser à son voisin ou à n'importe quel ami(e) avec qui on veut créer une atmosphère d'intimité.

Colorado : En espagnol, synonyme pour la couleur rouge. En Uruguay, mot qui désigne un des deux principaux partis politique.

Conchabo : Système conçu par les autorités coloniales de Buenos Aires, au XVIIIᵉ siècle, pour essayer d'obliger ceux qui vagabondaient dans la campagne à travailler dans une *estancia*.

Contra : Au Nicaragua pendant la décennie de 1980, force armée opposée au régime sandiniste, qui reçut une importante aide financière et militaire des États-Unis.

Conventillo : Habitations où vivaient les pauvres dans le centre des villes au début du xxe siècle dans des conditions d'entassement. Mot employé dans le cône sud.

Coronel, coroneis : Désigne les notables régionaux au Brésil, généralement propriétaires fonciers, qui dominent la vie politique. Le terme tire son origine des grades concédés aux officiers de la Garde nationale au xixe siècle.

Corralito : Lors de la crise économique de 2001 en Argentine, mot qui désignait l'accès restreint aux comptes de banque.

Créole : Langue parlée en Haïti, formée à partir du français et de langues africaines, qui s'est développée parmi les esclaves noirs durant l'époque coloniale.

Cristeros : Groupes armés qui combattirent le gouvernement dans l'ouest du Mexique entre 1927 et 1931, au nom du Christ-Roi.

Cumbia : Danse originaire de la côte colombienne, probablement d'origine espagnole.

Danzón : Danse lente, originaire de Cuba.

Déchoukage : Mot créole d'Haïti, qui signifie littéralement « déraciner » et qu'on employa pour se référer à la chute de Duvalier, en 1986.

Desabastecimiento : Mot employé sous le gouvernement de l'Unité populaire au Chili pour parler de la pénurie de biens essentiels.

Desplazados : Dans la Colombie actuelle, secteurs de la population qui ont dû abandonner leur lieu de résidence, chassés par des groupes armés.

Detenidos-desaparecidos : Dans les pays soumis à des dictatures militaires au cours des décennies de 1970 et de 1980, personnes dont on ne connaît pas la destination ou la demeure après leur arrestation par des agents des services répressifs de l'État.

Dictablanda : Gouvernement militaire autoritaire qui se vante d'exercer un degré minime de répression.

Ejido : Mot d'origine nahua, qui désigne la propriété collective de la terre à l'époque précolombienne. Au xxe siècle, on l'a employé pour nommer la terre qu'on distribuait pendant la réforme agraire au Mexique.

Encomienda : Institution coloniale qui consistait à attribuer un certain nombre d'indigènes à une personne comme main-d'œuvre au XVIe siècle, et plus tard groupe de personnes devant payer une somme d'argent à l'encomendero.

Empanadas : Au Chili, en Argentine et dans les pays andins, aliment traditionnel constitué d'une pâte fourrée de divers ingrédients (viande, oignon, pomme de terre, œuf, olives) selon la région.

Estancia : Grande propriété agricole, généralement destinée à l'élevage. Terme employé surtout en Argentine et en Uruguay.

Farrapos : Au Brésil, mot péjoratif pour désigner les personnes qui vivent dans la rue, ceux qui vont nu-pieds.

Favela : Au Brésil, secteurs d'habitations pauvres.

Fazenda : Au Brésil, grande propriété agricole.

Fundo : Au Chili, mot qui désigne une propriété agricole, généralement de grande étendue. S'emploie comme synonyme de *hacienda*.

Gaucho : Dans le sud du Brésil, en Uruguay et en Argentine, mot qui désigne l'habitant de la *pampa*, qui la parcourt à cheval, et qui vivait d'une manière indépendante.

Godos : En Colombie, appellation des conservateurs durant la « violence ».

Gringo : Mot à sens parfois péjoratif pour désigner les étrangers provenant de l'Amérique du Nord ou de l'Europe.

Guano : Mot indigène qui désignait les excréments des oiseaux de la côte du Pérou ; ceux-ci, après séchage, servaient de fertilisant pour l'agriculture.

Habanera : Danse d'origine cubaine, qui arriva en Argentine au milieu du XIXe siècle et influa sur l'origine du tango.

Hacienda : Mot générique pour la grande propriété agricole, employé dans toute l'Amérique espagnole.

Huasipungo : En Bolivie, en Équateur et au Pérou, désigne le paysan, le métis ou l'indigène qui cultive une terre en métayage, dans une situation précaire.

Ingenio : Moulin pour la production de sucre dans les plantations tropicales.

Inquilinos : Au Chili, travailleurs agricoles qui vivaient à l'intérieur d'une hacienda, payés en partie en argent et en partie en biens.

Intendencia : Division territoriale créée au XVIIIe siècle, pour rendre l'administration coloniale plus efficace.

Katarismo : Mouvement paysan bolivien, né dans la décennie de 1970, qui s'inspire de Tupac Katari, un des chefs de la rébellion indigène de 1780.

Leche de tigre : En Bolivie et au Pérou, boisson composée de lait et d'alcool.

Libreta : Depuis les années 1960, moyen de contrôle du rationnement des aliments à Cuba.

Mambí, mambises : Mot probablement originaire de la République Dominicaine, par lequel les Espagnols désignaient péjorativement les Cubains rebelles (il signifiait « fils de singe »), dans l'époque précédant l'indépendance. Par la suite, les Cubains reprirent ce mot, l'assumant pour se l'appliquer entre eux.

Mambo : Danse d'origine cubaine, apparue à la fin des années 1930.

Mandamiento : Au Guatemala, loi qui obligeait les Indiens à accomplir des travaux forcés.

Maquiladoras : Industries établies depuis 1965 dans le nord du Mexique, qui fonctionnent sur la base de montage de pièces apportées des États-Unis.

Mate : Herbe originaire du Paraguay, qui s'emploie pour faire une infusion avec de l'eau chaude, de consommation massive dans la région de la Plata, depuis l'époque coloniale.

Matutos : Au Brésil, mot qui désigne les habitants pauvres de la campagne, avec un sens péjoratif.

Mayorazgo : Disposition légale d'origine coloniale qui assignait au fils aîné d'une famille la totalité de l'héritage, afin d'empêcher la subdivision de la propriété agricole. Elle avait le caractère d'un privilège, puisque ce n'était pas n'importe quelle famille qui pouvait s'en prévaloir.

Merengue : Danse populaire en République Dominicaine, remontant au XIXe siècle.

Montoneras : Groupes armés d'hommes à cheval, qui surgirent à l'époque de l'indépendance pour combattre les Espagnols. Par extension, s'applique à des rebelles ruraux.

Murga : Courant de musique populaire qui se développa en Argentine et en Uruguay au XIXe siècle.

Négritude : Idéologie qui fait ressortir l'importance de la culture africaine, dans une perspective mondiale.

Niño, El : Nom donné au courant marin d'eau chaude qui circule en face des pays du Pacifique en Amérique du Sud et qui provoque des pluies à l'époque de Noël.

Nacis : Militants du Parti national-socialiste chilien de la décennie de 1930.

Obraje : Établissement de manufactures de l'époque coloniale, généralement textiles, qui employaient une main-d'œuvre diversifiée : servile, esclave ou libre.

Onza : Mesure de poids équivalant à 30 grammes en Espagne ; à Cuba, durant l'époque coloniale, monnaie d'or d'une valeur de 92 pesètes.

Pájaros : En Colombie durant la « violence », nom donné à ceux qui commettaient des assassinats massifs.

Pampa : Plaine couverte d'herbe, située dans la région de Río de la Plata, propice à l'élevage. Dans le nord du Chili, région désertique.

Patronato : Privilège concédé par le pape au roi de Castille, qui lui permettait d'exercer un contrôle sur l'Église catholique.

Pelego : Au Brésil, pendant la dictature de Vargas, mot servant à désigner les délégués du ministère du Travail, qui agissaient dans les syndicats.

Peón : Mot générique pour parler de l'ouvrier agricole en Amérique hispanique.

Peones acasillados : Au Mexique, travailleurs agricoles qui vivaient à l'intérieur des *haciendas*.

Pinga : Au Brésil, expression pour désigner une boisson alcoolique.

Piqueteros : Désignent les gens qui font des protestations massives en Argentine, bloquant les routes durant la crise économique commencée en 2001.

Plantación : Propriété agricole en zone tropicale.

Pongueaje : Travaux forcés pour la population indigène en Bolivie et au Pérou.

Pueblos jóvenes : Au Pérou, secteurs urbains pauvres.

Pulque : Au Mexique, boisson alcoolique d'origine précolombienne, faite à base d'agave.

Quilombo : Dans le Brésil colonial, lieu où se réfugiaient les esclaves noirs en fuite.

Rabonas : Au Pérou, nom donné aux femmes qui accompagnaient les soldats dans les campagnes militaires du XIXe siècle.

Rastafari : Dans les Caraïbes britanniques, adeptes d'une religion charismatique, apparue dans la décennie de 1930, caractérisée par les confessions publiques, les danses et les états de transe.

Real : Monnaie d'argent, employée depuis les temps médiévaux en Castille, qui servit ensuite comme unité divisionnaire du peso.

Reggae : Style de chanson originaire de Jamaïque, qui dénonce les injustices sociales et propage les idées rastafari.

Rumba : Danse populaire d'origine cubaine, née dans la décennie de 1930.

Salitre : Salpêtre en espagnol, minéral d'origine saline, qui se trouve dans le désert du nord du Chili actuel, utilisé en agriculture comme fertilisant, et aussi pour la production d'explosifs.

Samba : Danse d'origine africaine, populaire au Brésil.

Santería : Culte religieux pratiqué à Cuba, dans lequel se confondent des croyances chrétiennes avec d'autres d'origine africaine.

Sertao : Région de l'intérieur du Nord-Est du Brésil, caractérisée par son climat de fréquentes sécheresses.

Seringueiro : Au Brésil, travailleurs du caoutchouc.

Sicarios : Dans la Colombie actuelle, désigne des jeunes recrutés pour commettre des assassinats.

Tontons macoutes : Expression péjorative pour désigner les membres de la police haïtienne durant la dictature de Duvalier.

Toque de queda : couvre-feu, défense de circuler sur la voie publique à certaines heures.

Turcs : Mot servant à désigner les immigrants d'origine arabe, qui arrivaient avec un passeport de l'Empire turc, au début du XXe siècle.

Vaudou : Religion pratiquée en Haïti, produit du syncrétisme de croyances africaines, chrétiennes et peut-être musulmanes.

Villas miserias : En Argentine, secteurs urbains pauvres.

Chronologie
1825-2003

1825-1828 : Guerre entre le Brésil et Buenos Aires pour la Bande Orientale (le futur Uruguay).

1826 : Congrès du Panama, essai d'union des pays hispano-américains.

1827 : L'Angleterre décrète que le commerce d'esclaves est un acte de piraterie, punissable de la peine de mort.

1829 : Début du premier gouvernement de Rosas à Buenos Aires, qui se prolonge jusqu'en 1832. L'année suivante, il retourne au pouvoir et commence sa dictature, qui se prolongera jusqu'en 1852.

1830 : Création de la République orientale de l'Uruguay ; désintégration de la « Grande Colombie » ; l'Équateur et le Venezuela forment des États indépendants. Au Chili, victoire des conservateurs dans la guerre civile contre les libéraux. Mort de Bolívar à Santa Marta (Colombie) après avoir perdu le pouvoir.

1833 : Les Anglais occupent les îles Malouines.

1835-1843 : Rébellion Farroupilha à Rio Grande do Sul, au Brésil.

1836 : Le Mexique perd le contrôle du Texas, après une courte guerre.

1837-1839 : Désintégration de la Fédération de l'Amérique centrale. Le Honduras, le Nicaragua, le Salvador, le Guatemala et le Costa Rica forment des États indépendants. Victoire du Chili dans la guerre qui l'opposait à la confédération formée par la Bolivie et le Pérou.

1839 : On inaugure une ligne de train à Cuba, la première en Amérique latine.

1840 : Mort de José Gaspar Rodríguez de Francia au Paraguay, qui met fin à la dictature commencée en 1814.

1842 : Fondation de l'Université du Chili à Santiago.

1844 : La République Dominicaine se sépare d'Haïti et proclame son indépendance.

1845 : Sarmiento publie *Facundo* au Chili.

1846-1848 : Guerre entre le Mexique et les États-Unis.

1847-1853 : Rébellion indigène au Yucatán, la guerre des *castas*.

1848 : Abolition de l'esclavage dans les colonies françaises. Dans les années 1850, la même chose se produit au Pérou, en Équateur, au Venezuela et en Colombie.

1849 : Début des exportations de *guano* au Pérou.

1855-1857 : Intervention de William Walker au Nicaragua.

1857-1860 : Période de la Réforme au Mexique. Victoire des libéraux contre les conservateurs dans la guerre civile. Proclamation de la Constitution libérale de 1857.

1861-1864 : La République Dominicaine retourne sous la domination espagnole.

1862-1867 : Occupation française au Mexique, qui impose Maximilien d'Autriche comme empereur.

1864-1866 : Agression de la marine de guerre espagnole dans plusieurs pays de la côte du Pacifique sud.

1865 : Rébellion de Morant Bay, en Jamaïque, protestation de Noirs pauvres pour des arrestations injustifiées.

1865-1870 : Guerre de la Triple Alliance (Argentine, Brésil, Uruguay) contre le Paraguay.

1868-1878 : Guerre pour l'indépendance de Cuba, commencée par Manuel de Céspedes, qui échoue.

1876 : Début de la dictature de Porfirio Díaz au Mexique (jusqu'en 1911).

1879-1883 : Guerre du Pacifique, gagnée par le Chili contre le Pérou et la Bolivie.

1880 : En Argentine et au Chili, l'armée procède à la conquête de territoires jusqu'alors contrôlés par les indigènes.

1888 : Abolition de l'esclavage au Brésil.

1889 : Fin de l'empire et début de la république au Brésil, à la suite d'une intervention militaire. À Washington, réunion qui met en marche le mouvement panaméricain, patronné par les États-Unis.

1891 : Guerre civile au Chili.

1895-1898 : Guerre pour l'indépendance de Cuba, qui se termine par l'intervention militaire des États-Unis. José Martí meurt au combat en 1895.

1899-1902 : « Guerre des Mille jours », conflit civil en Colombie.

1900 : Publication de *Ariel*, de José Enrique Rodó. Dans cette même période, création du service militaire obligatoire au Chili et en Argentine.

1901 : La United Fruit Company s'installe en Amérique centrale et en Colombie.

1903 : Indépendance du Panama, après une intervention militaire des États-Unis.

1903-1907 et 1911-1915 : Gouvernements du président Batlle en Uruguay : législation sociale, participation de l'État à l'économie.

1904 : Le président des États-Unis, Theodore Roosevelt, proclame le droit d'intervention dans les pays qui ne respectent pas leurs engagements financiers.

1907 : Massacre d'ouvriers par les militaires à Iquique (Chili) : environ deux mille morts.

1910-1917 : Révolution mexicaine.

1912 : Débuts de l'occupation militaire des États-Unis au Nicaragua (jusqu'en 1933).

1914 : Inauguration du canal de Panama. Apogée de l'immigration dans plusieurs pays de l'Amérique du Sud.

1916 : Première élection au suffrage universel en Argentine : victoire de l'Union civique radicale. Les États-Unis occupent Haïti (jusqu'en 1930) et la République Dominicaine (jusqu'en 1924).

1917 : Plusieurs pays latino-américains rompent leurs relations avec l'Allemagne, appuyant les États-Unis dans la première guerre mondiale. Au Mexique : Constitution de Querétaro.

1919 : Assassinat de Zapata au Mexique. En Argentine : répression anti-ouvrière, « Semaine tragique ».

1922 : La production de pétrole à grande échelle commence au Venezuela.

1924 : Le Péruvien Haya de la Torre fonde le parti APRA au Mexique.

1924-1925 : Interventions militaires en Équateur (« révolution julienne ») et au Chili.

1927-1933 : Guerre civile au Nicaragua et combat de la guérilla de Sandino contre l'occupation militaire des États-Unis.

1928 : Massacre des travailleurs agricoles d'une plantation de la United Fruit en Colombie, faisant plusieurs centaines de victimes.

1929-1933 : Chute de plusieurs gouvernements dans le contexte de la crise mondiale de l'économie : Leguía au Pérou, Yrigoyen en Argentine, Ibáñez au Chili, Machado à Cuba. Au Brésil, début du gouvernement de Vargas (1930).

1932 : L'armée effectue un massacre au Salvador, la « Matanza » (tuerie) : de 20 à 30 000 morts.

1932-1935 : Guerre du Chaco entre la Bolivie et le Paraguay, remportée par ce dernier.

1934 : Assassinat de Sandino au Nicaragua. Commencement de la longue dictature de Somoza. Mort du chanteur de tangos Carlos Gardel, dans un accident d'avion, à Medellín.

1938 : Le gouvernement mexicain nationalise le pétrole. Victoire du Front Populaire au Chili.

1941 : Guerre entre l'Équateur et le Pérou, favorable à ce dernier.

1942 : Conférence inter-américaine à Rio de Janeiro, qui décide de recommander la rupture des relations avec les pays de l'Axe. Massacre des mineurs de l'étain à Catavi, en Bolivie, faisant plusieurs centaines de morts.

1943 : Coup militaire en Argentine, qui installe au pouvoir un groupe d'officiers favorables à l'Axe.

1944 : Première élection au suffrage universel en Jamaïque, exemple suivi par les autres colonies anglaises.

1946 : Perón est élu président de l'Argentine en février. Les colonies françaises érigées en départements.

1946-1949 : La femme obtient le droit de vote dans un grand nombre de pays.

1947 : Signature du Traité d'assistance militaire réciproque entre les États américains.

1948 : Création de l'OEA, nouvelle expression du panaméricanisme. En même temps : émeute à Bogotá à l'occasion de l'assassinat du politique libéral Jorge Eliecer Gaitán ; début de la « violence ». Dans plusieurs pays le Parti communiste est déclaré illégal.

Création de la CEPAL par les Nations unies. Brève guerre civile au Costa Rica ; suppression de l'armée.

1950 : Pablo Neruda publie *Canto General*. L'Uruguay remporte le championnat mondial de football (soccer) au Brésil.

1952 : Batista prend le pouvoir à Cuba au moyen d'un coup d'État. Triomphe de la révolution en Bolivie, qui porte le MNR au pouvoir. Mort d'Eva Perón. Porto Rico devient un État libre associé aux États-Unis.

1953 : Début de la révolution cubaine, avec l'assaut de la caserne Moncada.

1954 : Coup d'État au Guatemala appuyé par les États-Unis, qui renverse le président Arbenz. Au Paraguay, début de la dictature de Stroessner qui durera jusqu'en 1989. Les colonies hollandaises obtiennent le droit à l'autonomie et sont mises sur un pied d'égalité juridique avec la métropole.

1955 : Chute de Perón en Argentine, renversé par un coup militaire.

1957 : Début de la dictature de Duvalier en Haïti, qui se prolongera, avec son fils, jusqu'en 1986.

1958 : Élection de Rómulo Betancourt à la présidence du Venezuela, qui marque le début d'une longue période de stabilité après plusieurs années de dictatures diverses.

1959 : Triomphe de la révolution cubaine.

1960 : Inauguration de Brasilia, la nouvelle capitale du Brésil. Début du mouvement de décolonisation dans la zone des Caraïbes, qui donne naissance à une douzaine de nouveaux États. Création des premiers marchés régionaux.

1961 : Échec de la tentative de débarquement des anti-castristes à Cuba, sur la Playa Girón. La révolution cubaine se déclare marxiste. Les États-Unis lancent le plan de l'Alliance pour le progrès. Fin de la dictature de Trujillo en République Dominicaine à la suite de son assassinat par un groupe d'opposants.

1962 : Crise des missiles à Cuba. Commencement du blocus commercial et diplomatique de l'île par les États-Unis.

1964 : Élection d'Eduardo Frei à la présidence du Chili, premier mandataire démocrate-chrétien en Amérique latine. Début de la dictature militaire au Brésil, qui durera jusqu'en 1985.

Colombie : les opérations des guérilleros des FARC et de l'ELN commencent.

1965 : Intervention militaire des États-Unis en République Dominicaine, durant quelques mois.

1967 : Gabriel García Márquez publie *Cien años de soledad*. Mort de Che Guevara en Bolivie. Commencement de la réforme agraire au Chili.

1968 : Massacre de la Plaza Tlatelolco au Mexique : environ 600 morts. Coup d'État au Pérou, qui porte au pouvoir des militaires nationalistes. Première visite d'un pape en Amérique latine.

1970 : Élection de Salvador Allende comme président au Chili ; nationalisation du cuivre, accélération de la réforme agraire.

1971 : Début de la dictature militaire de Banzer en Bolivie, qui se prolongera jusqu'en 1978.

1973 : Retour de Perón en Argentine après 18 ans d'exil. Coup militaire qui renverse Allende au Chili. Implantation de la dictature militaire en Uruguay.

1976 : Début de la dictature militaire en Argentine qui durera jusqu'en 1983.

1977 : Les États-Unis signent un traité avec le Panama pour restituer le canal.

1979 : Chute de la dictature de Somoza au Nicaragua ; triomphe de la révolution sandiniste. Au Salvador : commencement de la lutte armée contre les militaires.

1980 : Début des actions du Sentier Lumineux au Pérou. Assassinat de l'évêque Romero au Salvador. Au Guatemala : tuerie de 40 paysans dans l'ambassade d'Espagne, brûlés vifs. Au Brésil, fondation du Parti des travailleurs, dirigé par Lula.

1982 : Une grave crise financière éclate dans toute la région : le Mexique suspend sa dette extérieure. Guerre des Malouines entre l'Argentine et la Grande-Bretagne.

1982-1985 : Les militaires rendent le pouvoir aux civils en Bolivie, en Argentine, en Uruguay, au Brésil et au Guatemala.

1983 : Invasion de l'île de Grenade par les États-Unis.

1989 : Fin des dictatures au Paraguay et au Chili. Début du gouvernement Menem en Argentine. Invasion du Panama par des forces militaires des États-Unis, pour capturer Noriega.

1990 : Les sandinistes perdent le pouvoir au Nicaragua. Au Pérou : victoire inattendue de Fujimori à l'élection présidentielle. En Équateur : protestation massive des indigènes en faveur de leurs terres.

1990-1992 : La lutte s'intensifie entre les trafiquants de drogue et l'État colombien.

1992 : Tentative de coup d'État du colonel Chávez au Venezuela. Au Brésil : démission du président Collor de Melo, accusé de corruption. Au Pérou, Fujimori dissout le Congrès durant quelques mois, avec l'appui de l'armée. Célébration du ve centenaire de l'arrivée de Colomb en Amérique. Fin de la guerre civile au Salvador.

1994 : Réunion au sommet de Miami : projet de création d'une aire de libre-commerce pour toutes les Amériques (ALCA). Le Mexique adhère à l'Accord de libre-échange nord-américain. Création du Mercosur. Début de la guérilla zapatiste au Chiapas. Crise financière au Mexique, « effet tequila ». À Buenos Aires, attentat contre la Mutuelle israélite, qui entraîne la mort de plusieurs douzaines de personnes.

1995 : Résurgence du conflit armé entre l'Équateur et le Pérou. Réélection de Fujimori et de Menem au Pérou et en Argentine.

1996 : Fin de la guerre civile au Guatemala.

1998 : Arrestation de Pinochet à Londres, où il restera jusqu'en mars 2000. Chávez est élu président du Venezuela. Au Guatemala : assassinat de l'évêque Juan Gerardi. En Colombie, début de dialogue pour la paix entre le gouvernement et la guérilla, qui ne donnera pas de résultats.

2000 : Nouvelle protestation massive des indigènes en Équateur, qui entraîne la démission du président. Au Pérou, Fujimori abandonne le pouvoir et s'exile au Japon. Les États-Unis annoncent le Plan Colombia pour combattre la drogue. Mexique : fin du monopole du pouvoir par le PRI, élection de Vicente Fox.

2001 : Réunion au sommet de Québec, pour faire avancer le projet ALCA. Grandes grèves au Venezuela contre le gouvernement de Chávez. Démission du président De la Rúa en Argentine au milieu d'une grave crise économique. Le pays dévalue le peso et suspend le paiement de sa dette extérieure.

2002 : Élection de Lula à la présidence au Brésil. Au Venezuela, tentative de putsch contre le président Chávez.

2003 : Graves émeutes en Bolivie : le président Sánchez de Losada démisionne. Réformulation du projet de la ZLÉA, qui assouplit son application et laisse à chaque pays le choix de la façon d'y adhérer. Au Nicaragua, l'ancien président Arnoldo Alemán est trouvé coupable de corruption et d'enrichissement illicite. Au Guatemala, l'ancien dictateur Efraín Ríos Montt échoue dans sa tentative de gagner la présidence du pays.

2004 : En Haïti, le président Aristide abandonne le pays dans des circonstances peu claires. Au Venezuela, le président Chávez remporte un référendum qui réclamait sa destitution.

Bibliographie

Cette section ne contient que les principaux titres à consulter sur les divers thèmes abordés dans cette étude. La préférence a été donnée aux titres en français.

Encyclopédies et ouvrages de référence

CHEVALIER, François, *Amérique latine. De l'indépendance à nos jours.* PUF, Coll. Nouvelle Clio, n° 44, 1993 (2ᵉ édition).

COLLIER, Simon (ed.), *The Cambridge Encyclopedia of Latin America and the Caribbean.* Cambridge University Press, 1985.

COVO, Jacqueline, *Introduction aux civilisations latino-américaines.* Paris, Nathan, 1993.

DUVIOLS, Jean-Paul, *Dictionnaire culturel. Amérique latine.* Paris, Ellipses, 2000.

LEMOINE, Maurice, *Les cent portes de l'Amérique latine.* Paris, éditions Autrement, 1988.

LOMBARDI, Cathryn and John, *Latin American History. A Teaching Atlas.* Madison, The University of Wisconsin, 1983.

ROUQUIÉ, Alain, *Amérique latine, introduction à l'Extrême-Occident.* Paris, Seuil, 1987.

Statistical Abstract of Latin America. University of California at Los Angeles. (Desde 1955).

TENENBAUM, Barbara (dir.), *Encyclopedia of Latin American History and Culture.* New York, Simon and Schuster, 1996, 5 volumes.

TOURAINE, Alain, *La parole et le sang. Politique et société en Amérique latine.* Paris, Éditions Odile Jacob, 1988.

Histoires générales et de certaines époques

BETHELL, Leslie (ed.), *The Cambridge History of Latin America,* 10 volumes Cambridge University Press, 1985-1998.

BURNS, E.Bradford, *The Poverty of Progress. Latin America in the Nineteenth Century.* Berkeley, University of California Press, 1980.

BUSHNELL, David et MACAULAY, Neill, *The Emergence of Latin America in the Nineteenth Century.* New York, Oxford, 1988.

CALVO, Thomas, *L'Amérique ibérique de 1570 à 1910.* Paris, Nathan, 1994.

DABÈNE, Oliver, *L'Amérique latine au xxᵉ siècle.* Paris, Armand Colin, 1994.

HALPERIN Donghi, Tulio, *Histoire contemporaine de l'Amérique latine.* Paris, Payot, 1971 (édition mise à jour en anglais, 1994).

MANIGAT, Leslie, *Évolutions et révolutions. L'Amérique latine au xxᵉ siècle, 1889-1929.* Éditions Richelieu, 1973.

VAYSSIÈRE, Pierre, *L'Amérique latine de 1890 à nos jours.* Paris, Hachette, 1996.

Études nationales et régionales

AUROI, Claude, *Des Incas au Sentier Lumineux. L'histoire violente du Pérou.* Genève, Georg, 1988.

BARBICHE, Jean-Paul, *Les Antilles britanniques de l'époque coloniale aux indépendances.* Paris, L'Harmattan, 1989.

BARROS, Jacques, *Haïti de 1804 à nos jours.* Paris, L'Harmattan, 1984, 2 volumes.

BENASSAR, Bartolomé - MARIN, Richard, *Histoire du Brésil, 1500-2000.* Paris, Fayard, 2000.

BLEEKER-MASSARD, Patricia, *Exils et résistance. Éléments d'histoire d'El Salvador.* Paris, L'Harmattan, 1995.

DEL POZO, José, *Le Chili contemporain, quelle démocratie?* Québec, Nota bene, 2000.

DEMELAS, Danièle, *Nationalisme sans nation? La Bolivie au xixᵉ -xxᵉ siècles.* Paris, CNRS, 1980.

DUNKERLEY, James, *Power in the Isthmus. A Political History of Modern Central America.* London-New York, Verso, 1988.

FREGOSI, Renée, *Le Paraguay au xxᵉ siècle.* Paris, L'Harmattan, 1997.

GÈZE, Alain et LABROUSSE, Alain, *Argentine, révolution et contre-révolution.* Paris, Seuil, 1975.

KNIGHT, Franklin W., *The Caribbean. The Genesis of a Fragmented Nationalism*. New York, Oxford, 1990.

LANGUE, Frédérique, *Histoire du Venezuela de la conquête à nos jours*. Paris, L'Harmattan, 1999.

LOVEMAN, Brian, *Chile, The Legacy of Spanish Capitalism*. New York, Oxford, 2000 (3e édition).

MEYER, Michael M., SHERMAN, William L., *The Course of Mexican History*. New York, Oxford University Press, 1991.

MINAUDIER, Jean-Pierre, *Histoire de la Colombie. De la conquête à nos jours*. Paris, L'Harmattan, 1992.

PÉREZ, Louis A., *Cuba Between Reform and Revolution*. New York, Oxford, 1988.

ROUQUIÉ, Alain, *L'Argentine*. Paris, PUF, Coll. Que sais-je ? n° 366, 1984.

WILLIAMS, Eric, *De Christophe Colomb à Fidel Castro, l'histoire des Caraïbes, 1492-1969*. Paris, Présence africaine, 1975.

Études thématiques

BOURDÉ, Guy, *Urbanisation et immigration en Argentine, Buenos Aires, XIXᵉ et XXᵉ siècles*. Paris, Aubier-Montaigne, 1974.

CAPDEVILA, Lauro, *La dictature de Trujillo*. Paris, L'Harmattan, 1998.

COLE, Blasier, *The Hovering Giant. U.S. Responses to Revolutionary Changes in Latin America*. Pittsburgh University Press, 1979.

CORTEN, André, *L'État faible, Haïti et République Dominicaine*. Montréal, CIDIHCA, 1989.

DAVIS, Darién J. (editor), *Slavery and Beyond. The African Impact on Latin America and the Caribbean*. Wilmington, Scholarly Resources, 1995.

DUCLAS, Robert, *La vie quotidienne au Mexique au milieu du XIXᵉ siècle*. Paris, L'Harmattan, 1993.

FELL, Marie-Ève, *Les Indiens. Société et idéologie en Amérique hispanique*. Paris, A. Colin, 1973.

FURTADO, Celso, *Politique économique de l'Amérique latine*. Paris, Sirey, 1970.

GRENIER, Yvon, *Guerre et pouvoir au Salvador*. Québec, Les Presses de l'Université Laval, 1994.

LAFEBER, Walter, *Inevitable Revolutions. The United States in Central America*. New York, W.W. Norton and Co., 1993.

LEMOGODEUC, Jean-Marie (coord.), *L'Amérique hispanique au XXᵉ siècle, identités, cultures et sociétés*. Paris, PUF, 1997.

MAURO, Frédéric, *La vie quotidienne au Brésil au temps de l'empereur Pedro II*. Paris, Hachette, 1980.

MEYER, Jean, *La révolution mexicaine*. Paris, Calmann-Lévy, 1973.

MOERNER, Magnus, *Le métissage dans l'histoire de l'Amérique latine*. Paris, Fayard, 1971.

QUEILLE, Pierre, *L'Amérique latine. La doctrine Monroe et le panaméricanisme*. Paris, Payot, 1969.

ROUQUIÉ, Alain, *L'État militaire en Amérique latine*. Paris, Seuil, 1982.

SÁNCHEZ, Gonzalo, *Guerre et politique en Colombie*. Paris, L'Harmattan, 1998.

VAYSSIÈRE, Pierre, *Les révolutions d'Amérique latine*. Paris, Seuil, 1991.

WEAVER, Frederick Stirton, *Class, State and Industrial Structure. The Historic Process of South American Industrial Growth*. Westport, Greenwood Press, 1980.

YEAGER, Gertrude M. (ed.), *Confronting Change, Challenging Tradition. Women in Latin American History*. Wilmington, Jaguar Books, 1994.

Quelques romans, témoignages et mémoires de voyage

AMADO, Jorge, *Les souterrains de la liberté* (La dictature de Vargas au Brésil et la répression des communistes dans les années 1930).

ALLENDE, Isabel, *La maison aux esprits* (Le Chili au xxᵉ siècle à travers l'opposition entre les propriétaire fonciers et les travailleurs ruraux).

BARNET, Miguel, *Esclave à Cuba. Biographie d'un « cimarron », du colonialisme à l'indépendance*. Paris, Gallimard, 1967.

DARWIN, Charles, *Voyage d'un naturaliste autour du monde*. Paris, Maspero, 1982.

FUENTES, Carlos, *La mort d'Artemio Cruz* (L'héritage de la révolution mexicaine).

GARCÍA Márquez, Gabriel, *Le général dans son labyrinthe* (Simón Bolívar à la fin de sa vie).

GUZMÁN, Martín Luis, *L'aigle et le serpent* (La révolution mexicaine).

MARTÍNEZ, Tomás Eloy, *Le roman de Perón* (La carrière politique de Perón, son exil et son retour).

– *Santa Evita* (Eva au-delà de sa vie, durant la dictature de 1976-1983).

ROA Bastos, Augusto, *Moi le suprême* (La dictature de Francia au Paraguay de 1814-1840).

TRISTÁN, Flora, *Pérégrinations d'une paria*. Paris, Maspero, 1980 (Témoignage de la féministe française sur son séjour au Pérou dans les années 1830).

VARGAS Llosa, Mario, *La guerre de la fin du monde* (Le mouvement millénariste de la fin du xixe siècle dans le Nord-Est du Brésil et sa répression par le gouvernement républicain).
– *La fête au bouc* (La dictature de Trujillo en République Dominicaine, 1930-1961).

Périodiques

Cahiers des Amériques latines (Paris).
Caravelle (Cahiers du monde hispanique et luso-américain), Toulouse.
Hispanic American Historical Review (États-Unis).
Journal of Latin American Studies (Grande-Bretagne).
Latin American Research Review (États-Unis).
*Revue canadienne des études latino-américaines et caraïbes – Canadian.
Journal of Latin American and Caribbean Studies* (Canada).

Source des illustrations

p. 18, *Le serment de l'indépendance,* photo Musée national d'histoire, Abbaye ; **p. 21**, photo de l'auteur ; **p. 22**, *Bolívar,* par José Gil de Castro, Ministerio de relaciones exteriores de Venezuela, Ades, p. 20 ; **p. 24**, Simoni-Mauro, p. 185, Collection Violet ; **p. 25**, *Volontaires belges,* Stols-Bleys, p. 305, Collection M. Dumoulin, Louvain-la-Neuve ; **p. 26**, Ades p. 29, Museo nacional de artes plásticas, Montevideo ; **p. 30**, Chariots, photo de l'auteur ; **p. 33**, Del Pozo, p. 82, photo tirée d'une brochure des producteurs de vin, tableau original de B. Pagani ; **p. 37**, Ades, p. 97, photos anonymes, Pinacoteca de Lima, Pérou ; **p. 40**, photo de l'auteur ; **p. 41**, Ades, p. 91, *Le marchand d'eau,* Musée national d'histoire du Mexique (INAH) ; **p. 42**, Simoni-Mauro, p. 148, tiré du *Voyage pittoresque et historique du Brésil* de J-B Debret ; **p. 44**, *History Today,* vol.34, Mars 1984, dessin de Frans Post ; **p. 46**, Stols-Bley, p. 274 ; **p. 50**, *History Today,* vol.34, Mars 1984 ; **p. 51**, Ades, p. 70, *Gens de la campagne,* tableau de l'*Atlas physique et politique du Chili,* par Claude Gay, vol. 2, The British Library Board ; **p. 61**, Delpar, p. 112, photo Radio Times Hilton Picture Library ; **p. 64**, Brochure touristique mexicaine, **p. 66**, The Cambridge, p. 269, OEA ; **p. 73**, Warren, p. 148, tirée de *Letters on Paraguay,* par J.P. et W.P. Robertson ; **p. 74**, Heinl-Heinl, p. 242-243 (hors texte), photo Library of Congress ; **p. 77**, Jaksic, tableau de Monvoisin, peintre français du XIXᵉ siècle, appartenant à l'Université du Chili, Santiago ; **p. 79**, Bauer, 218, The Bancroft Library, Berkeley ; **p. 81**, Tableau de Maurice Rugendas, *El pisco,* p. 117 ; **p. 85**, Cambridge, p. 297, photo OEA ; **p. 87**, Manigat, p. 344, National Archives, Washington ; **p. 91**, Manigat, p. 227, Library of Congress, Washington ; **p. 92**, *Amérique centrale,* p. 73 ; **p. 93**, Blakemore ; **p. 94**, Manigat, 232, Library of Congress ; **p. 96**, Bauer, p. 192, gracieuseté de la Brasserie Cuauhtémoc ; **p. 100-101**, *El Mercurio* ; **p. 103**, Manigat, p. 236, Library of Congress, Washington ; **p. 105**, *Historia argentina* ; **p. 108**, *The World...,* p. 56 ; **p. 110**, coll. de l'auteur ; **p. 114**, Beaucage, p. 125, *Petit Journal 1913. Des femmes dans la révolution mexicaine,* Paris, photo Edimedia/Publiphoto ; **p. 121**, Delpar, p. 72, photo OEA ; **p. 123**, Manigat, hors texte, p. 288-289, Institut international d'histoire sociale, Amsterdam ; **p. 125**, Ades, p. 9, tableau anonyme, *Allégorie du départ de Pedro II en Europe,* Maria Luisa e Oscar americano, Sao Paulo ; **p. 127**, Manigat, p. 158, Bibliothèque nationale ; **p. 130**, Rourke, p. 144 (hors texte) ; **p. 133**, Manigat, p. 209, Fondo de Cultura, Mexico ; **p. 136**, Manigat, p. 366, National Archives, Washington ; **p. 139**, Manigat, p. 80, collection Maison d'Auguste Comte ; **p. 142**, *Colombia and Venezuela*, Arthur Rickerley et Frank Lerner, p. 142 ; **p. 143**, haut : Clemente Orozco, bas : *Femme noire*, Museo de arte contemporaneo de la Universidad de Sao Paulo ; **p. 144**, Leymarie, p. 122, Adriana Groisman/Contact Press Images ; **p. 145**, photo de l'auteur ; **p. 151**, Levine, p. 165, Archives municipales Caxias do Sul ; **p. 153**, *Historia argentina* ; **p. 155**, Simoni-Mauro, p. 166, photo de Mireille Vautier ; **p. 159**, coll. de l'auteur ; **p. 163**, Simoni-Mauro, p. 226, photo de Mireille Vautier ; **p. 166**, Simoni-Mauro, p. 258, photo de Roger-Viollet ; **p. 182**, Winn, p. 307, Courtesy of Elena Caffarena et Olga Poblete ; **p. 191**, *Colombia and Venezuela*, p. 48, Photo Associated Press ; **p. 193**, Krauze, p. 465, photo FINAH ; **p. 196**, Béarn, hors texte n° 12, Gisèle Freund ; **p. 197**, *Historia argentina*, p. 212 ; **p. 198**, Milza-Bentelli, p. 299, Keystone ; **p. 200**, Murillo, hors texte à la fin du livre ; **p. 207**, *Les Antilles*, p. 88 Bruce Henderson ; **p. 208**, Booth, p. 74, Archives de Barricada ; **p. 215**, Ades, p. 213, *Café*, tableau, Musée national des Beaux-Arts, Rio de Janeiro ; **p. 217**, Simoni-Mauro, p. 265, photo Keystone ; **p. 218**, Leymarie, p. 44, National Archives, Washington ; **p. 219**, *El Gráfico* et *El Peneca* ; **p. 224**, Colombia and Venezuela, p. 111, Charles Moore ; **p. 226**, coll. de l'auteur ; **p. 227**, Winn, p. 445, Owen Franken, Sygma ; **p. 229**, *The Cambridge*, p. 350 ; **p. 237**, Winn, p. 202, Terry Moore, 1986 ; **p. 239**, Simoni-Mauro, p. 244, photo Mireille Vautier ; **p. 248**, *El País* ; **p. 250**, Winn, p. 347, Delfim Martins, Pulsar ; **p. 251**, Winn, p. 349, AP/Wide World Photos ; **p. 252**, *Report on the Americas*, vol. XXV, n° 4, feb. 1992, p. 24, Chester Higgins Jr. ; **p. 253** haut : *The Cambridge*, p. 464, Popperfoto, bas : The Cambridge, p. 466, Trip/Peter Blake ; **p. 257**, coll. de l'auteur ; **p. 258**, *Colombia and Venezuela* ; **p. 260**, Constable-Valenzuela, photo anonyme ; **p. 265**, Starn, p. 312, pamphlet de Sentier Lumineux ; **p. 266**, Winn, hors-texte, p. 464-465, Asociación de artistas populares de Sarhua, Ayacucho, Peru ; **p. 268**, Joxe – Silvester-Rapho ; **p. 269**, coll. de l'auteur ; **p. 272**, Seoane-Muleiro ; **p. 275**, Constable-Valenzuela, photo de Marco Ugarte ; **p. 281**, Saint-Germain, couverture, photo Yvan Provencher ; **p. 283**, Comité ; **p. 288**, Salas, p. 55 ; **p. 292**, Winn, p. 312, AP/Wide World Photos ; **p. 297**, coll. de l'auteur ; **p. 299**, *Le Point* n° 1318-1319, 20/12/1997, p. 127, Abril imagens ; **p. 302**, *El Universal* ; **p. 307**, *La Época* ; **p. 309**, *La Presse* ; **p. 319**, *Voices of Mexico*, n° 62, january-march 2003, p. 27 ; **p. 321**, *La Presse*, **p. 326**, *El Mercurio* ; **p. 333**, *Notre Histoire*, n° 83, nov. 1991, p. 52, AFP ; **p. 339**, *The Cambridge*, **p. 401**, Penguin Books ; **p. 340**, gracieuseté *Les Expos de Montréal*.

Références

ABBAYE de Daoulas, *Pérou: dieux, peuples et traditions*. Finistère, 1999

ADES, Dawn, *Art in Latin America. The Modern Era, 1920-1980*. New Haven Yale University Press, 1989

BAUER, Arnold, *Somos lo que compramos. Historia de la cultura material en América latina*. México, Taurus, 2002

BÉARN, Georges, *La décade péroniste*. Gallimard-Julliard, 1975

BEAUCAGE, Pierre, *Imaginaires mexicains*. Fides-Musée de la civilisation, Québec, 1998

BOOTH, John A., *The End and the Beginning : The Nicaraguan Revolution*. Boulder, Westview Press, 1985

Colombia and Venezuela. Time-Life, 1965

Comité d'appui au Salvador, Montréal

CONSTABLE, Pamela et Arturo VALENZUELA, *A Nation of Enemies. Chile Under Pinochet*. New York, W. W. Norton, 1991

DELPAR, Helen (ed.), *Encyclopedia of Latin America*. McGraw-Hill, 1974

DEL POZO, José, *Historia del vino chileno*, Santiago, Editorial Universitaria, 1998

El Gráfico, revue des sports, Buenos Aires, Argentine

El Mercurio, quotidien chilien

El País, quotidien espagnol

El Peneca, hebdomadaire pour enfants, Santiago du Chili (n'existe plus)

El pisco, bebida tradicional del Perú. Lima, Banco latino, 1990

El Universal, quotidien mexicain

Excelsior, quotidien mexicain

HEINL, Robert Debs Jr., and HEINL, Nancy Gordon, *Written in Blood. The Story of Haitian People, 1492-1971*. Boston : Houghton Mifflin Co., 1978

Historia argentina, Raúl Fradkin (coordonateur) Buenos Aires, Editorial Estrada, 2000

History Today (revue d'histoire, Grande-Bretagne)

JAKSIC, Iván, *Andrés Bello : la pasión por el orden*. Santiago, Editorial Universitaria, 2001

JOXE, Alain, *Le Chili sous Allende*. Éditions Gallimard-Julliard, collection archives, 1974

KRAUZE, Enrique, *Mexico. Biography of Power. A History of Modern Mexico, 1810-1996*. New York, Harper Perennial, 1998

L'Actualité, bimensuel québécois

La Época, quotidien chilien

La Presse, quotidien québécois

Le Point, hebdomadaire français, numéros 1318-1319 du 20 décembre 1997

Les Antilles

LEYMARIE, Isabelle : *La musique sud-américaine. Rythmes et danses d'un continent.* Découvertes Gallimard, 1997

MANIGAT, Leslie : *Évolution et contre-révolution. L'Amérique latine de 1889 à 1929.* Paris, Richelieu, 1973

MILZA, Pierre et BENTELLI, *Marianne : Le fascisme au xxᵉ siècle.* Paris, Richelieu, 1973

MURILLO Garaycochea, Percy, *Historia del APRA, 1919-1945.* Lima, 1976, Enrique Delgado, editor
– *Nicaragua, A Decade of Revolution.* New York, Norton, 1991

Notre histoire (revue d'histoire des religions, France)

Report on the Americas (New York) vol. xxv, n° 4, february 1992

SAINT-GERMAIN, Pierre, *Nicaragua libre. Une révolution qui ébranle l'Amérique centrale.* Montréal, Éditions coopératives Albert Saint-Martin, 1981

ROURKE, Thomas, *Gomez, Tyrant of the Andes.* New York, Halcyon House, 1948

SALAS, Osvaldo et Roberto, *Cuba de Fidel.* Gremas, 2000

SEOANE, María / MULEIRO, Vicente, *El dictador. La historia secreta y pública de Jorge Rafael Videla.* Buenos Aires, Sudamericana, 2001

SIMONI Abbat, Mireille - MAURO, Fréderic, *Amérique latine.* Horizons de France, 1971

STARN, Orin et al. (eds), *The Peru Reader. History, Culture, Politics.* Duke University Press, 1995

STOLS, Eddy et BLEYS, Rud, *Flandre et l'Amérique latine.* Anvers, Fonds Mercator, 1993

The Andean Republics, Time-Life, 1965

The Cambridge Encyclopedia of Latin America, Cambridge University Press, 1992

The World of Agustin Victor Casasola, Mexico 1900-1938, catalogue d'exposition, 1987

Voices of Mexico, revue mexicaine, n° 61, january-march 2003

WARREN, Harris Gaylord, *Paraguay. An Informal History.* University of Oklahoma Press, 1949

WINN, Peter, *Americas. The Changing Face of Latin America and the Caribbean.* New York, Pantheon Books, 1992

Index

Les personnages et les lieux ont été indexés, ainsi que les partis politiques, les ethnies, les organisations et les conflits.

Acre 89
AD (Action démocratique, Venezuela) 201, 262
Adamo, Salvatore 268
Afrique 9, 10, 50, 80, 144, 224, 289, 290, 298, 343
Afrique du Sud 338
Aguirre Cerda, Pedro 185, 213
Agustín Iᵉʳ 54
ALADI (Association latino-américaine d'intégration) 230, 306
ALALC (Association latino-américaine de libre-échange) 230
Alamán, Lucas 55, 77, 78
Alberdi, Juan Bautista 77
Albizú Campos, Pedro 211
Alcabala 131
Alegría, Ciro 216
Alemán, Miguel 167
ALÉNA (Association de libre-échange nord-américaine) 306
Alencar, José de 79
Alessandri, Arturo 124, 186
Alessandri, Jorge 188
Alfaro, Eloy 129
Alfonsín, Raúl 275
Allemagne 10, 73, 86, 88, 89, 91, 99, 106, 164, 198
Allende, Isabel 296
Allende, Salvador 188, 244, 259, 260, 268, 269, 289, 327, 337
Alliance pour le progrès 243, 269
Alvear, Torcuato de 122
Amado, Jorge 216, 217
Amaral, Azevedo 213
Amaral, Tarsila do 143, 144
Amazonie 33, 39, 94, 243

Amérique centrale 7, 8, 10, 15, 17, 20, 25, 44, 48, 62, 83, 88, 90, 91, 95, 99, 100, 102, 115, 120, 135, 149, 154, 160, 175, 177, 178, 184, 216, 221, 225, 228, 230, 250, 258, 271, 278, 280, 286, 312, 347
Amérique espagnole 37
Amérique du Nord 9, 26, 99, 158, 162, 236, 238, 239, 313, 341, 356
Amérique du sud 7, 11, 17, 18, 20, 88, 99, 162, 183, 205, 209, 219, 252, 271, 290, 304, 327, 358
ANAPO (Alliance nacionale populaire, Colombia) 247, 264
Anchorena, famille 32
Andrade, Oswaldo de 141
Angelelli, Alfredo 259
Angelini, Anacleto 316
Angola, 290
Angleterre 10, 11, 19, 21, 22, 15, 26, 34, 45, 49, 52, 53, 57, 58, 69, 99. 106, 169, 210, 275
Anguilla 223
Antigua et Barbuda 223, 331
Antilles 27, 58, 209
Antilles néerlandaises 210
Antioquia 95
Antofagasta 20, 89, 93
Antonio, Jorge 165
APEC (Coopération économique Asie-Pacifique) 307
APRA (Alliance populaire révolutionnaire américaine, Pérou) 128, 200, 201, 211, 265, 332
Apuleyo, Plinio 339
Aramayo, José 103
Aramburu, Pedro 259, 273

Araucanos 39, 57
Arbenz, Jacobo 204, 205, 282
Arcos, Santiago 71, 77
Arellano Stark, Sergio 337
Arequipa 38, 48
Arévalo, Juan José 189, 204
Argaña, Luis 334
Argentine 8, 19, 20, 21, 22, 26, 29, 30,
    32, 33, 34, 39, 44, 47, 48, 50, 52, 56,
    60, 66, 67, 78, 87, 88, 92, 94, 95, 96,
    97, 99, 101, 104, 105, 106, 108, 109,
    110, 113, 114, 115, 117, 120, 122,
    145, 147, 149, 150, 152, 153, 154,
    157, 159, 160, 161, 164, 165, 166,
    167, 168, 171, 176, 180, 183, 184,
    185, 195, 196, 197, 199, 209, 212,
    214, 217, 219, 227, 228, 233, 235,
    237, 239, 240, 247, 252, 255, 257,
    260, 261, 263, 272, 273, 274, 284,
    296, 297, 302, 305, 306, 307, 308,
    309, 311, 313, 317, 331, 347, 354,
    355, 356, 358, 359
Arguedas, Alcides 140
Arguedas, José María 216
Arias, Arnulfo 206
Arias, Oscar 262, 278, 286
Arica 89
Aristide, Jean-Bertrand 304, 333
Arizona, 23
Armendáriz, Pedro 214
Artigas, José 21
Aruba 223, 302
Asentamientos 245
Asie 9, 10, 26, 95, 224, 289, 305, 343
Assis, Joaquin Machado de 80
Asturias, Miguel Ángel 216, 217, 296
Asunción 38
Australie 240
Autriche 316
Ávila Camacho, Manuel 167
Axe 149, 150, 190
Ayacucho, bataille 15, 123
Aylwin, Patricio 276, 324, 337
Azcona, José 286
Azteca, village 117
Azuela, Mariano 143

Bahamas 221, 331
Bahía 111, 217

Balaguer, Joaquín 267, 268, 331
Balseros 313
Balboa 178
Balladares, Ernesto 332
Balmaceda, Fernando 113
Banzer, Hugo 277, 336
Barbade 16, 27, 75, 100, 175, 221
Barreda, Gabino 138
Barreto, Lima 214
Barracón 40
Barriadas 242
Barrientos, René 276, 277
Barrios, Justo Rufino 68
Barrios, Domitila 248
Barros, Violeta (veuve de Chamorro)
    248, 324
Barroso, Ary 218
Batey 40
Batista, Fulgencio 201, 202, 223
Battlle, Jorge 331
Batlle y Ordóñez, José 121
Belaúnde Terry, Fernando 265, 279
Belize 26, 75, 223
Bello, Andrés 77
Bemberg, María Luisa 297
Benedetti, Mario 217
Beni 30
Bermudes 223
Berni, Antonio 153
Betancourt, Rómulo 201, 213, 262, 263
Bilbao, Francisco 77
Billiken 219
Billinghurst, Guillermo 127
Bird, famille 331
Bishop, Maurice 291
Bitar, Sergio 294
Bitita (Carolina María de Jesús) 179
Blanco, Jorge 268
Blanco, Pedro 62
Blanes, Juan Manuel 26, 78
Blest, Clotario 187
Boal, Augusto 298
Boff, Leonardo 249, 250
Bogotá 62, 151, 190, 191, 265
Bolívar, Simón 13, 19, 21, 22, 35, 54,
    57, 61, 326
Bolivie 18, 20, 21, 24, 27, 30, 46, 67, 72,
    88, 89, 91, |03, 109, 115, 120, 124,
    128, 131, 140, 152, 154, 155, 156,

158, 165, 168, 169, 170, 185, 202, 203, 214, 220, 233, 236, 239, 241, 243, 245, 246, 247, 251, 258, 259, 276, 277, 289, 306, 312, 320, 328, 331, 335, 336, 344, 348, 354, 356, 357, 358
Bonaire 223
Boom (littérature) 295, 300
Bordaberry, Juan María 272
Borges, Jorge Luis 217
Bosch, Juan 267
Bossay, Luis 188
Bouterse, Desi 291
Braceros 194
Braden, compagnie 118
Branco, Alves 70
Brasilia 215, 239, 240
Bravo, Douglas 263
Brésil 8, 15, 16, 17, 19, 20, 22, 27, 29, 30, 32, 35, 36, 42, 44, 47, 48, 49, 50, 54, 63, 67, 69, 76, 78, 80, 88, 89, 91, 92, 94, 96, 97, 99, 100, 102, 111, 113, 115, 120, 125, 126, 138, 143, 144, 149, 150, 151, 152, 154, 156, 157, 161, 163, 164, 168, 169, 170, 171, 173, 177, 181, 182, 183, 197, 198, 199, 213, 216, 218, 228, 229, 233, 234, 239, 240, 241, 242, 243, 247, 252, 258, 260, 270, 272, 273, 275, 277, 284, 296, 299, 306, 308, 311, 315, 316, 317, 318, 319, 322, 325, 328, 336, 347, 354, 353, 355, 356, 357, 358, 359
Brizola, Leonel 270
Brunsjwik, Ronnie 291
Bucaram, Abdalá 334, 335
Buenos Aires 17, 20, 26, 30, 42, 52, 61, 66, 67, 76, 81, 91, 96, 98, 101, 108, 122, 180, 219, 257. 293, 354
Bulgarie 341
Bulnes, Manuel 60
Bulwer-Clayton, traité 25
Bunaud-Varilla, Philippe 85
Bunge, Carlos Octavio 139
Bunge et Born 103
Buñuel, Luis 214
Burnham, Forbes 290, 291
Busch, Germán 202
Bush, George W. 302

Bushnegroes 291
Bustamante, Alexander 210
Bustamante, José Luis 200

Cabezas, José Luis 334
Cabrera Infante, Guillermo 296
Cáceres, Andrés 127
Cáceres, Ramón 136
Cacique 35
Caldera (port) 48
Calderón, Rafael Ángel 189
Calderón de la Barca, Fanny 41
Californie 23, 34
Callao 48
Calles, Plutarco Elías 186, 192
Cámara, Helder 251
Canada 11, 19, 52, 57, 65, 87, 149, 150, 152, 162, 176, 224, 239, 240, 253, 285, 287, 305, 306, 307, 308, 316, 328
Candomblé 145, 252
Canindé, 179
Cannes, 214
Cano, María 115
Cantinflas (Mario Moreno) 219
Canudos 111
Cap Horn 31
Capitanía general 13, 18
Capitanías 49
Caracas 39, 163, 204, 263, 299, 312
Caraïbes 7, 8, 10, 16, 19, 27, 83, 86, 99, 100, 102, 104, 115, 120, 129, 135, 137, 140, 149, 163, 175, 177, 181, 184, 204, 209, 216, 218, 221, 223, 230, 253, 290, 292, 300, 340, 344, 345, 359
Cardenal, Ernesto 251
Cárdenas, Cuahtémoc 267, 325
Cárdenas, Lázaro 159, 161, 163, 192, 193, 194
Cardoso, Fernando Henrique 293, 307, 311
Carías, Tiburcio 206
CARIFTA (Caribbean free trade association) 230, 292
Carpentier, Alejo 216
Carpio, Cayetano 259
Carranza, Victoriano 132, 133, 214
Carrera, Rafael 61, 68

Carter, Jimmy 226
Castañeda, Jorge 339
Castilla, Ramón 67
Castille 358, 359
Castillo Armas, Carlos 204, 205
Castro, Ángel 101
Castro, Cipriano 130
Castro, Fidel 101, 201, 202, 278, 281,
    286, 288, 290, 305, 327, 329
Castro, Josué de 213
Castro, Raúl 288
Castro Pozo, Hildebrando 140
Catamarca 50
Catavi 169
Cauca 110
Caudillo, caudillismo 55, 60, 61, 66, 129,
    332
Cayman, îles 223
Ceará 126
Cendras, Raoul 333
CEPAL (Commission économique
    pour l'Amérique latine) 150, 162,
    212, 213, 220, 293
Cerezo, Vinicio 283
Cerro Pasco Corporation 90, 91
Césaire, Aimé 212
Céspedes, Manuel de 24
CGT (Confédération générale des
    travailleurs, Argentine) 167, 168,
    196
Chaco, guerre du 152, 209
Chamorro, Pedro Joaquín 280
Chañarcillo 45
Charcas 17
Charles, Eugenia 291, 292
Chávez, Hugo 326, 327, 332
Chiapas 246, 319, 320, 321
Chicago 294
Chicha 45
Chili 12, 18, 19, 20, 21, 23, 27, 30, 32,
    33, 34, 35, 39, 44, 45, 46, 47, 48, 51,
    55, 56, 57, 58, 59, 60, 62, 68, 71, 76,
    77, 78, 79, 88, 89, 91, 92, 96, 97, 99,
    100, 101, 103, 104, 106, 108, 109,
    110, 112, 115, 116, 120, 123, 128,
    130, 139, 145, 149, 150, 154, 156,
    157, 159, 160, 161, 164, 165, 166,
    168, 171, 172, 173, 174, 175, 176,
    177, 181, 182, 183, 186, 187, 188,

189, 208, 211, 121, 214, 219, 225,
    227, 230, 231, 233, 234, 235, 237,
    239, 240, 241, 242, 244, 245, 247,
    248, 251, 255, 256, 257, 260, 261,
    263, 272, 273, 274, 284, 296, 297,
    305, 306, 307, 311, 313, 316, 320,
    324, 327, 328, 331, 332, 334, 336,
    337, 340, 344, 347, 350, 351, 353,
    354, 355, 356, 358, 359
Chinchas, îles 23
Chine 224, 279, 302
Chingana 80
Chiriquí 135
Cholo 103
Chrétien, Jean 305
Christophe, Henri 54
Chuaqui, Benedicto 116
CIA 204, 259
Cícero, père (Cícero Romao Batista)
    126
Ciénaga 118
Cisneros, famille 317
Clemenceau, Georges 117
Clemente, Roberto 253
Cleveland, Grover 88
Clinton, William 302
Cochabamba 276
Cochons, Baie des 258, 287
Colomb, Christophe 19, 247
Colombie 17, 18, 22, 23, 31, 56, 57, 61,
    64, 65, 66, 76, 85, 88, 90, 91, 92, 95,
    96, 97, 106, 107, 109, 110, 118, 124,
    126, 151, 154, 157, 161, 165, 166,
    171, 175, 178, 180, 182, 183, 189,
    190, 191, 200, 226, 230, 234, 235,
    236, 240, 243, 253, 255, 257, 258,
    264, 265, 298, 302, 304, 311, 313,
    317, 320, 322, 323, 328, 331, 332,
    333, 334, 348, 353, 355, 356, 358,
    359
Colón 178
Colossio, Donald 334
Comalapa, base militaire 302
Compay Segundo 339
Comte, Auguste 138
Concepción 30
Condor, opération 260
Cône sud 106, 112, 146, 158, 160, 237,
    268, 355

Conselheiro, Antonio 111
Contadora, île 226
Contra 281, 286, 324
Contreras, Manuel 337
Conventillo 98
Copiapó 48
Coquimbo 45
Córdoba 50, 61, 104, 272
Corée 151
Coroneis 126
Cortázar, Julio 295
Costa, Lucio 215
Costa Rica 17, 44, 48, 62, 69, 94, 100,
 111, 120,121, 122, 135, 146, 154,
 165, 166, 173, 174, 182, 186, 188,
 189, 239, 240, 260, 262
Couto e Silva, Gobery 271
Cristeros 134, 193
Crowder, Enoch 135
Cruz, Oswaldo 102
Cuauhtémoc, brasserie 96
Cuba 16, 19, 24, 25, 36, 40, 45, 48, 50,
 74, 85, 86, 89, 90, 91, 94, 99, 100,
 107, 112, 134, 135, 137, 144, 154,
 164, 165, 171, 172, 176, 181, 183,
 187, 201, 202, 206, 211, 214, 219,
 221, 223, 224,225, 226, 239, 244,
 249, 252, 253, 254, 261, 263, 267,
 279, 280, 281, 286, 287, 288, 289,
 290, 291, 296, 302, 304, 308, 311,
 312, 313, 317, 323, 329, 331, 344,
 347, 353, 354, 355, 357, 358, 359
Cubas, Raúl 334
Cugat, Xavier 218, 219
Cunas 178
Curazao 16, 210, 223, 302
CUT (Centrale unique des travailleurs,
 Chili) 168, 187, 240
Cuyamel 136

Dalton, Roque 259
Danemark 16
Danzón 145
Darién 178
Darío, Rubén 141
Dartiguenave, Philippe Sudre 87
Darwin, Charles 138
Dávila, Miguel 136
Debret, Jean-Baptiste 78

De la Cruz, María 188
De la Rúa, Fernando 309, 329, 335
Derrion, Michel 55
Desabastecimiento 255
Desplazados 313
Detenidos-desaparecidos 259
Diable, île du 209
Díaz, Porfirio 120, 129, 131, 135, 138,
 139, 143, 354
Di Stéfano, Alfedo 177
Dictablanda 258, 277
Di Tella, Torcuato 103
Disney, Walt 218
Dominica 223
Donoso, José 295
Dorfman, Adolfo 213
Dorfman, Ariel 339
Dos Santos, Nelson Pereira 296
Dos Santos, Theotonio 293
Drago, Luis 87
Dragún, Osvaldo 298
Duarte, Juan Pablo 74
Duarte, Eva (ou Perón) 196, 197, 214
Duarte, Napoléon 282
Durán, Roberto 253
Duvalier, Francois 207, 239, 284, 304,
 355, 359
Duvalier, Jean-Claude 284, 285

Echeverría, Esteban 78
Edouard VII 102
Edwards, famille 33
Eisenhower, Dwight 286
Eisenstein, Sergei 214
Ejido 193, 244, 306, 320
El Niño, courant 309
El Peneca, revue 219
El Salvador 20, 69, 88, 106, 124, 127,
 136, 154, 181, 205, 225, 226, 239,
 247, 258, 259, 282, 283, 286, 308,
 312, 323, 325, 328, 330, 336,
Elías, Domingo 32, 49
ELN (Armée de libération nationale,
 Colombie) 264, 333
El Teniente, mine 118
Empanadas 270
Équateur 18, 21, 23, 24, 46, 67, 68, 88,
 115, 129, 152, 158, 176, 181, 185,
 199, 214, 230, 232, 245, 246, 278,

279, 302, 305, 308, 309, 319, 327, 334, 356
Erico, Arsenio 177
Errázuriz, famille 60
Escambray 288
Escobar, Pablo 236, 265
Espagne 19, 23, 35, 66, 74, 76, 78, 86, 140, 177, 190. 195, 219, 235, 245, 274, 305, 313, 358
Esquivel, Laura 339
Estado Novo 198
Estancias 32, 90, 94, 110
Estanco 55
Estefan, Gloria 298
Estimé, Dumarsais 207
Estrada Cabrera, Manuel 88, 129
Estrada Palma, Tomás 134
États-Unis 10, 11, 19, 21, 22, 23, 25, 29, 34, 41, 45, 52, 57, 58, 60, 62, 67, 73, 76, 85, 86, 87, 88, 89, 90, 91, 92, 96, 106, 112, 115, 118, 120, 126, 128, 131, 132, 134, 135, 136, 137, 140, 146, 149, 150, 151, 152, 156, 161, 162, 168, 177, 180, 194, 195, 199, 200, 201, 203, 204, 206, 207, 208, 210, 211, 218, 219, 220, 223, 225, 226, 227, 231, 251, 253, 254, 257, 258, 262, 267, 270, 271, 274, 278, 279, 281, 282, 285, 286, 287, 288, 291, 292, 293, 300, 302, 304, 305, 306, 307, 308, 312, 313, 314, 316, 324, 328, 329, 339, 340, 342, 344, 345, 346, 353, 355
Ethiopie 290
Europe 9, 10, 25, 26, 31, 46, 76, 92, 100, 113, 114, 123, 125, 156, 158, 224, 231, 238, 240, 253, 289, 293, 298, 300, 305, 313, 346, 347, 356
Everton, club de soccer 101
Eyzaguirre, Jaime 211

Falkland, îles 223
FARC (Forces armées rebelles de Colombie) 264, 333
Farrapos 70
Fazenda 32
Feijó, Diego Antonio 70
Félix, María 214
Fernández, Emilio 214

Fernando VII 23
Figueres, José 189, 262
Finlay, Charles 102
Firpo, Luis Ángel 177
Fittipaldi, Emerson 253
Flores Magón, Ricardo 131
Floride 298
FMI (Fonds monétaire international) 232, 233, 309
FMLN (Front Farabundo Martí de libération nationale) 282, 325
Fonseca, Deodoro da 125
Fonseca, Hermes da 125
Foraker Act 137
Fox, Vicente 321, 325
France 10, 16, 23, 39, 57, 65, 74, 86, 88, 89, 91, 106, 223, 231, 292. 297, 329
Francia, José Gaspar Rodríguez de 62, 73
Franco, Francisco 190, 224
Frank, André Gunder 293
Frei, Eduardo 101, 188, 224, 268, 269, 353
Frei, Eduardo (fils) 307
Freire, Paulo 294, 298
Freyre, Gilberto 212
Frondizi, Arturo 272
Front populaire 189, 183, 187
FSLN (Front sandiniste de libération nationale, Nicaragua) 280, 281
Fujimori, Alberto 308, 331, 332, 333, 335
Furtado, Celso 213, 295

Gaitán, Jorge Eliecer 190, 191
Galeano, Eduardo 295
Galindo, Alejandro 214
Gallegos, Rómulo 142
Gálvez, Juan Manuel 206
Gálvez, Mariano
Gaos, José 212
García, Alan 265, 332
García, Cristina 340
García Calderón, Francisco 140
García Márquez, Gabriel 295, 296
García Meza, Luis 277
García Moreno, Gabriel 68
Gardel, Carlos 144, 218, 297
Garibaldi, Giusseppe 70

Garza, famille 165, 316
Garzón, Baltasar 337
Garvey, Marcus 140
Gaucho 52, 144
Gaulle, Charles de 224
Gerardi, Juan 334
Gil, Caetano 298
Giménez, Susana 299
Gobineau, Arthur 139
Godoy, Arturo 177
Gómez, Juan Vicente 130, 201
Gómez, Laureano 190
González Prada, Manuel 140
González Víquez, Cleto 121
Gori, Pietro, 101
GOU (Groupe d' officiers unis, Argentine) 195
Goulart, Joao 270, 271
Grace, compagnie 91
Gráfico, revue 219
Grande-Bretagne 20, 25, 26, 45, 86, 89, 128, 149, 154, 161, 162, 210, 227, 263, 290, 292, 305
Grau San Martín, Ramón 201, 202
Grèce 235
Grenade 16, 223, 225, 291
Guadalajara 266
Guadeloupe 27, 137, 209, 223, 291, 292
Guajardo, Bernardino 81
Guanabara, baie 42
Guano 46
Guantánamo 149, 223, 302
Guardia, Tomás 69
Guatemala 17, 20, 46, 61, 68, 69, 91, 109, 115, 129, 154, 158, 169, 176, 178, 183, 202, 204, 205, 239, 245, 246, 251, 260, 282, 283, 316, 320, 328, 334, 336, 357
Guayaquil 129
Guayasamín, Osvaldo 215
Gueiler, Lidia 247
Guerre civile espagnole 216
Guerre de la Triple alliance 20, 27, 38, 130
Guerre des mille jours (Colombie)
Guerre du Pacifique 48, 89, 106
Guerre mondiale, deuxième 184, 189, 194, 205, 209, 218, 232
Guerre mondiale, première 86, 88, 117, 137

Guerrero, Vicente 62
Guevara, Ernesto 205, 276, 288, 289
Guerrero (état mexicain) 266
Guerrero, Vladimir 341
Guillaume II 130
Guiraldes, Ricardo 143
Gunther, John 178
Gutiérrez, Gustavo 249, 294
Gutiérrez, Ladislao 56
Gutiérrez, Lucio 327
Gutiérrez Alea, Tomás 296, 341
Guyane 99, 138, 175, 209, 210, 221, 224, 290, 331
Guyane (britannique) 16, 75, 89
Guyane française 88, 209, 223, 292
Guyane hollandaise 75
Guzmán, Abimael 265, 333
Guzmán, Patricio 297
Guzmán, Martín Luis 143
Guzmán Blanco, Antonio 268

Habanera 144
Hacienda 32, 36, 51
Haïti 15, 19, 20, 23, 44, 27, 54, 72, 73, 86, 87, 88, 91, 100, 136, 140, 158, 186, 207, 216, 223, 251, 261, 284, 285, 304, 333, 347, 348, 355, 359
Halperin Donghi, Tulio 347
Harp Helú, Alfredo 316
Haut-Pérou 13
Haya de la Torre, Víctor Raúl 128, 140, 210, 211, 213
Helms-Burton, loi 304, 305
Hermosillo, Jaime Humberto 341
Hernández, José 81
Hernández Martínez, Maximiliano 205
Herrera, Bartolomé 77
Herzog, Vladimir 259
Heureaux, Ulysses 136
Hollande 19, 74, 86, 138, 209, 223, 291
Honduras 13, 62, 69, 88, 106, 136, 154, 158, 175, 206, 226, 230, 245, 258, 285, 286, 322
Huanini 155
Huasipungueros 94
Huerta, Victoriano 132
Huidobro, Vicente 141
Hurtado, Alberto 176

Ibáñez, Carlos 124, 128, 188
Ibarborou, Juana de 142
Icaza, Jorge 216
Iglesias, Rafael 121
Illía, Arturo 272
Inde 210, 302, 305
Indonésie 210
Ingenieros, José 141
Inquilinos 51, 94
Intendencias 13
Iquique 108
Irlande 235
Isaacs, Jorge 80
Isherwood, Christopher 180
Itaipú, barrage 284
Italie 39, 86, 139, 340
ITT 91
Iturbide, Agustín de 53, 62

Jagan, Cheddi 224, 290, 291, 331
Jamaïque 59, 75, 210, 221, 291, 298, 316, 359
Japon 316, 335
Jara, Víctor 298
Jaramillo, Bernardo 332
Jaramillo, Rodolfo 194
Jean-Paul II 305
Jiménez, Ricardo 121
Jiménez, Tucapel 259
Jobet, Julio César 213
Joe Louis 177
Jones Act 137
Juan Carlos, roi 224
Juantorena, Alberto 254
Juárez, Benito 64, 131
Juliao, Francisco 170
Justiniano, Gonzalo 340
Justo, Juan 115

Kahlo, Frida 143
Katarismo 246
Keith, Minor 48
Kennedy, John F. 243, 287
Kirchner, Néstor 329, 331
Kourou, base 223
Kreutzberger, Mario 299

La Havane 40, 85, 87, 289, 304
Lamarque, Libertad 214

Lambert, Jacques 352
Lame, Quintín 110
La Paz 93
La Plata 19, 21, 26, 32, 51, 66, 80
Lam, Wilfredo 216
Lamarque, Libertad 214
Lampiao 171
Lanusse, Alejandro 272
Lares, cri de 24
Larraín, Ricardo 341
Larreta, Enrique 141
Lastarria, José Victorino 79
Lavalas, mouvement 304
Lechín, Juan 203
Légion des Caraïbes 189
Leguía, Augusto 128
Leme, Dom 116
Lemos, Miguel 138
Letelier, Orlando 259, 337
Letelier, Valentín 138
Leyto 129
Lezama Lima, José 296
Libreta 289
Lillo, Baldomero 142
Lima 17, 18, 20, 42, 50, 55, 62, 91, 112, 200, 236, 242, 248
Lispector, Clarice 296
Littin, Miguel 297
Liverpool, club de soccer 101
Londres 62, 115, 210, 290, 337
López, Carlos Antonio 46, 73
López, Hilario 56
López, Jennifer 339
López, Narciso 25
López, Francisco Solano 62
López Arellano, Osvaldo 206
López Contreras, Eleazar 206
López Pumarejo, Alfonso 161, 189
Lugones, Leopoldo 122, 214
Luksic, Andrónico 316
Lula (Luiz Inacio da Silva) 241, 250, 311, 325, 327

M-19 (mouvement du 19 avril, Colombie) 265
M-26 (Mouvement 26 juillet, Cuba) 287
Maceo, Antonio 85
Machado, Gerardo 135, 201, 202

Madeira, fleuve 89
Madero, Francisco 131, 132
Madrid 16, 22
Magdalena, fleuve 31
Maguey 45
Mahmud, Jalil 335
Maine (navire) 85
Malouines, îles 26, 180, 223, 227, 258, 263, 275, 305
Mambises 24
Managua 251, 281
Mandamiento 68
Manigat, Leslie 285
Manley, Michael 210, 291
Manta (Équateur) 302
Mapuches 30, 57, 110, 319
Maquiladoras 228
Mar del Plata 98
Maracaná, stade 177
Maradona, Diego 253
Marcos, sous-commandant 320, 321
Mariátegui, José Carlos 128, 141
Mariel 290
Marighella, Carlos 259
Marinho, Roberto 317
Marini, Ruy Mauro 293
Marley, Bob 298
Mármol, José 79
Martí, Farabundo: voir FMLN
Martí, José 85, 140
Martin, Ricky 339
Martínez, Denis 253
Martínez, María Isabel 247, 272, 297
Martínez, Pedro 117
Martínez de Hoz 33, 242
Martínez Estrada, Ezequiel 212
Martinique 16, 138, 212, 223, 291, 292
Massera, Alfredo 275
Mastretta, Ángeles 340
Matos, Huber 287
Matta, Roberto 215
Matte, famille 316
Matto de Turner, Clorinda 142
Matutos 34
Mauá, baron de (Irineo Evangelista de Sousa) 33
Maximilien, empereur 23, 24, 65
Mayas 50, 46
Mayorazgo 72

MCC (Marché commun centro-américain) 230, 242, 307
McDonald, John 57
Medellín 97, 103, 236, 250, 255, 256
Medina Angarita, Isaías 201
Meiggs, Henry 48
Meléndez, famille 127
Melgarejo, Mariano 62
Mello, Fernando Collor 334
Menchú, Rigoberta 248, 282, 320
Méndez, Jerónimo 185
Menem, Carlos 275, 297, 302, 307, 331, 331, 332
Mercosur 306, 307, 308
Mères de la Place de Mai 248
Mexico 31, 41, 145, 237, 266, 321
Mexique 7, 8, 15, 17, 23, 24, 25, 26, 27, 31, 32, 35, 36, 41, 45, 46, 47, 48, 49, 53, 55, 57, 60, 62, 64, 65, 76, 77, 82, 83, 88, 90, 96, 97, 101, 103, 104, 107, 108, 114, 115, 120, 128, 129, 131, 132, 133, 134, 136, 138, 139, 142, 16, 149, 150,145, 156, 157, 158, 159, 161, 162, 163, 165, 166, 167, 168, 169, 170, 171, 172, 176, 178, 182, 189, 192, 194, 202, 203, 205, 208, 212, 214, 215, 220, 224, 225, 261, 266, 274, 279, 287, 293, 296, 302, 305, 306, 307, 310, 313, 315, 316, 317, 318, 319, 321, 322, 323, 324, 325, 326, 328, 334, 344, 350, 355, 358
Miami 307
Michelini, Zelmar 259
Milanés, Pablo 299
Mill, Stuart 138
Miller, Charles 102
Minas Geraes 126, 179, 197
Miramón, Miguel 65
Miranda, Carmen 218
Misiones 88
Miskitos 26, 246
Mistral, Gabriela 142
Mitrione, Dan 259
Mitterrand, François 224
Mitre, Bartolomé 67, 78
Mitrione, Dan 259

MNR (Mouvement nationaliste révolutionnaire, Bolivie) 202, 203, 277, 344
Moncada, caserne 202
Monroe, James et doctrine 22, 227
Montaner, Alberto 339
Monterrey 96, 103, 165
Montesinos, Vladimiro 335
Montevideo 72, 76, 98, 101
Montoneros 67, 273
Montréal 39, 281, 341
Montt, Manuel 71
Monzón, Carlos 253
Mora, José María Luis 62, 77
Mora, José Rafael 62
Morales, Agustín 62
Morales, Evo 327
Morales Bermúdez, Francisco 244, 279
Morazán, Francisco 62
Moreau, Alice 115
Morelos 132
Morínigo, Higinio 209
Morones, Luis 168
Moscou 150, 225, 287, 289, 290
Mosquera, Tomás 76
Moulián, Tomás 339
Moyano, María Elena 248
MRTA (Mouvement révolutionnaire Tupac Amaru, Pérou) 265, 333
MST (Mouvement sans terre, Brésil) 322
Muñoz Marín, Manuel 210
Muñoz Rivera, Luis 137
Mure, Jean-Baptiste 56
Murgas 80
Mussolini, Benito 195

Nacis 187
Naipaul, V.S. 340
Napoléon 34
Napoléon III 65
Narbone, Benito 171
Nations-Unies 305
Negrete, Jorge 218
Neruda, Pablo 187, 216, 296, 297
Nervo, Amado 141
Neves, Tancredo 275
New Deal 162
New Jewel Movement 291

New York 103, 177, 322
Nicaragua 17, 25, 26, 69, 86, 87, 111, 135, 136, 149, 154, 158, 186, 189, 207, 223, 239, 242, 244, 245, 246, 247, 251, 258, 280, 282, 289, 291, 324, 344, 345, 355
Nice 103
Niemeyer, Oscar 215
Nixon, Richard 152
Noriega, Manuel 225, 278
Nouvelle-Espagne 17
Nouveau-Mexique 23
Nouvelle-Grenade 18
Novaro, María 341

Oaxaca 64
Obando, Miguel 251
Obregón, Álvaro 133
Ocampo, Victoria 217
Ochoa, Arnaldo 265, 290
Odría, Manuel 200
OÉA (Organisation des états américains) 151, 204, 224, 225, 267, 287, 305
O'Gorman, Camila 56
O'Gorman, Edmundo 212
O'Higgins, Bernardo 62, 268
Olivares, famille 33
Ominami, Carlos 294
Onas 110
Onetti, Juan Carlos 217
ONU 149, 152, 245
Oriente (Cuba) 24
Oroya, La 48
Orozco, José 143
Orozco Rosales, Efrén 214
Ortega, Daniel 281, 282, 324
Ortega y Gasset, José 212
Ortiz, Fernando 211
Ortiz Rubio, Pascual 186
Osorio, Óscar 206
Ospina, famille 103
Ottawa 87
Ovando, Alfredo 277
Oviedo, Lino 334

Pacte andin 230, 306
Padilla, Heberto 289
Páez, José Antonio 61

Palacios, Nicolás 139
Palestine 103
Palma, Ricardo 78
Pampa 30
PAN (Parti Action nationale, Mexique) 192, 325, 326
Panama 17, 18, 19, 20, 31, 86, 92, 100, 126, 135, 169, 178, 186, 206, 207, 211, 223, 225, 226, 245, 258, 278, 302, 332
Paniagua, Cenobio 79
Pará 70
Paraguay 17, 21, 26, 27, 30, 38, 46, 61, 62, 72, 73, 78, 91, 129, 130, 152, 169, 185, 186, 202, 205, 209, 234, 247, 260, 273, 284, 285, 306, 316, 334, 336, 357,
Paraná 17
Paris 38, 40, 88, 102, 137
Parra, Violeta 219
Pastrana, Andrés 331, 333
Patiño, Simón 203
Patronat 56
Patterson, Percival John 331
Pátzcuaro, congrès 170
Paz, Octavio 212
Paz Estenssoro, Víctor 203, 276, 277
Pazos, Felipe 287
Pearl Harbour 149
Pedro 1er 53, 70
Pedro 2e 70, 125
Pehuenches 319
Peixoto, Floriano 125
Pelé (Edson Arantes do Nascimento) 177, 253
Pelego 168
Peones 51
Peralte, Charlemagne 136
Pereira, Luis 138
Pérez, Carlos Andrés 263, 264, 326, 334
Pérez, Pascual 177
Pérez de Cuéllar, Javier 332
Pérez Jiménez, Marcos 201, 262
Pérez Prado, Dámaso 219
Pérez Rosales, Vicente 35
Pernambuco 180, 241
Perón, Juan Domingo 159, 164, 165, 168, 180, 188, 190, 195, 196, 197, 198, 199, 209, 214, 247, 257, 272, 344
Pérou 15, 18, 20, 21, 22, 23, 24, 31, 32, 36, 37, 46, 48, 49, 58, 67, 68, 72, 89, 99, 107, 109, 110, 120, 124, 127, 128, 149, 150, 152, 157, 168, 176, 181, 182, 200, 211, 224, 232, 233, 236, 241, 242, 244, 246, 248, 251, 253, 258, 265, 266, 278, 290, 302, 305, 307, 308, 309, 312, 322, 328, 331, 332, 333, 335, 353, 354, 356, 357, 358, 359
Petras, James 339
Petrobras 242
Picón Salas, Mariano 212
Pilcomayo, fleuve 152
Pindberg, Lynden 331
Pinedo, Federico 161
Pinochet, Augusto 260, 274, 275, 276, 294, 324, 334, 335, 337, 350
Pinto, Aníbal 293
Piqueteros 313
Pitta, Celso 322
Pizarro, Carlos 332
Platt, amendement 85
Playa Girón 225
Plaza, Galo 199
Poniatowska, Elena 340
Porras, Belisario 135
Portales, Diego 55, 62
Port-au-Prince 304
Portillo, Alfonso 336
Portinari, Cándido 215
Porto Alegre 325
Porto-Rico 19, 24, 34, 45, 50, 86, 100, 137, 210, 211, 233, 239, 302
Portugal 22, 54, 66, 70, 77, 78, 225, 239, 305
Posadas, José Guadalupe 143
Poveda, Alfredo 280
Prado, Cáio 213
Prado, Manuel 200
Prebisch, Raúl 162, 212
Prestes, Luiz Carlos 126
PRI (Parti révolutionnaire institutionnalisé, Mexique) 133, 167, 169, 183, 192, 194, 246, 266, 267, 279, 321, 323, 326, 324, 336
Price Mars, Jean 140

Prieto, José Joaquín 60
Primo de Rivera, Miguel 120, 195
Prío Socarrás, Carlos 202
Proudhon, Joseph 55
Prusse 65
PT (Parti des travailleurs, Brésil) 241,
    311, 322, 325
Puebla 46, 107, 250
Pueblos jóvenes 242
Pulque 45
Puno 48
Punta del este 98

Quadros, Janio 270
Québec 58, 247, 251, 281, 307
Quijano, Aníbal 293
Quilombos 322
Quimantú 293
Quiñones, Alfonso 127
Quiroga, Marcelo 259
Quito 129

Rabonas 38
Racing, club de soccer 101
Rhadakonaty, Plotino 101
Radrigán, Juan 298
Ramos, Graciliano 216
Ramos, Samuel 212
Rangel, Carlos 295
Reagan, Ronald 226
Recife 116, 251
Recabarren, Luis Emilio 124, 141
Regan, Ronald 292
Reggae 298
Remón, José Antonio 206
République dominicaine 27, 74, 86,
    136, 149, 165, 171, 175, 181, 186,
    207, 208, 218, 223, 225, 234, 260,
    262, 263, 267, 285, 286, 331, 341,
    357
Reyes, Rafael 97, 126
Riesco, Germán 60
Río Blanco 108
Rio Branco, loi 69
Rio de Janeiro 41, 44, 54, 102, 144, 151,
    177, 226, 305, 319, 322
Rio de la Plata 17, 140, 144, 152, 217,
    358
Rio Grande do sul 70, 325

Rio, groupe de 305
Ríos Montt, Efraín 251, 336
Ripstein, Arturo 297
River Plate, club de soccer 101
Rivera, Diego 143
Rivera, José Eustasio 142
Roa Bastos, Augusto 296
Roca, Julio Argentino 122
Roca-Runciman, traité 154
Rocha, Francisco Sabino Alvares da 36
Rocha, Glauber 296
Rodney, Walter 291
Rodó, José Enrique 140
Rodríguez, Andrés 284
Rodríguez, Silvio 299
Rodríguez Lara, Guillermo 279, 280
Rojas, María Elena 247
Rojas Pinilla, Gustavo 190, 247, 264
Roldós, Jaime 280
Rome 23, 116
Romero, Oscar 259
Roosevelt, Franklin Delano 87, 149,
    162
Roosevelt, Theodore 86
Rosa, Joao Guimaraes 217
Rosas, Juan Manuel de 26, 32, 56, 61,
    62, 66, 77, 79
Rouquié, Alain 343, 347, 350, 352
Rovira 180
Royaume-Uni, 22
Rugendas, Johann 78
Ruiz, Raúl 297
Ruiz, Samuel 320
Ruiz Cortines, Adolfo 192
Ruiz Massieu, Francisco 336
Rulfo, Juan 216
Russie 331, 341

Saavedra, Bautista 128
Sabatini, Gabriela 253
Sábato, Ernesto 296
Sabinada 36
Sáez, Irene 299
Saint-Barthélemy 16
Saint-Kitts et Nevis 75, 223
Saint-Martin 223
Saint-Vincent 75, 223
Sainte-Lucie 223, 340
Salgado, Plinio 198, 211

Salinas, Carlos 267, 336
Salinas, Raúl 336
Salitre 46, 48
Sam, Vibraun Guillaume 136
Samba 144
San Andrés, accord de 321
San Cristóbal 320
San José 48
San Martín, José de 18, 21, 35
Sánchez, Florencio 143
Sánchez Cerro, Luis 200
Sánchez de Losada, Gonzalo 307, 335
Sandino, Augusto César 136
Sanguinetti, Julio 307
Sanjinés, Jorge 297
San Salvador 325
Santa Anna, Antonio López de 61, 64
Santana, Pedro 74
Santander, Francisco de Paula 61
Santería 252
Santiago (Chili) 31, 98, 100, 108, 118, 169, 254, 307
Santo Domingo 19, 208, 262
Santodomingo, Julio Mario 317
Sao Paulo 44, 94, 102, 126, 141, 179, 197, 241, 250, 322, 325
Saravia, Aparicio 121
Sardiñas, Eliseo (Kid Chocolate) 112
Sarmiento, Domingo Faustino 29, 60, 67, 77, 142
Sarney, José 275
Scalabrini Ortiz, Raúl 211, 213
Scorza, Manuel 296
Scott, Walter 79
Seaga, Edward 291
Selena 339
Sentier lumineux 248, 258, 265, 266, 333
Senna, Ayrton 253
Sepúlveda, Luis 340
Seringueiro 95
Serpa, Horacio 331
Serrano, Jorge 334
Serrano, Marcela 340
Sertanejos 111
Shankai, Ramsewan 333
Shell 90
Sicarios 255
Sierra, Justo 139

Sierra Leone 316
Siglo XX, mine 276
Signoret, Léon 103
Siles Suazo, Hernán 204, 277
Silva Henríquez, Raúl 250
Silva, Benedita da 322
Simonsen, Roberto 213
Siqueiros, David Alfaro 143
Sitges 190
Skármeta, Antonio 340
Slim, Carlos 316
Solanas, Fernando 296, 297, 340
Somoza, Anastasio (père et fils) 185, 186, 207, 208, 244, 280, 281
Sosa, Mercedes 298
Soto, Hernando de 294
Soulouque, Faustin 54, 74
Standard Oil 90, 161
Stedile, Joao 322
Stevenson, Teófilo 254
Storni, Alfonsina 142
Stroessner, Alfredo 209, 260, 284, 336
Stuart Mill, John 138
Suárez, Roberto (Bolivie) 236
Suárez, Roberto (Honduras) 286
Subiela, Eliseo 341
Sucre, Antonio Josè de 17
Suède 16, 99, 240, 316
Sumar 165
Sunkel, Osvaldo 293
Surinam 27, 223, 290, 291
Syrie 116

Tacna 89
Tamaya 45
Tamayo, Rufino 215
Tandil 81
Tapadas 37
Tarapacá, 20
Tchécoslovaquie 290
Téllez, Dora 247
Terra, Gabriel 188
Terre de Feu 110, 227
Texas 23
TIAR (Traité inter-américain d'aide réciproque) 151
Tinoco, frères 122
Titicaca, lac 128
Tlatelolco 266

Toledo, Alejandro 332
Tolima 180
Tonton macoutes 207, 285
Toque de queda 255
Toro, David 202
Torres, Camilo 250
Torres, Juan José 259, 277
Torres-García, Joaquín 216
Torricelli, loi 304
Torrijos, Omar 226, 278
Touraine, Alain 351, 352
Trinité et Trinité-Tobago 16, 34, 75,
    100, 104, 210, 221, 292, 340
Tristán, Flora 38
Trujillo (ville péruvienne) 200
Trujillo, Rafael Leonidas 165, 166, 181,
    186, 207, 208, 263, 267
Truman, Harry S. 194
Tucumán 117
Tupac Katari 357
Tupamaros 271
Turcos 116
Turks and Caicos 223
Tutu, Desmond 338
Tzotils 246

Ubico, Jorge 204
UCR (Union civique radicale,
    Argentine) 122
UNAM (Université nationale
    autonome du Mexique) 166, 167
Union europénne 305
Union Soviétique 150, 204, 224, 302,
    302, 311
United Fruit 90, 91, 170, 189, 204
Université du Chili 172
UP (Unité populaire, Chili) 254, 249,
    255, 269, 293, 297, 345, 355
Uranga, Emilio 212
Uriburu, José 195
Urmeneta, José Tomás 32
Uruguay 17, 20, 21, 30, 52, 67, 72, 76,
    88, 94, 96, 97, 98, 99, 104, 109, 115,
    120, 121, 127, 142, 161, 164, 166,
    171, 176, 183, 188, 189, 214, 217,
    225, 245, 255, 256, 260, 271, 274,
    275, 309, 325, 331, 336, 347, 356,
    358

Usigli, Rodolfo 214
Uslar-Pietri, Arturo 263

Valdivia 30, 166
Valenzuela, Fernando 253
Vallejo, César 141
Valparaíso 24, 31, 76, 98, 101, 108
Van Schowen, Bautista 259
Vargas, Getúlio 126, 159, 163, 168,
    173, 183, 185, 186, 197, 198, 199,
    216, 270
Vargas Llosa, Álvaro 338
Vargas Llosa, Mario 295
Varnhagen, Francisco Adolfo 78
Varona, Enrique José 138
Vasconcelos, José 139
Vásquez, Tabaré 331
Vatican 194
Vatican II 250, 251
Velasco, José María, 79
Velasco Alvarado, Juan 224, 242, 244,
    246, 279
Velasco Ibarra, José María 199
Velásquez, Fidel 168
Veloso, Caetano 298
Venezuela 27, 39, 44, 61, 64, 66, 86, 89,
    92, 129, 130, 142, 154, 157, 161, 163,
    164, 176, 182, 201, 212, 226, 230,
    232, 234, 243, 258, 260, 262, 263,
    264, 284, 289, 299, 309, 311, 312,
    313, 315, 317, 326, 328, 331, 333,
    334, 351
Veracruz 23, 31, 86
Vesco, Robert 262
Vicuña Mackenna, Benjamín 78
Videla, Jorge Rafael 242, 272, 273, 275,
    335
Vieques 223, 302
Vierges, îles 16, 75, 86, 223
Vilas, Guillermo 253
Villa El Salvador 248
Villa, Francisco ou Pancho 132, 133
Villa-lobos, Heitor 144
Villarroel, Gualberto 203
Villaverde, Cirilo 80
Villeda Morales, Ramón 206, 285
Viña del Mar 98, 101, 231
Violencia 190, 191
Virginie 208

Volkswagen 228, 229
Volta redonda 156

Waddington, Elisa 113
Walcott, Derek 340
Walker, William 25, 69
Wanderers, club de soccer 101
Washington 85, 87, 88, 134, 136, 150,
    203, 206, 225, 259, 278, 279, 286,
    287, 290, 302, 304, 324, 337, 346
Wasmosy, Juan Carlos 307
Williams, Eric 210, 292
Willka, Pablo Zárate 109
Wolff, Eric 298

Xuxa 299

Yaganes 110
Yamasaki, Tizuka 297
Yaquis 50
Yarur, Juan 103, 269
Yrigoyen, Hipólito 123, 195
Yucatán 36

Zapata, Emiliano 131, 132, 133
Zárate Willka, Pablo 109
Zea, Leopoldo 212
Zedillo, Ernesto 336
Zelaya, José Santos 135
Zemurray, John 136
ZLÉA (Zone du libre-échange des
    Amériques, ALCA en espagnol)
    307, 308
Zweig, Stefan 163

Table des matières

Introduction 7

CHAPITRE I
L'époque oligarchique. 1825-1889

Le contexte international 16
Les nouveaux États et les restes des empires :
la carte de l'Amérique en 1825 16
Les relations entre les pays latino-américains 19
Les relations avec le reste du monde 21

Une société encore divisée du point de vue ethnique 27
Populations et territoires 27
La société 31

L'économie : le lent développement du capitalisme 43
Agriculture et élevage 43
Mines, industrie et autres activités 45
Commerce, finances et transports. Le contact avec l'extérieur 47
Systèmes de travail 49
Vision d'ensemble : les facteurs du retard du développement
économique 52

La vie politique :
l'avancement vers un libéralisme oligarchique 53
L'organisation de l'État et les tendances politiques 53
L'exercice du pouvoir : oligarchies et caudillos. Les facteurs de
l'instabilité 57
Analyse de cas nationaux 63

Le développement culturel 75
La culture des élites. La pensée 75
Art et littérature 78
La culture populaire 80
Synthèse 82

CHAPITRE II

Les timides avancements vers une ouverture du système oligarchique au moment de l'apogée de l'exportation, de 1890 à 1929

Les relations internationnales	83
L'Amérique latine et le monde	83
Relations entre les pays latino-américains	88
L'économie : essor de l'exportation et l'ère du développement « vers l'extérieur »	89
Le développement du commerce international et de l'investissement étranger	89
Les activités rurales	94
L'industrie : quelques progrès	96
L'évolution sociale : de nouveaux protagonistes	97
Progrès et limites de l'urbanisation. Le poids de l'immigration	97
Classes et protagonistes sociaux	102
Les formes de la vie politique : une plus grande stabilité à l'intérieur d'un cadre de participation limitée	119
Tendances générales	119
Analyse de cas	120
La culture	138
La pensée	138
Littérature et art	141
Culture populaire	144
Synthèse	146

CHAPITRE III

Populistes, militaires et oligarques. La recherche d'une voie latino-américaine de développement dans une époque influencée par les crises mondiales, 1930 à 1959

Le contexte international : La Seconde Guerre mondiale et la guerre froide	147
L'économie : les effets de la crise de 1929, industrialisation et nouveau rôle de l'État. Le développement « vers l'intérieur »	153
La crise de 1929	153
La politique d'industrialisation	

et la présence croissante de l'État dans l'économie 154
L'agriculture : secteur abandonné ? 158
L'inflation, le mal de l'Amérique latine 159
Création d'un modèle de développement ? 160

La société : croissance démographique et essor urbain 163
Tendances démographiques 163
Les classes sociales 164
Le rôle social de l'État. Vision d'ensemble :
y eu-t-il des progrès sociaux ? 172
Religion 175
Le sport professionnel, nouvelle activité 176
Vie quotidienne 177

La vie politique. Militaires, oligarques et populistes
face aux masses : Faibles avancements démocratiques 181
Tendances générales 181
Cas nationaux 186

Culture 211
La pensée 211
Les arts et la littérature 214
La culture populaire 218
Synthèse 220

CHAPITRE IV

La grande polarisation, 1960 à 1989

Les relations internationales : l'impact
de la décolonisation et les avatars de la guerre froide 221

L'économie :
la recherche de nouvelles stratégies de développement 227
Les activités productives 228
La création de marchés régionaux 230
Les nouveaux mécanismes d'action du capital extérieur et le
problème de l'endettement 231
La performance générale de l'économie.
La fin du « modèle latino-américain » ? 234

La société : renforcement de l'urbanisation, nouveaux
courants migratoires, réémergence de la condition indigène 237
Tendances générales du comportement démographiques 238

Classes et protagonistes 240

La vie politique : une ère de grande tension 256
  Tendances générales 256
  Analyse de cas nationaux 262

La culture 292
  La pensée 293
  Littérature. Cinéma et théâtre 295
  Culture populaire 298

Synthèse 300

CHAPITRE V
Le triomphe du néo-libéralisme ? De 1990 à nos jours

Le contexte international : un monde sans guerre froide 301

L'économie : succès et échecs du néo-libéralisme 306

La société : aggravation des inégalités 312

La vie politique :
une démocratisation avec des hauts et des bas 323

La culture 337

Synthèse 341

Conclusion 343

Note sur les classes sociales en Amérique latine 349

Glossaire 353

Chronologie
1825-2003 361

Bibliographie 369

Source des illustrations 376

Index 379

COMPOSÉ EN MINION CORPS 11 ET OXALIS CORPS 10
SELON UNE MAQUETTE RÉALISÉE PAR GILLES HERMAN
CE SECOND TIRAGE A ÉTÉ ACHEVÉ D'IMPRIMER EN MARS 2006
SUR LES PRESSSES DE L'IMPRIMERIE MARQUIS
À CAP-SAINT-IGNACE
POUR LE COMPTE DE DENIS VAUGEOIS
ÉDITEUR À L'ENSEIGNE DU SEPTENTRION